农业名牌访谈录

贾枭 著

中国农业出版社

图书在版编目（CIP）数据

农业名牌访谈录 / 贾枭著. —北京：中国农业出版社，2024.1
（农本思想库）
ISBN 978-7-109-31749-9

Ⅰ.①农…　Ⅱ.①贾…　Ⅲ.①农产品－商业品牌－中国－文集　Ⅳ.①F323.7-53

中国国家版本馆CIP数据核字（2024）第022418号

农业名牌访谈录
NONGYE MINGPAI FANGTANLU

中国农业出版社出版
地址：北京市朝阳区麦子店街18号楼
邮编：100125
责任编辑：郑　君
责任校对：吴丽婷
印刷：北京中科印刷有限公司
版次：2024年1月第1版
印次：2024年1月北京第1次印刷
发行：新华书店北京发行所
开本：787mm×1092mm　1/16
印张：23.75
字数：370千字
定价：108.00元

序

尹成杰
原农业部党组副书记、副部长

党的二十大对新时代新征程全面推进乡村振兴作出了总体部署，提出加快建设农业强国。习近平总书记在2022年中央农村工作会议上指出，"全面推进乡村振兴是新时代建设农业强国的重要任务"，并强调"产业振兴是乡村振兴的重中之重，也是实际工作的切入点"。这一重要论述，深刻指明了新征程抓好产业振兴的战略性和重要性，明确了全面推进乡村振兴的重点任务，意义重大。乡村要振兴，产业必振兴。产业兴旺，是解决农村一切问题的前提。"产业振兴"是乡村振兴战略的"五个振兴"的前提和基础，只有乡村产业发展起来、壮大了，农民才能不断提高收入，乡村才能积累丰富的物质基础，从而更好地促进乡村人才、文化、生态、组织等协同发展、全面振兴，为我国加快建设农业强国筑牢根基。

我理解，"重中之重"即最重要、最根本、最关键。如何抓好抓实产业振兴这个重中之重，推动乡村产业高质量发展至关重要。这是新征程全面推进乡村振兴、加快建设农业强国必须要回答好的时代课题。习近平总书记指出，要落实产业帮扶政策，做好"土特产"文章，依托农业农村特色资源，向开发农业多种功能、挖掘乡村多元价值要效益，向一二三产业融合发展要效益，强龙头、补链条、兴业态、树品牌，推动乡村产业全链条升级，增强市场竞争力和可持续发展能力。这一系列重要论述，为我们指明了乡村产业发展的方向路径和根本遵循。产业是重中之重，品牌是重要抓手。树品牌是推进乡村产业高质量发展的重大举措。近些年，特别是党的十八大以来，各地将农业品牌建设作为引领乡村产业高质量发展、推进乡村振兴的重要抓手，取得了丰富的成果。实践表明，农业品牌建设在促进农民持续增收、提高农业综合效益和竞争力、转变农业发展方式、引领供需结构优化升级等方面发挥着极其重要的作用。

推动乡村产业高质量发展，就要大力抓好品牌建设。随着品牌强农战略加快实施，农业品牌成为我国"三农"领域的一道靓丽风景线，品牌数量快速增长，品牌效益明显提升，涌现出了一批产销两旺、叫响全国的特色农业品牌，为农业品牌建设开创了新局面。但总体来看，我国农业品牌建设仍处于起步阶段，农业品牌多而不精、大而不强的问题依然存在。推进乡村全面振兴、加快建设农业强国的重大战略部署，为农业品牌发展提供了全新的机遇。要发挥好品牌的引领作用，加快构建现代乡村产业体系，加快发展绿色优质、高产高效、特色多元的现代乡村产业。立足产业振兴的时代要求，加快培育塑强一批类型多样、特色鲜明、品质过硬、带动力强、竞争力强、知名度高、市场占有率高的农业金字招牌。

当前，我国农业品牌化正处在一个发展壮大的黄金时期。如何引导品牌建设主体科学理性培育农业品牌，走对走好农业品牌化之路至关重要。我国农业品牌从小到大、从弱到强、从单品到集群，已经形成了很多值得借鉴和推广的经验。本书谈到的一些农业品牌，是各地依托自身农业资源和优势，在发展乡村产业和特色农业产业实践中培育和创建的。这些农业品牌，都是极具知名度和影响力的农业名牌，也是我国农业品牌化发展成就的体现。这些农业品牌中，有的是历史传承下来的金字招牌，有的是近几十年中从无到有干起来的新产业新业态，还有的是近几年快速成长起来的新秀。它们都是我国在探索农业现代化建设过程中结成的丰硕成果。农业品牌建设路径各异，而蕴含的发展逻辑和道理殊途同归，为我们提供了丰富的品牌建设路径、经验与方法。这对我们新时代新征程提升农业品牌建设、推动乡村产业高质量发展是很好的参考和借鉴。

　　贾枭先生是我国农业品牌化最早的研究者之一，后又长期投身农业品牌建设实践，具备深厚的学术修养，也有丰富的实践经验。他撰述的《贾枭谈农产品区域公用品牌建设》一书，总结了农本咨询团队在农产品区域公用品牌建设方面的认识、实践与方法，为各地推进农业品牌建设提供了宝贵经验，受到业界同仁和相关干部的欢迎。这一次，他和团队将视角对准了全国知名的一批农业产业和农产品品牌，同时跳出就品牌看品牌，而从推进产业高质量发展的维度，深入产区实地考察走访，对话这些产业和品牌的建设者、参与者、操盘手，还原产业发展历程，挖掘品牌建设经验。这项工作难能可贵、很有价值，在某种程度上填补了当前我国在农业品牌建设经验总结方面的一些空白。相信这本书能为各地发展乡村产业、打造农业品牌带去有益的启发和思考。

　　发展乡村产业、打造农业品牌是系统工作、长期工程，需要久久为功、持续推动。这需要广大专家学者和农业生产经营者不断进行探索创新、总结学习，持续丰富我国农业高质量发展的理论和实践。希望本书的出版对进一步推动我国农业品牌赋能乡村产业，以及全面推进乡村振兴和加快建设农业强国发挥积极作用。

目录

前言：向榜样学习

"看看别人怎么做"，这是我打小常听到的一句话。遇到一件难事，不知道怎么做，或担心自己做不好，向有经验的人学习就成了我的方法。

进入农业品牌领域，我一直坚持向榜样学习。创办农本咨询后，我要求小伙伴一起向榜样学习。每开展一个新项目，研究标杆、学习先进，是我们的必修课。我相信榜样的智慧，尤其是那些经过时间检验的实践，更值得学习。他们如何取得成功，走过哪些弯路，犯过什么错……都是极其宝贵的财富。久而久之，"学习榜样"成为农本方法。

农本咨询从事农产品区域公用品牌发展战略规划。这是为产业发展进行顶层设计，必须确保方向正确，否则会让产业遭受损失，甚至致使一地错失发展时机。"学习榜样"是降低风险、避免走弯路的有效方法。

2020年之前，我就萌生了走访知名农业产业，探究中国农业名牌先进经验的想法。但由于业务忙，计划一直没能付诸行动。直到新冠疫情暴发，被动"空下来"，这个计划才得以提上日程。

一、研究谁？

我和团队反复讨论，才确定了样本类型。我们主要按照"名气大""效益好""链条全"三个维度来选择产业。

首先是"名气大"。我始终认为，成功的品牌必须具有高知名度。按照这个标准，此次访谈的阳澄湖大闸蟹、西湖龙井茶、五常大米、赣南脐橙、洛川苹果、盐池滩羊、库尔勒香梨、新会陈皮、郫县豆瓣、寿光蔬菜这十个品牌都大名鼎鼎，可谓妇孺皆知。

其次得"效益好"。不管是工业，还是农业，品牌建设的一个重要目标是提高效益。效益是衡量一个品牌成功与否的重要标志。此次访谈的十个产业，有品牌溢价是他们的共同特征。

再就是"链条全"。以品牌为引领，推动产业向纵向、横向延伸，实现融合发展、集群发展是农业高质量发展的趋势，也是提高产业综合效益的途径与手段。此次访谈的产业中，寿光蔬菜、新会陈皮等都是这一类型的代表。

另外，此次选择的产业样本类别，我们秉持了尽可能多样化的原则。这十个产业中，共计七个类别：果品三个（赣南脐橙、洛川苹果、库尔勒香梨），水产一个（阳澄湖大闸蟹），茶叶一个（西湖龙井茶），畜牧一个（盐池滩羊），蔬菜一个（寿光蔬菜），粮油一个（五常大米），食品加工两个（新会陈皮和郫县豆瓣）。

同时，此次访谈的十个产业，来自中西部地区的居多。这样选择是因为我国的农业县（市、区）分布在中西部地区的较多，邻近地区的经验做法更具启发性和参照价值。

二、怎么研究？

这些年我读过不少总结"成功经验"的图书，许多书都免不了被作者"片面解读"，所以阅读时总觉得"不过瘾"，少了一些真实感。我更喜欢原汁原味地呈现事件发生的场景、当事人的想法和具体做法，这些内容、"故事"更具有现实指导意义。因此，此次研究，我的原则就是，不当"翻译家"，只当"搬运工"。

访谈前，我们大量阅读，梳理产业历程，找出重要节点和大事件，据此拟定访谈提纲。访谈时，我们抛出话题，让这些产业的参与者、见证人讲述背后的故事。整个过程中，我替大家提问，更多的是听对方讲。我们以一个记录者的身份，尽可能多维度、真实客观地记录。

当然，个别样本由于时间跨度大、访谈者众多，如果不加梳理，直接将这些对话全部呈现，既不利于阅读，篇幅也不允许。因此，赣南脐橙、西湖龙井茶、五常大米的访谈，我们的做法是将所有访谈材料归纳成文。其他品牌，我们几乎是还原对话。比如，阳澄湖大闸蟹和盐池滩羊，以对话开始，以对话结束。

另外，我们邀请了"三农"领域的十位知名专家学者对这十个产业进行点评。

经由专家点评，这些知名品牌的成功经验跃然纸上，成为本书的一大亮点。

当然，尽管我们有不少设想，也竭尽全力地想做好这些农业名牌的品牌建设经验的总结，但还是会因时间仓促、自身水平等缘故，在话题设置、访谈内容整理等方面，有这样或那样的不足，无法将这些产业的精华完全展现出来。但我相信，通过这些质朴的对话和文字记录，你们一定会读懂这些中国农业榜样的智慧。

学习榜样，超越榜样。这是我们开启这项工作的初衷，也是农本咨询努力的方向！

阳澄湖大闸蟹

创新营销成就顶级品牌

>>>>>>>>>>>>>>>>>>>>

访谈嘉宾

杨维龙：苏州市阳澄湖大闸蟹行业协会创始会长，被誉为
阳澄湖大闸蟹"教父"，多次被评选为中国渔业
十大风云人物。

说到农产品中的"奢侈品"，大多数人首先想到的便是阳澄湖大闸蟹。"贵"是它最大的特点。作为中国最具品牌溢价能力的农产品品牌之一，阳澄湖大闸蟹的价格一直让同行难以望其项背。一只普通的大闸蟹，要是被冠上"阳澄湖"的名号，身价立马成倍数上涨。据研究机构数据显示，2020年我国大闸蟹市场规模已接近1500亿元，其中"阳澄湖大闸蟹"总销售额突破700亿元。阳澄湖大闸蟹向人们展示了一个顶级品牌样本。在国内农产品品牌建设整体意识还淡薄的时期，"阳澄湖大闸蟹"的品牌建设就已经起飞，通过一系列卓有成效的工作，原先的"地摊货"一跃成为全国最知名的"奢侈品"农产品之一，开创了中国农产品营销的多个先河。

2020年7月，农本咨询课题组奔赴江苏阳澄湖湖畔，探寻阳澄湖大闸蟹的"成名之道"。

美名之下危机重重

相传2500多年前阳澄湖就已得名，它位于苏州市境内，介于太湖与长江之间，南北长17公里，东西宽11公里，环湖周长166公里，面积约113平方公里，相当于22个杭州西湖那么大。

整个阳澄湖由东湖（最大）、中湖（次之）、西湖（最小）组成，三湖的河流港汊贯通，汇成一个整体，跨越常熟市、昆山市、相城区和苏州工业园区四地的8个镇。阳澄湖是距离长江口最近的一个吞吐型的浅水草型湖泊，湖底平坦，水深适中，水位稳定，水源充沛，湖水含沙量低，透明度高，水质良好。据统计，进出阳澄湖的河港92条，十分利于阳澄湖的蓄洪泄洪、纳污排污和水产养殖。

自古以来，阳澄湖湖内水生动植物资源丰富。而其中最为著名的，就是被誉为"蟹中之王"的阳澄湖大闸蟹。阳澄湖大闸蟹青背白肚、黄毛金爪、体大壮硕、浑身光泽，看起来威风凛凛，有着"中国金丝绒毛蟹"之称，膏肥脂厚、肉质肥美，俘获了大批古今吃货。古人一句"不是阳澄湖蟹好，人生何必住苏州"传诵至今。

近代以来，上海的"饕餮"们对阳澄湖蟹更是推崇备至，让阳澄湖大闸蟹登上美名巅峰。从新中国成立到20世纪60年代，阳澄湖大闸蟹生产完全依赖生殖洄游，通过自然生长、自由捕捞、国家收购的形式来完成生产周期。60年代至90年代初，由于水利工程建设，沿长江拦坝筑闸，基本切断了河蟹生殖洄游通道，阳澄湖大闸蟹一度几乎灭绝。人们开始采用人工移植，将长江捞取的幼体、幼蟹，人工放流至阳澄湖，自由生长。湖区大闸蟹产量徘徊在200吨左右，产量的波动取决于发苗数量和投入的多少。

1974年，苏州地区渔业生产管理委员会成立，重点抓生产管理，但受当时人力和财力的限制，其无法对阳澄湖实施真正意义上的监督管理。1984年后，由于受经济利益的驱动，阳澄湖被迫实行了分县划湖管理。其中阳澄西湖、中湖由吴县及其郊区的有关单位组织开发经营，以吴县为主负责管理。阳澄东湖由昆山市、吴县、常熟市的有关单位组织开发经营，以昆山为主负责管理。同时明确：从1985年起，在东湖区域内，今后不论采取何种经营方式，均按照昆山4和常熟、吴县各3的比例安排。此时，河蟹销售也逐渐由统一收购走向了市场经济，阳澄湖大闸蟹更是走出了国门，但数量依旧比较小。

到了20世纪90年代，河蟹的人工繁殖得到了技术性突破，加之农村产业结构的调整，阳澄湖的围网养殖迎来了机遇。1989年，当地政府和渔政站找到了当时的渔民能人周雪龙尝试人工养蟹。1992年，阳澄湖镇16户农民紧随其后率先在阳澄湖东湖进行围网养殖试验，取得了较好收益，引发整个湖区围网养蟹风潮。

1996—2001年，围网养殖达到了顶峰。彼时湖区管理不统一，各方受利益的驱动，全然不顾过度围网养殖对生态环境的破坏，竞相下湖，参与抢水面圈围网，全湖区围网养殖面积最多时达到14.27万亩[①]（全湖区水面面积18万亩）。超负荷的发展，落后传统的养殖技术，不仅没有带来期望中的收益，反而使阳澄湖水质恶

---

① 1亩＝1/15公顷。——编者注

化，生态环境几乎遭到毁灭性破坏。同时市场上，各县区、乡镇也各自为政、内耗竞争，反倒让别人"钻了空子"，打着"阳澄湖牌"销售的数不胜数，数量大、成本低，正宗的阳澄湖蟹却卖不出好价钱。70%～80%的养殖户都在亏钱，阳澄湖大闸蟹越养越小，质量越来越差。阳澄湖的渔业生产，特别是养蟹生产效益和渔民的收入每况愈下。当时甚至有媒体悲观预测，"阳澄湖大闸蟹将与国人彻底告别"。

2001年10月，"香港大闸蟹抗生素事件"引发的风波敲响了警钟。当时，在苏州市时任分管农业的副市长的倡导下，《苏州日报》针对阳澄湖大闸蟹产业开展大讨论：阳澄湖大闸蟹这面旗还能扛多久？阳澄湖蟹还能爬多远？阳澄湖大闸蟹农还能发几年财……"阳澄湖大闸蟹"亟待破题，杨维龙便是在此时登上舞台，开启了阳澄湖大闸蟹的高光时代。

砸"旧饭碗"造"金饭碗"，
"蟹协"应运而生

贾 枭：2002—2012年，您作为阳澄湖大闸蟹的首任"掌门人"，带领着大家披荆斩棘，开始打品牌，把阳澄湖大闸蟹从一个"地摊货"做成全国最知名的品牌农产品之一。您还记得当时是在什么样的情形下，开始阳澄湖大闸蟹的品牌运作的？

杨维龙：我当协会会长之前是体制内的，负责主持苏州市阳澄湖渔管会办公室日常工作。当时单位派我到阳澄湖开展工作，主要目的倒不是打品牌，而是为了整治阳澄湖的生态环境，说穿了就是"拆网"。

我到了阳澄湖之后，经实地调查了解后发现，现实情况比想象的还差。当时几千号渔民养了这么一个"金娃娃"，但是不赚钱，70%是亏本的，30%是微利、小赚。阳澄湖的环境也非常差，围网太多，将近18万亩水面，围网就占了70%～80%，有14.27万亩，水下"天罗地网"，水面布满水葫芦、污物横流，造成水流不畅通。由于超面积养殖，湖中水草被高密度养殖的大闸蟹悉数啃光，造成湖底"沙漠化"，一湖清水变成了一湖黄水。

贾　枭：但是拆网对渔民利益损害很大，必定会遭到很强烈的抵制，当时情况是怎样的？

杨维龙：当时政府财力有限，想申请几千万元的资金来补贴渔民都不太可能，后来通过渔管会向银行贷款，政府财政贴息，贷款了550万元。但几千户渔民、十几万亩水面，分到每家只有几千块，多的也就几万块。因此，很多老百姓抵触情绪很大。记得，有一对苏北淮安的夫妇。他们借了几十万到阳澄湖来投资，刚把网织起来，就面临被拆网，这家人哭天喊地、撞头撞墙。我们也于心不忍，但这一刀又必须开下去。拆网涉及的利益错综复杂，单位派我去"啃这块硬骨头"，都没有人愿意跟着我一起干这个差事。

确实，强拆、硬拆是难以行通的，经过调查我们也发现：当时阳澄湖只有养蟹人，没有"卖蟹人"。那时大闸蟹市场并不大，阳澄湖渔民会养蟹，但不会卖。从苏州去往上海的公路边，经常会看到蟹农拿着个澡盆，把阳澄湖大闸蟹放在里面"摆地摊"，吆喝卖。这些路边、地摊的"澡盆蟹"哪里卖得上价钱。

针对这种情况，我跟单位领导汇报：拆老百姓的网，某种角度上是"拆人家的饭碗"，他肯定有反感，甚至强烈抵触；可行的办法是，砸掉"旧饭碗"的同时，必须打造"金饭碗"，也就是把整治环境和打造品牌结合起来，让老百姓看到希望，大家才愿意配合。我有信心和决心，相信通过改善环境、提高生产技术，把阳澄湖大闸蟹质量提高，把市场打开，就能把老祖宗留下来的招牌重塑起来。领导同意后，我们就着手干。

一方面拆网，不断给老百姓讲前景目标，一部分老百姓开始相信，但还是有一部分不相信，阻拦拆网。另一个，就是要尽快开拓阳澄湖大闸蟹的市场。但开拓市场不是我们渔管会做的事，必须有一个协会来运作。2002年9月18日，阳澄湖大闸蟹协会正式成立。但当时老百姓没钱加入，也不相信，就沿湖几个乡镇、合作社性质的17家单位愿意加入。因为我属于渔管会体制内的管理者，不好当这个会长，就召集大家开会，从会员中选会长。但阳澄湖沿湖四个县（市、区），昆山、常熟、苏州工业园区、相城区，实力都很强，大家谁也不服谁，第一次会开下来，没有选出会长。第二次会开下来之后，大家说"老杨，还是你兼吧"。我是体制内的管理者，按理说也不好兼。当时还没有现在这么强烈要求政企分开，也有鼓励事业单位去搞市场经济，渔管会就是事业单位。有了这样的背景和呼声，我就把这个会长先兼下来了。我跟单位领导讲，我虽是首任，但是个"临时总统"，等到一定时间之后，就换人。

贾　泉：要先把"台子"搭起来。

杨维龙：是的。"扶上马"之后，再交班。上任之后，我便"两手抓"：一方面指挥渔管会人员拆网，首先把湖区环境整治好；另一方面组织渔民培训，提高养殖技术，努力提升大闸蟹品质。与此同时，积极带领大家找市场、做品牌。2001年我们开始拆网，两三年时间，就从14.2万亩拆到了8万亩；第二阶段，拆到了6万多亩；第三阶段，拆到了3.2万亩（现如今阳澄湖大闸蟹围网养殖面积已压缩至1.6万亩）。

贾　泉：这个量是降下来了，前后效益发生了怎样的变化？

杨维龙：效益是明显变化。当年成立协会的时候，我记得是在苏州的某一家大饭店开会，17家单位都来了，我问昆山的一位老总，这之前以及这段时间收购阳澄湖大闸蟹，3母4公（即每只雄蟹重达200克，雌蟹重达150克）规格的1斤[①]多少钱。他讲"45块"。这是什么概念呢？如果在阳澄湖里面认真地养，这个价格很难赚钱。所以当时阳澄湖大闸蟹普遍很小。阳澄湖大闸蟹是10月份上市，协会成立之时，离上市已经很近。我们通过电视、报纸等发布阳澄湖大闸蟹的产量、市场价格等信息，通过初步规范运作和市场营销，同样规格的蟹当年上市开盘价达到了95块一斤。

贾　泉：客观上讲，短期之内，蟹的品质是不会发生多大改变，这样的价格变化更可能还是来自市场、品牌。

杨维龙：产品说到底为什么赚钱？了解、接受、关注的人更多，买的人就会更多。当供不应求的时候，它必然上涨。阳澄湖大闸蟹能在短短一两个月里面身价翻倍，主要还是因为通过市场运作，了解它的人多了，买的人也多了。过去没有人跑市场。

贾　泉：那么那两个月，你们主要采取哪些行动，是怎么推广它的？

---

① 　1斤＝0.5千克。——编者注

杨维龙：当年我们采取的方式很粗浅。首先通过请十几家会员单位（后来会员队伍就逐步扩大了）到北京、上海、杭州、广州等这些市场去对接渠道。跟分配任务一样，这个老总，平时跑广东比较多，就请他在广东市场开拓。这家公司跑上海多些，就在上海加大开拓。同时也通过电视、报纸等宣传阳澄湖大闸蟹的信息。

贾　枭：蟹农赚到钱以后，对你们的行为有没有明显感觉不一样了？

杨维龙：明显感觉不一样。前段时间有家公司邀请我到阳澄湖参加聚会，当地的老百姓，老远就跟我热情地打招呼，叫"杨会长"。

贾　枭：事实上，您不当会长已经很多年了。

杨维龙：是的，我也已经很久没到阳澄湖来了。但现在好多老百姓看到我，还是老远就叫"杨会长来了"，簇拥过来跟我打招呼。我只是一个小人物、普通老百姓、退休老头，但他们还认我。有个干部模样的人当时讲的几句话，让我很难忘。他讲，"当时好多老百姓不理解、抵触你们，让你们很为难。但现在我们看到阳澄湖老百姓，包括我们，从心里面都感激你们。不光是蟹好了，收入提高了；我们喝的水也好了，每个喝阳澄湖水的人都要感谢你们"。

2001年10月起，阳澄湖恢复了苏州市统一管理体制，将苏州市阳澄湖渔业生产管理委员会更名为苏州市阳澄湖渔业管理委员会（简称渔管会），渔管会下设办公室，同时成立阳澄湖渔政管理站，与渔管会办公室实行两块牌子、一套班子，为渔管会的日常办事机构和渔业行政执法机构。同时成立的还有苏州市阳澄湖公安警务站。此时，杨维龙担任渔管会办公室副主任，是苏州市阳澄湖渔政管理站站长，正科级干部。作为转业军人的杨维龙雷厉风行，执行力强，在此前曾担任过苏州市江海渔政检查大队站长兼书记，在海洋（东海）、长江、淡水管理方面均有涉猎。苏州市阳澄湖大闸蟹行业协会作为当时苏州市第一家市级渔业协会，被寄予重振阳澄湖大闸蟹的厚望。几经讨论后，杨维龙最终被推举为协会会长。该协会以"引导、协调、服务、监督"为准则，围绕宣传推广、行业自律、服务会员、促进发展为总目标开展工作。

协会成立后，一方面拆网整治湖区生态，引导蟹农科学化、标准化、生态化养蟹，提升品质；另一方面，在杨维龙的带领下实施系列创新营销，在全国各地高调搞宣传推介，阳澄湖大闸蟹由此进入快速发展的黄金期。

"三级联动"干营销，协会、政企齐发力

贾　泉：不规范的养殖进行整治之后，不只是提升了蟹的品质，更改变了阳澄湖的生态，同时打品牌、闯市场有了更好的效益。

杨维龙：其实根本问题就是环境、品质和市场。在开拓市场上，我们当时有一个做得成功的地方是抓"三级宣传推广"。哪三级？第一级，公司负责固定市场的开拓、推广、宣传，他们拿钱，找开发地的协会商会、合作伙伴、媒体等合作，协会派人包括我，去配合他们做宣传站台。在卖蟹的黄金时刻，我经常在天上"飞"，一个星期要去五六个、七八个地方，今天到你（企业）这里，明天到他（公司）那里。第二级是协会宣传，协会开始没多少钱，后来通过大家同意收取会费，有钱了就开始举办开捕节，原来阳澄湖大闸蟹没有开捕节的。

贾　泉：第一届开捕节是在什么时候？

杨维龙：在协会成立之后的两三天，2002年的9月22号还是23号。第一届开捕节是小型的。协会组织，邀请各地的媒体、销售渠道商到阳澄湖来。当时成本很低，上海有个公司组织了二三十个媒体记者，北京那边的也有，一下子五六十个媒体记者就来了。记者会写，到现场抓蟹、看蟹、吃蟹、品蟹……你别看，这种宣传很厉害。除了这些，协会也组队出去宣传，当时的主阵地是苏州，也经常打到外面去。

北京市场开拓很典型。2004年，我跟一些同志到北京市场，发现在一些农贸批发市场也卖阳澄湖大闸蟹，但价格卖得很低，且8月份就开始售卖了。我们问摊

主，"这个蟹什么地方的？"他回答说是"阳澄湖的"。后来知道我是阳澄湖大闸蟹行业协会会长，才承认"这个蟹"不是阳澄湖的，而是和阳澄湖某某公司合作，卖牌子的，卖什么蟹无所谓。这让我们也意识到，"阳澄湖大闸蟹"的管理是有问题的。

贾　枭：那当时怎么解决的呢？

杨维龙：我们选择主动跟当地媒体"见面"，用当地媒体来宣传正宗的阳澄湖大闸蟹。但那时知晓我和阳澄湖大闸蟹行业协会的媒体很少。记得当时在北京开小型发布会，通过熟人，我们请了当地10家媒体来宣传，但只来了5家，还是当地的小报，留他们吃饭都留不住。

贾　枭：这是哪年的事情？

杨维龙：2004年。当时我想在北京可能是打不开市场了，只有这5家小报的5块"豆腐干"大小的内容，介绍了阳澄湖大闸蟹和"杨会长"。但出乎我意料的是，这么一弄之后，很多北京人却知道了阳澄湖大闸蟹是怎么回事，现在市场上是什么情况。第二年我去，情况就不一样了，各大媒体一拥而上。请了10家，来了十几家，没有邀请的都来了。

当时我们在地安门开了阳澄湖大闸蟹专卖店，门外常常是排长队，货都是供不应求。订金、支票不收，一叠一叠就收现金，大家疯抢。也是在这一段时间，在北京华堂超市，当时一个日本人，就是华堂总裁走过看到这个情景，就问"大家买什么东西？"底下人告诉他，是在买阳澄湖大闸蟹。这个日本总裁就说，"明年要单独邀请杨会长，我跟他要同台表演"。

第三年我去北京，没怎么邀请，就来了二三十家媒体，北京电视台1台、2台、3台、4台，包括中央电视台都来了。就是通过这些操作，把市场就炒热了。我们也把"什么是阳澄湖大闸蟹、通过哪些途径可以买到阳澄湖大闸蟹"等内容宣传了出去。

贾　枭：这就是"传播也是生产力"。协会成立之后，短短的两三年时间，可能生产方面未发生很大改变，但产品的价格翻倍了，其实就是靠市场营销。

杨维龙：价格实实在在地上去了。前面讲的"三级宣传"，还有一级是政府（"三级"：公司、协会、政府）。2004年，看到我们取得的成果，政府也愿意出来支持，为我们站台。04、05、07、08年，政府还出钱办开捕节。原来协会操作是"小打小闹"，后来政府出面，则是成千上万的人参与。全国各地记者汇集，参会人员还要预定，市场宣传迅速扩大。

"三级"品牌宣传、舆论造势很重要。光有"一级"不行，要有公司、协会、政府这"三级"联动，才真正地整合了资源，做大了品牌。

统一销售模式，
阳澄湖大闸蟹进"专卖"

贾　枭：您前面也提到了"开专卖店"。"阳澄湖大闸蟹"在中国农产品营销历史上，做了一个开先河的事情，那就是把一个原本在街边的"小水产"，搬进了"专卖店"。目前没有去考证它是不是首创，但至少是比较早的。这项操作是在您手里主导完成。当初为什么会做这样颠覆性的改变？

杨维龙：市场上的产品是分等级的。当时阳澄湖大闸蟹在市场上基本还处于最低等。当年上海的《新闻晨报》说，杨维龙把一个"地摊货"炒作成"奢侈品"。事实上，阳澄湖大闸蟹本身应该是一个很高档的、很多人很希望品尝到的东西，那为什么要放在最低等的地摊、农贸市场上去卖？这样根本卖不起价格。而且，当时也没有包装，即使有也就是草编荷包袋，很土，上不了台面。

美国的新奇士、法国的葡萄酒，还有其他地方的有些农副产品为什么会卖得好？有个很好的做法就是进超市、专卖店。

刚开始，农贸市场这块，我们没有底气完全放弃。但我们提出来，必须改变，提升阳澄湖大闸蟹的经营方式，路子就是要"走三"——专卖店、超市、酒店，且酒店要高档酒店。这几个渠道必须经过背书，协会授牌经营，证明是正宗阳澄湖大闸蟹。

一开始不少人说，"老杨你瞎搞"。他们认为，"大闸蟹属于水产品，只能在农贸市场的水产品摊位上卖"。但我偏不信邪，就是要弄成。其实专卖店这种模式在我国香港实行得很早，我曾去考察时就想在内地也可以搞。但是动员的时候，没人跟着干，很多人都不看好。

当时苏州没有强调政企脱离，除了是会长，我还是体制内的单位负责人，被允许带头经商，解决我们单位的一部分财政经费，同时我还兼任了苏阳水产公司的总经理。因为兼任多性质职位，我就想，协会拿一部分钱，跟另外一家公司联合起来，大家共同出资，在苏州开一家专卖店。这也是阳澄湖大闸蟹在苏州开的第一家（专卖店）。这家店开业当天就"一炮打响"，大家都觉得稀奇，好多老百姓来看热闹。

贾　枭：当时第一天干到多少销售额，现在有印象吗？

杨维龙：当天专卖店净收就七万六。后来又开了一家，两家店一天就有十几万的收入。这样的场景在开专卖店之前是从没有过的，这也印证了专卖店是一个很好的品牌宣传方式。它起到了三个作用：一是广告宣传效应，专卖店就是一个"广告牌"，展示着某个公司的阳澄湖大闸蟹；二是体验效果，顾客能进场体验；三是，某种程度上讲，专卖店是和顾客的一种互动。

专卖店对品牌的宣传、扩大宣传起到了很好作用。当年，协会开的专卖店一炮打响之后，全国各地的阳澄湖大闸蟹专卖店，就如雨后春笋般冒出，在西藏拉萨这些地方都有。

贾　枭：最鼎盛的时候，全国大概开了多少家？

杨维龙：正宗的阳澄湖大闸蟹专卖店应该开了一两千家，冒牌的可能还更多，不过它虽然是冒牌，但其实也是一种宣传。

贾　枭：这都是咱们协会会员去开的？

杨维龙：它分三类：一个是我们协会开的，协会后来就逐步不开了、退出了，政策不允许；另外就是企业到全国各地开的，分自营和加盟。

贾　枭：那怎么管理呢？

杨维龙：协会只管苏州市阳澄湖大闸蟹行业协会会员、会员单位的母公司，这些母公司当时都要交保证金给协会，之后协会还给他们，同时他们还要做行业自律承诺。母公司统计它的联营、下沉单位的信息，再报给协会。我们也会通过媒体、协会去暗访，但更多的还是靠自律。

贾　枭：专卖店这块，相当于协会打个样，让经营者赚钱了，且大家都看到了，就会有更多人跟着干。

杨维龙：专卖店开出之后，超市也随之跟上。超市很大的作用是和老百姓面对面互动更大。

贾　枭：也是由企业进商超？

杨维龙：也是企业。第三个（渠道）是大酒店，同样由公司去对接。

贾　枭：酒店是把大闸蟹当礼品卖还是卖餐饮？

杨维龙：卖餐饮。酒店里面有专柜，顾客就会去挑，点"阳澄湖大闸蟹"。过去阳澄湖大闸蟹都是地摊式叫卖，我们通过专卖店、酒店、商超，提升了渠道。再有一个，我们还有了包装，将阳澄湖大闸蟹装进了礼品盒。礼品盒8个装、10个装，多少钱明码标价。一般都是800～1000元一盒。没到这个数的，都不算高档。这个包装，在市面上被大家拎来拎去其实也是流动的广告。

贾　枭：会员单位的产品包装、形象，是协会统一监制还是他们自己做？

杨维龙：我们一是会抓标志（logo）；二是在专卖店、超市、酒店等每一个经营点专门都有一个标准的授权牌，全国统一编号。在店面上，多少编号、哪个公司、什么品牌、协会名称、什么等级、投诉电话等都有。这样子既能配合打假，也能宣传。

不过到了2009年，大家普遍反映价格有些往下走。为什么？就是农贸市场对它冲击太大。同样是阳澄湖大闸蟹，在专卖店可以买，在农贸市场也可以买，价格拉得很大。顾客都跑去农贸市场买了，因为价格很低，但这样一来专卖店、超市都卖不动了。这时候我们感到是时候处理农贸市场了。

所以，我们就提出，从2010年开始，阳澄湖大闸蟹一律从农贸市场退出，农村地摊上的买卖，也不允许了，老老实实去专卖店。后来全国有几家大型的农贸市场提出希望变通一下，在大型批发市场专门隔离一个角落，搞专营区。明码标价，应用包装。这样一实施之后，价格就又上来了。

贾　枭：这其实也是一种"变相专卖"，只是这种成本更低了。

杨维龙：主要还是走专卖店，这种农贸市场上的专营区很少。通过这种整顿，也把农贸市场上，价格上很低的、假冒的、以次充好的产品处理掉。一个品牌，如果专卖店有卖，低档农贸市场也有卖，是行不通的。同时，不同牌子的产品价格还要拉开，比如一个会员的公司，卖阳澄湖大闸蟹，也卖其他蟹，其他蟹价格可以低，但阳澄湖大闸蟹必须卖高价。

> 阳澄湖大闸蟹进专卖店在2003年提出。杨维龙执掌协会的11年（2002—2013年），阳澄湖大闸蟹价格以每年超过10%速度上涨。2013年，4两雄3两雌的"规格蟹"出水价甚至达到200元，创下10年来最高涨幅。

贾　枭：从散卖、提篮叫卖的"地摊货"，走到了"专卖高档品"，这其实是一种转变与创新。我们也注意到，在全国这么多农产品当中，能真正进行票券交易的，阳澄湖大闸蟹也可以算个"开创者"。卖蟹券是在什么背景下开始的？

杨维龙：我所知道的，是杭州一家王氏水产，老总是王志强，这个老兄，我很佩服他。他原来是一个酒店的副总，后来搞水产，做苏北蟹等。他跟我讲，前几年一直亏本，后来认识了我，2005年之后，就紧密地跟我们合作。

他很会跟媒体打交道，在杭州和全国其他地方开了很多专卖店。其中有个杭州的老店，人最多的时候，能排队两三千人，但他只有两三百份。他也没办法，说"200号、300号之后就不要排队了，明天、后天来吧"。于是他就想：有什么办法预告、分流，告知人家什么时间预约、提取？这个人就想到了蟹票，上了蟹扣准备卖的时候预约，同时规定你什么时候来可以提取。

贾　枭：这相当于购买人群分流了。

杨维龙：最开始的本意是想按时间分流，后来效果很好，起到了广告宣传的作用。同时，某种角度讲，也很赚钱，因为一般买券的都是"有钱人"。后面这个做法很快就传开了，大家都这样做。阳澄湖大闸蟹品牌能有今天的地位，也离不开这些有头脑、有想法的企业经营者。

保护品牌一直没有停

贾　枭：品牌太有名了，也有"烦恼"。前面听您讲下来，阳澄湖大闸蟹很早就开始被假冒，协会运作品牌后，随着溢价能力越来越强，各类假冒更是五花八门、层出不穷。您在任期间，协会采取过哪些方式应对？被"造假"这么多年了，结果是什么，您怎么看？

杨维龙：这种现象是客观存在的，也没必要回避。曾经有一年，我们到香港去考察，香港金利来集团创始人曾宪梓就说，"让它造假去吧，这也能为我宣传"。这是另一种观点。我对这个问题也一直很纠结，当品牌名气越来越响的时候，"诋毁"是伴随的，什么东西都是这样，避免不了，甚至会伴随终身。

当时我们政府部门、协会、主要会员单位都坚信：首先，我们本意不希望有造假出现，也不允许造假；二来，要坚持做好，主要的会员、企业坚决不做假，带头做真货；三是，要坚持防假打假，每年都有防伪措施，每年跟质监部门等政府部门齐头跟进。

大闸蟹成熟，要退壳十八次。从小就打标志，没有办法实现，只能是在上市销售之前。原来是用激光做标识，后来采用防伪锁扣，在总量上控制，这个扣也不是协会随便造，由渔管部门统计数字。全湖有多少养殖渔民，多少亩大闸蟹，大概多少存活率等，把数字报给协会，协会报给质监部门，然后由质监部门去制作锁扣。这样子，总量是能控制，但也不能保证每一只大闸蟹都能戴上锁扣。

贾　枭：有一种说法是"真的不戴、假的戴"。

杨维龙：有这种现象，但也不完全对。这个蟹是真蟹，但没有戴蟹扣，这个现象有。有的是主动提出不要"戴戒指"，因为顾客相信你这个人和你的公司。但是绝大部分，特别是外地的顾客，就要认这个"戒指"。

那会不会假蟹戴了蟹扣？也有，但总量控制后，不可能都是假蟹，总有真蟹，即使有假也是少数。也的确有冒牌"防伪锁"，你刚制作出来一个新的，马上有假的，跟你差不多，防不胜防。我们让顾客通过短信、微信查，查到了，我们会处理、打假。

我们协会每年都会跑全国打假，去的时候一般都跟当地的工商部门、媒体一起过去，会告诉大家哪些地方可以买到正宗的阳澄湖大闸蟹，起这个效果。

贾　枭：在"打假"的道路上，包括到您卸任的2012年，一直没有停。

杨维龙：一直没停止。"打假"问题主要就是两个方面。一个是在大闸蟹消费旺季，冒牌的"阳澄湖大闸蟹"流向市场。对于这个问题，首先肯定是从自身加强管理开始。我们在《协会自律公约》中要求，生产企业严格执行"三验"（验身份、验数量、验质量），同时配套一系列防伪措施，比如前面提到的"锁扣""戒指"。同时，要求所有批准销售阳澄湖大闸蟹的企业必须做到统一店招、统一防伪标识，阳澄湖大闸蟹销售企业在销售过程中不得以低价进行销售。

另一个是针对各种各样有关阳澄湖大闸蟹的不实消息的"打假"。我印象比较深的是，2006年阳澄湖曾经经历一次重大的突发事件，在我国台湾一些不怀好意之人，通过一家新加坡的媒体发表文章称，昆山水产公司出口到我国台湾的阳澄湖大闸蟹检验出所谓的"致癌物质"。文章一出立马引起了海峡两岸众多媒体的关注。我是在那一年9月18日知道这件事的，当天下午就接到昆山市政府的电话，通知明天上午一起参加在昆山市政府召开的相关情况通报会。会上听取了相关企业和监管部门所作的情况汇报，并现场调取和查看了一些相关的证据，我对此事件有了基本的了解。此时我打开手机，显示有多个新短信，全是各地的媒体对此事的提问。有一家浙江媒体发短信说："杨会长如果你在上午10点钟前再不开机，我们就对外宣布：这件事件是真的。"

我大约是10点10分打开手机，经在场领导的批准，马上就被安排到隔壁的会议室接受包括上海、浙江等10多家媒体的现场采访，我根据当时所掌握的材料和证据，在第一时间发出了声音。下午1点多，我回到苏州的办公室，用两个座机和一部手机接连接了200多个来自各地媒体同样内容的电话，一直弄到了晚上10点多。虽然当时会上规定，有关这件事有权对外接受媒体采访的有四家单位和个人，但在实际过程中，媒体集中焦点就是协会和我本人。最后，为了保证发出的声音保持一致，苏州市政府规定全部由我一人对外接受采访。

第二天，我又及时抽调协会人员，对由此产生的损失进行了统计，对相关协会会员企业进行了必要的补救措施，并做好了采取进一步行动的准备。当时全国各地的媒体在追问，各地市场特别是超市出现大面积的退货、滞销，这不仅牵涉到阳澄湖一家，甚至凡是有大闸蟹销售的企业全部受到影响。此时有更多电话打进来，其中又多了各地蟹农的焦虑声和哭声。此种情况一直延续到20日晚上的10点钟，中央电视台发表了由国家质检总局针对此事所作的声明文章，局势迅速扭转，当晚就得到全国各地报来的好消息，"开禁了，开禁了！"这以后全国的大闸蟹反而出现了井喷式的销量，形势一片大好。

我记得，此事过后不久，国家质检总局主管此事务的一位领导到苏州和昆山市回访，对我表示了感谢，表示此次事件之所以能取得圆满结果，"首先得感谢你在我局没发表声明之前，已经做了大量的工作，为此事件的解决，打下了较好的基础"。

这个事件过后，我也总结了一些经验，就是面对各种突发事件，协会要快速反应，第一时间调查取证，及时掌握证据材料，第一时间向社会公告，保持一个声音，正确引导舆论，牢牢掌握话语权。

贾　枭：我还注意到这样一个故事。2012年，当时京东商城给协会发了一个公函：一是希望协会授权京东商城作为阳澄湖大闸蟹的运营销售平台；二是对在京东商城上销售阳澄湖大闸蟹的相关企业进行一些认证。

杨维龙：当时应该是个别企业自发地跟一些电商平台在合作。协会当时对电商这块也没什么管理要求。但在电商运作上，我们发现了一些问题：一是门槛比较低；二是要求不太严，就会有些不规范的公司滥竽充数，一天卖了几万只。

当时京东主动找到我们，我们也主动找了京东，主要还是为了维护品牌。我们跟京东讲，"你邀请我们进驻，那所有进驻京东销售阳澄湖大闸蟹的公司必须经过我们的审核"。

首先，任何一家公司进驻，都要在阳澄湖里面有基地；第二，它确实是有阳澄湖大闸蟹。如果说它没有基地、没有经过批准、手里面没有阳澄湖大闸蟹，想要进驻就不行。这些进驻企业，都要是协会会员，我们在一百多个会员当中先选择十几家或者几家，推荐给平台，然后双方保证、承诺，对这几家公司进行跟踪、监管，如发现问题，要共同来管理。

从某种角度讲，当时电商这块，我们就带了一个好头。大家卖阳澄湖大闸蟹，基本上都到京东上面去卖了，这样管理也好一点了。

贾　枭：那个阶段，双方都看到了合作的好处。作为协会，也看到了电商未来的优势。

杨维龙：电商上，量大、影响力广，但是它的问题很多。如果能共同把这个事情做好，既能够把品牌塑造起来，又能够控制、防止它出现问题。双方兼顾，这种形式，效果很好。

2005年国家质量监督检验检疫总局批准对"阳澄湖大闸蟹"实施原产地域产品保护。按照《苏州市阳澄湖大闸蟹地理标志产品保护办法》（简称《办法》），作为地理标志产品保护对象的阳澄湖大闸蟹是指产自阳澄湖水域，符合阳澄湖大闸蟹国家地理标志产品批准公告和国家标准，经国家主管部门审核批准以"阳澄湖"地理名称命名的中华绒螯蟹。即产于阳澄湖本体水域，饲养周期不低于6个月，符合国家质量监督检验检疫总局公告（第71号）和国家标准《地理标志产品 阳澄湖大闸蟹》（GB/T 19957—2005）要求的大闸蟹。所有符合上述要求的才能够使用"阳澄湖大闸蟹"专用名称，才能够受《办法》保护。而不是所有产自阳澄湖及周边地区的大闸蟹都能够称为"阳澄湖大闸蟹"。

在防伪打假上，从2002年开始，部分公司为其销售的阳澄湖大闸蟹戴上了防伪的金腰带。2004年，在协会的精心策划下，制作了激光防伪标识，内容包括品牌公司商标、网围养殖小区编号、捕捞日期和螃蟹标号，每只螃蟹都有唯一一个编号，还有蟹业协会监制等字样。

为使这个机制不落空，蟹业协会还采取了一系列措施，如设立螃蟹中转站，根据每个养殖户养殖水面估算商品蟹数量（只数），储存在IC卡内，蟹农凭此卡到中转站向有关品牌公司交售，每次交售多少只数，在IC卡总数中扣除。在中转站，协会聘请专业验蟹师为每一批次上市的螃蟹验明正身。同时，在港、澳、台以及上海、北京、南京、杭州等地采取总经销形式销售，由协会向总经销商授牌并签订协议。协会还聘请了律师团，会同有关部门追究一切销售冒牌货的经营者的民事责任甚至刑事责任。2005年阳澄湖大闸蟹防伪升级，大闸蟹戴上了防伪"戒指"。

2006年，防伪"戒指"继续升级。"锁扣"式地理标志保护防伪标识由地理标志产品保护专用标志图案、专利结构件、数码防伪、DNA生物防伪和版纹防伪等组成。针对有人批量生产假冒"锁扣"的现象，2008年的"锁扣"里面每一个密码数字都达到了12位，并且只能进行一次查询，如果第二次再输入相同密码，则会被告知该密码已经重复使用。打开防伪专用标识背面中心小圆，显示12位防伪数字。通过电话、短信、网络等查询方式，键入防伪数字，根据回复语查验真伪。为了确保在全国各地都能畅通无阻地查询阳澄湖大闸蟹的真伪，消费者可通过电话、短信、"阳澄湖大闸蟹"防伪专网（www.qbssz.com）等方式查询蟹的真伪，正宗的阳澄湖大闸蟹在查询后将会显示它的产地、生产商等信息。

此外，每到销售季节，协会都会提前对销售公司的负责人和质量检验员进行业务培训，强调对每一只即将上市的大闸蟹做到精挑细拣。除了按常规把那些缺胳膊断腿和规格、分量达不到要求的次品挑出来之外，还需按地理标志产品保护要求，对每一只收购的大闸蟹做到"三验一佩戴"——验身份（是不是阳澄湖蟹农）、验数量（是不是按数量要求交售）、验质量（是否达到相关质量标准），全部检验合格后才可以在收购现场完成佩戴防伪标志。同时还要求所有销售公司都必须按照要求做好台账记录，对每笔大闸蟹的收购、销售及刷卡情况进行详细记录。经过这样严格的检验程序挑选过关的阳澄湖大闸蟹，才能发放到各个销售城市。此外，在整个销售季节，协会还经常组织若干个检查小组，对企业进行不定期的检查。督促相关企业严格按要求把好产品质量关。

阳澄湖大闸蟹收购和上市均有严格的标准。

一是规格标准：规格达到雄蟹≥200克，雌蟹≥150克的为特级蟹；雄蟹≥150克，雌蟹≥125克的为一级蟹；雄蟹≥125克，雌蟹≥100克的为二级蟹。凡低于100克的不能称为阳澄湖大闸蟹，也不得使用阳澄湖大闸蟹专用名称和专用标识。

二是理化标准：(1)肥满度：雄蟹≥0.57克/立方厘米、雌蟹≥0.46克/立方厘米；(2)性腺占体重比：雄蟹≥2.0%、雌蟹≥8.0%；(3)水分：雄蟹≤74.05%、雌蟹≤63.0%；(4)粗脂肪：雄蟹≥7.0%、雌蟹≥9.0%；(5)粗蛋白：雄蟹≥14.0%、雌蟹≥15.0%。

三是外观和活力标准：阳澄湖大闸蟹体色是青色、青灰色、青黑色、青黄色等固有色泽；腹呈白色、乳白色等固有色泽；背壳坚硬，光洁，头胸甲隆起；一对螯足呈钳状、掌节密生黄色或褐色绒毛，四对步足前后缘长有金色绒毛；鳃丝清晰，呈乳白色，无异物，无异味，无寄生虫附着；蟹体活动反应敏捷，活泼有力。

以上标准，除理化标准由相关检验检疫部门在每年的8、9、10月3个月中对相关养殖企业和养殖户所养殖的产品进行适时抽检外，其他两项标准均要求相关企业在收购上市前做到对每一只大闸蟹进行认真挑选和严格把关。

加入协会能更好赚钱

贾　枭：我有一个疑问，搞推介、搞宣传，经费必不可少。现在很多地方的协会也常说，"我没钱，没钱怎么干"。在政府还没有完全看到成绩之前，阳澄湖大闸蟹协会闯市场的运作经费，怎么解决的呢？

杨维龙：讲到经费，是这样子的。开始我办这个协会的时候，心里也没有底。但当年胆子比较大，加上很看好这个事情，觉得只要我认真做、有韧劲，就能成事。最初大家没有看到效果，只有17家单位入会，会费很少，只有十几万块钱，主要用来做防伪，因此第一年下来，协会还从外界借了一百多万元，主要是建房子、请人、搞宣传。但运作一年下来后，大家看到了效果，第二年加入协会的人多了，后面越来越多，与此同时会费在那几年也是逐年增加，越来越多的企业主动申请加入。另外，2005年阳澄湖大闸蟹通过国家地理标志保护后，我们在"蟹扣"上收取一毛钱作为费用补贴。这种方式也解决了一部分资金。还有银行也给我们支持。协会的资金就越来越多了。

贾　枭：印象当中，您这个会长启动资金有多少钱？

杨维龙：启动资金三万块钱，向渔管会借的。第一年欠了100万元，第二年就平了，第三年就盈利了。

贾　枭：您卸任会长的时候，协会的资产有多少？

杨维龙：2013年交班的时候，账上有八百万现金，还有一百多万固定资产。

贾　枭：这样协会就有钱了，干事底气就硬了。这是非常重要的。

杨维龙：没有钱，肯定办不了事。但是反过来，钱从哪里来？通过市场运作，价格提升，老百姓得益，大家就会跟着你走。基本上只要你是阳澄湖协会会员，有我们授权的标识，蟹的价格自然就会上去，比没有入会的高出不少。

贾　枭：协会能为会员单位创造背书价值，这些会员单位用了阳澄湖大闸蟹的金字招牌，能向市场要更多的效益，所以这个会费，他也愿意交。

杨维龙：加入协会能使用"金字招牌"，增加知名度和自身价值。比如协会认可的"养蟹第一人"周雪龙，他就有了名气，身价也提高了。

在业内，与阳澄湖大闸蟹一样出名的还有阳澄湖大闸蟹行业协会。杨维龙掌管协会11年期间，协会的主要工作和主要成绩如下。

一、主要工作

1.人员培训和技术指导

①每年举办1～2次面向全体会员的相关知识培训；②每年组织1～2次外出相关业务考察；③每月发行1次面向全体养殖户的简报和相关知识指导；④不定期举办面向各公司验蟹师和电脑操作员等方面的专业知识培训；⑤一年中分阶段、分农时季节进行若干次针对不同对象的座谈交流；⑥每年年终对当年度最佳能手进行总结表彰（实行精神和物质奖励），并组织进行大会交流发言；⑦应会员要求，派员指导相关公司的项目申报等工作。

2.品牌宣传和保护

①每年上市前将当年阳澄湖大闸蟹相关信息在《苏州日报》进行整版宣传，其他电视台、电台和报纸配合宣传；②每年上市前配合当地政府举办一次较大规模的开捕和有关当年渔业生产情况介绍会，同时配合沿湖各地政府开展多种形式的旅游节、文化节等宣传活动；③每年大闸蟹上市后，协会领导都会应会员要求到相关销售城市进行现场推介和宣传；④每年接待来自全国各地多批次党政领导和国内外新闻媒体以及同行的参观考察，进行面对面的宣传交流；⑤每年大闸蟹上市前均委托《水产周刊》制作一期有关阳澄湖大闸蟹等相关知识的专刊，出版了国内介绍单一品种的志书《阳澄湖蟹志》进行宣传；⑥出资请中央电视台拍摄介绍阳澄湖大闸蟹的专题片；⑦每年联合相关执法部门在主要销售城市开展打假活动；⑧对专卖店店招式样等进行统一形象设计；⑨不定期举办一些单项竞赛和推介活动，如"品蟹王"大赛等；⑩承接各级政府布置的各种参会、参展任务，并对相关参会和参展企业进行一定的资金补贴；⑪遇有突发事件，由协会出面

积极应对，并承担相关费用。

3. 市场培育和销售行为引导

①对全国销售市场进行合理划分，并引导实行科学的区域管理；②制定内部规定，规范全国代理（加盟）商销售行为；③制定专卖店开业实施标准；④统一阳澄湖大闸蟹"三加一"主要销售模式（专卖店、超市、酒店、电子商务），从2010年起引导会员全面退出全国农贸批发市场；⑤经常派人赴全国重点市场进行调查；⑥以自律公约的形式，引导会员进行合理竞争，禁止低价倾销等不正当行为；⑦出资聘请专业网络公司为各公司创办网站，并负责各网站的日常维护（包括免费升级、按时统一代交相关年费等）；⑧创办一个属于自己的大型电子商务平台，除少部分费用由会员支付外，大部分由协会统一支付。

4. 种质保护和环境监测

①出资对选购优质蟹种的会员和农户进行现金补贴；②每年6～9月派技术员下湖对当年的大闸蟹生长情况跟踪监测，并及时向会员提供相关信息；③每年派员对相关优质种苗场的生产情况进行跟踪监测，并给予一定的资金补助；④每年联合上海海洋大学、阳澄湖渔管部门和相关水环境监测部门对阳澄湖的水质、土质、蟹种和饵料进行安全监测，并应会员要求及时向他们提供相关数据；⑤出资筹建阳澄湖鱼类、蟹类微型博物馆。

5. 积极参与各类慈善公益活动

如红十字会等各类慈善捐赠，2010年浙江杭州重阳节义卖，2010年阳澄湖花白鲢放养捐款，2012年社会福利院捐款等。

6. 从2005年起对阳澄湖大闸蟹实施地理标志产品保护

在整个行业内探索建立起了从养殖到收购再到上市销售各个环节的具体管理措施，其中包括养殖环节的台账制度，收购环节的"三验一佩戴"制度和销售环节的专卖店制度等。2004年起启动通过苏州市政府向国家质检总局申报实施质检系统的地理标志保护工作，2005年获得国家质检总局的批准，正式对阳澄湖大闸蟹实施地理标志产品保护。

二、主要成绩

1.渔民养殖技术明显提高。越来越多养殖户，摒弃原来传统落后的养殖方式，开始采用生态化、科学化和标准化养殖方式。

2.阳澄湖大闸蟹的规格、质量明显提高。2003年，阳澄湖大闸蟹的市场大规格率（4两雄3两雌）不到两成。到2013年达到4～5成，且质量也有了明显提高。

3.收购价格和市场销售价格明显提高，养殖户的经济利益得到充分保护。协会成立初期，普遍反映养殖者不赚钱、销售者赚大钱的现象。为了改变这种状况，一方面通过向广大销售企业老总做工作，向他们讲清与养殖户的利益共同体关系，引导提高收购价。另一方面，2002—2007年首创了收购指导价——在每年大闸蟹上市前，集中全体会员，协商当年阳澄湖大闸蟹的收购指导价格，通过每人一票一价的形式，最终产生当年阳澄湖大规格蟹（4两雄3两雌）的湖区收购价。这样一调节，各方的利益得到了适当的兼顾，使得价格更加合理，特别是养殖户的经济利益得到了充分的保护。但2008年后不再实施此项操作。

4.阳澄湖大闸蟹的市场占有率和品牌效应明显提高。不仅在传统主销市场继续保持优势，现在连云南、贵州、广西、新疆、西藏等地区也都有了阳澄湖大闸蟹的专卖店。2005年之前在北京、杭州这两个城市，阳澄湖大闸蟹并没有多少知名度，如今这两个城市的正宗阳澄湖大闸蟹的市场供应量和知名度位列全国前列，吃阳澄湖大闸蟹成为一种身份的体现。

5.市场销售秩序明显改善。过去企业之间互不往来，内耗竞争、争端不断，通过法律和政策培训，特别是通过实施原产地域产品保护措施，经常联合工商、质监等执法部门进行市场打假，以及协会内部一系列规章制度的约束，大大提高了广大会员的法律意识和大局意识。现在会员之间，既是竞争对手，又是合作伙伴，更是大家庭中的一员。平时有了矛盾和纠纷，绝大部分会通过双方协商解决，实在解决不了的都会主动找到协会帮忙解决，有了这样一种氛围，矛盾越来越少，合作越来越多，市场销售秩序明显改善。

6.湖区生态环境得到明显的改善。过去养殖户以养多养少论英雄，现在通过示范引导，都以养好养大比本事。同样的水面，通过投螺、种草、放养花白鲢，想尽各种办法把自己承包的养殖环境搞好。每个小环境的生态搞好了，整个湖区的生态环境得到了明显的改善。

7.会员的经济实力和市场竞争力大大提高。刚开始组建协会时，只有17家企业发起，且大部分经济实力都不强。当时这些企业的老总到协会开会时，开的车大部分是普桑和其他牌子的二手车，有的甚至是骑着自行车来的。现在协会的年会成了会员的新车展示会，而且都是一些大品牌车。大家深深地体会到了成立协会的必要性和抱团取暖的巨大优势。

8.协会自身得到了壮大和发展。刚成立协会时，仅靠3万元起家。第一年和第二年还是亏本运作。最多时账面负债100多万元。通过近10年来的不断努力，现在协会的经济实力和服务能力都有了很大的提高，特别是会员缴纳会费的积极性很高。会员数从组建时的17家到2013年的300多家。有了经济实力，协会又可以为全体会员提供更多更好的服务。（注：以上这部分内容来自杨维龙的总结。）

身任阳澄湖大闸蟹行业协会会长期间，杨维龙受到的争议和"针对"也不少。但秉持"不拿协会一分钱，不领协会任何福利"的原则和底线，让他身正不怕影子斜。即便有人传言他挟带私利为蟹商吆喝，或者怀疑占了"干股"，直到退休，他的官方身份都是苏州市阳澄湖渔政管理站站长，阳澄湖大闸蟹行业协会会长其实是兼职。协会的账目每年由上级部门审计，还有离任审计，审计结果都符合要求。

品牌建设的"五点经验"

贾　枭：2002—2012年，这10年是阳澄湖大闸蟹品牌打造从0到1的飞跃阶段。回过头来看，您觉得这当中最有价值的、能让更多农业品牌建设者借鉴或避免的经验、教训是什么？

杨维龙：我想品牌运作，包括其他品牌可以借鉴的地方，是不是能够从这五个方面来总结。

一是善于挖掘。发现当地有哪些资源值得打品牌。

二是要提炼价值和重视包装。阳澄湖大闸蟹，原来是很土的"地摊货"，我们就提炼出了有关它的一些民间的、历史的故事，包装形成美好的传说。除了进行文字包装宣传之外，实物也要进行包装。

三是善于推广。前面讲的"三级联动"，以及跟媒体的互动等，要挖掘宣传真人真事。

四是开拓创新。这不光是某一个人的事情，要发挥当地企业的积极性，使他们动起来，协会起到鼓动、支持、推动的作用，真正开展市场营销的还是公司，他们动起来了，才能全盘活。从那时候的专卖店、超市、酒店到现在的电商，我们推广的是"3+1"营销经营模式，不断根据时代、市场变化创新，而企业也在这个过程中不断丰富自己的营销方式和经验。

五是精心维护。出了问题不"打假"，或者发现问题不敢去纠正、怕得罪人，不主动处理问题，维护这个品牌，最后是会出问题。

发挥优势，整合全国，壮大本地

贾　枭：阳澄湖通过拆网，养蟹水域面积从十几万亩减退到了几万亩，大量减产背后市场供不应求，而其他地方的大闸蟹层出不穷，产量比较高。我注意到，您也曾提出如何去创新发展阳澄湖大闸蟹产业，当时有哪些思路？

杨维龙：实际上，这个问题一直困扰着我，可能今后还会长期困扰整个阳澄湖大闸蟹产业。有这样几个矛盾。

一是，阳澄湖大闸蟹的原产地化与全国乃至全世界营销之间的矛盾。生产在本地，市场在全国，供求关系严重倒挂。

二是，一家一户为主与市场大流通之间的矛盾。要做大品牌，就要标准化，就要尽可能避免或者减少一家一户的生产。最早的时候，协会和政府领导的想法其实是想把阳澄湖统起来，成立一家集团性公司，这样更好维护、壮大品牌。但是矛盾、阻力比较大，因为沿湖四个县区，大家都有想法，我们写报告给市委、市政府，领导也看到了，但是推行很难，到现在这个问题依旧存在。

三是，"本地管理"矛盾。我国政府的管理是属地化的，也就是说，苏州市质监部门或者工商部门，它只管苏州市的，全国的市场它不管、也管不了。那时候，我们去全国打假，很难叫动当地部门配合。当地会说，"这个品牌是苏州的，叫我去打假？有点多管闲事"。要缩小这里面的"矛盾"，就要尽可能把品牌提到"国家品牌"的层面。地理标志是国家批准的。我建议，品牌虽说是属于某一个地方的，但应该是全国一盘棋互动。

打假问题也困扰着我。原来我们尽量抓住一百家会员公司，后面会员越来越多，要求加入的人太多，不让他加入也不行，但管理难度大了。

所以后期，我想能不能走两条路。一条是，利用阳澄湖大闸蟹会员五大优势——品牌资源、养殖技术、销售渠道、资金优势、团队力量，动员品牌母公司做精做细。阳澄湖大闸蟹，数量就这一点，量上不去就求做精，质量越来越好，价格也可以再提高，赚的钱应该不会比原来少。另一条是，利用刚才讲的五大优势，跟周边、全国各地的蟹农、蟹企联合、扩大，多多益善，这个扩大量就会"无穷"大，但是不以阳澄湖大闸蟹，而是以某某牌大闸蟹名义出现。这样我们利用这五大优势，带动当地的、各地的蟹农一起发展。他们没有经验，我们有经验；他们没有市场，我们有企业。

贾　泉：也就是在本地的资源禀赋有限之下，通过做"精"，真正把价值做出来，同时也利用阳澄湖大闸蟹产业当中所累积的各项优势，去整合经营、引导带动，通过外部资源再去发挥、挖掘它更大的作用、价值。

杨维龙： 是的。把我们的标准、技术、资源都利用起来，大家围绕着你转，尽量地按照统一的标准、模式做。这样这盘棋可能就活了，既有中间突出的部分，又有其他闪耀的地方，也能减少假冒行为。因为其他大闸蟹用其他品牌同样能赚钱，而阳澄湖大闸蟹这块"旗帜"也永不倒，整个大闸蟹行业不断"江山壮大"。

除了以上这些，我们还考察过，环绕着阳澄湖 3 ~ 5 公里之内的鸡、鹅、鱼、青菜、萝卜、茭白……品质跟其他地方是不一样的，可能矿物质不一样。所以我曾经想通过这"一蟹"带动其他的"一盘菜"。

贾　枭： 按照您所理解的，通过阳澄湖大闸蟹，如何做大这块土地上的经济，其实有多种可能的路子。一种是您谈到的把产业继续做精做细，整合联动延伸产业链；另外利用阳澄湖大闸蟹的知名度去给本地其他农产品赋值，这其实也是我们现在讲的一二三产业融合。

杨维龙： 实际上，现在基本上也形成这种模式，像阳澄湖周边农家乐有几千家，但它们也要（被）管理起来，不能让它乱了。我想，如果大家从大局着想、全方位考虑，把生态环境、农产品资源通过品牌的运作，都利用起来，就能带动更多的老百姓致富，带动当地经济更好地发展。

贾　枭： 您讲的思路其实就是要用一只蟹撬动更大的"蟹经济"。事实上，现在阳澄湖大闸蟹品牌经济已经是一笔"大账"。从一产来看，阳澄湖大闸蟹的产值才几个亿，但因为有这一只"蟹"，整个阳澄湖度假区兴起了大大小小超过 500 家的以吃蟹为特色的农家乐。而在整个阳澄湖的周边，包括常熟等其他县（市、区），有 3000 多家"吃蟹"的农家乐，这个产值已超过百亿元了。阳澄湖大闸蟹不仅有一产养殖、二产加工，也有三产的商贸、旅游及产业服务等。每到中秋节前后，来自全国各地的"吃蟹大军"齐聚阳澄湖，让整个阳澄湖地区的老百姓得到实惠。从这个意义上说，"阳澄湖大闸蟹"达到了品牌经济的"最高境界"——让许多的人，因为"一只蟹"而受益。

专家点评

雷 明

北京大学光华管理学院教授、博士生导师

北京大学乡村振兴研究院院长

在中国，阳澄湖大闸蟹代表着卓越的品质和价格高企的美味。然而，这一带有地域标志的品牌，其成功并非一蹴而就，它是经过了一系列创新打造，才有了今天顶级品牌的地位。访谈揭示了如何通过管理改革和品牌建设，使濒临破产的阳澄湖大闸蟹产业从起死回生到发展壮大，逐步成为目前中国人餐桌上的高端消费品。科学精细化的大闸蟹养殖不仅提高了大闸蟹的品质，还改善了阳澄湖区的生态环境；多维度的营销手段，提升了阳澄湖大闸蟹品牌的知名度，带动了农家乐等旅游项目，延长了产业链，带动了阳澄湖湖区的产业振兴。

阳澄湖大闸蟹的品牌建设，有几点独具特色。

1. 大刀阔斧缩减养殖规模。为改变超负荷利用阳澄湖无序养殖大闸蟹，导致阳澄湖生态破坏，湖区螃蟹产量大，质量差，养殖户低价倾销，生产效益极差的乱象，2002 年政府开始干预，大规模减少养殖面积，借款补偿螃蟹养殖户。

2. 科学养殖。做到标准化作业、专业培训、适时跟踪，确保阳澄湖大闸蟹名不虚传，质量更胜一筹。

3. 产品专卖。通过授权的方式，保证商品在高端市场销售，树立高端品牌形象。"专卖"一石多鸟，还配合了打假，让那些阳澄湖大闸蟹非专营店心虚、让那些从非专营店买带着阳澄湖大闸蟹防伪"戒指"的人心虚。

打造阳澄湖大闸蟹顶级品牌的系列做法，对改变农产品量大、质弱、价低的现象，有所裨益。

赣南脐橙

"非常之道" 成就 "非凡之橙"

>>>>>>>>>>>>>>>>>

访谈嘉宾

曾新方：赣州市原政协主席

余承铨：赣州市原果业局局长

廖明生：赣州市赣南脐橙协会会长

王喜龙：赣州市果业发展中心党组书记、主任

2023年5月11日，"2023中国品牌价值评价信息"发布，赣南脐橙以691.27亿元的品牌价值，位居全国区域品牌（地理标志产品）第五位、水果类第一位。这已是赣南脐橙连续9年位居全国区域品牌（地理标志产品）水果类榜首。

"这颗橙子"从产业萌芽开始至今有52年，但发力打造品牌也就二十几年时间，就坐上了我国水果品牌"头把交椅"，成为媲美百年品牌美国新奇士的全球知名脐橙品牌。现今，赣州被誉为"世界橙乡"，脐橙种植面积世界最大，形成了总产值达195亿元的产业集群，带动了100万农村劳动力就业，成为我国农业特色产业发展的一面旗帜。

难怪很多人都感叹：赣南脐橙是一个"橙色传奇""产业神话"！它的这种跨越式发展除了让人惊叹艳羡，也让人不禁发问：赣南脐橙凭什么走到今天？

2022年3月，农本咨询课题组奔赴江西赣州，解密"橙色传奇"。

"洋橙"生根赣州，有偶然也是必然

脐橙偶然来到赣州

对于"江西南大门"赣州来说，"红色"是最鲜明的底色。赣州是革命老区、人民共和国的摇篮，"红色故都"瑞金就在这里，举世闻名的红军二万五千里长征从这里出发，创造了人类历史上的伟大奇迹。进入新中国，由于战争创伤，加上交通条件、产业结构等因素的限制，当地的经济发展一度非常落后。

20世纪60年代，寻乌县在该县城郊长举崇建起了赣州市第一个国有园艺场，在红壤山坡上试种温州蜜柑取得成功，带动了信丰、安远、宁都和大余等县一批园艺场的建设。按照当时的情况（当时赣州主要种的是蜜橘和冰糖橙），如果不是命运偶然的安排，赣南老区的"橙色传奇"或许将是另一部完全不同的历史。

1971年，在信丰县安西园艺场担任技术员的袁守根前往湖南邵阳选购柑橘苗，在买好近2万株蜜橘苗后，还有一些购苗指标，怀着试试看的心情，将152株"华盛顿"和4株"罗伯逊"脐橙带到了信丰园艺场。当时的袁守根或许很难想象，这100多株脐橙苗将会在赣南掀起怎样的风暴，并彻底改变一类水果在中国的命运。

600多年前，我国优良甜橙传入欧美，发生枝变，脐橙由此而来。其果面光滑，果实呈椭圆形，味香汁多，风味浓郁。不过在万千水果之中，这个无籽水果对生长环境是尤为"挑剔"的那一类。

脐橙喜温，最佳生长环境要求年平均气温17～20℃，年日光照射时间1200～1700小时，年降水量1000毫米以上……放眼全球，能满足它生长要求的地方不多。100多年前，这个有着中国柑橘血统的"洋橙"就已经漂洋过海，回到了中国，落脚在浙江、湖南、贵州、广东等地，但引种效果并不理想，品质表现平平，直到与赣州相遇……

1976年春季中国进出口商品交易会（简称广交会）上，20来个赣南脐橙在会上大放光彩，引起市场高度关注。同年，赣州地区对外贸易公司与信丰县安西园艺场签订《关于出口脐橙基地扶植生产投资协议书》，要求将脐橙从100多株扩到200亩，并要求"优先供应出口"。随后，赣南脐橙在香港上市，卖出36港元1公斤的高价，口味被认为超过美国脐橙。"一棵脐橙树，相当三口猪"渐而成为流传在赣南百姓中的佳话。

1979年元月，赣南脐橙迎来了它的"准生证"——外贸部、国家计委批复江西省革委会，同意在江西省建立三万亩脐橙基地，其中信丰县两万亩，大余县、宁都县各五千亩。这前后3年时间内，原国家外贸部在信丰、宁都和大余等地建立了3个外贸脐橙基地。

科学家、政治家共谋发展

虽然脐橙品种在赣南一"出道"就出彩，但放到产业的维度来看，彼时的赣南脐橙充其量算是个出类拔萃的产品，离"产业"还尚早。

1980年，中国科学院南方山区综合学科考察队对赣南地区进行长达17个月的实地考察后，撰写了《赣南柑橘基地综合考察报告》，提出"赣南是得天独厚的柑橘产地，应尽快成为江西省和全国柑橘发展的重点地区之一"。

但柑橘品类众多，到底"种什么"？当时大家众说纷纭：有的主张继续种植温州蜜橘，有的主张发展兴国甜橙和湖南大红甜橙、冰糖橙，还有的主张种植能抗冻的茯苓夏橙。

就在这时，脐橙遇到了它的伯乐——我国柑橘学科奠基人之一、华中农业大学教授章文才。1979年，华中农业大学从国外引进了8个脐橙新品种，在全国进行布点试种和生态适应性评价。其中，纽荷尔、朋娜、纳维林娜等品种在赣州市柑桔科学研究所、信丰安西脐橙场、宁都田头脐橙场（三个评价点）种植成功（纽荷尔为目前赣南脐橙绝对主力品种）。

1990年11月，赣州市科技部门组织专家对当地脐橙试种项目进行验收和成果鉴定，现场测产亩产达到了2964.18公斤，为当时国内同类研究的最好成绩。章文才教授亲临鉴定现场，看到试验园脐橙树结果累累，果大、色艳，吃起来风味浓郁，连声叫好："这是全国第一个脐橙新品种试种成功的典型。"

章文才教授等提出：最适合赣南种植又具有世界市场的，就是脐橙，并且首先考虑引进美国脐橙优良品种。

赣州是丘陵山区，有山地面积4560万亩，地处中亚热带南缘，具有种植脐橙得天独厚的气候条件和丰富的山地资源。章文才随即向江西省委、赣州地委领导建议：大力发展脐橙生产。

有了权威科技专家的定论和团队支撑，赣州地委作出优先发展30万亩脐橙的决定，吹响了赣南脐橙发展的号角。但彼时赣南脐橙种植仍以国营、集体种植为主，零星有个体农户种植。大家对赣南脐橙产业到底该采取哪种经营模式尚难定论。

1982年开年第一天，中共中央发出了名为《全国农村工作会议纪要》的关于"三农"问题的第一个"一号文件"，对正迅速开展的农村改革进行总结，肯定了家庭联产承包责任制。这为赣南发展脐橙产业指明了方向，解除了大家的思想包袄，一时间赣南人大张旗鼓地开启了脐橙产业开发。

1991年，中共江西省委、省政府提出"在山上再造一个高效益的江西"战略。赣州地区将发展脐橙作为调整农业结构、促进农民脱贫致富的突破口和着力点，实施"兴果富民"战略。

为确保这一战略顺利实施，此后两三年内，赣州成立了市、县两级果业局，分别为正处、正科级行政建制，负责本地果业行政管理和果业产前、产中、产后服务工作。赣州地委连发三个"决定"，年年动员、号召种脐橙，安远、信丰等地农民纷纷从沿海工厂返乡，重新扛起锄头向山地进军。脐橙开始取代宽皮柑橘的主体地位。

战胜自然灾害，终成主导产业

好事多磨，就在脐橙成为当家主力品种不久，1999年，一场百年不遇的霜冻灾害对赣南脐橙产业发出了挑战。这场冻灾，对很多以脐橙种植为主要经济来源的果农来说，始料未及，一时束手无策。

此时，赣州市领导层虽已将果业定位为农业的主导产业，但具体到哪个品种占主导地位，实际上仍处于模糊状态。当年，赣州全市柑橘总面积约110万亩，总产量约27万吨，其中脐橙面积32.88万亩，产量4.76万吨。与脐橙争夺"领头羊"位置的还有蜜橘、柚子等。这场突如其来的大冻灾，给赣南脐橙产业当头一棒，一些果农打起了改种橘子的主意。

就在这个艰难关口，章文才教授的研究生邓秀新接过了导师手中的"接力棒"。对于赣州种植脐橙的优越性，邓秀新态度坚定，他认为赣南地区是国内少有的适宜发展优质鲜脐橙的地区之一，脐橙产业的形成和发展将会拉动赣南经济的快速发展，加快当地脱贫致富的步伐。在赣州市政府的统一安排下，邓秀新率领"科技大军"直奔赣州脐橙园，他亲自为县级以上干部授课，他的同事和学生则奔赴各县，分头讲解普及脐橙特点、在赣州种脐橙的可行性、脐橙种植养护等知识。这场前所未有的大规模"科技下乡"，被邓秀新视为"生死保卫战"，要保住的是老百姓对脐橙和科学的信心。

在邓秀新及其同事的循循善诱下，大家逐渐相信此次霜冻只是偶然事件，并非根本性打击。此后，十几年间，赣州又发生了几次严重霜冻灾害，但都未动摇过赣南人种植脐橙的信心。因此，在当地果农中一直流传着这样一句话："种脐橙可以不认识县太爷，但不能不认识邓教授，是他给我们带来了希望。"邓秀新现今为中国工程院院士、中国工程院副院长。

守得云开见月明。从引种试种，产业小试牛刀，到经历考验、坚定信心，前后30年，赣南大地上终于坚定地竖起了"脐橙"产业大旗，同时也酝酿着一场产业的腾飞。

直面新奇士，三五年干上百万亩

中美脐橙正面"交火"

2001年注定是不平凡的一年，这一年中国结束长达15年的漫长谈判，终于迎来了"入世之夜"。在这段艰难的谈判征途中，最艰难的是农业。在巨大的机遇与挑战面前，中国农产品如何在国际市场赢得一席之地，是摆在中国农业面前的时代大拷问。

为取得加入世界贸易组织（WTO）资格，我国取消了对美国柑橘、肉类、小麦的进口限制。面对来势汹汹的进口产品，早在2000年底，中国入世前夕，农业部就组织种植业管理司、华中农业大学、中国农业科学院柑桔研究所成立专题考察组到赣州考察，最后得出结论：赣南柑橘产业特别是柑橘栽培的进一步发展，将对我国加入WTO之后，抵御外国柑橘的入侵，特别是美国脐橙对我国柑橘产业的冲击，具有十分重大的意义。赣南被认为是"加入WTO之后中国柑橘业的希望所在"。

刚刚重振信心、崭露头角的赣南脐橙，一下子被推到时代浪尖上。但显然，彼时大家都充满了担忧。中国入世时，为美国新奇士橙进入中国的问题，农业部和美国谈判，想让新奇士晚一些进入中国市场，担心其进入中国后会将初露锋芒的赣南脐橙产业扼杀在"起点"。"这种担忧"也是当时国内众多水果从业者内心的真实写照。当时中国果业尚在"襁褓之中",面对即将来袭的发展成熟的国外"水果联军",大家心里都没有底。

对于广阔的中国市场,拥有巨大规模和品牌优势的"美国新奇士们"已经垂涎很久。20世纪90年代末,新奇士通过"非正常渠道"进入中国的数量每年就超过6万吨,而当时的赣南脐橙产量不到5万吨。拿到中国市场"正规牌照"后,当时的新奇士协会主席就夸下海口,"未来五年将向中国出口5亿美元的柑橘"。曾在赣州市果业局担任十年局长的余承铨回忆在美国参观新奇士生产基地时的情景,不禁感叹:"机械化生产程度之高令人难以想象,电脑自动化管理,果农开飞机巡视,一户美国果农种植面积相当于500户左右赣州果农家庭种植面积,严格的品质标准……"

面对如此强大的竞争对手,在"大国小农"土壤中成长起来的赣南脐橙如何应对?当时《南方周末》曾做出这样的预言:"新奇士橙只是中美农业较量的一个开端,更大的较量在后面,也许我们能够通过一个个较量使自身强大起来。"

打造"世界一流脐橙基地"

时代的洪水猛兽,焉知非福?在期冀、怀疑、忐忑之中,站在21世纪大门的赣南脐橙早已做出了选择,一场跨越式"橙色腾飞"即将到来。

2001年,在各方期冀下,赣州市委、市政府做出了"做大做强做优赣南脐橙产业,把赣州建设成为全国第一、亚洲最大、世界著名的脐橙主产区"的战略决策。第二年,《关于加快赣南脐橙产业发展的决定》提出,2002—2005年每年新开发16.5万亩,至2005年全市脐橙新增66万亩,总面积达到100万亩。这与当时美国加利福尼亚州的脐橙种植规模(96万亩)旗鼓相当。同年,农业部在全国柑橘优势区域规划中,将赣南脐橙产区和长江三峡柑橘产区等列为优先支持发展的国家优势产业区域。随后从中央到江西省政府、赣州市政府,各类支持脐橙产业发展的项目、资金、政策倾泻而下。

2003年，农业部发布《优势农产品区域布局规划（2003—2007年)》，将赣南脐橙列为国家规划，提出把赣南建设成为亚洲最大优质鲜食脐橙生产基地。之后又将赣南脐橙产业列入2008—2015年新一轮优势农产品规划支持产业。

此时，赣南脐橙种植方式受小农经济思想影响，大多以一家一户或集体股份制种植为主。受资金、土地、劳动力等制约，一户种植大都只有几百株到上千株，果业大户的界定很模糊。在信丰、安远、寻乌等主产县区，一二百亩的，可称为果业大户，而在非主产区有个30亩，甚至10亩，当地政府也称之为果业大户。生产管理上，大家更是各自为战，山头种植开发东一块西一块，品种、规模、品质各异。

"中国所有人都将因这一变化而有所变化，应对入世，最重要的一点应该就是观念的变化。"中国加入世贸组织首席谈判代表龙永图谈到加入世贸组织对中国的影响时，点出了"真谛"。显然，赣州当时这种典型的"小农生产"很难与外国高度集约化、现代化经营的模式相抗衡。改变势在必行，但到底如何改？

彼时，还在安远县任县长的曾新方，在全县创新采用"五统一分"等模式，在县里把脐橙产业搞得有声有色。"当时主要做了两件事：第一，政府统一规划山地流转，属于你的山你愿意种就自己种，不愿意种就流转给政府（收租金），政府去找人种；第二，政府拿钱修路、拉电、通水，完善基础设施。"曾新方回忆，这些都是一家企业、一家一户做不了的事情，必须由政府来统一主导。

"五统一分"，即坚持户办、联户办开发经营为主，按照"统一山地流转、统一果园规划、统一开发整地、统一采购苗木、统一栽植、分户管理和受益"的开发模式，鼓励引导有条件、有能力的农民自主开发脐橙产业。

这种发展思路为大干快上的赣南脐橙产业指明了一种方向。此次赣州提出的"扩大生产规模"，一方面要扩大单户生产规模，另一方面还得着力扩大连片生产规模。全市从市、县到乡镇，在努力扩大生产规模的同时，强调连片开发，制定了连片开发规划。

2002年，一场被所有赣南人视为脐橙产业大转折的"安远誓师大会"正式掀起了新一轮脐橙开发热潮。如今，曾新方回忆起这场誓师大会，仍然十分激动："当时市、县、乡镇党政主要领导共800余人参加，这是非常罕见的。因为一个三级干部大会到一个县里面开，在以前就没有过。"

而对于赣南人来说，很多没有见过的事情才刚刚开始。

"不种脐橙的干部不是好干部"

从这时开始，赣州从市到县到乡镇，层层下达脐橙种植任务指标，号召干部带头种脐橙，并纳入工作考核。

安远和寻乌县分别提出建设"中国无公害脐橙第一县"和"世界脐橙名县"的目标。这让原本是脐橙种植第一县的信丰倍感压力，提出了"没有脐橙园的干部不是信丰的干部"（后改为"不种脐橙的干部不是信丰好干部"），并规定了不同层级的干部应该开发的脐橙园指标（一般干部10亩以上，科级干部20亩以上，县级干部30亩以上），将完成任务与否同年终考核、晋级挂钩，第二年还没有完成任务的干部将被扣除一部分工资，同时也鼓励条件较好的干部发展脐橙。

一时之间，全体干部人手一把卷尺、一把锄头、一顶草帽、一只水壶、一条毛巾、一双解放鞋、一床草席、一本技术手册，带头穿梭活跃在荒山野岭，将荒山一点一点变成了连片成林的脐橙园。

在上下"大动真格"之下，赣南脐橙每年增加10~20万亩，三五年时间就干到了上百万亩。这一阶段，全市新开发连片500亩以上的脐橙园超过一半，通过互换、转让、租赁等形式，实现的土地流转面积和流转量前所未有。赣南脐橙栽培管理水平也处于全国先进行列，全市坚持先规划后开发，利用丘陵山地开发种果，不与粮食争地，大力推广"五统一分"模式、"三保一防"（保水、保土、保肥、防护林）建园技术、"三大一篓"（大穴、大肥、大苗、营养篓）种植、"猪—沼—果"生态开发等，成为南方山区综合开发的楷模。

2005年，赣南脐橙产业规模已达到上百万亩，随后赣州市作出"把赣南脐橙培植壮大成超百亿元产值的优势产业集群"的战略决策，力争到2015年全市脐橙面积达到300万亩，产量达到200万吨。但产业的重心已不仅仅是规模开发，开始向品质、品牌和产业链后端延伸。各类以市、县、乡镇或基地为单位的果业协会等合作经济组织相继成立。

后来，面对市场供需变化，赣州又果断调整了脐橙种植目标，将鲜食橙的长远规划面积压缩到165万亩，并引导有热情的农民改种加工橙，明确发展90万亩榨汁橙，发展早熟和晚熟脐橙。这一"结构调整"的决定，将当时赣南脐橙供应鲜果的时间由原来11月至来年3月延长到了10月至来年7月。农夫山泉等一批大企业纷纷落户这里开设橙汁工厂。2007年赣州市宣布取消向各县市下达果业开发面积指标。

就在规模追求开始减速的同时，一场关于品牌建设的起跑，则已按下了加速键。

"抬头看市"，"计划手段"打响世界品牌

迈进21世纪，在瞄准规模建设的同时，赣州也瞄准了市场，提出"打造品牌，主攻营销"，打响"赣南脐橙"世界品牌。目标很高远，但到底如何"通罗马"？对于市场意识刚刚觉醒的赣南果业人来说，品牌尚是新事物，市场变幻莫测，一切皆待摸索……

"赣南脐橙"有了"同一名字"

20世纪90年代前赣南地区脐橙品牌基本还是空白，之后江西提出"山上再造"，脐橙在赣南广泛种植，并由原来的主供出口转为国内销售，其间"信丰脐橙"因种植和规模的先发优势，成为业内认知的"主要品牌"。2000年前后，安远、信丰、寻乌、大余和宁都是赣南脐橙主产区，5县脐橙总产量占到了赣南脐橙总产量的四分之三。外地果商到赣州来，基本就往这几个县跑，似乎只有这几个县种脐橙。但实际上从这几个县卖出去的脐橙不少是从赣州其他县调过来的。当时信丰县抓果业的负责人"调侃"：在南昌等主销市场几乎都打"信丰脐橙"的牌子，但真正产自信丰的脐橙还不到三分之一。

　　同时，当时在赣南已有不少的脐橙经营公司，如杨氏果业、三百山果业和绿萌果业等，主要从事脐橙销售。因此，市场上既有以产地命名的品牌，如"信丰脐橙""三百山脐橙"等，又有众多企业品牌，如"橙哥""将军红"。各地方、各企业之间互相攀比，"品牌"一盘散沙。与此同时，随着脐橙的大量挂果，销售压力大增，小农户与大市场之间的矛盾愈发突出。在脐橙的成熟季，果农们为顺利出手，互相压价，果农和企业互相违约、品质难控时有发生。

　　这种无序化、违背市场正常规律的操作，显然不利于当地产业良性发展。但作为"一市一业"，赣南脐橙涉及十几个县（市、区），如何管理、发展的确是个棘手的问题。当地政府做过多次探索。

　　1997年，赣州的管理者们大胆改革，将信丰脐橙场、寻乌园艺场、安远孔田采育林场等6家国有优秀企业进行重组上市，打造了中国柑橘产业的第一支股票"赣南果业"。当时远在大洋彼岸的美国新奇士脐橙公司还发来贺电，称他们终于找到了一个强有力的世界性竞争对手。赣南果业被寄予打造中国果业生产"航空母舰"的厚望，其主要任务就是要助推赣州特色产业和地方经济发展。

　　这次资本化运作的探索，的确在当时为赣南脐橙产业注入了一剂强心针。但要依靠一家龙头企业带动，将千家万户的小生产引入千变万化的大市场又谈何容易。赣南果业成立的初衷是好的，但之后的运营却"事与愿违"。2003年其所有权易手，留给政府方面的股权已经很少。

　　完全交给市场行不通，依靠龙头企业也难行，产业到底怎么干、怎么管？

　　2003年，面对当时混乱的"品牌局面"和产业乱象，赣州市政府向国家质检总局申报"赣南脐橙"地理标志保护产品，同年下发《关于加强我市脐橙品牌管理的意见》，强势推出区域公用品牌——赣南脐橙，推广使用地理标识，对赣南脐橙实施地理标志产品保护。

　　2004年，"赣南脐橙"被国家质检总局列入中华人民共和国地理标志保护产品名录；2009年10月21日，"赣南脐橙"地理标志证明商标获得国家工商总局商标局核准。

按照"统一品牌、商标各异、注明产地、政府引导、统一管理"要求，赣州市所有符合标准的脐橙果品统一使用"赣南脐橙"品牌。具体管理要求为"五统一"（统一开采时间、统一包装设计、统一宣传口径、统一产品形象、统一"赣南脐橙"商品名称）、"四区分"（分各自商标、分不同品种、分果品等级、分产地或企业）、"三不准"（不准染色、不准假冒、不准以次充好）。

此举一出，就像久旱逢甘霖，得到了全市果农的积极响应。赣南脐橙从此有了规范化的身份标识和品质保证，在市场形成了强劲的"赣南脐橙"向心力。值得一提的是，赣州市政府不仅出手统一了品牌，还提出了"母子品牌"管理模式，也就是"赣南脐橙品牌母商标＋企业品牌子商标"。

这一举动，在当时来看，无疑是大胆的创新。

区域公用品牌的好处显而易见，但弊端也无法回避。赣南脐橙作为"一市一业"的产业，涉及下属18个县（市、区）。廖明生在谈到对这一做法的看法时表示，只有实施"母子品牌"战略，才能解决好产权分离的问题。赣南脐橙协会虽是品牌商标的注册者、拥有者，但是使用者是赣南范围内的所有人，产权是分离的，很容易造成"有人用品牌，没人维护、承担责任"的局面。"母子品牌"战略为解决这一问题提供了一种有效的解决办法，为推动脐橙产业向规模化、集约化、品牌化发展创造了强有力的支撑。

事实上，赣南脐橙的这一创新，也为区域公用品牌建设的后来者们提供了宝贵的经验。"母子品牌"架构是目前我国农产品区域公用品牌建设主要的品牌管理模式。

造节、广告双管齐下

时间还是21世纪初。彼时的赣南脐橙处境很尴尬：一方面它被业内视为"抵御国外脐橙产品入侵的桥头堡"，另一方面它在市场上却籍籍无名。

2001年年初，时任赣州市果业局局长余承铨跟随领导进京，向农业部汇报赣南脐橙产业发展情况，大家对赣南脐橙品质赞不绝口，但很多人也表示还没有听说过赣南脐橙，在市场也没有看到过。这让进京汇报工作的一行人立马意识到，长期以来埋头搞生产，赣南脐橙销售局限于地方市场，对外宣传亟待补课。

如何迅速引起市场关注？从农业部归来，余承铨一直琢磨着这件事。当时国内外产业节庆红红火火，成为一地产业营销的超级窗口。"能不能举办个赣南脐橙自己的节日？"在请教专家、果农之后，余承铨认为赣南脐橙办节条件已经成熟，他随即写报告向市里领导汇报。几天后，赣州市委常委会便通过了举办脐橙节的提议。

2001年11月18日，在赣州市新建成的"南北大市场"广场上，首届脐橙节热火朝天地开展。来自17个国家和地区的700多位客商和各界代表、宾客共3000多人云集赣州，与数以万计的赣州人共庆佳节。自那以后，这个因"赣南脐橙"而诞生的节庆，年年举办，不断创新，时至今日几乎从未间断。

举办节庆不难，难的是坚持和创新。有人评价说，赣南脐橙是"一个很会过节的橙子"。除了节庆内容上"花样"层出不穷，其紧跟市场创新办节的思路亦颇具"看点"。

2007—2008年，赣南脐橙大规模进入市场，价格很高，但从2009年开始，价格就逐渐降了下来。这个信号很快被当地捕捉——全国脐橙量已经上去了，必须加紧拓展市场。2009年，出于开拓国际市场考虑，脐橙节升级为"国际脐橙节"，从本地节庆上升为由赣州与农业部、江西省人民政府共同举办的国家级盛会，为出口企业汇聚了大批国际客商资源。

2013年，紧跟市场变化，脐橙节再次升级，搭乘互联网，举办网络博览会。当时，赣州市与淘宝网牵手，进行了首次网络销售。在淘宝网特色中国之原产地标馆页面上，赣南脐橙链接图片放在了醒目位置，以团购和秒杀的方式进行赣南脐橙销售。当时的盛况，用当地一家专门从事果品销售的企业负责人的话来说，"流量暴击，客服、打单、包装，忙都忙不过来"。

就在脐橙节如火如荼开展的同时，赣南脐橙的广告宣传也开始加码。2008年开始，赣州市采取"三个一点"（省里面争取一点、市里面补出一点、18个县市各筹措一点）筹措近2000万元资金，连续5年先后在央视一套、二套、三套、七套、八套及各省（市）主要城市电视台和其他媒体投放赣南脐橙广告，强势开展赣南脐橙品牌宣传。

当时，对于政府花几千万元打广告，很多人"颇有微词"，认为这是"真金白银打了水漂"，还不如把钱用来搞产业硬件建设来得"实在"。但广告播出后，带来的"名气"却是实实在在的。

借助持续开展的脐橙节和"大手笔"广告，2011年，"赣南脐橙"区域公用品牌价值评估达32.11亿元，在参与评估的185个品牌中居第八位，柑橘类品牌第一位，同年赣南脐橙品牌被认定为中国驰名商标。

"一盘棋"下打响"城市攻坚战"

不过赣南脐橙名气虽说是有了，落脚到市场，还得实实在在把销售搞上去。

2008年，全国脐橙量已经上来，还是依赖原来的销售半径肯定不行。且当年在金融危机影响下，赣南脐橙在国际市场也遇冷。

中国是一个巨大的市场，对优质水果需求量很大。走出去主动出击，扩大销售半径，自然成为当地的又一"重头戏"。但到底如何开展？

不得不承认的一个事实是，美国新奇士橙在高度组织化、专业化下实行的"利益共享、风险共担"的市场运作模式，赣南脐橙受内部组织化、专业化以及市场观念等影响难以照搬模仿，但这种"一盘棋作战"的思想，在当地产业决策者的脑海中已经"种下"。

2008年，赣南脐橙市场营销第一个"三年规划"（"赣南脐橙市场营销体系建设方案"）出台，时间跨度2009—2011年。之后赣南脐橙营销"五年规划"（2012—2016年）相继出炉。这两个规划的重点内容，就是常被提及的"分任务主攻城市战略"。

从2008年起，赣州市将全国300多个30万人口以上城市的市场开拓任务全面分解到县（市、区），探索实施主攻城市营销战略。为了保证这一战略顺利实施，赣州市制定了一套"7个1"的系统营销体系。

第1，要有1支队伍专门做市场。即每个果业局要设专门分管市场营销的领导，同时配2～3个专门做市场营销的职员。主要职责就是"怎么把老板请进来，把果子卖出去"。这在当时哪怕是现在也是很"超前"的动作。一个产业能有专职管理部门已经不容易，更不必说还要有专门分管市场营销的组织队伍。当时在赣州市供销社工作的廖明生就被调任到赣州市果业局专门负责营销，这一干就是十几年，至今仍旧在营销一线。

第2，每个县（市、区）负责1～2个省的市场开发。赣州全市18个县（市、区），全国31个省（自治区、直辖市），产业大县负责两个，产业小县负责一个。而且要求，每个县区的产品重点销售各自对接的城市，避免互相之间"打架"。不过，这是相对划分，如果有的县在这个市场不够卖，那么大家可以协作。

第3，在每个主销城市的主要批发市场建1个赣南脐橙专销批发区。此项由政府拿钱"圈地"，但交给客商去经营。

第4，在主销城市当地找1个实力最强的水果经销商作为赣南脐橙在这个城市的总经销商。前面提到的"政府圈下的赣南脐橙水果专销区"无偿授权给总经销商，由他负责这个市场开拓，而政府提供支持。

第5，每个县（市、区），每年至少拿出1万斤脐橙来，免费赠送给大家品尝，而具体用什么方式，每个地方跟总经销商商量执行。

第6，每年必须在销地开1场推介会。通过脐橙节可以请一些客商到赣州来，但全国客商很多，全部请到赣州成本太大，到当地开推介会，可以把当地各级主要经销商直接请过来进行统一宣传对接。同时，要求县委书记、县长要去推介会，分管领导必须到场。

第7，每年必须要在销地开展1次宣传策划。每个县（市、区）在各自对接的城市上报纸、上电视宣传都行，必须有营销宣传。

最后这"3个1"，也是后来赣南脐橙"三有宣传"的由来，即在主销城市当地电视台有一个月以上赣南脐橙宣传，有一次以上当地新闻媒体刊登赣南脐橙报道，有一次赣南脐橙免费品尝活动。

对于"7个1"的营销工作，赣州市里每年都要进行考核。考核方式也很接地气，比如走到每个销地城市，问消费者有没有吃过赣南脐橙，好不好吃，有没有看到广告；在水果销售摊区、商超等看有没有赣南脐橙"买卖"……有就合格，没有就说明工作不到位。曾新方每年都会参与考核工作，几年下来，对全国很多批发市场都了如指掌。

这一套统分结合、协同作战的"营销做派"，被廖明生称为"营销百团大战"。"在我们看来，赣南脐橙市场营销主要是打好了两大战役：一是破除了'酒香不怕巷子深'的思想观念，开展营销'主动战'；二是树立'一盘棋'思想，开展持之以恒的'阵地战'。"他总结，这"两大战役"像是"市场经济下的计划措施"，回过头来看，可以说是很成功的。

后来，一旦赣南脐橙上市，新奇士橙几乎不会来中国市场，等到这边结束，它才打着时间差进入中国市场。曾经为新奇士天下的中国香港、东南亚等，也被赣南脐橙占领。在这场中美脐橙的明暗逐鹿中，"胜负"已不言而喻。

"大病一场"，赣南脐橙再出发

"黄龙病"还得"政府治"

如果说要数赣南脐橙的"血泪史"，"黄龙病"绝对算得上"头号伤疤"。

黄龙病被称为柑橘"绝症"，植株一旦感病，2～5年内死亡或丧失生产能力，无法治愈。2012—2013年，赣州地区大规模暴发黄龙病，两三年内砍伐脐橙树5000多万株（100万多亩），给产业造成了毁灭性打击。时至今日，赣南脐橙产业历经长达近10年的复兴之路，规模上已经重回高峰，但与"黄龙病"之间仍是一场正在进行的持久战。

关于黄龙病，其实一句话就能讲明白——"可防可控不可治愈"。因此，最关键的环节还在"防与控"。对于这次"黄龙病大暴发"的原因，很多人形成了比较一致的看法——是管理问题也是经济问题。

赣州"黄龙病大暴发"看似从天而降，其实早已有迹可循。

此前，当地脐橙园就已经出现了黄龙病，果农虽然缺少黄龙病防控知识，但因为产业效益好对果园管理不曾松懈，因此"隐患"虽在，但"问题不大"。从2010年开始，赣州市连续出现暖冬气候，越冬虫口基数增大，但政府此时并没意识到这个潜在的"隐患"到底会带来怎样的灾难。

彼时，市场端也开始"转向"，2011年全国脐橙产量已达峰值，整体市场价格大幅回落，很多果农一年的收入甚至不能覆盖生产投入。产业效益的急剧下滑，让不少果农对脐橙园疏于管理，有的甚至直接撂荒。黄龙病传播快，需要整片同时喷药。一个片区内只要有一座果园染病，其他果园都无法幸免。撂荒果园因为长期失管，无人防治，成为斩不断的"病源"。

黄龙病暴发后，凡是有传染源的树都得砍掉。但要求果农砍除病树一直是个难题，即使果农已经认识到黄龙病的危害，但要让他一下子砍掉全部病树，没有政府要求和协调，很困难。尤其是对于一些失去管理的果园，果农更不愿花费精力。这项工作，赣州一直在推，但阻力不小。

另一方面，黄龙病的传播途径简单清晰。其主要有两种传播途径：苗木传播和木虱传播。因此，苗木不能带病，苗木源头必须把好关。而木虱传播，通过及时、按时打药能控制。但如果让果农自行打药，很有可能就是这家打药了那家没打，或者大家并没有在统一时间打。

在黄龙病背景下，赣州形成了有效防控治理"三板斧"，就是防木虱、砍病树、种无毒苗，但这些措施必须要由当地政府担当作为，统一组织开展，否则"病情"难以控制。

当前，赣州还有一个更强有力的管理"武器"已在路上。这两年赣州市政府正在推进立法保护，其中一个就是针对黄龙病。据赣州市果业发展中心主任王喜龙介绍，此项已经列入2022年赣州市立法计划。针对目前难以处理的、影响产业安全的失管果园，通过立法，政府就可以依法处理；再比如，对于苗木的使用，如果不是定点苗就不允许使用。此次立法还涉及假冒伪劣和品质管控两项内容。

不过黄龙病治理是一方面，如何恢复大家对产业的信心，重振产业，也亟待解决。

新局面，新未来

与1999年遭遇"大冻灾"不同的是，这次黄龙病没有动摇赣南人发展脐橙的决心。曾新方关于农业一直有一个"三五十"的观点，即一个产业的发展必须经过三年打基础，五年搭起初步的产业框架，十年完成产业化体系的过程，才能在市场做出竞争力。赣南脐橙经过几十年的发展，显然早已完成了这样一个过程。此次，赣南脐橙因黄龙病"大病一场"元气大伤，但也是"瘦死的骆驼比马大"，况且这还是一头存有后劲，前景、潜力俱在的"骆驼"。

脐橙产业无疑是很有市场竞争力的产业，尤其是纽荷尔品种等经过几十年的市场检验，表现一直优异。只不过，市场容量的"天花板"是一条不可逾越的"红线"。

当赣州地区因黄龙病砍去大半脐橙树后，脐橙的市场价格很快就涨了上去。在黄龙病基本得到控制后，赣州开始引导大家重新种植脐橙，全市种脐橙热情很快就起来了。此番"重头再来"，产业发展的起点已非同往昔，当地要求采取"五提升"（坚持生态建园、彻底深翻改土、实行矮化密植、种植假植大苗、病虫综合防控）高质高效栽培。

据悉，目前赣州脐橙种植面积达189万亩，总产量达159万吨，双双重回世界第一。按照一些公开报道，赣州市计划到2025年，全市以脐橙为主的柑橘种植面积达到260万亩，其中脐橙面积200万亩，实现产业综合产值300亿元。如此庞大的规模，也让不少人开始担忧。

因为，脐橙市场已今非昔比。就在赣南脐橙艰难进行产业复兴的同时，湖南、重庆、湖北等地的脐橙也抓住了"空档期"，快速发展了起来。据统计，脐橙现在全国的种植面积已有500万亩。

2020年赣南脐橙价格对半下跌，创七年来历史最低。赣南脐橙种植规模的上限在哪里？与此同时，在生产成本上涨、用工短缺等问题越来越突出的今天，如何管理好如此庞大的赣南脐橙产业？这些都是当地决策者不得不思考的问题。

不过，从《赣南脐橙产业高质量发展行动计划（2021—2025年）》可以看到的是，未来重心不是规模，而是"建立和完善品种和苗木保障体系、人才和技术支撑体系、全产业链社会化服务体系、品质与品牌提升体系"，王喜龙称之为赣南脐橙高质量发展"四根柱子"。

2021年11月19日，赣南脐橙产业发展五十周年纪念活动在"赣南脐橙发祥地"——信丰县启动，"世界橙乡"赣州引各界瞩目。半个世纪的"橙色传奇"为全国革命老区高质量发展交出了"赣州样本"，也为我国农产品区域公用品牌建设留下了宝贵经验。未来如何书写，我们拭目以待……

2023年9月27日，《赣南脐橙保护条例》（以下简称《条例》）经江西省第十四届人民代表大会常务委员会第四次会议批准，将于2024年1月1日起施行。《条例》重点围绕品质提升、品牌保护、产业安全等方面进行了规定。此《条例》是赣州市首部关于优势特色产业保护的地方性法规，让赣南脐橙未来的保护与发展方向更加清晰。

■ 附录

曾新方访谈实录

贾　枭： 早些年您在安远县做县长、书记，后来到市里农工部主管农业，赣南脐橙的重要发展阶段您都经历过。您认为赣南脐橙最成功的经验是什么？

曾新方： 赣南脐橙最成功的地方，是找到了一个在政府强力主导下，顺势而为，把产业做大做强的产业模式。从那个时候来讲，我们的整套模式是非常成功的创新，实际上对全国（农业产业化发展）都产生了潜移默化的影响。

贾　枭： 您说的这个赣南脐橙产业模式具体是什么？

曾新方： 在当时的产业、市场条件下，总结概括起来就是，政府主导、农民主体、"五统一分"、规模开发、标准生产、品牌营销。

第一个就是政府主导，而且是政府强力主导，把各种资源、要素有机地融合起来发展产业。当然，也不完全是按照政府意志来，而是既按照政府主导，又按照市场规律来做，同时发挥农民主体的作用，不能违背产业发展规律。我认为这是我们比较成功的地方。市场做不好的事情，政府来做；农民、企业做不了的事情和农民一家一户可以做但做不好的事情，政府来做。

举个例子，品牌管理。当时每个县都有几十个品牌，整个赣州市有一百多个品牌，让任何一个企业来都整合不了，让农民自发来整合也不行。他们没有能力做。谁都说自己的最好，你的不好，谁都不买谁的账。这个时候就需要用行政的力量来统一，所有的经营主体都用"赣南脐橙"这一个品牌。这就是单个企业、单个农民做不了的事情。

再比如，当时搞连片大规模开发。在这之前，是一家一户在山上开发，同一座山这里8亩，那里10亩，很多问题。连片规模开发上，政府当时主要做了两件事：一个是，山地流转由政府统一规划，属于你的山你愿意种就自己种，不愿意种就流转给政府，政府去找人种；另一个是，基础设施，政府拿钱修路、拉电、通水。这些都是一家企业和一家一户都做不了的事情，必须由政府来统一主导。

第二个就是坚持农民主体。农民一家一户能做好的事情，政府不要包干。比如，政府帮你流转好山地后，怎么下肥、怎么管理，就不能完全由政府来做。除了农民主体，当时我们还鼓励企业和种植大户带头干。这里这个"农民主体"概念应该说不仅仅指的是农民，工商资本、干部、农民都可以成为经营主体，但我们说还是农民主体。

比如说，当时为什么要动员干部带头种植？因为当时刚开始搞大规模开发的时候，很多农民对这个产业还不理解、不接受，担心风险。这个时候，我们就鼓励企业和干部来带头种。让干部种，书记、县长都带头种，看看到底有没有风险，增强产业信心。农民也好，企业也好，干部也好，大家都可以种植赣南脐橙。

大规模产业开发是2000年启动，2001年正式开始，2002年安远誓师大会后，全市（最开始）每年10万亩，2004年，我到赣州来以后，就开始每年20万亩，一直干到2011年（150万亩）。这个速度，从全市来看数字增长很快，但其实平均到每个县（市、区），一年也就一万多亩，并不算大。

当时我们采取的就是，"五统一分"，统一进行规模、连片化发展，快速推进，便于统一管理。还有一个是标准化生产。可以说在当时，全国种植业这一块，我们是第一个做国标、省标的，包括一整套技术模式创新。现在国家脐橙标准其实就是赣南脐橙标准。

大概2005年，我们就开始着手"市场营销"。因为搞得早的像寻乌县已经开始挂果，进入丰产期，整个市场压力还是大。大规模销售，也是一家一户不能解决好的事情。当时水果销售可用的渠道不多，全国都没很大的水果销售企业，现在很多大型水果企业都是近几年发展起来的，这些企业老总基本上我都很熟悉。

贾　枭：说到这个规模，赣南脐橙从几万亩到几十万、上百万亩，面积一下子就上去了。当时有没有想过，规模上限在哪里？

曾新方：2007、2008年，赣南脐橙大规模进入市场，一开始价格很高，两块多一斤。2009—2011年，价格下降到1.5元一斤，因为更多的量上来了。所以从

2011年，我们就有意识控制脐橙种植面积，取消给各县（市、区）下达种植任务，而是注重提升脐橙品质，集中力量打响品牌，开拓市场。包括当时升级脐橙节为国际脐橙节，目的就是为了开拓国际市场，开始邀请中东、美国、东南亚、欧洲的经销商到赣州来。另外，当时我们的市场营销体系也比较完善，全国除了西藏以外，渠道都已经覆盖到了，信息很灵通，我本人可以说全国每个大的水果批发经销商，基本全认识。

贾　泉：当时决定打造赣南脐橙品牌是自己提出来的，还是说有其他地方作为参考？

曾新方：这个还真是我们自己提出来的。当时我们研究新奇士，就当时中国市场来讲，赣南脐橙最大的竞争对手就是新奇士。我们当时还提出了一个口号"要把赣南脐橙打造成为中国的新奇士"。要和新奇士竞争，要超过它。

贾　泉：好多人知道赣南脐橙，不知道赣州。很多地方区域公用品牌命名是以"产地名＋产品名"，当时为什么没有叫"赣州脐橙"？

曾新方：因为是先有赣南果业，然后才有了赣南脐橙商标，最后才有了赣南脐橙区域公用品牌。

1999年，赣州成立了赣南果业（国企），进行上市。那时候我还没有来赣州工作，这个公司成立以后运营不大好。2003年引入新华社旗下的一家公司，政府的股权就留下了一点点。当时这个公司注册、打造的就是"赣南脐橙"品牌。

2004年，我来赣州主管农业。一开始我想，整个产业可以依托这个企业来做大，政府做支撑。我们和当时运营"赣南脐橙"的公司反复沟通，一开始他们很有信心，但后来发现很难。不要说那个时候做生鲜经营难，就是现在做生鲜经营也很难，真正能把水果企业做得很好的老板是少数的牛人。所以我就想，一定要政府统一打品牌，把品牌拿回来由政府来运营。

当时在行政上，有一个区域认知概念，赣州市下面只有几个县（市、区），前面还有一些县（市、区）叫做"赣南行属"，整个赣州叫江西南部、赣南行属。因此当时的赣州是不足以代表现在整个赣州的。"赣南脐橙"品牌在这家公司已经运营了几年，有一定的知名度。加上赣州市当时很小，讨论来讨论去，最后政府花了50万元把"赣南脐橙"商标买了回来，放在赣南脐橙协会。成立协会就是为了正规运营这个商标。

赣南脐橙本应该成为赣州市对外的一张区域名片，但现在出了江西，大家只知道赣南脐橙，不知道赣州市，还以为是赣南市。区域公用品牌最合适的命名还是"地名＋品名"，这很重要。

贾　泉：脐橙节是赣南脐橙品牌建设中的一大亮点，是在什么背景下搞起来的？

曾新方：脐橙节最早的时候，应该是2002年，当时市里看到"安远模式"很好，决定大力推广。当时主要有三大动作：一个安远誓师大会，一个脐橙节，以及每个县都成立果业局，原先叫果业中心，后直接改为果业局独立出来，作为跟农业局平行的单位，主抓果业。市果业局也同步成立。

应该说脐橙节是一种有效的营销手段，我们也一直在创新。

最开始市里搞了两年脐橙节，2006年开始到县里搞脐橙节，出于开拓国际市场的需要，2009年改成国际脐橙节。那个时候赣南脐橙已经出口到很多国家和地区，有一批做脐橙外贸的企业做得很好。

一开始办节，是为了扩大在政府中的影响，都是围绕领导来做，请来参加脐橙节的以政府官员为主，包括各个县的农业主管领导，省里以及中央部委农业相关领导。我到市里工作以后，改为以客商为主，95%的都是客商，把全国所有大型水果批发商市场的老板都请过来，只请少量有关部门的领导来支持产业，国家部委里只请农业部、商务部、国家技术监督总局相关领导，省里面也只请这三个相关部门领导。

后来我们又有一个想法，脐橙节不应该仅仅以客商为主，还应该以消费者为主，但因为我后来没有主管农业了，这个事情没有继续推下去。节庆应该成为消费者的节庆，才更有意义。

贾　泉："一果独大"是赣南脐橙一直以来被争议的一个话题。现在赣南脐橙主要以纽荷尔品种为主，达到90%以上，这是上100万亩的一个单一品种，您如何看？

曾新方：首先，纽荷尔脐橙是现阶段赣州的不二之选。脐橙有上百个品种。对发展一个产业来说，要找到最适宜的品种不容易。这个品种既要最适合当地的土壤、气候等自然条件，还要有最适宜栽培的技术，同时这个品种的特性还要好，不光是品质好，丰产性、抗病性、抗冻抗旱性，这些都要好。要找到各项都满足要求的品种很难。我们试种了很多品种，纽荷尔脐橙是最好的，目前还没有任何一个品种超过它。可以说，现阶段"你没得选"。

其次，赣州地区最适合种植纽荷尔这个品种，有最适宜的自然条件和最好的技术，可以生产出最好的产品，为什么要放弃呢？一个好品种来之不易，到目前为止，在赣州纽荷尔就是表现最好的品种，比其他产区表现更好。当然，不排除过两年也许会出现比它更好的品种。

另外，一个好品种具备把单品做大做强的条件，你就没有必要去搞得太复杂，太复杂了反而容易造成消费者认知混乱和品牌模糊。也就是说要聚焦。美国的新奇士橙，也就是一两个品种，一干几十年。纽荷尔品种在赣州真正发展也就二三十年，需要防范的风险无外乎就是规模过大。规模是要控制的，再好的东西都不能供大于求。

我认为，赣南脐橙虽然看起来品种结构单一，但它是有足够竞争力的，把规模控制好就行了。但也不是说，全市都要绝对以这个品种为主，不种其他品种。

实际上在我管理产业的那几年，就引进了很多品种进行试种，如卡拉卡拉红肉脐橙品种。目前，南康（区）以发展柚子为主，那就发展柚子，不要做其他的。寻乌（县）除了脐橙，还发展蜜橘，在全国也是种得最好的，那么寻乌也可以以蜜橘为主。还有会昌橘柚现在发展得也很好。包括现在西柚，一些地方也在推广。这些品种可以作为特色品种，丰富果业结构。它们作为补充可以，但作为主导品种是不行的，取代不了纽荷尔。

当然，纽荷尔品种也不是没有缺陷。它是一个中熟品种，11—12月份采摘，原来保鲜可以卖到来年4月份，小半年。但是现在的消费习惯变化了，消费者喜欢吃新鲜的，因此现在纽荷尔不能储藏太久，市场销售期就缩短了，只有11月到次年2月，也就是春节前，过完年就不好卖了。这样等于销售期比原来少了两个月。

现在赣南脐橙整个产业结构，包括分级、储藏、包装等，事实上都面临转型升级，都要调整。市场发生了变化，产业就必须要根据市场变化来进行调整。这与前面发展产业对不对、错不错没有关系，以前是根据当时的市场环境和产业环境来发展的。产业发展是动态性的过程。

目前赣州市正在进行品种布局优化——巩固中熟脐橙（纽荷尔）主体地位，新增面积重点发展早熟、晚熟脐橙品种，延长果品上市期，到2025年，脐橙早、中、晚熟比例调整为15%、80%、5%；适度发展特色柑橘品种，支持寻乌蜜橘、南康甜柚、会昌橘柚产业形成规模，鼓励各地按照"一县一品"规划发展其他特色柑橘品种。

贾　枭：柑橘这个赛道竞争很激烈，在国家保护"耕地红线"下，未来果业很难靠规模带动效益持续增长，您对赣南脐橙高质量发展有哪些思考和展望？

曾新方：我现在虽退下来，但对产业感兴趣，一直都在研究观察这个产业，也想为这个产业再做一些事情。赣南脐橙现在进入了一个关键性的产业转型升级的时候。做得好就能继续做强做大，转得不好，我个人观点，5～10年内这个产业会大幅度走下坡路。现在赣南脐橙整个产业面临的环境发生了变化，跟十年前是不一样的。

首先，市场供求关系发生了根本性变化。表现在几个方面。

第一个，面积产量已经严重供大于求。赣南脐橙从2012年开始，因为黄龙病砍掉了一半，现在基本上95%的已经恢复了，从现在开始已经陆陆续续进入挂果期。今后2～5年，每年的产量基本上可以翻倍，40%～50%的产能增长，本身产量会大量上去。第二个，过去这几年，由于黄龙病赣州大量砍树，脐橙面积产量大量减少，价格上到了3块多一斤，湖南大规模发展，重庆也种植了不少，广西也种植了一些。现在脐橙，也就是纽荷尔的面积应该已经是原来的两到三倍。

第二，市场消费是下降的。现在全国脐橙市场消费量可能还不如10年前。我们当时做赣南脐橙的时候，国外大量优质的水果还没有进入中国市场，中国国内水果消费占到了90%以上，进口水果量很少。赣南脐橙在当时整个水果市场可谓是一骑绝尘、独树一帜，知名度很高，消费者选择的第一水果可能就是赣南脐橙，现在选择太多了，什么品类水果都有。赣南脐橙现在面临的不仅是同类竞争，而是跟全世界水果进行竞争。10年前打遍天下无敌手，现在处处都是竞争对手。这必然会导致赣南脐橙消费量的下降。当然这也不是赣南脐橙的问题，是所有水果都面临的问题。

第三，消费者的消费习惯在不断变化。80后、90后是现在的消费主体，这些人现在都喜欢好看、好吃，还要新鲜方便、体验感好的，消费心态完全不一样。那么怎么适应新的消费趋势是一个长期问题。

这些所有因素加起来，可以看到，赣南脐橙所面临的整个环境都发生了变化，市场、消费、产业……这是根本性的改变。这决定了整体产业体系都必须重构、转型，如果不主动转变，整个产业发展就会危险。这其实也是中国所有水果面临的问题。赣南脐橙必须创新、转型升级发展。

现在一个产业的运作对政府、企业、果农都提出了更高要求。最难的问题是政府转变不过来，不像企业果农容易被市场教育。有两个不好的现象：一个是不重视，理都不理；一个是重视但不懂产业，追求短期政绩，不按照产业发展规律去做，很难干好产业。很多时候不是产业、品牌规划的问题，而是执行的问题，关键是要有人落实执行到位。

我一直讲农业发展需要"三五十"，就是说，一个产业的发展必须经过三年打基础，五年搭起初步的产业框架，十年完成产业化体系的过程。所以我说，书记、县长不仅要敢抓产业，还要懂产业、会抓产业，不懂不行。懂产业也按产业发展规律办事，把政府该做的事情做好，坚持干下去，那就能发展好这个产业。

廖明生访谈实录

贾　枭： 据我所知，很多地方都请您去讲课，分享产业发展经验。您认为赣南脐橙为什么能干起来，有哪些经验、启示？

廖明生： "赣南脐橙"品牌发展至今，我总结起来，有八个启示。

一、不仅要选准产业，还要选好品种

发展产业首先要立足当地的自然禀赋，所谓"一方水土养一方人"，同样道理，"一方水土孕育一方农产品"。各地的气候条件等都不同，对一个地方来说，什么样的品种才是好品种呢？我认为，品种都好，但最适宜当地的才是最好。

赣南脐橙之所以成为"赣南脐橙"，是选择的结果。当初发展柑橘产业，有柑、橘、橙、柚、金橘、柠檬六大品类可选，为什么会选纽荷尔脐橙？就是因为所有好品种我们都试种过，而纽荷尔脐橙是最适合赣南的品种。

受气候等因素影响，不同品种在不同地区表现不同，纽荷尔品种在赣南表现很好，种在其他地方表现就一般。所以对赣南来说，纽荷尔就是最适宜的、最好的品种。

品种的选择，就怕人云亦云，盲目跟风。我认为果业发展目前最大的问题就是品种盲目跟风。很多好品种因为在某地表现好，市场效益好，各地就一窝蜂跟着上，最后把一个很好的品种搞砸了。

因此，我说发展产业，选准产业很重要，选好最适宜当地的品种更重要。只有这样，一地产业才能形成自己的优势和竞争力。这是赣南脐橙成功的启示之一。

二、不仅要注重产业发展，还要注重生态保护

水果大多种在荒山荒坡，赣南脐橙大部分就种在山区荒坡上，处理不好很容易造成水土流失，不利于生态保护。但荒山荒坡种水果也有好处，就是不与粮食

争田地，尤其现在国家提出要守牢"耕地红线"，保障粮食安全。

我认为，山区开发种植水果要和生态保护结合起来，要把"绿水青山就是金山银山"理念贯穿整个产业发展始终。敬畏自然、尊重自然、保护生态，这是我们必须遵循的产业发展原则。否则，亡羊补牢，劳民伤财，得不偿失。

种果实践告诉我们，什么地方的开发注重了生态保护，产业发展就能相得益彰，什么地方的开发违背生态保护原则，产业发展就持续不了。所以我们发展产业，既要注重产业开发，也要注重生态保护。这是第二个启示。

三、不仅要有规模，还要适度规模

发展产业不仅要有规模，更需要适度规模。规模小了，做不了大文章，产业就没有市场话语权、影响力，也就没有效益，但规模过大也没有效益。为什么？供大于求，必然贱卖。所谓"物以稀为贵"，就是这个道理。

规模问题往往会在热火朝天的开发中被忽视。这几年很多产业一下子起来了，但盲目性很大。从生产者的角度来看，肯定是种得越多越好、规模越大越好，但是从市场规律、产业发展的角度来看，规模越大不一定越好。赣南脐橙给我的启示是，要适度规模，规模太小了不行，太大了也不行。

我认为适度规模要做到三个相匹配。

一是与生态相匹配。就是既要金山银山又要绿水青山，产业规模要考虑当地生态承受能力。

二是与市场需求相匹配。一些地方只考虑怎么将产业快速做大，盲目扩大规模，但没有提前考虑好怎么"销"的问题。产业规模不跟市场需求相匹配，做得再大也强不了。尤其是供大于求的话，产业根本就强不了。现在整个柑橘产业，在四五年内市场都是过于饱和的，这几年几个很好的新品种都被做烂了，很大原因就是盲目扩张，导致市场供大于求。

三是与劳力相匹配。现在普遍现象是"请工难、难请工"。大部分的农民都去了城市打工，留在农村的大多是中老年人。若干年以后，谁来种果是个大问题。目前果业生产已经普遍出现了"用工荒"。产业发展如果不跟劳力相匹配，容易造成很多果园失管。而果园一旦失去管理，各种病虫害就容易泛滥，造成恶性循环。

因此，发展产业必须坚持适度规模化的基本原则，做到以上三个匹配。这是我认为赣南脐橙发展至今最大的启示。

四、不仅要政府主导，还要科学家、企业家、农民家长共同参与

发展产业不仅需要政府主导，更需要科技支撑以及企业、农民参与。我简称需要"四家"——政治家、科学家、企业家、农民家长。

为什么要农民主体？因为农民不介入不参与，无法实现共同富裕。为什么要企业家？因为企业家带入资本，能用工业化理念去推动农业的标准化、机械化，并用商业化理念推动品牌化和市场化。政府主导，不说大家也很清楚。科技的重要性不用赘述。

只有这四个"家"结合，产业才能蒸蒸日上。这是第四点启示。

五、不仅要实施标准化生产，还要做好商品化运作

种好是前提和基础，卖好是目的和结果。在我看来，只有种好才能卖好，同样只有卖好才能种好，二者是相互影响的辩证关系。

标准化生产解决怎么种好，是种好的根本和保障。现在标准化很难真正实施，因为我们以一家一户生产为主，但再难也必须坚持去做。

商品化运作解决怎么卖好，包括很多方面的内容，如市场开拓、品牌打造、供应链管理等。光是从采摘到进市场，就有很多环节，只有把供应链做好了才能谈商品化。农产品商品化的过程就是供应链管理的过程。产品必须商品化运作，才能实现品牌化。这是第五个启示。

六、不仅要重视品牌打造，还要做好品牌保护

不同群体对品牌有不同的看法。

对于生产端的农民来说，品牌就代表高溢价，卖好价格。就像赣南脐橙，有了"赣南脐橙"这个品牌，就是比其他脐橙一斤要多卖一两块钱。这是最直观的体现。对于采购商来说，品牌代表什么？我认为代表认可、渠道和货源。对于消

费者来说，品牌代表信任，代表安全、优质、健康和对美好生活的享受。

以上也是我认为为什么要打造品牌的原因。但农产品品牌很难做。为什么？因为产业一旦上一定规模后就很难管理，品牌一旦有名，管理和保护难度也会加大。到目前为止，全国很少有百年农产品品牌，这是我们赣南脐橙的努力方向。因此，既要注重品牌打造，也要做好品牌保护。这是第六点启示。

七、不仅要发展种植业，还要注重三产融合

发展产业不能单纯就搞种植业这一块，还要注重产业聚集、三产融合，把全产业链当作一个产业集群来发展。赣南脐橙发展就是这个思路，目前已形成总产值超百亿元的产业集群，其中鲜果72亿元，其他加工、商务流通等产值94亿元（此为2021年的数据）。

按照产业集群发展思路来发展产业，上控品种和苗木，下控品牌和渠道，中间控标准和追溯，形成产前产中产后一条龙，形成贮藏、分级包装、物流一体化，拓展果品机械和深加工，发展休闲文旅相结合。通过产业集聚、三产融合发展，才能发挥出产业的最大经济效益和社会效益，最大限度提高产业附加值。

回过头看赣南脐橙，分级包装、贮藏加工、物流运输、休闲旅游等都发展起来了，是因为我们把赣南脐橙当作一个产业集群来抓。这是第七个启示。

八、不仅要有产业主管部门，还要相关部门协同和协会联动

发展产业，我认为应该要构建起三个组织体系。

第一，构建现代产业组织管理体系。纵观全国做得好的产业都有一个强有力的主管部门。比如，赣南脐橙就有一个专门果业局（现为赣州市果业发展中心）。其他做得好的，比如洛川苹果，也有苹果管理部门。所谓"专职人做专业事"，产业想要发展好就需要专门的主管部门，这是非常关键的一个组织保障。赣南脐橙之所以能发展好，就是因为有这个组织保障。

第二，构建产业发展协作体系。产业发展不是一个部门的事情，其他相关部门要协同配合，形成良好的产业发展氛围。只有大家劲往一处使、心往一处想，整合、利用好各方资源，才能真正把产业做好。

第三，构建行业组织治理体系。这主要是指协会，也就是要发挥协会作用，通过行业管理、行业培训、行业自律、行业服务等，使协会真正成为果农之家，成为政府与果农之间的桥梁和纽带，成为服务产业发展的中心枢纽。

只有建立好这三个体系，产业发展才能做好。

赣南脐橙发展到现在五十多年了，中间风风雨雨，坎坷不少，当然最终是取得了成功。这个过程中，我感触最深的就是这八点体会，也可以说是八个启示。

注：以上访谈内容有删减。

专家点评

叶兴庆

国务院发展研究中心农村经济研究部部长、研究员

　　赣南脐橙是我国的一颗"传奇之橙"，它的发展充满了"辉煌"的看点。应该说，从某种角度讲，赣南脐橙是我国农产品区域公用品牌建设进程中的探路者，为后来者树立了一个很好的榜样，留下了不少宝贵经验。赣南脐橙的发展很好地回答了，一个"有为政府"在产业发展、品牌建设中到底需要做什么和怎么做的问题。

　　在赣南脐橙的发展中，通过"政治家"引导，各种资源、要素有机地融合到了产业（品牌）建设中，政府做好企业、农民做不了、做不好的事，并充分调动"科学家""企业家""农民家长"主体作用，同时尊重自然规律和市场经济，在产业发展的重要关口当好了"掌舵手"。

　　产业振兴是乡村振兴的重中之重。品牌建设是促进产业振兴的有效举措，时下各地都掀起了农业品牌建设的浪潮。政府重视品牌建设固然是好事情，但光重视还不够，还得要研究产业、研究市场，选对路、走对路，尊重规律，久久为功，真正把政府该做、要做的事情做好，这才是真正的"重视"。

　　"非常之道成就非凡之橙"，赣南脐橙能取得现今成就，固然有不可多得的历史机遇，或许第二个"赣南脐橙"难以复制，但它的成长经历、经验教训，值得每一位农产品区域公用品牌建设者参阅思考。

西湖龙井

价值守护的名茶典范

>>>>>>>>>>>>>>>>>>>>>

访谈嘉宾

阮浩耕：《茶博览》原主编、知名茶人、茶文化专家

王建荣：中国茶叶博物馆原馆长

商建农：杭州市西湖区龙井茶产业协会会长

陆德彪：浙江省农业农村厅茶叶首席专家、研究员

戚英杰：杭州西湖龙井茶叶有限公司董事长

李晓军：杭州艺福堂茶业有限公司创始人

唐小军：杭州西湖龙井茶非遗传承人、"炒茶王"

在我国所有的农产品中，茶是最不缺历史文化，也最不缺"名牌"的。因而茶界江湖向来百家争鸣，红、绿、青、黄、白、黑六大门派，各有"绝学"，从不缺高手。但若非要分个高低，西湖龙井茶一直是公认的我国"十大名茶之首"。在历年的茶叶区域公用品牌价值评估中，西湖龙井茶虽被步步紧逼，依旧常年占据榜首，"无茶"撼动。

而久在盛名之下，争议、质疑之声也不绝于耳。有人说，它能有如今的地位，全靠老祖宗的功劳，因为历史留给西湖龙井茶的名气实在太大；也有人说，它"大树底下"无企业名牌，后代们仅守老本，"小富即安"；还有人认为，它体量太小支撑不起大企业，同时产品受限、饮法单调，难适应新消费趋势……

我们到底该如何认识、看待这位"绿茶皇后"？它的名声地位从何而来？它的"继承者"们又是如何接住这块金字招牌，继往开来？它的"品牌逻辑"能带来哪些思考启示？

2022年4月，在龙井茶春茶上市时节，农本咨询课题组从西湖龙井的文化、产业和品牌建设入手，开启了对它的"解读之旅"。

"大器晚成"的中国名茶

在几千年的中华历史长河中，涌现出的名茶不计其数，但很多名茶在改朝换代的山河巨变中，或消逝淹没，或盛名难在。西湖龙井茶却是个例外，它从千年之前走来，在时间的淬炼中，一步步登上茶界"神坛"……

千年修得"御茶"名

"自古好茶出山寺"，西湖龙井茶也源起于山寺。茶圣陆羽在《茶经》中记载：

"钱塘生天竺、灵隐二寺。"这被认为是西湖地区产茶的最早记载。当时天竺、灵隐的僧人在寺旁开山种茶、自采自炒，除自饮外，也招待香客。不过，唐代名茶几乎都出身贡茶。裴汶《茶述》云："今宇内为土贡实众，而顾渚、蕲阳、蒙山为上，其次则寿阳、义兴、碧涧、澶湖、衡山，最下有鄱阳、浮梁。"西湖地区虽产茶，但在唐代社会上还没有什么名气。

> 另有一种说法，西湖龙井茶来源于北宋大文豪苏轼，他曾考证认为，西湖之茶最早是南朝诗人谢灵运在下天竺翻译佛经时，将浙江天台山的茶树移植于下天竺的香林洞、白云峰一带而来。明代，陈继儒也说"龙井源头问子瞻"，以示同意这一观点。按此观点，西湖龙井茶距现在有1500多年的历史。

到了宋代，经济重心向江南移，茶叶产销重心由巴蜀向江、浙、闽等东南茶区转移，名茶以建安产的为贵。同时，茶叶的加工方式也发生了改变，唐时流行团饼茶，宋代开散茶（时称"草茶"）开始占据上风。当时，杭州西湖所产白云、宝云、香林等诸茶，都已经采制成"露芽"或"苍鹰爪"，并以小口"碧缶"装盛，成了岁贡茶。北宋大文豪苏轼为官杭州时，经常与上天竺法喜寺的高僧辩才一起在龙井狮峰山脚的寿圣寺品茗吟诗，成为一段流传佳话。苏东坡以"白云峰下两旗新，腻绿长鲜谷雨春"之句赞美龙井地区所产之茶，并手书"老龙井"等匾额（据说至今尚存于狮峰山的悬岩上）。"龙井地区的茶"开始冒出了"尖尖角"。

元代以后，龙井地区所产的茶开始出名。元代翰林学士虞集在《次邓文原游龙井》诗中写道："徘徊龙井上，云气起晴画……烹煎黄金芽，不取谷雨后。同来二三子，三咽不忍漱。"诗中将龙井所产的茶誉为"黄金芽"（为散茶状），而"不取谷雨后"则是龙井一带所产茶的采摘季节在谷雨之前，以保证茶芽的品质。此时，茶叶加工完成了从饼到散茶的主次转换。有学者认为，龙井茶声名鹊起，很可能是以其制茶工艺改进、茶品质提升为契机的。自虞集之后，有关龙井茶事的记载日渐增多。喝"龙井茶"、赏西湖景，逐渐成为文人墨客雅事，为龙井茶留下了丰富的诗词歌赋、传说故事。

明代是茶叶采制加工大变革的时代。朝廷推行"罢造龙图，惟采茶芽以进"，清饮之风日盛。名茶追求本色、真香、元味、返璞归真，以自然天成为佳。龙井茶与虎丘茶、天池茶、阳羡茶、六安茶、天目茶被列为六大名茶，名声逐渐远播。据考证，最早能够查询到"龙井"不是以地理名称而是以茶名出现的文献，是在明代万历七年（1579年）的《杭州府志》，其中记载："茶，各县皆有。然以钱塘龙井及老龙井其品甚高。"高濂在《四时幽赏录》说："西湖之泉，以虎跑为最。两山之茶，以龙井为佳。"龙井茶泡虎跑水称为"龙虎斗"，被誉为"西湖双绝"。

到了清代，乾隆皇帝更是把龙井茶推上了"至尊"地位。他六下江南时，四上龙井，在天竺、云栖、龙井等地观看茶叶采制，品茶赋诗，赞美龙井茶炒制工艺之妙，并将狮子峰下胡公庙前的十八棵茶树封为"御茶"，又在龙井古寺亲手题了"龙井八景"，还留下了亲采茶叶治愈太后的传说，奠定了西湖龙井茶的皇家御享地位。从此，文人雅士对龙井茶更是万分青睐，龙井茶驰名中外，问茶者络绎不绝。

"傍名牌"中的演变

在龙井茶漫长的成名史中，与名气一并蒸蒸日上的还有面积。清末程淯《龙井访茶记》记述："溯最初得名之地，实维狮子峰，距龙井三里之遥，所谓老龙井是也。"西湖龙井茶虽得名于老龙井，但实际产地范围却随着名气早已超出了"原产地"。

明代高濂《遵生八笺·茶泉类》记载："杭之龙泓（即龙井也），茶真者，天池不能及也。山中仅有一二家，炒法甚精。近有山僧焙者亦妙，但出龙井方妙。而龙井之山，不过十数亩，外此有茶，似皆不及。附近假充，犹之可也，至于北山西溪，俱充龙井，即杭人识龙井茶味者亦少也，以乱真多耳。"到了清乾隆年间，《龙井见闻录》记载："凡近龙井者率冠以龙井，不必以岭以寺限也。"可见当时龙井茶的生产范围已扩展到西湖群山周围。

到了清末民初，西湖产区的茶农则相继"自觉"去掉了白云、香林、宝云、垂云等名目，都冠以"龙井茶"之名。此时，大量的工商资本也进入了龙井茶区，创办茶场，开荒种植。龙井茶产区遍及西湖，包括南山、北山、中路三区，面积有2350亩，产量730余担[①]。不过虽然都叫"龙井茶"，但茶商、茶农们也选择了另

---

① 1担＝50千克。——编者注

外一种方式——注册商标，分字号，来区分各自龙井茶的特色。

民国十年（1921年），国民政府农商部致浙江省政府咨文：

据应可林等呈请，将龙井出产狮、龙、云、虎四茶叶商标注册，并称经各茶户会议，凡狮子峰一处所产茶叶，以"狮"字为商标；此外，龙井、翁家山、上下满觉陇、杨梅岭、理安寺、赤山埠等处出产，以"龙"字为商标；云林、法云寺、天竺、鸡笼山、云山、徐村等处出产，以"云"字为商标；虎跑、小天竺、白塔岭处出产，以"虎"字为商标。并续呈各种商标图案清摺……查商标法规正筹订，尚未颁行，该商等所呈狮、龙、云、虎四种商标应暂准备案。

在当时社会，还没有出现以明确的"标准"来衡量茶叶等级。狮、龙、虎、云四个老字号商标，由商家根据各自茶区的小气候环境与炒制特色而分，各字号品质皆有不同，事实上已形成了一个龙井茶的等级划分。1930年的《浙江通志·茶叶卷》第四章中记载："西湖茶叶，以龙井闻名，而尤以狮峰为著，次则云栖虎跑，亦负盛名，故有狮龙云虎之号，具色香味之美。凡狮龙云虎，皆以产地著名，然此外西湖诸山……亦为著名产茶之地。"

1935年，何伯雄在《西湖龙井茶业概况》一文中对龙井茶"狮、龙、云、虎"四个字号产区的49个产地进行了统计，当时总面积已达到198公顷，总产量59.4吨。与此同时，在杭州以外的地区也有冠以"龙井茶"之名而生产龙井茶的。1939年吴觉农在《浙江茶业瞻望》一文中指出，"龙井茶虽冠以西湖之名，而其产区实包括杭州附近杭县、余杭、临安、富阳，乃至於潜、昌化及绍属各县"。

值得一提的是，现如今都知道龙井茶是一种扁平形的茶。事实上，让龙井茶走上巅峰的乾隆皇帝喝的龙井茶都还不是扁形龙井茶，而是呈毛尖状的针形茶。晚清时，程淯的《龙井访茶记》记载："炒者坐灶旁。以手入锅，徐徐拌之。每拌以手按叶，上至锅口，转掌承之，令松叶从五指间，纷纷下锅，复按而承以上。如是辗转，无瞬息停。每锅仅炒鲜四、五两，费时三十分钟……"，此种技艺才被认为是龙井茶的扁平炒制法。

1824年，徐珂在《可言》写道："各省所产之绿茶，罕有作深碧色者，惟吾杭之龙井，色深碧。茶之叶，他处皆蜷曲而圆，惟杭之龙井扁且直。"民国时，各商家相互角逐，各显其能，对龙井茶外形尤为认真讲究。这让"扁形"逐渐成为龙井茶的特有特征。

从"狮龙云虎梅"到西湖龙井茶

新中国成立后，西湖龙井茶与茅台酒、中华烟一同被列为国家外交礼品，奉为国宴用茶。1949年12月，党中央祝贺苏联斯大林70岁寿辰的礼品中就有龙井茶。党和国家多位领导人都曾亲临龙井茶区，关心西湖龙井茶的生产和茶农生活、茶乡发展。

据记载，为振兴龙井茶，周恩来总理曾五进梅家坞，原来的"狮龙云虎"四个老字号中"云"字号又分出了一个"梅"字号。至此，龙井茶形成了"狮龙云虎梅"五个字号的划分。

国家实行统购统销时期，龙井茶统一由西湖区供销部门收购，交由杭州茶厂精制加工后销售，茶农生产的龙井茶都被冠以杭州茶厂的"西湖"商标名称，从而也形成了"西湖龙井茶"的俗称。不过虽然是统购统销，但对于龙井茶的品质，同样有区分。

据李大椿所著《西湖龙井茶》介绍："1950年5月11日，应广大茶农要求，中茶公司杭州分公司（后改浙江省茶叶公司）在龙井村设龙井收购站，并设分站两处，茶叶品质分狮峰、龙井、平狮、云字、虎字、梅坞和高狮。"这其实就是按"狮龙云虎梅"五个字号来分，唯狮峰龙井品质上好，分为狮峰、平狮、高狮三档。

1953年，浙江省茶叶公司（浙江省茶叶集团前身）为简化品级，将"狮龙云虎梅"五字合并为"狮峰、梅坞、西湖"三套标准。产于西湖乡龙井村的称为"狮字龙井"或"狮峰龙井"，其自然品质最好；产于西湖乡梅家坞、梵村、云栖、外大桥一带的为"梅字龙井"或"梅坞龙井"，做工精湛；西湖乡其余地方的称为"龙字龙井"或"西湖龙井"。

这三个品类的龙井茶各具风格，狮峰龙井茶以香气清高持久而著称，梅坞龙井茶以色泽翠绿、外形格外扁平光滑而各显，西湖龙井茶则以叶质肥嫩、芽锋显露为特色。价格也各不相同。据1963年浙江省供销合作社特产处编印的《收茶手册》中所列的收茶价格表：狮峰龙井茶每担为915元，梅坞为880元，西湖为780元。

不过，有关龙井茶类别划分并没有到此为止。1965年，国家采用统一收购标准样，"狮峰龙井""梅坞龙井"和"西湖龙井"经过配拼，统称"西湖龙井"，仍为十级，每级五个等，外加特级三个等。此分类一直沿用至20世纪80年代（80年代后国家取消了统购统销），此后西湖龙井茶不再细分产地和字号，凡是在杭州西湖风景区和西湖区范围内的龙井茶，都统称为"西湖龙井茶"，与外地茶叶相区别。

"金字招牌"的守卫战

在西湖龙井茶上千年的历史传承中，有一个很明显的特点，就是它的产地在不断扩大。自明代成为"名茶"后，"龙井茶"就开始被其周边的茶叶"傍名牌"，但在这个过程中，西湖区的茶农们选择了"抱团纳新"。在茶文化专家阮浩耕看来，早期的这种"傍名牌"，从某种角度来讲，有效扩大了西湖龙井茶的面积，对西湖龙井茶的传承和名声是有益的。不过，西湖龙井茶的名气实在太大，新中国成立以后，它的面积仍不断调整变化，同时隐藏的危机也逐渐显现……

"龙井"混战：巨大的逐利市场，困厄的西湖龙井

据悉，新中国成立初期，整个西湖龙井茶产区茶园面积为234公顷，每公顷产量约360千克。1965年，浙江省茶叶工作会议指出"龙井茶是一种名茶，有独特的品质规格要求，只限在杭州市西湖龙井茶产区生产、收购"。然而以当时西湖龙井茶的产量而言，仅用于特供和外贸就已"捉襟见肘"，更不用说尚未铺开的国内大市场。

在巨大市场需求和经济利益的刺激下，两个品种的诞生，搅起了新局面。20世纪60年代，中国农业科学院茶叶研究所在西湖龙井群体种的基础上，相继培育出新一代优质龙井品种——龙井长叶和龙井43。这两个品种被中国农作物品种审定委员会审定为国家品种。尤其是龙井43，能提前3～5天发芽，提早开采，延

长采摘优等茶的时间，增加"明前茶"的产量。当时凡是试种龙井43品种的茶园，亩产值从一开始就超过了千元。

为配合政府更大范围的扶贫措施，中国农业科学院茶叶研究所不断派员到浙江各地，乃至其他产茶省份，推广龙井茶种和炒制工艺。到20世纪80年代，因供需矛盾突出，同时为帮助茶农走上致富之路，浙江省农业厅将龙井茶向全省推广，使龙井茶遍布全省大部分县（市、区），如杭州市的余杭、萧山、富阳以及浙江的新昌、嵊州等地也相继按西湖龙井茶的采制方法生产出扁形"龙井茶"。

当时，西湖龙井茶的供需矛盾突出，远不能满足需求，而萧山湘湖旗枪茶产区的"龙井茶"品质也好，于是当地向浙江省有关部门要求认可其龙井茶的"身份"和相对应的价格。浙江省茶叶监评委员会研究决定，将湘湖旗枪茶作为龙井茶收购，但与西湖龙井茶有所区别，称"浙江龙井"，此后省内各县纷纷效仿。

这一时期，西湖龙井茶的产区再次经历了变动，杭州市做出了"与龙井茶产地西湖乡同属一座山、一条溪，又有相应制作技术的十几个自然村，都可以生产西湖龙井茶"的决定，这相当于将西湖龙井产区扩大至西湖区。但即便这样，真正的西湖龙井茶的产量在全省龙井茶（"浙江龙井"当时产量约为1000吨）中占比不到5%。

在经济利益驱动下，一些社会资本也加入了龙井茶的推广潮流中。主要引种龙井43和龙井长叶，采用西湖龙井茶完全相同的炒制工艺，品质也得到了认可，产量巨大，极大缓解了龙井茶的需求压力。龙井茶逐渐成了扁形绿茶的代名词，在社会上的影响力进一步扩大。但这也给西湖原产地龙井茶的生产经营秩序带来了隐患。

"浙江龙井"与"西湖龙井"在品种和炒制方法上基本相同，甚至品质也变得十分接近，但西湖龙井茶的价格是浙江龙井的数倍之高。于是，一些"浙江龙井"被运到西湖龙井茶产地后，常被部分茶叶经营者单独或经拼配后冠之"西湖龙井"高价出售。

不仅如此，全国许多产茶区也纷纷仿造龙井茶，不仅国内各地皆"龙井"，据说连日本也打起了"龙井茶"的牌子。更有甚者，还打出了龙井花茶、龙井红茶等，注册起了商标。这一系列乱象，不仅伤及了"浙江龙井"，更让在"浙江龙井"夹缝中的西湖龙井茶备受煎熬。

改革开放后，茶地实行了家庭责任承包制，分地到户，原来的计划统购变成了自产自销。这虽然解放了生产力，但原本只负责单一生产的茶农，要挑起种茶、管茶、制茶到销售的全环节任务。一时之间，西湖龙井茶的产量与质量大大降低。然而，更为头疼的是怎么卖茶。当时，一些茶农开始创办企业销售西湖龙井茶，在刚刚开放的市场经济下，名满天下的西湖龙井茶如日中天，生意风生水起。但到了20世纪90年代，市场遍地皆"龙井"时，原本"皇帝女儿不愁嫁"的西湖龙井茶也感受到了销售的乏力，市场逐年萎缩。

龙井村戚氏后人、贡牌西湖龙井创始人戚国伟曾在采访中回忆：在上海某宾馆，当时特级贡牌西湖龙井标价800元／斤，卖不动；而另外两家经销商的特级"西湖龙井茶"300元／斤，却不断补货。他不愿意屈尊降价，只得全部撤回。但这款热销的"西湖龙井"显然在品质上和品质正宗的西湖龙井茶相去甚远。一方面，消费者不懂西湖龙井茶，买了假货大喊受骗；另一方面，西湖龙井茶企与"假货"参与低价竞争完全是赔本买卖。"再这样下去，这个龙井茶品牌可能就被毁掉了。"

如何拔出泥潭？西湖龙井茶的接班人们开始寻找转机。

正本清源：浙江龙井"三分天下"，西湖龙井只此一个

1997年，随着我国加入WTO时间的临近，我国与法国在原产地命名和地理标志保护制度方面形成合作。1999年7月30日，我国《原产地域产品保护规定》以国家质量技术监督局局长令的形式正式出台。杭州市政府随即向国家有关部门递交了一份报告，要求对龙井茶实施原产地域保护，这份报告被受理。就在当年10月，国家质量技术监督局标准化司发布国家基础标准《原产地域命名产品通用要求》，将"龙井茶"和"绍兴酒"列入首批国家保护对象名录，迈开了我国实施原产地域命名产品的第一步。

一旦申报原产地域保护产品成功，龙井茶将受到法律保护，任何别的地方

都不可以冠上龙井的名称。不过对于申报名称，是叫"龙井茶"还是"西湖龙井茶"，杭州市政府和浙江省农业厅有截然不同的意见。

杭州市政府认为，龙井茶名称来源于龙井这一地名，其生产离不开特定的山水、气候条件，也离不开其独特的采制工艺及历史文化内涵，所以必须以"龙井茶"定名，方能体现地域特色。因此，杭州市政府提出的原产地划分方案为：东起虎跑、茅家埠，西至杨府庙、龙门坎和何家村，南起社井、浮山，北至老东岳、金鱼井，总区域面积168平方公里。该区域以外生产的茶叶不得侵权使用"龙井茶"名称。

但浙江省农业厅认为，龙井茶在整个发展过程中，实际上已经从原产地命名，演变成对扁形茶约定俗成的通用名称，成了浙江的一种名优特产，因此主张从兼顾全省茶业健康发展和保护西湖龙井茶的角度，对"西湖龙井茶"实行原产地保护。

据悉，1998年浙江省全省扁形名优茶产量达1.3万吨，产值为7.9亿元，分别占全省名优茶年总产量和年总产值的55.1%、66.2%，其中80%打的都是"浙江龙井"牌子。龙井茶产区已扩大到浙江省55个市、县，茶园面积达95万亩，而西湖龙井茶因受地域、气候、技术等因素制约，当时的产量仅580余吨。

龙井茶的原产地到底如何划分，西湖龙井与浙江龙井的微妙关系如何处理？当时社会上也形成了巨大的争议。

最终结果是，2001年，由浙江省政府出面对龙井茶实施原产地域保护，将龙井茶原产地划分为西湖产区、钱塘产区和越州产区三大产区，并对西湖产区实施特殊保护。同年，国家质量监督检验检疫总局出台《龙井茶原产地域保护管理办法》，将龙井茶定义为：以"龙井"地名命名，用在原产地域范围内经认定的茶园内生产的茶鲜叶，并在原产地域内按《地理标志产品 龙井茶》标准生产加工的绿茶。西湖产区作为龙井茶的发源地，被允许使用"西湖龙井茶"的特别命名，其他龙井产区禁止使用"西湖龙井茶"的名称。同时，明确龙井炒制的茶型为"扁形绿茶"。

至此，混战已久的"龙井乱局"可算是迎来了一锤定音。虽然对于最后的结果，很多人还持有"看法"，但不可否认的是，这场龙井茶的守卫战，浙江是赢家，而"西湖龙井茶"也没有所谓的"输"。因为最终"龙井茶"是浙江的龙井茶，而"西湖龙井茶"只此一个。龙井茶也成为我国六大茶类里第一个实行原产地保护的茶叶。

就在申请西湖龙井茶原产地保护的同时，杭州市还放出了另一个大招。2001年6月，浙江省人大批准了《杭州市西湖龙井茶基地保护条例》（2010年修订）。该条例于同年7月16日公布实施，明确指出了西湖龙井茶基地的保护范围，并实施分级保护制度，分为一级、二级保护区，分属杭州西湖风景名胜区管理委员会和西湖区人民政府进行管理和保护。一级保护区区域为杭州城西南到梵村，北到新玉泉，东到南山村，西到灵隐、梅家坞一带；其余的"西湖龙井"茶基地为二级保护区，共计168平方公里。

《杭州市西湖龙井茶基地保护条例》是我国首个茶叶类的地方法规。这一法规的颁布，有效保障了西湖龙井茶基地面积的稳定性，也与同步进行的原产地保护相呼应，真正确定了"唯一的西湖龙井"。

> 2003年，杭州市对《杭州市西湖龙井茶基地保护条例》规定的168平方公里范围内的西湖龙井茶地进行湿地勘测，埋设界桩。2004年，经中国农业科学院茶叶研究所、国家茶叶质检中心、浙江省农业厅经作局等单位组成的专家评审，杭州市发布了《杭州市人民政府关于西湖龙井茶基地和后备基地范围划区定界的公告》，正式确定了911.9公顷的西湖龙井茶基地和204.1公顷的后备基地，西湖龙井茶的生产范围最终确定完成。

双管齐下：从生产到流通全链"防伪打假"

原产地域保护的实施，从官方法律上为西湖龙井茶正了名，有效遏制了外省"龙井茶"的侵蚀。不过，现实中"真假"西湖龙井茶的混战却并没有停止。为了防止"李鬼"的侵害，杭州市相继拿出了多项防伪措施。

2001年，在对龙井茶实行原产地保护的同时，杭州市开始在茶区实施《西湖龙井茶统一产地标识管理》，推行防伪标识，实行贴标销售，分茶农用和销售用两种产地防伪标识，这相当于给西湖龙井茶颁发了一个官方背书的"身份证"，消费者可通过打电话、扫码等方式查询真假。2002年，开始使用原产地域专用标志（后称地理标志证明），后与防伪标识合二为一。此办法的确起到了一定作用，但也难免有漏洞。这些年，此项防伪标识制度随着技术手段的升级不断更新换代。

不仅如此，当时杭州市还制定了《西湖龙井茶专卖店确认和管理办法》，从2001年春茶开始，授权开办西湖龙井茶专卖店。对符合条件并提出申请的企业，按管理办法由市、区有关部门进行审核，经审核同意，由市技术监督局给予授牌，确认为"西湖龙井茶专卖店"。2003年，杭州市西湖区龙井茶产业协会成立，此项工作就由协会管理。2015年，杭州市政府授牌的西湖龙井茶专卖店共有39家。同年为进一步规范西湖龙井茶的销售行为，又进行了重新洗牌，要求具有西湖龙井茶生产加工经营资质且为协会会员单位的企业，方可申报在全国设立西湖龙井茶专卖店。到2021年，西湖龙井茶专卖店总共通过21家。

地理标志保护、产地防伪标识管理和开设专卖店等措施，在生产和加工领域有效地保护了西湖龙井茶，但由于没有专属商标保护，对于流通中的"李鬼"一直没有有效的打击手段。在1995年刚实行证明商标时，一些业内人士就建议注册商标，以法律形式保护龙井茶。但由于复杂的产地区域划分问题，直到2008年"龙井茶Longjing Tea"才注册为地理标志证明商标。这虽确立了"龙井茶"品牌的专属性，但却没有保护西湖龙井茶的专属性。2011年6月28日，"西湖龙井"地理标志证明商标终于注册成功，由杭州市西湖区龙井茶产业协会负责申报和管理。

为加强商标管理，杭州市还成立了由市政府分管领导挂帅的"西湖龙井"地理标志证明商标管理协调小组和"西湖龙井"地理标志证明商标管理专家咨询委员会（包括品质提升、质量管理、文化发展、法律咨询等专家组），并调整充实杭州市西湖区龙井茶产业协会的组成人员，成立协会秘书处，负责证明商标管理的日常工作。

据商建农会长介绍，现在使用西湖龙井地理标志证明商标需要满足几个条件：一是企业要注册在西湖区或者风景名胜区，具有食品生产许可证；二是要有企业自身品牌，比如贡牌、御牌，因为授权是授权给企业品牌。以前为防止企业拿到授权后将商标转换，还设置了300千克以上的收购量和销售量的门槛规定。目前杭州全市大概有140家企业使用该商标。

此外，除了申请地理标志证明商标，当年杭州"趁热打铁"，还立即启动了中国驰名商标的申报工作。通过区政府专门成立了以工商局、农业局、杭州市西湖区龙井茶协会为主要成员的申报工作领导小组。2012年4月27日，"西湖龙井"中国驰名商标申报成功。

至此，西湖龙井在生产、加工、流通等各个环节都受到法律保护。2013年，杭州市农办下成立杭州市西湖龙井茶管理协会，在全国启动西湖龙井打假行动，通过法律起到了很好的震慑作用。同时从2010年开始，杭州市还建立了西湖龙井茶新闻发言人制度，每年新茶上市季及时向社会公布西湖龙井茶的产销信息。

在防伪打假的路上，杭州市还有多项措施，如将西湖龙井品牌管理纳入党政领导干部责任制考核、全面推行茶农茶企诚信承诺制、建立茶农茶企信用红黄黑榜制、与大型电商平台签订西湖龙井茶品牌合作框架协议、推行统一包装等。

2020年3月1日，杭州西湖龙井茶数字化管理系统正式上线运行，此管理系统以产地证明标识（茶标）管理为核心，并与杭州城市大脑系统对接联通，可实现西湖龙井茶智能在线监管。据报道，数字化管理系统施行以来，尽管市场上茶农零星买卖茶标、包装标识不规范、"打擦边球"等现象仍有存在，但"做真、做优、做精"的共识正在加快形成。很多人对数字化管理系统的态度，也从刚开始时的摇摆、抵制，变成了普遍欢迎和支持。

如今，西湖龙井的"打假"困境已迎来了"质的改变"。"原来劣币驱逐良币，现在良币驱逐劣币，假冒已经没有生存土壤了""西湖龙井的价格基本一直处于上升状态""西湖龙井是客单价最高的茶产品，线上线下销售额都在逐步提升"……企业们给出了喜讯。

"打铁自身硬"：守护西湖龙井之味

古人言，名茶"产于天者成于人"，说的是名茶生长于独特的自然环境，加之人工精心采制，方能成就其别致的品质。《钱塘县志》记载，"茶出龙井者，作豆花香，色清味甘，与他山异"。西湖龙井茶在历史上素有"色绿、香郁、味甘、形美"四绝的称赞。这既得益于西湖小产区的灵秀，更与其精妙的炒制方式有关。

西湖龙井茶区位于世界公认的茶树生长"黄金线"正中位置，拥有"三面青山绕水天"生态小气候，土壤以白沙土为多，微酸性，通气透水性强。

然而从20世纪80年代开始，随着龙井43、龙井长叶等品种和龙井茶炒制技术的推广，"色绿、香郁、味甘、形美"不再是西湖龙井特有。尤其是机器炒茶开始普及后，精心炒制的"浙江龙井茶"们，甚至可以"以假乱真"，很多专业茶师也难辨认。糙米黄、豆香、栗香……炒茶客们热衷于炒概念，茶客如获至宝买走真真假假的"西湖龙井"后，却往往感觉"不过如此"。在此背景下，杭州市在开展维真打假的同时，也将焦点瞄准了对"西湖龙井之味"的保护。

保护西湖龙井茶"血统"

每年谷雨前后，杭州晴雨交错，气温适宜，全国来西湖茶区寻茶者众多，普通茶客在意"真假"，而熟门熟路的老茶客则更关心品种。在"懂行"茶人的心中，龙井群体种的地位是其他品种无法比拟的。

不同品种、炒制方式制作的西湖龙井茶，香味有所不同。有豆花香、栗香、清香、兰花香等说法，尤其是兰花香堪称上品典范，可遇不可求。而想要品尝到复合香型的西湖龙井茶，只有群体种中才可能出现。因为土壤物质结构、茶树根系深浅，都将影响到茶叶的香气和品质。

龙井茶群体种俗称"老蓬儿"，是西湖龙井茶区延绵了几百年历史仍保存初性的优质种群。从历史上来看，《西湖志》等史书记载和赞美的西湖龙井茶原型都是产自西湖风景区内的"狮、龙、云、虎"传统字号群体品种龙井茶。尤其是满觉陇的白鹤峰、龙井村背后的狮峰，近顶峰处茶园是稀有的"白砂地"（石英岩风化形成的碎石土壤）和"老茶树"，向来被认为品质最佳。但传统的龙井群体茶树，发芽比较迟，而龙井茶讲究赶早，尤其是明前龙井尤为珍贵，因此其产量不算高。

改革开放以后，掀起"名茶热"，为提高经济效益，我国选育出了不少新优茶品种向全国推广，一些名优茶在发展过程中引种、纳入了不少新优品种。

　　当时西湖龙井茶产区的茶农也掀起了换种潮，一些本地茶农将发芽更早、产量更高，且品质也十分不错的乌牛早引种到西湖产区。但根据2002年国家标准《地理标志产品　龙井茶》（GB 18650）规定，龙井茶树的品种为龙井群体种、龙井长叶、龙井43、迎霜、鸠坑5个品种，乌牛早在当时并不能算龙井茶标准品种，因此最终被"请出"了西湖茶区。此事件也敲响了当地种源保护的警钟。

　　为保护西湖龙井茶的"原汁原味"，杭州市标准化研究院组织起草发布了《西湖龙井茶》（DB3301/T 005）系列地方标准，将茶树品种限定为龙井群体种、龙井43、龙井长叶等从龙井群体种中选育并经审定的适制西湖龙井茶的茶树良种，删去了国标中的"迎霜""鸠坑"种。

　　不仅如此，2010年，杭州市政府、西湖风景名胜区管委会、西湖区政府三方还正式启动了"西湖龙井茶群体种种质资源保护项目"，在龙井村等群体种区域开展保护工作，由所在村委会与茶农签订保护协议，要求茶农不得更换茶树品种。同年颁布《西湖区龙井群体种种质资源保护实施方案》，长期实施。对于保护区的茶农，政府每年按亩发放补贴（主要用于保护区龙井群体种茶园有机肥料的增施），同时在衰老茶树复壮、茶园基础设施维护与建设等方面享受相关政策扶持。

　　如今龙井茶的品种早已不是当年的5个品种，不仅纳入了最初不被认可的乌牛早，还纳入了平阳特早、中茶系列等优秀品种。但在西湖龙井茶的品种中，却始终保持了比较纯正的"龙井血统"：龙井群体种占比超50%，龙井43占比40%多，以及少量的龙井长叶、中茶108等。同时，从2012年开始，杭州市还针对西湖龙井茶核心产区采取统防统治、绿色防控和推广有机肥、菜籽饼优化土壤等措施确保茶叶品质。

手工炒茶要传承下去

　　"似乎无味，实则至味，太和之气，弥于齿颊"，著名作家王旭烽在讲述四代茶人历史的小说《南方有嘉木》中写出了西湖龙井茶的独特韵味。然而要能制作出此般西湖龙井茶，是一门技艺加苦艺的活。"火前嫩，火后老，惟有骑火品最好；地炉文火徐徐添，乾釜柔风旋旋炒；慢炒细焙有次第，辛苦功夫殊不少"，乾隆皇帝就曾感叹制作龙井茶的辛苦。

　　传统全手工西湖龙井茶制法步骤较多，炒制讲究"茶不离锅，手不离茶"，效率低，一个炒茶师傅一晚上马不停蹄也只能炒出两斤茶。而精湛的炒茶技艺更不是一朝一夕就可修炼成。不过，20世纪90年代以来，炒茶机器的发明和大力推广，将许多茶农从苦力中解放了出来，并极大提高了茶叶的生产效益。从市场经济来看，机器炒茶的效率优势不言而喻，随着茶农们生活水平的提高，愿意下苦功夫坚持手工炒茶者越来越少。但要说能真正体现西湖龙井茶独特价值韵味的，还是那些用苦艺、匠心手工炒制的西湖龙井茶。

　　目前西湖龙井茶的炒制中，机器炒制、半手工半机器炒茶占绝对主流，但也还有一批人在坚守着全手工制茶的传统。

　　在西湖区满觉陇村有个人被大家称"茶痴"——唐小军，生于茶农世家，西湖龙井茶是他全部事业所在。年轻时的他，为练就一手炒茶好功夫，背着一口大锅，访遍全国茶区炒茶高手，"斗茶"学艺。在他看来，每个炒茶人的手法都不相同，学会取长补短、融会贯通，形成自己的手法才是最好的。成为"炒茶王"后，他又去了浙江大学茶学系进修，他亲手炒制的西湖龙井茶，多年来都是浙江大学茶学系教学演示的标准样本。

　　唐小军的师傅杨继昌是国家非物质文化遗产西湖龙井绿茶炒制工艺的第一批传承人，年纪渐大，不再收徒，把传承全手工炒制西湖龙井茶的重任委于爱徒。2010年唐小军带头成立双绝汇茶叶合作社，汇集了多名炒茶能手，自愿坚持纯手工炒制西湖龙井茶，自带茶地入股合作社。在他的合作社里，顶级的茶叶只能定制，每年的预订量有限，选取狮字号山场的原料，采用特级标准采摘，由全手工炒制而成，经过七道工艺程序，毛茶外形似碗钉，扁平、光直、尖削，精制茶需进行7～15天的收灰工艺，目的是去除毛茶的剩余水分，出灰缸后的茶叶还需再度分筛、去沫、审评、定级、包装，方可成就一把真正的全手工西湖龙井成品茶。

　　"至今为止，客户对我们合作社的'投诉'只有一种情况，就是'你的茶叶太贵了，不过你的茶叶颠覆了我对西湖龙井的看法！'"唐小军的茶能卖几万元一斤，还不一定能定制到。但贵也有贵的道理，一是原料好自然贵，二是高手手工炒制，难得一品。许多人都说在他这里找到了真正的西湖龙井茶味。如今，每年新茶上市，找他的媒体、寻茶客络绎不绝。他的合作社手工茶，在机械化和半机械化制茶的主流中，也走出了一条小众但价值更高的道路。

"西湖龙井乃十大名茶之首，没有些真功夫怎能担得起如此美名。"令唐小军欣慰的是，现在愿意来学手工炒茶的年轻人越来越多，虽说其中不乏心态浮躁者，但总的来说是向好的趋势。唐小军是缩影。事实上，西湖本地的茶企、茶农、茶机构以及各界爱茶人士，也在通过各种方式传承手工炒制技艺。历经千年演变最终形成的西湖龙井传统手工炒茶工艺早已成为西湖龙井茶文化的一个重要组成部分。

2008年西湖龙井茶制作技艺被列入国家级非物质文化遗产名录。杭州市质量技术监督局发布《西湖龙井茶手工炒制工艺规程》，将传统手工炒制定为"十大手法"：抛、抖、搭、煽、揩、甩、抓、推、扣和压磨，为传承助力。自该年起，西湖区每年都开展西湖龙井茶手工炒制技艺的培训，并评定职称，如高级炒茶技师、炒茶师、炒茶工，三类加起来现有将近2000人。

此外，西湖区连续拿出真金白银，建成集品牌宣传、休闲品茶和技艺培训等功能于一体的西湖龙井茶手工炒制中心。同时，杭州市每年都举办西湖龙井开茶节、西湖龙井茶手工炒制技艺比赛、西湖龙井茶炒茶大师评选活动等。

"目前从市场来看，纯手工茶的价格很明显高于机器炒的，定制手工茶已经形成一种趋势，那么愿意来做手工茶的人会越来越多。如果市场实在推不动，政府和民间也总有一批人在保护和传承。"据商建农会长介绍，现在每年举办的西湖龙井茶炒茶王大赛上还设置了新锐赛，同时评选出一批西湖龙井茶"炒茶王"和"新锐工匠"，获评者的茶叶销售价格能明显高于市场平均值。

"坚持名贵"：绿茶皇后地位很稳

"2022年中国茶叶区域公用品牌价值评估"研究结果出炉，西湖龙井以79.05亿元再次蝉联榜首，同时获得最具溢价力品牌。据了解，2001年，第一批西湖龙井明前茶的收购价在每斤350元左右，茶叶最终上市价格大概在每斤700元。自实施西湖龙井茶原产地保护后的20多年以来，西湖龙井茶的价格每年都上涨，早已经翻了几十倍。抛开动辄几万元一斤的高端手工西湖龙井茶来看，如今机械化炒制的西湖龙井茶的价格大多也在上千元一斤。2022年，西湖龙井茶的产地收购价比其他龙井茶的收购价高出5倍多。

这个被茶界江湖传称的绿茶皇后，价格能不断向上突破，除了有名又稀少之外，也离不开当地企业对其"高端茶"定位的坚守，并不断把有限的西湖龙井做优做精。

好品好价才是西湖龙井茶

2006年7月1日，刚领到大学毕业证的李晓军，带着仅有的1200元，从安徽来到了杭州，开启了他的创业之旅。他把赛道瞄向了"电商＋茶叶"，首先选择的就是西湖龙井茶。

不过他很快发现，当时的西湖龙井茶在标准、分级、价格上是比较混乱的，无论品质好坏，只要是西湖龙井茶，都标特级、一级。学中药专业的他，对标准、品质很敏感，首先想到的是"能不能通过标准把品质分级梳理通透，是几级品质就是几级品质"。于是按照当时龙井茶国标，他将西湖龙茶井茶分为了四级，希望通过自己示范带动大家一起坚守"货真价实"的西湖龙井茶。

然而，人们对当时的电商认知，还停留在"低端、便宜、假货"的认知中。网上他的一款雨前西湖龙井茶，定为四级产品，标价108元半斤，虽卖得很火爆，却引来不少"非议"。消费者质疑怎么几百块钱就能买到西湖龙井茶？业内"责难"他把西湖龙井茶拉下了"神坛"……而当时的西湖龙井茶也正饱受"假冒"打击，美誉度下滑。

李晓军跑到超市、景区去"调研"，也发现，消费者买了"西湖龙井茶"却又不相信这是真的"西湖龙井茶"，因为价格比较便宜。他问"西湖龙井茶应该是什么价格"，得到的回答很一致——"至少要好几千"。

"这是'认知大于事实'，西湖龙井茶太有名了，即便花几百元买到的是真正的西湖龙井茶，消费者心里也不踏实。"他恍然大悟，"如果再继续这样玩下去是不对的。我们做的茶是几级就是几级，是真实的，但消费者的认知里面不是这样的。"

他立即找来杭州茶厂、卢正浩茶叶的一把手开会，商讨怎么一起把西湖龙井茶做得更好。最终，李晓军提议，西湖龙井茶全部最低只标到一级且价格不能低于800元一斤，低品质的西湖龙井茶（二级之后）即便真是西湖龙井也不要叫西湖龙井，全部改为龙井茶、钱塘龙井、杭州龙井。

西湖龙井茶本就稀有，优质的西湖龙井茶更不用说。李晓军当时不仅做西湖龙井茶，也做龙井茶、养生茶、花茶等，这个提议对他来说影响不大，而另外两家企业是专门做西湖龙井茶和龙井茶的，身家性命都在这上面。但大家都认可了这一提议，率先表率守护起了西湖龙井茶的"高身价"。首先全部改名，把品质差的西湖龙井茶全部改成龙井茶，只有品质好的西湖龙井茶才能叫西湖龙井茶，并将西湖龙井茶的最低价格统一到了800元一斤，后来慢慢提价，涨到了每斤1000元以上。

优中做优"金字塔"式发展

有人选择做优做高西湖龙井茶，也有人在优中做优，推动西湖龙井茶呈"金字塔"式向上发展。

2018年3月15日，由杭州西湖龙井茶核心产区商会、杭州市标准化学会、杭州西湖龙井茶叶有限公司、杭州狮峰茶叶有限公司、杭州正浩茶叶有限公司、杭州茶厂有限公司等单位牵头制定的《狮峰龙井茶》团体标准正式实施。该标准对"狮峰龙井茶"的原料来源、加工炒制技艺、数量定价、规范标识、营销模式等各方面做出了明确规定，实现团体标准、标识与文字表达"三位一体"。

那么到底何为"狮峰龙井茶"？这得从西湖龙井茶的"狮、龙、云、虎、梅"几大传统老字号说起。历史上的"狮"字号西湖龙井茶被认为是西湖龙井茶最佳上品，产自龙井狮峰山头一带。不过这里"狮峰龙井茶"有所不同。

"我们现在是把狮、龙、云、虎、梅，这几个产区当中土壤结构、品质方面都比较好的白沙土产区，单独提出来做'狮峰龙井茶'。在收购的时候，这些地方的茶青、鲜叶、干毛茶等，都要比龙坞这一带高出一倍，如果同样叫西湖龙井茶的话，就没有竞争优势。"如今"贡牌"二代接班人戚英杰，从父亲戚国伟手中接过了家族企业，是杭州西湖龙井茶核心产区商会会长。

"现在商会有60多家企业,主要都是在核心产区。《狮峰龙井茶》团体标准由十几家核心产区企业商议提出,大家共同执行。"据戚英杰介绍,该标准对"品质"要求极为严格,不仅要求茶叶来自规定的老字号产区,同时在老字号产区中还得有企业的手工加工厂。"狮峰龙井茶"目前的面积在2000亩左右,以半手工炒制为主,预订销售。"这个茶量很少,品质也更加稀有珍贵,不需要大规模地推广,我们的目的是做高它的价值,把整体价值拉到一个新高度。"

杭州西湖龙井茶有限公司目前的产品体系为狮峰龙井茶、西湖龙井茶、龙井茶,2021年销售了4000斤狮峰龙井茶、45000斤左右西湖龙井茶和10万斤左右的龙井茶。其中,精品狮峰龙井茶零售价每斤25000元,精品西湖龙井每斤5000~6000元。"我们有一个说法叫'三级宝塔'——狮峰龙井是塔尖,西湖龙井是塔顶,龙井茶是塔身和塔基。"戚英杰说。

《狮峰龙井茶》团体标准自试行以来,已成为核心产区西湖龙井茶的"身份证"。2021年,在新茶上市之际,西湖龙井茶核心产区商会发布了"狮峰龙井茶"3个等级产品的最低销售指导价,其中精品产品每斤1万元至6万元,特级产品每斤7000元至20000元,一级产品每斤4000~10000元。具体价格由各团体联盟单位根据指导价要求和自身产品特色,自行定价、优质优价。

再度立法:精细化守护进入新常态

近几年,有关西湖龙井茶的保护力度不断加强,不仅在维真打假方面加大出拳,对西湖龙井茶文化传承、品质保护等方面也提高到了新高度,保护细化到方方面面,成为全员共识。

2022年1月20日,《杭州市西湖龙井茶保护管理条例》(以下简称《条例》)新闻发布会在杭州召开。该《条例》是杭州市人大常委会2021年重点立法项目,经2021年11月25日浙江省第十三届人民代表大会常务委员会第三十二次会议批准,自2022年3月1日起施行。

这是第二部保护西湖龙井茶的地方性法规。《条例》分总则、文化传承与产业发展、品质保护与提升、品牌保护与标识管理、法律责任和附则,共六章四十二条。

如何做好西湖龙井茶文化和传统技艺的传承，是《条例》的亮点之一。如由农业农村主管部门负责西湖龙井茶手工炒制技艺的传承和保护，建设、推广茶叶炒制中心，组织评审、授予长期从事西湖龙井茶手工炒制、技艺精湛等符合相关条件人员"西湖龙井茶炒制大师"称号，对符合一定要求的手工炒茶技艺人员还可认定为"杭州工匠"。尤其是要求对"狮、龙、云、虎、梅"这批西湖龙井茶传统字号加强保护与传承，明确文化旅游主管部门应当负责西湖龙井茶相关非物质文化遗产的认定、记录和建档等工作，并对体现传统文化，具有历史、文学、艺术、科学价值的非物质文化遗产采取传承、传播等方式予以保护。

同时，该《条例》再次突出明确了西湖龙井茶的原产地概念、划分，并对西湖龙井茶防伪溯源专用标识进行了定义和使用规定。西湖龙井茶生产经营者每年度可以在规定时间内通过西湖龙井茶数字化管理系统申领西湖龙井茶专用标识，不得转让领取的专用标识。今后，西湖龙井茶凡需要包装销售的，要在包装显著位置加贴西湖龙井茶防伪溯源专用标识，网络销售还需在产品介绍页面显著位置明确示意。

此外，对传统茶种的保护也再度升级。《条例》特别规定，杭州市人民政府应当划定龙井群体种种质资源保护区，不得变更茶树品种、种植面积、种植地域等，应当编制西湖龙井茶种质资源保护专项规划、每十年开展一次种质资源普查、设立西湖龙井茶群体种种质资源保护区，以及建立西湖龙井茶群体种种质资源保存圃等，更好保护西湖龙井茶群体种，保持良种种性。

对于产业发展，《条例》也明确，支持西湖龙井茶产区内茶地经营权依法流转，推进西湖龙井茶生产规模化、集约化、一体化发展；鼓励金融机构开发有利于西湖龙井茶产业健康发展的产品和服务；支持符合条件的西湖龙井茶企业上市等。

《条例》出台后，相关知识普及、执法、管理考核等紧锣密鼓开展。2022年4月，杭州对西湖龙井的法律保护再次加码。西湖区人民法院打出了一套"组合拳"——授牌"地理标志保护联系点"，成立了浙江全省首个以西湖龙井茶保护为特色的共享法庭，并对外发布了首份《西湖龙井茶品牌保护状况》白皮书。

西湖龙井茶保护特设共享法庭，是专门处理与西湖龙井茶保护相关的各类案件及开展相关司法延伸服务的场所。当前，对于地理标志产品侵权类案件的审理还存在侵权行为认定难、商品特质认定缺乏统一标准、原告举证困难等问题。

"浙江省高院在西湖景区旅游法庭设立地理标志保护联系点，是为了加强对浙江地理标志产品的司法保护。日后，不仅是西湖龙井茶，浙江其他地理标志产品的保护工作也将在此进行研讨、分析，倾听各方声音，寻求更合理、有效的司法保护方式。"西湖区人民法院党组成员、副院长倪惠岗在接受媒体采访时介绍，依托共享法庭，法官们还可以走进基层，走访本地茶农、茶企，了解需求，开展普法讲座，让西湖龙井茶品牌保护意识深入人心。

据悉，2020年杭州市还出台《西湖龙井茶产地证明标识管理办法》，将"地理标志保护产品"和"地理标志证明商标"合二为一、统一使用。杭州市西湖龙井茶管理协会正式发布西湖龙井茶新的统一包装，与产地证明标识配套使用，这相当于在产地证明标识的基础上给西湖龙井茶又增加了一道"身份保障"。

同年5月，为了打破以往分区管理带来的不便，杭州市西湖区龙井茶产业协会正式将西湖龙井茶地理标志证明商标管理权和注册权，转交给了杭州市西湖龙井茶管理协会。西湖龙井茶的管理从区级上升至市级（杭州市西湖区龙井茶产业协会成立时，西湖区和杭州西湖风景名胜区还没分区，分区后分别负责辖区内西湖龙井茶管理）。目前，杭州市西湖区龙井茶产业协会主要负责生产、销售等管理以及西湖龙井茶的非物质文化遗产保护等工作。

独树一帜的传承创新

"欲把西湖比西子，从来佳茗似佳人""一杯西湖龙井茶，一段杭州文化史"……要论西湖龙井茶、西湖和杭州，三者相映生辉，少了谁，似乎都无法完整。而这也正是西湖龙井茶之所以成为名茶之首的独特所在，从历史到未来，西湖龙井茶早已与西湖景、杭州城融为一体。

相互成就的"茶景城"

林语堂先生说，春天要做三件事——"赏花、踏青、喝西湖龙井"。每年三四月，或邀上好友，或带上孩子、亲友，又或独自一人，深入西湖茶区腹地，踏青采茶、品茗赏景，早已成为打开杭城的一种独特方式。各大社交媒体上的相关"攻略"也是数不胜数，十八棵御树、龙坞茶园、孤独一棵树、满觉陇、十里琅珰、梅家坞……你总能找到属于你的打开方式。翻开历史长卷，这样的场景其实已在西湖畔的绵绵茶山之中上演千年。

杭州是我国著名的历史文化名城，自古以来，就与茶结下了不解之缘。"龙井女茶祖与十八棵茶祖树传说"，龙井山上古老的"胡公庙"受历代茶农祭祀，尤其是到了南宋，杭州成为全国政治、文化、经济中心，杭州的茶文化更是得到了空前发展，上至宫廷皇家，下到寻常百姓，中国茶的大俗大雅在这座城市得到淋漓尽致的展现。这里留存着丰富的茶遗迹风俗，如以茶睦邻、以茶定亲、以茶敬神尽孝……这些生活中的杭州茶俗，自然少不了西湖龙井茶。

西湖龙井茶本是禅茶，产于山寺却毗邻大都市，更为与众不同的是，它还产自自古盛名的西湖群山美景之中，成为西湖自然与人文美景的重要组成部分。名茶与名景、名城，形成"天作之合"，为历朝历代的文人墨客提供了丰富的创作摇篮，白居易、苏东坡、陆游、吴昌硕……都曾留下笔墨。唐代至清代留下的120余种茶书，杭州籍作者有8人，著书10余种。

新中国成立以后，杭州逐渐成为中国乃至世界茶文化的交流中心。与茶相关的组织机构相继在这里成立，如中国第一个茶文化组织——"茶人之家"，众多一流的"国字号"茶叶机构——中国国际茶文化研究会、中国茶叶学会、中国农科院茶叶研究所、中华全国供销合作社总社杭州茶叶研究院、国家茶叶质量检验检测中心、农业农村部茶叶质量检验测试中心、中国茶叶博物馆、浙江大学茶学系（简称"两会两所两中心一馆一系"）均在杭州落地。各类与茶事相关的学术会议、交流活动、节会赛事、参观交流等在这里不停上演，让西湖龙井茶以"国茶"的身份，获得了数不清的曝光机会。

20世纪80年代，杭州提出打造国际旅游城市，成为"东方日内瓦"，众多专家都不约而同将茶文化、西湖龙井茶和茶业博物馆等作为杭州"个性化国际战略"的重要内容。中国第一个茶叶博物馆就是在这样的背景下建起来的。

在茶、景、城的交相辉映上，杭州还有更为浓墨重彩的一笔——"联合西湖申遗，打造杭为茶都"。在第35届世界遗产大会上，杭州西湖文化景观被成功列入世界文化遗产名录，而与西湖相伴相生的龙井茶文化及其茶园景观成为这一遗产中的重要组成部分。茶叶品牌跟文化景观结合一起捆绑申遗，这在世界上也是首例。而这一成果的取得，离不开杭州的智慧创新。

早在21世纪前，杭州市政府就决定将西湖申报为世界遗产，媒体也大造舆论。然而事情并不顺利，西湖始终没有出现在"申遗"的国家预备队行列里，更谈不上到世界遗产委员会议上去表决。

如何让西湖在竞争激烈的"申遗"中脱颖而出？在专家的建议下，当地将目标聚焦到了"西湖龙井茶"资源。此后，杭州市政府开始在茶叶上"做文章"，首先是时任市委书记王国平在杭首次接见了驻杭的七大国字头茶叶行业组织负责人并与之进行座谈；接下来国内十家茶叶行业权威机构共同授予杭州为"中国茶都"；杭州被授予"中国茶都"之后，西湖景区管委会开始重点发展农家茶楼特色经济……铆足劲，一番功夫下来，西湖终于申遗成功。

2004年3月，中国国际茶文化研究会会长刘枫向全国政协十届二次会议提交的一份《关于确定茶为中国"国饮"的建议提案》，这一份提案得到了农业部的高度重视。这让杭州市政府领导敏锐意识到杭州集茶文化、茶产业资源于一身，具有"天时、地利、人和"的优势，应不失时机地打造"茶为国饮，杭为茶都"品牌。各界的共识迅速促成了杭州与"两会两所两中心一馆一系"的紧密携手与战略合作。

2005年4月15日开幕的2005中国（杭州）西湖国际茶文化博览会上，中国茶叶学会、中国国际茶文化研究会、国家茶叶质量检验检测中心等10家机构联合授予杭州"中国茶都"称号，国内50余位茶叶和茶文化专家学者共同签名，发表《杭州宣言》，倡导将茶定为中国"国饮"。随后,"杭为茶都"建设还被列为杭州"十二五"规划重点内容。此战略是杭州弘扬传统文化、提升城市品位、促进协调发展的重要举措,也是加快西湖、西湖龙井茶申报"世界遗产"步伐的重要内容。

"'上有天堂,下有苏杭',作为人间天堂的杭州来说,西湖肯定是杭州这座城市的一个皇冠,而西湖龙井茶是这顶皇冠上最闪亮的那颗明珠。"中国茶叶博物馆原馆长王建荣徐徐道来,西湖龙井茶具有自然、历史、文化、社会四大方面的价值,其带来的禅茶文化、休闲文化为西湖、为杭州增添了很多独特的韵味。尤其是"茶景融合",杭州的茶馆都在风景区,离市区也很近,老百姓很喜欢也习惯在西湖优美的山水风光中品茶,这已成为东方休闲生活方式的一种代表,这一点非常典型。

文化赋魂下的龙井新格局

据介绍,目前西湖龙井茶的实际产业面积在2.2万亩左右,正常年份年产约600吨,一产产值6亿元左右,亩收1.5万~6万元,成本一般占产值40%。这有一个不得不考量的现实问题:盛誉之下,没有规模产能优势的西湖龙井,如何提高效益、做大经济,在群雄逐鹿的茶叶江湖中,继续坐稳"首茶"之位?对于这个问题,其实早已有了答案。

用好历史文化,做大西湖龙井经济

在杭州西湖风景名胜区西部腹地、梅灵隧道以南,沿梅灵路两侧纵深长达十余里,坐落着一个有着六百多年历史的古村——梅家坞,别称"十里梅坞"。进入村口,一眼就能瞧见古朴简洁的白色牌坊,两侧文字随之入眼来,"野趣横生品佳茗须来梅坞,慈容长忆仰高风毋忘周公",牌坊的背后也有书"香色味形皆茶道尽成文化,狮龙云虎处梅家各有风情"……人到这里,仿若进入了一方大隐于市的世外桃源,心也自觉地静了下来。

走进村子,随处可见古朴建筑,被社交媒体热推的"礼耕堂",既作茶家乐等经营,也是当地村民倚坐喝茶、谈笑风生的去处,有的还被作为博物陈列馆。有关梅家坞的传说和习俗,当地人代代相传、如数家珍。"乾隆皇帝御赐了四项特权""红嘴绿鹦鸽""白玉豆腐汤""乾隆私访朱家里""老茶壶泡，嫩茶杯泡""茶满欺人、酒满敬人"……很多虽然无从考证，但有当地人熟稔于心的讲述和随处可见的碑文、介绍，你不得不"信服"。

梅家坞对应的是"狮、龙、云、虎、梅"中"梅"，在最早的老字号中并不存在。但当地却抓住历史机遇，从"云"字号中分化出来，走出了不一样的路子。20世纪五六十年代，梅家坞成为对外宾开放的定点观光区，周恩来总理先后5次来到梅家坞村视察指导，还亲自修改审定《采茶舞曲》歌词。1983年，《采茶舞曲》被联合国教科文组织认定为亚太地区优秀民族歌曲，并推为"亚太地区风格的优秀音乐教材"。此后与龙井茶相关的艺术创作经常不约而同选择梅家坞作为取景地，如现代第一部与茶事相关的长篇小说《春茶》也诞生在这里。

不过，梅家坞四面都是山，过去连接外面的唯一通道就是十里琅珰，落后的交通一直限制着当地发展。2003年，西湖景区村庄综合整治工程启动，也给这里带来了新生，不仅打通各线交通，更对全村的沿街茶楼、周恩来总理纪念室、礼耕堂、十里琅珰古道入口等历史文化景点进行了保护性修缮，迎来了四方游客。尤其是杭州西湖文化景观被列入《世界遗产名录》后，作为西湖文化景观重要组成内容的龙井茶文化系统受严格保护，村民也自觉加入行列。过去茶农会在自留地种些蔬菜庄稼，养猪养鸡，自给自足。西湖申遗之后，一些影响到生态环境和景致的活动就停止了。茶农们专心致志搞起了"茶业"，种茶卖茶、开农家乐、茶馆民宿，或将房屋出租，日子过得越来越美……

2007年第三次评选新西湖十景，代表龙井茶产地的梅家坞和当地农家文化的"梅坞春早"榜上有名。每年3月底至4月下旬，西湖龙井茶炒茶王大赛、西湖区茶宴争霸赛、西湖龙井品牌茶商茶叶拍卖会、茶乡民宿推介展示会、西湖龙井绿茶文化论坛、茶园山地自行车骑行争霸赛……各种茶事活动不断。如今的梅家坞已成为西湖龙井茶的主产区和全国农业旅游示范点。

在西湖茶区，走茶文旅路子的，"梅家坞"只是其中之一。农文旅融合也不是什么新鲜事，但如何真正把文化用起来，走实、走出特色来，却考验当地智慧。西湖茶区最让人感叹的是，不仅是将茶文化保护得很好，更是通过生活化的传承用好了"茶文化",引领出了一种高品质的休闲生活方式;不仅是政府行政推动,茶农、茶企以及社会各界也将保护西湖龙井茶文化内化为"使命"。

杭州全民饮茶日,虎跑泉打水泡茶,茶企承办杭州西湖龙井茶博物馆,拍摄《龙井》电影……西湖山水中至今还保存着20多处龙井茶遗迹,真实而完整地延续了1000多年西湖龙井茶文化的文脉传承和发展轨迹。在保护传承好历史文化的同时,围绕茶文化做的文章也愈发精彩。

如今,由农业农村部和浙江省政府联合主办的"中国国际茶博会"和由18家涉茶机构共同承办的"中华茶奥会"都已永久落户杭州。2021年,浙江提出打造文化创新、文艺精品等五个高地,并确定了"在打造以宋韵文化为代表的浙江历史文化金名片上不断取得新突破"等十大目标,这对以文化赋魂构建西湖龙井茶产业新格局是极大的机遇。

在杭州"十四五"规划中,茶文旅融合发展是"杭为茶都"建设的重点内容,当地正着力规划建设西湖龙井茶文旅印象"金三角"(龙井茶历史文化荟萃区、梅家坞茶香生活体验区、龙坞"六茶共舞"综合示范区),并以此为先,再度构想布局"钱塘龙井三江行"。

作为建议的提出者,杭州市政协原副主席、杭州市茶文化研究会会长何关新深感振奋,西湖龙井是茶、是历史、是文化,更是一种城市生态。"茶区是景区,茶园是公园,茶企是庄园,茶品是精品,品鉴是物质和精神的享受,即将成为杭州茶产业链、价值链、茶文化的美好愿景。"

> 西湖龙井印象金三角概念:一是以中国茶叶博物馆为核心,以龙井路为主轴,北起灵溪隧道南,南至理安寺,西接狮峰山、上天竺,东临杨公堤,方圆约14.35平方公里的"龙井茶历史文化荟萃区";二是以中国农业科学院茶叶研究所和周恩来总理纪念室为核心、以梅岭路为主线,北起梅灵隧道南,南至九溪十八涧钱塘江畔,方圆约14.27平方公里的"梅家坞茶香生活体验区";三是以中国国际茶叶博览会永久会址为核心,辐射周边外桐坞、大清、上城埭等10个村庄,方圆约24.7平方公里的"龙坞'六茶共舞'综合示范区"。

守好西湖龙井，引领"龙行天下"

"龙行天下"的概念是浙江近几年提出的，但行动早已在路上。

2019年4月，在浙江新昌举行的首届龙井茶（新昌）峰会上，围绕"龙井茶品质品牌行天下"的主题讨论引发关注。何关新作为西湖龙井产区的重要代表，在"龙行天下：我们共同的担当"主旨演讲中提出，以西湖龙井作为"龙头"，共同做大做强龙井茶品牌的系列思考。龙井茶西湖产区、钱塘产区、越州产区的18个县（市、区）产业主管部门代表、产学研相关代表，就龙井茶高质量可持续发展、争创世界一流品牌等议题进行研讨，达成"龙井茶（新昌）峰会"共识。

浙江是绿茶之乡，而龙井茶是打响浙江绿茶品牌、传承发展浙江茶产业的排头兵。目前除西湖龙井茶外，新昌大佛龙井、嵊州越乡龙井、磐安生态龙井、淳安千岛湖龙井等龙井茶"区域子品牌"已强势崛起，形成了独一无二的龙井茶"品牌集群"。

2022年京东超市发布的《中国茗茶产业带排行榜》，对来自11个省份的26个产业带进行全方位评比，涵盖红茶、绿茶、黑茶、白茶、青茶五大主要茶种。其中，云南普洱茶、浙江龙井、福建金骏眉成为中国茗茶产业带前三强。而在绿茶产业带中，浙江龙井位列第一，西湖龙井茶、安吉白茶则分别位列第二、第三。

近几年在产销两端，浙江龙井茶表现十分亮眼。西湖龙井茶自是不用说，作为龙井茶品类的领头羊，坐拥"塔尖"优势，价格高出一般龙井茶几倍，而龙井茶的价格则要比一般绿茶高出不少。2021年，浙江龙井茶产量2.6万吨，价格上浮同比在5%到15%不等；一产产值59.9亿元，比上年增长8.1%；龙井茶产量、产值在该省茶叶总量中的比重分别达到13.2%和23.1%。

西湖龙井茶产区以每年约3%的产量带动全省110万亩龙井茶园，直接带动60多万茶农得益。其产业格局早已超越了西湖、杭州，成为浙江"名茶战略"的"龙头"，开启了浙江"大龙井"品牌时代。按照计划，到2025年，浙江龙井茶产业产值要实现超80亿元。

不仅如此，2021年12月，《浙江省农业农村厅关于深入推进茶产业高质量发展的实施意见》印发，为浙江茶叶设定新目标：力争到2025年，全省茶园面积稳定在300万亩，产量保持在20万吨左右，一产产值超300亿元，茶叶全产业链产值突破1500亿元。目前全省茶园面积为307.7万亩，茶叶产量19.8万吨，一产产值达259.6亿元。

"省里提出了'生态高效、特色精品'的目标定位，目前正在从科技、机械深入推进茶叶'双强'行动，从生态茶园、机器换人、数字赋能和全产业链建设，做好茶文化、茶产业、茶科技'三茶'融合发展。"浙江省农业技术推广中心龙井茶品牌管理办主任陆德彪表示，以西湖龙井茶为代表的龙井茶，是中国绿茶代表、浙江金名片、国家礼品茶，当下的使命是要传承好龙井味道，从品质、文化、企业等入手，创建世界一流茶叶品牌。

持续向上生长的发展态势加上政府的大决心，当地茶企也早已开始布局。

带着互联网基因出生的艺福堂早已从一家电商卖茶公司脱胎成了一家智慧茶企。

2017年，艺福堂桐庐中央工厂正式投产。这个集产业技术研发、标准化生产、茶叶保鲜包装、质量安全检测及仓储物流于一体，按GMP标准（药品生产质量管理规范）打造的智能化、可参观式工厂，在2021年双十一期间，共计产生25.3万个包裹，双十一订单36小时发货完毕，并创下支付买家数行业第一的成绩。

"我们曾经去参观过德国百年茶企Teekanne的无人化车间，机器全自动化，每台机器每分钟生产300包茶包。全公司700人可以产出40多亿元人民币产值，人均产出是艺福堂的12倍多。"这让李晓军极为震撼，桐庐工厂建成不到一年，艺福堂就开始着手一次完成智慧工厂的四体系认证。"我是中药出身，自己的工厂一定要以制药的标准建造，引领改变这个行业。"

一切进展顺利，他还有更大的布局。2021年5月，艺福堂与中国农业科学院茶叶研究所正式签约战略合作。同年，又在桐庐拿下35亩地，计划打造浙江省最大的龙井茶数字化制造中心。此两项皆是艺福堂实施"大龙井"战略的重点行动。

龙井茶是艺福堂战略级品类，目前艺福堂拥有西湖龙井茶合作基地1000余亩，龙井茶合作基地1500余亩。"我们定第一个目标是要做到10个亿的龙井茶，如果实现了，那我相信整个浙江的龙井茶产业至少在300亿元以上。现在艺福堂的年销售额是4.6亿元，龙井茶在1亿元左右（西湖龙井茶占30%）。"

在李晓军的规划中，艺福堂数字化龙井茶产业园建成后，茶农只需要种好茶，公司负责加工、销售，并依托数字化、自动化工厂，提升效率、保障品质。"未来随着茶农减少，茶园会大量流转，浙江茶产业也要从挨家挨户的小机器炒制慢慢转向现代化茶企合作经营。"

至于对西湖龙井茶的定位和"龙行天下"的理解，李晓军也很坚定，"西湖龙井茶是杭州乃至浙江的金名片，一定是'龙头'，文化制高点；龙井茶是'龙身'，地方名优茶是'龙尾'。不仅我们，现在杭州茶厂、卢正浩、狮峰牌等也好，布局也基本上是这样。大家一起把西湖龙井的品质、价格做上去，守护好它的价值，就能为龙井茶开辟出一条康庄大道……"

■ 附录

西湖龙井的"危"与"机"

贾　枭：现在龙井村的人很幸福，老祖宗们留下了西湖龙井这样一块金字招牌。但要发展，肯定不能躺在功劳簿上。您是西湖龙井茶世家，从西湖龙井产业更好发展来说，您认为还有哪些方向值得探索、思考？

戚英杰：我觉得主要是两部分：一个"危"，一个"机"。

从"危"来说，目前我们茶产业有很大的局限性，光做茶，没有相应的衍生品。西湖龙井茶的生产周期和销售周期实在是太短，造成忙的时候忙死，空的时候空死。虽然现在保鲜方面没有问题，但4月5日是个很明显的节点，基本上每年就忙这前后2个月时间，剩下10个月工厂就空在那里，这个成本很高。还有人工方面也是一个危机。尤其是采茶工是个很大的危机。今年（2022年），我们的采茶工平均年龄是67岁，今年来的最大的一个78岁，上个山我们都害怕。再过个10年，到哪里去找采茶工？虽然，现在采摘芽茶机器设备在研究中，但实现起来还是很困难。

从"机"来说，《杭州市西湖龙井茶保护管理条例》出来之后，我觉得今后的发展肯定是集约化、规模化，小的企业会越来越少，大的企业会越来越多，这是个机遇点。

我现在正在从茶农手中流转茶园。因为，很多茶农都在老去，而年轻一代因为离大城市近也不愿务农，都是在城里工作。一些茶农，现在就是把茶园交给亲戚管，每年拿些茶或收比较低的费用。另外就是，现在西湖龙井茶主要还是各家各户管理，不成规模，成本高但效率低。当年包产到户是解放了生产力，茶农有了自家茶，管理上精心呵护，但到了现在，我觉得这个模式已经开始制约生产力。

像龙井村800多亩茶园，600多个茶农，1000多村民，一家能分多少茶园呢？况且，因为茶叶跟土壤环境关系很大，一户人家不可能把最好的茶园全部划走，所以是好的地一点、中等的一点、差的一点，大家抓阄。当时，茶农自己干活，东边山顶一块，西边山脚一块的也无所谓。但现在不行了，自己干不动，雇人成本又很高，而且各家各户管施肥、打药都不一样，这是很影响品质的，我们收茶叶就遇到了这样的问题。我现在在龙井村的70亩茶园还比较好，基本聚集在一起，但中间还是有一些不愿意流转的，我就帮他管理。规模化管理才会有好的效益、好的产出。

我想企业是有这个能力把这个东西做下来的，但是我们现在需要一定资本。这里茶园很贵的，龙井村最贵的一亩一年35000元流转费用。现在核心产区的一些茶园，我采用的是私人定制茶园的形式。也就是，我流转过来之后直接给你定制，这块地所有的出产茶从头到尾全部给你。

这时候数字化就起作用了，做全程全产业链监控。西湖龙井核心产区的茶园是无价之宝，通过数据为茶赋能。我们是从2020年开始茶园数字化的，效果很好。今年我们最好的一亩地有12万元左右的产出，就是定制了一个高端客户。这亩地产了40斤左右的茶，平均价3000元／斤。但是实际上，一亩地真正能出产的高端茶占10%～20%，就是我们说的精品，这批茶都是老龙井群体种。我有收益之后，还把超额收益部分返给流转茶农一点，让他们知道不光是租给我茶园，还能有更多分红，希望以此让更多的人看到并介入进来。

另外，我觉得盛世才喝茶，现在国家总体经济、大家消费力还是在向上发展。从我们这几年的销售规模来看，每年上个台阶。喝茶的人越来越多，对中国的文化认同越来越多。茶是我们中国的传统文化，国家强盛了之后，对外文化输出也会好很多。对于未来，我觉得机会是很多的。

专家点评

刘仲华

中国工程院院士

湖南农业大学学术委员会主任

很多人都知道西湖龙井茶是顶级名茶，享誉中外。但少有人知道它为什么能拥有这样崇高的茶中地位。就规模而言，西湖龙井仅有2.2万亩，这个体量放在全国茶区来看，可以说是"无足轻重"，但这丝毫不影响它稳坐我国"名茶之首"。

这篇案例从历史文化、产业发展和品牌保护等方面娓娓道来西湖龙井茶的前世今生。可以看到，西湖龙井能从千年之前传承至今，有一个很重要的原因就是，它的文化价值得到了很好的守护和发扬。同时，它早已超越了作为农产品、消费品的价值，已成为杭州城市的文化名片。对于这样一块历史金字招牌，如何守护好、传承好，就是它的品牌逻辑。

中华上下五千年，涌现出的名茶名品不计其数，能流传下来并在当今得到很好传承和发扬的却不多。西湖龙井茶的发展思维值得许多地方"历史名牌"们学习借鉴。

五常大米
"优品"赢天下的大米神话

>>>>>>>>>>>>>>>>>>>>

访谈嘉宾

伊彦臣：五常市农业农村局原局长

张　野：五常市大米产业服务中心主任

项文秀：知名育种专家、五优稻4号（稻花香2号）重要育种人

乔文志：五常市乔府大院农业股份有限公司党委书记、董事长

"购五常大米 认溯源标识"，在五常城市中心的奥运公园广场上，五常大米的广告格外显眼。当许多地方还在为当地农产品知名度发愁的时候，如何让消费者买到真正的五常大米，成为五常的"烦恼"。

2003年，五常大米与贵州茅台酒等成为我国第一批原产地保护产品，如今，五常大米在大米中的地位亦如酒中茅台。作为我国大米之光，五常大米头顶"中国地理标志保护产品""原产地证明商标""中国名牌产品""中国名牌农产品""中国驰名商标"五项桂冠，拿奖拿到手软。国际大米比拼中，五常大米媲美日本越光大米、泰国香米等国际知名大米品牌。是什么造就了五常大米？

2022年8月，农本咨询课题组奔赴黑龙江省五常市，解码五常大米"神话"。

赢在起点

种子是农业的芯片。纵观农业发展，因品种而改变产业乃至区域经济命运的地方不少。独特的品种遇上适宜的生长环境，这个地方往往就赢在了起点。

天生的水稻乐土

众所周知，水稻生长尤喜"水""光""土"。

从气候上讲，东北黑龙江是我国有效积温最低的省份，具有年平均气温全国最低、无霜期全国最短、夏季高温时间短、秋季气温下降快等特点，这些条件并不利于水稻生长。但上天为这里打开了另一扇窗，不仅光、热、水同季（夏季气温高，昼夜温差大，水系发达），同时还是世界三大黑土带之一，土地广袤肥沃、平坦连片、环境污染小、病虫害少……特殊的地理位置形成了独特的稻作生长环境，黑龙江成为我国东北早熟单季稻稻作优生区，也是世界上纬度最高的稻作区。"中国每9碗米饭中就有1碗来自黑龙江"，这里被誉为"中国饭碗"。

五常市位于黑龙江省的最南部，辖区面积7512平方公里，拥有黑龙江全省发展水稻最好的资源。

当地年平均气温3.5℃，年活动积温2700℃（黑龙江省常年有效积温1600～2800℃），平均无霜期在115～139天。根据《黑龙江省"十四五"水稻生产发展规划》，五常市属于黑龙江省第一积温带上限区域，为黑龙江省发展高端优质水稻的核心区。

俯瞰五常全域，高山雪水和山泉水汇聚而成的拉林河、牤牛河两大水系297条河流贯穿全境，水质达到国家二级饮用水标准。河流周边一望无垠的三角洲河谷平原区，沉积着厚厚的草甸型黑土，这里盛产水稻，正是五常市重点农业区。

从地图上看，五常稻作区形似一个开口朝西的巨大的"C"字，三面环山。东南部海拔超千米的高山遮挡了东南风，而西部松嫩平原的暖流可直接进入盆地内回旋，形成独特的小气候。水稻从灌浆到成熟的8、9月两个月，昼夜平均温差13℃，比同纬度地区高5.5℃，最大温差达20℃。这种气温条件下生长的水稻，干物质积累多，可速溶解的双链蔗糖含量高，这也是为什么同一品种，种在五常的口感要更胜一筹。

得天独厚的自然资源禀赋为五常水稻产业崛起打下了坚实基础。

资源选手的转变

《五常县志》记载，在唐初渤海国，五常就开始种植水稻，还有清代贡米的传说。但从产业发展角度来看，当地并不是黑龙江最早种植水稻的县。19世纪，随着朝鲜移民迁入，五常的水稻事业才逐渐发展开来，并凭借天然优势后来居上。20世纪80年代，五常就开始推广大棚育苗，日本北海道的水稻专家带来的"旱育稀植"栽培技术，更是让寒地水稻产量实现了明显的增收，掀起了东北地区水稻种植改革。

1949年新中国成立之时，五常水稻种植面积达到了15万亩。此后，五常市水稻种植面积、单位产量不断提升。但一直到20世纪70年代，五常水稻事业本质上走的还是资源型道路。最明显不过的就是，当地水稻品种一直靠引种，没有真正属于本地的优势品种。

五常最早开始种稻时，主要为"红毛""白毛"两种稻种，一直种到了20世纪40年代。50年代，换成了"青森5号""兴国""老头稻"等成熟期在110天左右的早熟低产品种。60年代，以从吉林省引进的"公交"系列品种为主。70年代以从吉林省引进的"系选""东农""合江"三大系列为主，丰产性较好。在以高产为主旋律的背景下，为了筛选出早熟、高产、抗病品种，五常引入的品种多而杂，这些品种固然也优秀，但在五常的抗病、抗寒、产量等表现都非最佳。

直到70年代开始，五常水稻品系中才开始有了本地血统的种子——517。

1969年黑龙江省低温早霜，农作物减产，到了收获季，大部分水稻都还是"瘪子"。五常龙凤山下的五一大队灾情严重，农民的口粮没了着落。身为龙凤乡五一村的队长田永太焦虑之中，萌生新想法：五常市低温早霜的年景不是少数，不能再依赖外省引种，如果在大灾年份还能发现正常成熟的稻种，是不是就能将其培育成适合五常本地种植的稻子？

当时他走遍了龙凤山乡的300公顷稻田，终于在第七天寻找到了一穴焦黄的稻穗——全部成熟，米粒呈圆形，颗颗晶莹剔透，洁白如玉。第二年这些稻穗被分为7行种植，到了秋天，第7行长得最为理想，且稻穗没有分离。这第7行的水稻，最后收获了12斤稻谷，田永太将其作为种子又经一年选育，惊喜发现出产的稻谷，整齐度、成熟度都非常理想。他把这个品种叫作"517"。

1973年，经五常县农业局鉴定，"517"号品种具有"早熟、高产、优质"等特点，120多天的生长期又能恰好避开北纬45°的早霜灾害天气。"517"很快在五常大面积种植，甚至其他市县的稻农也纷纷来找种子，高峰时期黑龙江全省种植"517"号水稻的面积达到了500多万亩。

五一村的稻农更是将"517"叫作"希望的种子"。在种植"517"的年份中，村里稻谷收获之后来不及上扬场，就被十里八乡的农民当稻种买走。当别的生产队一个工分挣两三毛钱的时候，五一村的队员已经能分到两块钱。"517"在五常种植了10来年时间，后来由于连年耕种，没有及时选育留种，以及稻瘟病影响，逐渐退出了舞台。

改革开放后，五常主栽品种为"先锋1号""吉梗60""秋光""早锦""京引

127"等，依旧是多而杂。但经历过"517"的五常人，对优质水稻和品种选育已经有了"执念"。

1981年，原本没有学过一天育种知识的田永太调任到龙凤山乡农业技术推广站任站长，开始全身心投入五常水稻品种选育事业。他自费买育种专业图书、杂志，听说哪里水稻科研工作做得好，就跑去哪里学习。

据介绍，他给自己定下了"五字方针"工作法："走、看、找、记、总"。"走"遍全乡5万亩水稻田，"看"遍5万亩水稻田的长势，"找"出特殊稻穴，"记"下特殊穴位的记号，从秆形、穗形、粒形的成长"总"结自然变异的特殊水稻的生长过程。长此以往，他练就了一双判断优质变异水稻的"火眼金睛"。

彼时，刚从东北农业大学毕业的项文秀也被安排到了龙凤山乡农业技术推广站，成为田永太"助理"。为获得优质变异品种，他们先后引进了省内外几百个品种进行比较试验，品种太多了，站里的试验田不够用，就把自家的水田也拿来搞试验。两人"一文一武"，一干就是10年，但却"一无所获"。

而向外看去，这10年五常的农业已经迎来了巨变。20世纪80年代后期，"统购统销"逐渐取消，政府粮库逐渐势弱，而市场经济下的大米市场正在兴起。五常水稻事业，也即将因为一个品种的出现，开启属于它的时代。

> 1970年，松花江地区水稻实验站（后更名为黑龙江省农业科学院五常水稻研究所，现黑龙江省农业科学院生物技术研究所五常水稻基地）落地五常民乐朝鲜族乡，成为五常水稻产业重要科技支撑，为五常引进、推广了很多品种、技术。

"中国第一个优质大米"

想要从自然基因突变中，选育到优质品种有多难？

有人曾这样回答：在水稻育种领域，大自然出现天然杂交水稻，发生优质品种变异的概率是万分之二，这种变异能够被人类发现的概率是百万分之一。多少农业科研人，不缺知识经验、不缺勤奋，辛苦钻研一辈子，也遇不到这样的机会。但也总会有努力又幸运的人。

1991年的秋天，田永太带领推广站的技术人员在稻田里连转数天，终于又在曾经发现"517"的同一块水田里，再次得到了大自然万分之二的馈赠。而这一次他发现，变异水稻更加与众不同——这是此前在寒冷的东北大地从未发现过的长粒粳稻品种。受气候等影响，我国水稻种植"南籼北粳"泾渭分明。此前，北方的粳稻一直是圆粒米，南方籼稻才以长粒见长。

"田永太们"将此次获得的变异种子进行分离系选，到了1993年，他们发现第8行的整齐度、产量、抗倒伏、抗病等各种性状表现最好且稳定。这些第8行的种子后来被带到三亚扩繁。93-8长粒香（五优稻1号）便由此而来。

据项文秀介绍，93-8是从"松88-11"品系变异个体中系统选育出的长粒优质品种。"松88-11"品系，在1994年通过审定，定名为"松粳3号"。此品种是以辽粳5号为母本、合江20为父本杂交选育出的高产型圆粒普通米，表现为株高85厘米，千粒重25克，穗叶直立，耐肥抗倒。而93-8品种的株高97～100厘米，千粒重25.5克，粒型较长（5.5毫米），有淡黄色的芒，散穗（压圈），米粒青白透明，蒸煮出来的米饭不仅有北方圆粒米的软糯口感，还有明显香气。

不过，按照当时"高产"的要求来看，93-8长粒香的出米率低，成熟度也不高，很难达到品种审定要求，因此在较长一段时间里并没有得到"官方认可"，五常水稻所的育种者原本只能将其作为长粒型资源保留。但变化的市场却给了93-8长粒香机会。

20世纪90年代以后，随着国家经济逐渐向好，优质稻米的市场需求逐渐增长，93-8长粒香品相极佳、味道香美，受市场喜爱。因此，虽没有得到官方认可推广，但却在五常市民乐地区被广泛种植（种植面积超过80%），并向周边蔓延。到了1999年，其种植面积达到了80万亩。由于面积太大，93-8长粒香免去审核程序直接通过了黑龙江省农作物品种审定委员会审定，审定名称为"五优稻1号"，人称"长粒香"。

2000年，五优稻1号通过美国绿色食品营养协会认证，成为我国第一个获此认证的大米。凡是通过该协会认证的产品，将在北美洲和欧洲许多国家获得免检资格。这意味着，五常大米因一个品种打开了面向国际市场的绿色通道。"93-8长粒香"被国家评为一级优质米。它的问世,将"优质"深深刻进了五常大米的基因,实现了五常大米品质的跨越式提升。

遗憾的是,就在93-8栽培面积逐年增加的同时,该品种的稻瘟病也愈发严重。此病不影响米的品质,但严重影响产量,有的甚至能减产50%,93-8被稻农逐渐放弃。但这却是另一个拐点的开始,幸运的五常人已找到了"接力棒"——一个即将主宰五常大米几十年的品种无缝衔接,开启了真正属于五常大米的时代。

"无敌"的五常稻花香

"一餐五常米,浑忘酒肉香",一句俗语道尽五常人对五常大米的喜爱。这让人"食米忘肉"的大米,《舌尖上的中国2》也不吝夸赞,形容其为"中国最好的稻米"。

五常大米到底有什么魔力?答案就是一个叫做"稻花香2号"的品种。那么"稻花香2号"到底是怎么来的?它为什么好吃?项文秀解答了这些问题。

当年93-8长粒香自发式在五常大面积铺开的同时,当地政府意识到了这个品种的巨大价值。1996年,在五常政府的支持下,"田永太们"跟哈尔滨航空航天大学合作,通过卫星搭载将"93-8"水稻送上了太空,希望通过太空育种的方式再获得一些新品种。据说,当时一共带上了500克,花了价值相当于500克黄金的"代价"。

经历了太空射线进行诱变的"93-8"种子,自身基因链打开,重新自由组合,出来的变异个体很多,株高、穗型、粒型、米质、成熟期等都不一样,是否有理想的优质变异品种,需要运气,也需要后期系统选育去发掘。而这又是一个需要耐心、时间和能力的"去粗取精"的过程。

"在众多变异品种中,我们选出了一种浓香、米粒细长、千粒重达31克的白色稻米,通过进一步分选,这个白色稻米又分离出白色米和紫色米。其中白色米粒细长、易折断、出米率低,而紫色米相对粗长、不易折断、出米率高。我把白色稻米取名叫五优稻A、紫色稻米取名五优稻B。"据项文秀回忆,因为五优稻B出米率相对高,后来又从中分离出了紫米和白米,而此时出来的白米比五优稻A粒型粗，出米率高，这便是"稻花香2号"的诞生。

至于为什么要叫"稻花香"，"就是因为这个品种实在太香了"。它不仅是米香，连叶子、稻花、稻秆都很香。同时，它还有很多其他的"不一样"。比如，93-8长粒香的果皮不带自然裂缝，水稻一般情况下也都不带裂缝，但稻花香2号的果皮带自然裂缝，米粒长且大，当时的千粒重达到了31克。但从外观上它却像是生病了一样：颜色不好看呈焦黄色，稻壳上还有褐色斑点，水稻表面皮质有裂纹。

作为优质变异品种，"稻花香2号"完美继承并发扬了"93-8"的所有优秀基因，"93-8"是内香型品种（蒸煮之后才有明显香气），而它是内外香型，还不爱得病，也不喜肥。长粒米的碎米率大都很高，但它却极具韧性，出米率也很不错。从口感上，更是超过了以往所有的品种。蒸煮出来的五常稻花香好吃又好闻，芳香爽口，清甜绵软，略发黏，饭粒表面油光艳丽，米饭盛到另外一个空碗里，可实现空碗不挂饭粒，剩饭也不回生。

"这是'稻花香'支链淀粉含量高的作用，说明它的营养成分很高。"经原农业部谷物及制品质量监督检验测试中心检验，稻花香2号整精米率66.8%，粒长6.6毫米，胶稠度79～84毫米，食味评分87～90分。

不过，稻花香2号也有"缺点"。作为优质米它的产量比普通大米产量要低（普通大米的产量每亩1300～1400斤，稻花香亩产900～1100斤）。更为挑剔的是，它是一个晚熟品种，在五常最开始的生长期要147天。水稻成熟的灌浆期，对气温尤其敏感，成熟期短一两天、长一两天都会对品质产生很大的影响。在入秋后气温变化较大的北方，种植稻花香的风险是比较大的。

此外，稻花香2号需要不小于10℃活动积温2800℃左右（五常年活动积温2700℃以上），如果有效积温不够，品质、产量都会受影响，甚至不能种；而一旦有效积温过高，比如在海南，它的成熟期就会提前，但因为各种营养物质还没有来得及充分积累就成熟，它的品质就会和南方的籼米差不多，香气、米质等表现会明显下降。据介绍，有一年五常的气温比往年都要高，稻花香的产量也高，但香气却明显淡了。

"稻花香2号可以说是'往北种不成熟，往南种米质口感逐渐下降'，只有五常有种植它的得天独厚的地理环境，因为五常的综合因素比较强。"在项文秀看来，这就像长白山人参只能长在长白山，五常才能种出真正的"稻花香"。即便与五常处于同一纬度的地区，也只有极少数地方能种出与五常品质类似的稻花香。

2009年，稻花香2号通过了黑龙江省农作物品种审定委员会审定，被确定为推广品种，官方品种名称为"五优稻4号"。审定虽然较晚，但稻花香2号在2000年，随着93-8长粒香稻瘟病严重，就迅速成为五常的下一任当家品种。

不过刚开始因晚熟和产量较低的原因，五常政府并没有立即大力推广，但五常稻农却自发种植。原因很简单——稻花香好销售、价格高。时至今日，五常种植稻花香已经20多年，至今也没有出现超越它的品种。

2020年，在第三届中国·黑龙江国际大米节品评品鉴活动中，五常稻花香和来自全球水稻主产国的稻米品种比拼，超越了日本的越光米，独占粳米组金奖。黑龙江国际大米节是年度世界稻米品鉴大会，评选委员会包含每个国家的专家级评委，举办三届以来，日本越光米、泰国香米都参赛，前两届五常稻花香和日本越光米一同获得金奖。如今"五常大米""稻花香"都是优质大米的代名词，很多人甚至将稻花香就等同于五常大米。

品牌崛起

我国作为世界上最大的水稻种植国和大米消费国，产出过的"顶级大米"不在少数，有的也曾风光无限，但如今依旧叱咤市场者寥寥。五常大米论出名并不是最早的那一批，但论成功它是风行米界至今的少数赢家。这背后离不开"天赋"，也考验智慧。

大基地与"优质"路

五常现有耕地面积442.82万亩，水田约251.1万亩，年产优质水稻约130万吨，成品五常大米70万吨。其稻米生产体量在全国县级单位中一直名列前茅，始终保持着水稻大市的优势地位。"农产品的品牌化，大多基于规模化。"在五常市农业农村局原局长伊彦臣看来，五常大米厚实的产业底盘是五常大米品牌化的保障。

从数据来看，一直以来五常水稻种植面积都处于上升状态。1990年，五常水稻种植约达76万亩，总产6亿斤。当时，五常市委市政府为加快水稻生产发展，大胆制定了全市水稻发展创"百、千、优"的宏伟规划。"百"即全市水稻达到百万亩，"千"即全市水稻平均亩产超千斤，"优"即皆为优质稻米。1993年，五常又开启"百万亩水稻绿色示范区"建设，此后又提出"百万亩水稻标准化工程"。

在加大对粮食生产的投入方面，五常除了落实国家各项惠农政策，直接发放各类种粮补贴，同时还整合农业开发、土地整理、水利工程、良种化工程、科技推广、绿色食品等方面的项目资金向粮食生产倾斜。1994年开始，五常就被列入全国水稻生产"五强"县行列。

沐浴市场春风下的大米市场，也放出了强烈信号——"普通大米滞销，优质大米俏销"。彼时，93-8长粒香的问世，犹如天选之子开启了五常大米的新天地，稻农自发种植成风。随后，五常市政府顺势而为，大打水稻品种"精品"之战，将最初的80多个水稻品种，调整规范至五优稻1号（93-8长粒香）、五优稻3号、松粳2号等几个核心品种，很快优质水稻品种就占到了五常市90%以上。

到2000年，五常水稻种植面积已达140万亩。与此同时，另一个划时代的品种稻花香2号，迅速冒出成了绝对主角儿。当年其种植面积就超过了50%，这也成为五常大米从高产迈向优质的明显转折点。

过去一直评选的"高产大王"不再评选，原来"高产、抗病、优质"的提法，逐渐改成了"高产、优质、抗病"，这在实际操作中更为明显，变成了"优质、高产、抗病"。不过，这样的举动在当时却显得很"不合时宜"。

1993年，全国粮价放开，随着粮食流通和粮食生产的市场化、产业化，为了寻找粮食销路和提高种粮效益，各地政府都很重视改善稻米品质。然而，水稻的高产与优质存在冲突，现有品种很难两者兼顾。我国优质水稻发展很长一段时间都是起起落落。尤其是1998—2003年，我国水稻面积、单产和总产都出现了下降，各地又大打粮食"翻身仗"，优质水稻再次被搁置。而五常正是在此期间，"逆势"而为，抓住时机，举全市走"优质"稻米路子，并迅速实现了规模化发展，成为全国重要的商品粮生产基地，多次被评为"全国粮食生产标兵县"。

2010年，五常市水稻种植面积180万亩，水稻总产量25亿斤，商品稻谷21亿斤，水稻总产值突破50亿元。水稻面积和水稻商品量两项指标在全国县级单位中名列第一。其中，最具盛名的稻花香系列品种，占全市水稻种植面积的80%以上，面积超100万亩。

2011年，五常被中国粮食行业协会授予全国唯一的"中国优质稻米之乡"称号。目前，五常水稻种植面积约占黑龙江全省的十分之一、哈尔滨市的四分之一，被誉为张广才岭（兴安岭山系长白山的支脉）下的"水稻王国"。

对外"一个声音"

五常大米从什么时候开始在市场有品牌名气的？

对于这个问题，许多五常人的回忆是从20世纪90年代后期开始的。当时，随着粮食市场开放，凭借先天的产品优势和夯实的产业底盘，五常市逐渐形成了庞大的本地大米经纪人群体。他们在装五常大米的大麻袋上印上产地，将五常大米带到了全国各地。

如同滚雪球一般，外地粮贩子也开始到五常争购五常大米，而且愿意出比周边大米产区更高的价格。五常的稻农一年比一年开心，五常大米的价格一直都要比周边的高1 ～ 3毛（每公斤），而且一年比一年高。

市场火热，政策也及时。1994年，五常市提出"百万无公害，10亿精加工，占领大市场，富裕老百姓"的稻米产业发展战略。五常大米"加工"如雨后春笋般崛起，形成了400多家大大小小的加工企业。

一些夫妻二人的"磨米房"，逐渐成长为有些实力的加工厂。盘子在不断做大，但这些"企业"却开始各有各的私心，原先大家没有商标都打"五常大米"，这时开始纷纷注册起商标，都想鹤立鸡群，打自己的牌。然而这条路却没那么好走，各自为战、互相制约几年后，不但自家牌没有竖起来，反因淡化"五常大米"，有的人走得越来越艰难。

而对于五常市政府来说，面对一下子就上了百万亩的大产业和几百家规模实力不一、加工水平良莠不齐的作坊、米厂，如何管理和发展，也是新式命题。

当时为了整合市场，五常市招商局引来岚音、汇鑫、常吉等3家投资千万级别的米企。这在当时都是绝对的大项目。这些企业来到五常，一下投入几百万的加工设备，加工出来的米，精度相当不错，但外观看上去和"普通"五常大米相差无几，优势根本体现不出来。同时由于市场开拓不足，几家龙头企业生存艰难。

这一时期，想靠先进设备取得优势的企业，基本都以失败告终。相比之下，量小灵活的小作坊，活得都还不赖。

不过，本地米企虽走得不顺，但五常大米的市场却越来越火热。外地经销商源源不断涌入五常争夺大米。1997年，等着拉五常大米的车辆遍布全市。这让五常周边地区的商贩十分眼红，一些人开始成批印五常大米包装袋，装上其他的大米销售全国，开了"天下大米乱五常"的口子。面对内忧外患，由五常市农业局牵头，工商局、粮食局等17家部门发起，五常的企业第一次为了共同的利益坐在一起，成立了五常市大米协会。大家形成共识，要整合资源、形成合力，"一个窗口"对外。

2001年7月，五常市大米协会作为注册人申报并取得了"五常大米"产地证明商标。同年，通过大米协会控股，五常龙头企业牵头组建形成了五常市绿风优质米开发集团，以期通过抱团捆绑的方式，一起闯市场。据悉，当时五常市有33家法人企业纷纷自愿加入了该集团，多家分散的小作坊也自愿成为绿风集团的生产车间。

通过"协会+集团+商标"的方式，五常对外开始集中打"五常大米"一个品牌，企业自有品牌则统一在"五常大米"品牌下注标。

为了更好管理，在工商部门的支持下，协会进行五常大米商标的封闭式管理——市场上，单个企业的大米包装不再作为商品包装进行流通，只打五常大米产地商标，实行包装配送制，在加盟企业凭证领取包装时，协会给每个包装物上打上企业编号。从此，五常的商品大米都带着四位数号码走向市场。凭着编号，消费者即可查出买到的五常大米产自五常的哪个企业，发现掺杂使假、短斤少两问题便可追查到底。不按要求做的企业就会被取消合作资格。

此举措实行两年后，五常市使用该商标的米企达到了200多家，不仅对外统一形成了"一个五常大米声音"，也有效遏制了早期五常境内大米袋子随意印制、销售的现象。

2004年，随着五常市内自行申报大米商标的企业日益增多，协会调整思路，承认这些商标也是"五常大米"品牌的重要组成部分。五常大米协会对五常大米地理标志证明商标开始实行许可制，依照法律规定，和企业签订《"五常大米"商标使用许可合同》，允许大米加工企业在大米包装上的指定位置印刷"五常大米"商标，但要求企业必须接受协会的管理，企业必须把包装印制企业资质、包装设计样稿、包装印制数量规格、包装印制实物上报协会备案。

据介绍，经过了"五常大米"商标标志实行配送制、许可制两个阶段的整合工作后，"五常大米"商标在五常稻米产业覆盖率达到85%，五常市成为黑龙江省农产品品牌整合的先进市县。时至今日，市面上无论是五常哪家大米企业，大家在产品包装等各类对外宣传中，都无不高举"五常大米""稻花香"等旗帜。

> 2003年，"五常大米"被国家质检总局确定为原产地保护产品，明确五常市全部24个乡镇所生产的40多个品种大米都叫五常大米，其中五优稻4号是五常大米中的最优品种，执行国家强制性标准GB19266；2004年，五常大米被国家质检总局命名为中国名牌产品，被农业部评为中国名牌农产品。

行政之手的助推

产品走俏，终端无名，只得为他人作嫁衣，优质不优价，是许多优质农产品的命运。五常大米在早期也经历了这样一个过程。把时间拨回20年前，或许很难相信，如今"高高在上"的五常大米还是尚未挤进终端圈子的"无名之辈"。

"当时在长三角、珠三角这些市场上走俏的是泰国香米，国内比较有名的则是响水大米、盘锦大米，五常大米根本挤不进市场。"1998年进入大米行当的乔文志见证、参与了五常大米品牌的崛起。乔文志祖籍山东蓬莱，从他太爷爷辈迁居五常。当时五常是专门给清朝种植贡米的地方，来到这里，大米就成为"家族事业"，爷辈父辈们种大米，到了他则开始卖大米。

在沿海市场"吃瘪"后，他把目光瞄向了北京，这一次他没有直接去挤大市场，而是跑到北京区县去卖米。"主要在密云、顺义、昌平这些地方，直接把米送到客户手上，每次都是十几吨一起送。"随着销路打开，2001年他成立金福米厂加大了产能，但他还是很苦闷。

"米很好吃也有市场，但就是没有其他大米有名。"这在效益上的直接表现就是，他经营的五常大米主要还是在低端流通，没有多少价格优势。而在稻米产地收购环节，五常大米也只因为"好吃"比周边每公斤高出1~3毛钱，溢价并不明显。

经历一番市场洗礼，五常人发现，持续走"闭眼闯市场""酒香不怕巷子深"的路子比较艰难，必须主动出击了。

2002年是五常大米品牌飞跃的重要一年。这一年，五常时任市委书记参加全国两会，带了一车五常大米作为"特供米"，成功将五常大米推向政企单位定购市场，成为五常大米由低端市场转向高端市场的一个转折。

但如何才能将上百万亩规模的五常大米推向高端市场？靠产品出走市场的五常人深谙"品质是五常大米的灵魂"。没有着急对外开拓市场，大家反而把目光转向了对产业链的"改造"。

93-8长粒香、稻花香2号的品种优势毋庸置疑，但当时的组织化生产程度却很低，稻农一家一户凭借自身经验种植，随行就市卖出，没有"品质"概念。一个突出的现象就是品种混杂。

"农户没有品种统一意识，在他们看来都是水稻，结果是稻谷质量很好，加工出来的大米却品质不一，好几个品种都夹杂在一起，任凭再好的机器也没办法筛选。"2005年，乔文志牵头成立王家屯合作社，以"订单"合作的方式，引导农户统一种子、化肥等，按需生产。类似的模式不是先例，最早扎根五常的丹贝米业就是和固定的农户签订订单，企业负责育种、培训、检测，稻米成熟后，以高于市场价一到两毛的价格，收购订单农户所有通过检测的稻谷。

此发展方向，正是当时五常领导所期，"要生产高质量的、纯正的五常大米，就要从育种、培训、检测、加工、销售各个环节进行整合"。但当时五常米企，大多还是小作坊式的加工厂，想要通过他们来迅速完成五常大米产业升级，几乎不可能，而五常大米也"等不起"他们的成长。"引入大企业，支持龙头企业做大做强"成为五常的现实选择。

此后，在很长一段时间，一方面，五常将"建设大基地，组建大集团，打造大品牌，培育大产业"作为产业发展目标，讨论出台了《关于做大做强五常大米品牌，推进稻米产业化的实施意见》，提出打造五常大米顶级品牌，并成立了五常市做大做强稻米产业发展领导小组、大米监测中心、稻米产业管理服务中心、稻米安全监管中心、水稻疫病检测中心等，为大米产业做好保障。

另一方面，"招商"再次成为五常大米产业的重头戏。2005年，哈尔滨市领导到五常市进行考察，提出"葵花集团要把做企业的资源与当地的自然资源相结合，形成制药加做稻的产业"。在更高一级的行政推动下，葵花集团正式进军米业，提出"以制药的精神精制管理，倡导从田间到餐桌的无缝对接"。

其投向米业的第一枚"棋子"便是豪掷500万元作为基础资金成立的"葵花阳光米业水稻研究所"。此所所长是此前五常农业技术推广中心主任肖玉青，他是五常大米产业发展的水稻育种专家，主要负责繁育和推广水稻良种，培训和指导订单稻农标准化耕作，拓展水稻基地规模。

葵花阳光米业的项目构想是，首建10万亩连片水稻基地，采取龙头企业与基地农民利益捆绑的经营模式，把农民变成企业的工人，农田变成第一车间，实现水稻种植管理的标准化和田间作业的机械化。

和农户之间的合作，除了提供种苗，还包括免费提供化肥，教农民新式的种植方式，并通过培养奖励模范户，引导农户按规种植纯正的五常大米，每年秋收，签约农户的稻米收购价比五常市场价高5%。加工上，葵花阳光米业收购了五常粮库大米加工企业并扩建。销售上，依托于葵花集团在全国铺开的药店渠道，产品涵盖低、中、高所有档次。

葵花阳光米业带来的"企业＋基地＋农户"深度合作模式，被媒体形容为五常大米的初版"化蝶"，成为五常大米产业转型升级的样板，"此后每家新的大企业加入，都是在此基础上强化这一模式"。

"搅局者"的搅局

第一家实现五常大米全产业链高端化运营的是"中良美裕"——五常市重点扶持的另一个米业龙头（全称"中良美裕有机谷物制品公司"）。

2007年秋，刚运营一个生产周期的中良美裕一鸣惊人，其顶级有机私家五常大米卖出了每公斤112元的"天价"，超过了名噪一时的日本越光大米，成为媒体焦点。一时间，中良美裕五常大米在北京各个高档社区异军突起，搅动市场。

中良美裕的董事长韩建华是五常人，在京创业有成，回乡投资开发米业。

当时，熟悉中产、富裕阶层消费的韩建华发现，周围朋友们吃的很多"天价米"还不如五常大米，而五常大米不但"质价不符"，还"假冒"缠身。他先做了试水，用最传统的方式生产加工的五常大米得到了一致认可。回乡创业，他提出要"打造中国最好的大米品牌"。要实现目标，底层逻辑也很简单，还是"品质"。而最高的品质就是"有机"。

在稻米源头生产上，中良美裕成为升级版的葵花阳光。为合作农户提供从种子到收购全方位保姆式合作服务，负担种植的所有成本，加入合作链的农户承诺"八保"——保签约面积、保统一良种、保稻苗出齐、保生物施肥、保人工锄草、保营养喷剂、保按序脱谷、保质量达标，秋后验证农户兑现承诺，公司按保护价收购，产出的所有稻谷归企业所有，农户连口粮都不留。

为顺利与稻农开展合作，公司还采取"用感情换质量"，不仅圈地为农户盖别墅，甚至还提供农户家里的医药费、孩子学费等。2009年在五常市建成的美裕新村，成为当年新农村建设的示范项目，也是中良美裕的稻米生产基地。

支撑中良美裕在生产成本上不惜血本的，是它成功的高价策略。其主打高端有机大米，深谙营销门道，在市场一炮走红，让五常大米竖起了高端形象。

中良美裕是一个成功、"高调"的搅局者，它的出现让五常本地米企们嗅到了越发紧张的竞争气息——新入局者不断增加，争夺有限的黄金资源，他们有雄厚的资金，也有进行全产业链高端化运行的能力。但好在彼时龙头们的体量还不算大，而五常大米有上百万亩的规模，大米的收购价虽不断上涨，但还保持在2毛钱以内的"可接受"幅度。对于体量较小、销路活又有常年本地人脉积累的本地米企们来说，即使跟不上前面领跑者的步伐，坚持原来的路子也还有生存空间。但市场变化之快远超想象。

2008年，中粮、北大荒、东方集团以及国际粮油四大巨头之一益海嘉里同时入驻五常。当时五常市政府与东方集团达成战略合作，将共建黑龙江省最大的稻谷加工园区以及全国一流的大米物流园区——五常大米交易市场。按照当初五常市政府的想法，通过建设稻米加工园区和大米交易市场，有利于解决彼时稻米经营企业小而散、资源浪费、产品品牌杂等问题。

几家大企业集团入驻后，五常企业之间的竞争进入白热化。除了和农户合作模式在强化升级，更刺激了稻米的收购价格上升，2009年初东方集团签订的水稻收购价是1.4元/斤，后来一直上涨到2.2元/斤。2009-2010年，五常优质水稻收购价翻了一番。这被很多人看做是一个"市场畸变"，"助推"了一些"乱象"肆意滋长。

然而换个角度看，五常大米在各大资本的搅动中，也奠定了在中高端市场的地位。而对五常本地米企来说，要想和这些搅局者竞争，也唯有求变转型。

封神之路

许多人心目中的中国大米大概只有两类：一个是五常大米，一个是其他大米。2022年中国地理标志产品品牌价值评价榜单中，五常大米以710.28亿元连续7年蝉联地标产品大米类全国第一。不过回看这个米界"天花板"的"封神"之路，是从自揭"伤疤"开始的。

祸兮福兮"掺假门"

2010年7月12日，由央视二套《消费主张》栏目曝光的五常大米"掺假门"事件震惊全国。"大名鼎鼎的五常稻花香，绝大部分竟是'勾兑米''香精米'……"消息一出，五常米业遭遇到史无前例的"信用危机"。

据当时《中国经济周刊》记者报道，五常全市200多家大小米业加工厂相继停业整顿，被曝光的米厂被摘牌，所有产品被查封……由掺假事件所诱发的各类传言不断被添枝加叶——"某米厂老总被媒体记者'钓鱼'啦""有人想把白米涂上黑涂料，冒充黑米去卖，那人已经被抓起来了""中央下来人了，以后所有私营加工厂都得被砍掉"……各种版本的消息掀起舆论大地震。

五常整个大米产业会不会卷入万劫不复之地？毕竟，曾经的大米翘楚原阳大米就是"前车之鉴"，一场"信任危机"足以摧毁一个产业。但事情的走向出乎很多人的意料。

五常大米就此滞销了吗？对于那些小杂牌、小米商的确是当头一棒打趴下了，但对于那些有品牌信誉度和独立稳定渠道的五常大米企业来说，即使在风波浪尖上依旧卖得十分火热。当地稻农，散耕散种坐等经纪人上门收购的，一旦市场出现波动，受影响是必然；进行"订单农业"合作模式的，在价格上则几乎没有吃亏。

五常市政府的反应也灵敏迅速。新闻一出，立马自查整顿，面对蜂拥而至的媒体，不回避，正面应对，引导舆论。对内召开"保护五常大米品牌"誓师承诺大会，时任五常主管农业的副市长当众立下"军令状"："如果整顿期间再出现造假制假事件，自摘乌纱帽！"对外，首次在北京人民大会堂召开"五常大米品牌推介会"，黑龙江省、哈尔滨市、五常市委及市政府、农业部市场经济司等相关领导均出席会议。会上，针对如何防范假冒、保证质量、提高市场供给等问题给予一一解答。

2010年11月7日，五常市在北京人民大会堂举行"五常大米品牌推介会"，会上重点内容如下。

1. 五常市大米协会严格三项标识的使用，稻农必须按"三品"（绿色、无公害、有机产品）生产规定建立生产记录，加工企业必须与稻农签订种植收购协议，否则对"三品"不予认证，不允许企业使用"五常大米"证明商标。

2.五常市稻米产业服务中心对全市稻米产业全部实行"水稻原料身份证"制度，记录农民水稻种植面积、地块方位、水稻品种、施肥及产销量等详细生产信息，从源头上把控质量。

3.五常市质监局依照"三品"认证、"原料身份证"等相关证明，核发"数码防伪标识"。今后，五常大米佩戴数码防伪标识全新上市。

4.在未来3～5年内，五常市将实施百万亩水稻生产标准化，扩大有机、绿色水稻种植面积。

同年11月，五常大米高调参展第三届中国绿色食品南昌博览会。"中国稻米之都——黑龙江五常"的广告铺到了南昌市机场迎宾大道，五常大米的整版推介出现在当地报纸，南昌绿博会还未开幕，五常大米便先声夺人，抢占关注。更重磅的是，当年黑龙江省商务厅首次实行"一会推一品"，五常大米成为南昌绿博会上全省唯一推介的品牌。

五常大米以"香"出名，展会现场电饭煲现场蒸饭，香飘四溢。参展的中良美裕、葵花阳光、绿诺等数十个五常大米企业品牌，产品供不应求。3个多月前的"掺假门"风波阴影一扫而光，不仅重新树立起了市场对五常大米的信任，历经大劫后的五常大米反而更加出名。

时至今日，五常大米仍摆脱不了"假冒"，相关新闻年年屡见不鲜。"五常大米香天下，天下大米乱五常""五常大米年产70万吨，市场流通超1000万吨""五常大米价高但农户不赚钱"……这些为盛名所累的关注是"丑闻"，但也成为五常大米常年免费宣传资源。

"那些年电视、报纸等什么媒体都在'炒作'五常大米，但我一直有个观点是，这也是五常宣传自己的好机会，不要跟记者对着干。他说你造假了，你要告诉他什么是真的五常大米，哪里可以买到真的。很多时候，假五常大米不是五常造假，而是别人造五常大米的假，这个概念很多媒体始终在混淆。"从2010年"掺假门"事件后，五常市农业局老局长伊彦臣，在较长一段时间里，成为五常大米对外"新闻发言人"。

五常大米保卫战

"掺假门"事件虽让五常大米蒙羞，但也让它迅速"火遍"全国，更多的人知道了五常大米的优质品质。同时，吃一堑长一智，五常的品牌保护意识被彻底唤醒。

当地走的第一步，显然也是重拳出击"打假维权"。当时地理标志保护产品的维权在现实中几乎无经验可循。五常大米商标注册了多年，但因为一直以来根本不愁卖，当地没有想到过利用商标来维权。根据五常市大米协会提供的《商标注册证》显示，"五常大米"四个字为法定注册商标（地理标志证明商标），注册人为"五常市大米协会"。换句话说，除了五常市大米协会认可的企业或当地农户，任何团体或个人在商品包装上标注"五常大米"四个字，都属违法行为。而现实很难这样操作。

2014年，五常市由一位副市长带队，组织了10多人的打假队伍，专程去北京、上海、天津、沈阳等地维权打假。他们发现，完全使用"五常大米"商标的并不是很多，大多打擦边球，一些标有"五常御贡""五常稻花香""五常稻米优质生产基地"的产品包装若较起真儿来，还不构成明显侵权。产地鉴定、维权取证等在实际操作中，阻力重重，甚至维权小组在批发市场暗访时还遭遇围堵。

市场乱象靠堵，难治。如何从自身出发，规范五常大米市场，变得尤为重要。2015年之后，五常市政府工作报告围绕加强五常大米品牌保护、提升五常大米品牌价值，连续提出系列措施。

第一个解决"什么是真正的五常大米"。

首先升级防伪溯源系统，建成五常市农业物联网服务中心，通过五常大米网和五常大米溯源防伪查询平台，对五常大米实行"三确一检一码"溯源防伪，实现从田间到餐桌全程可视化管理。同时，当地将地理标志专用标志与五常大米溯源体系有机结合，形成"五常大米地理标志二维码溯源防伪专用标志"。

> "三确"，即确地块、确种子、确投入品。确地块，将五常市水田信息全部录入系统，可定位到农户、地块和边界，实现对水稻产量的

分户核算和总量控制；确种子，将五常市15家拥有五优稻4号（稻花香2号）繁育资质的企业纳入系统管理，对种业基地进行总量、地块、品种控制；确投入品，采集五常市3000多个地块的土壤有机质含量信息，根据农户购药购肥凭证及土壤氮、磷、钾含量，确定地块农药、化肥施用量，进而划定无公害、绿色、有机和欧盟四个生产标准。

"一检"，指质量检验，采取企业自检、监督抽检和平台检验相结合的方式对五常大米进行检验，未经检验的产品严禁出厂销售。

"一码"，即溯源防伪码，运用最新的溯源防伪技术，将溯源防伪码直接印制在五常大米包装物指定位置。一物一码，外包装喷A码，内包装喷B码，经过溯源认证、检验合格后才能激活。消费者通过扫描溯源防伪码，可以查询企业信息和产品信息，辨别真伪。

其次，完善标准体系。参照国际好大米标准，从良种繁育、浸种催芽、育苗插秧、收割仓储到加工销售的27个流程99道工序，逐一细化制定了五常大米种子、环境、种植、投入品、仓储、加工、产品、管理等8个方面的地方标准，该标准于2018年10月10日首届黑龙江国际大米节上对外发布。

同时还制定《五常大米原产地保护提升规划》，科学划定先导区、过渡区和潜力区，探索分区、分品定价。全市实行最严格的环境保护措施，县域内无一家工业污染企业，推行水稻不用化肥、不用农药、不用除草剂"三不用"，绿色有机水稻生产面积达150万亩。

据介绍，为保证稻米品质，五常有的稻农到现在一直采用人工收割、自然晾晒。一些更讲究的农民，还通过豆饼发酵汁等肥料灌溉稻田。"五常农民是在做商品，老百姓已经有这个意识，过去会跟你说有多高产，现在跟你讲稻米有多香、品质有多好。品质越好，价格越高，已经形成良性循环。"伊彦臣说。

第二个解决"哪里买正宗的五常大米"。

线上，2016年五常市政府与阿里巴巴集团合作，建立五常大米的线上官方渠道，2019年又与京东集团合作开设五常大米自营店、官方旗舰店。线下，在哈尔滨太平机场、哈尔滨爱建社区开设品牌官方体验店，随后在北京、上海、深圳等多个城市试点开店。2022年，五常在抖音平台也开设了五常大米官方旗舰店，未来还计划将官方体验店开到京津冀、珠三角、长三角等五常大米的主销和热销区域，实现消费者就近购买正宗五常大米。

"目前五常市已有426家企业使用地理标志专用标志，占比超过九成，但使用溯源标识的企业大概二百三四十家，经常使用的100来家，其中主要集中在进驻官方渠道的企业。"据五常市大米产业服务中心主任张野介绍，通过官方渠道销售，必须使用溯源认证标识，而价格也会卖得更高，最便宜不得低于10元一斤。企业通过自己渠道售卖，使用溯源标识的占比目前还很小，价格比较自由。

如何让更多企业加入溯源防伪体系、使用溯源标识，是五常大米产业管理者一直在思考、推进的问题。

"当初设计这个溯源体系的时候，就跟领导谈过。这个东西没有强制性，企业用不用、上不上这个标识，在市场都能卖。要推行这个东西，要么出台条例上升到法律层面，要么靠市场倒逼，得大力宣传，让消费者知道，买真的五常大米就认这个溯源标识。"老局长伊彦臣坦言，之前的宣传力度还是太小了。"换句话说，要拿出一个亿，我估计就不是目前这个效果。我们也一直在啃这件事情，现在政府带企业出去、领导讲话或接受采访，都要求带上'购五常大米，认溯源标识'。"

另一方面，为了加强地理标志保护和管理，五常市在体制机制方面也进行了创新，先是在市场监督管理局设立地理标志保护管理办公室，而后在此基础上成立了隶属于市政府的五常市大米产业服务中心（2021年成立）。

"成立大米产业服务中心，就是希望整合行政资源，改变多头管理、政出多门的状况，让所有的产业政策和措施由一个部门统筹。"目前该中心由张野牵头，重点进行品牌保护与宣传。

2022年五常市对物联网系统进行了升级改造，依托数字化溯源平台，向每个农户颁发"稻米销售卡"，按农户拥有的土地面积核算其稻米产量，将数据存入卡中。稻农销售给稻米加工厂的数量将完成双向确认，进而实现五常大米总量控制。五常市240万亩水稻种植地块全部联网管控。"溯源中国·稻乡五常"品质品牌区块链溯源平台建设也完成了升级。

众企唱戏扛大旗

到今天，如果有人问"五常大米为什么有名、为什么好吃"，最好的回答是，"亲自去一趟五常"。

从哈尔滨驱车前往五常，还未入境，高速两旁铺天盖地的米企广告迎面而来，让人眼花缭乱，即使不了解五常，此情此景也已说明，即将踏入的地方一定和稻米有关。驶过"中国稻香生态五常"界标进入五常，国道两旁一望无际的稻田生机勃勃，进入城区又是一个接一个的米企门面广告，所见所闻除了大米还是大米！

据悉，截至2022年新米上市，五常市大米加工企业达555家，其中规模以上企业达到182家，合作社6000余家。五常大米品牌1万个左右。

五常年产优质水稻约130万吨，成品五常大米70万吨（14亿斤）。一块"固定"的蛋糕，几百张大小嘴分而食之，且各自"如鱼得水""相安甚好"。这样的局面，与十多年前五常本地小米厂商们担忧的情况相去甚远。

当初"四大巨头"齐进五常，让五常本地中小米企感到生死存亡般的压力。"说不定哪天就把我们给吞了，人家有雄厚的资金，玩不起。"一片"哀叹"声中，"该不该引进龙头企业"成为当地政府与当地中小企业的分歧所在。不过，可以看到的是，一直以来五常市政府对引进龙头，走集团化、整合化、市场化发展路子的决心是坚定的。中央八项规定出来后，许多依靠团购的本地米企，也不得不走向市场。

商战厮杀、大浪淘沙，想要生存发展，唯有求变成长。如今一大批的五常米企成长了起来，各具特色。乔府大院就是其中的典型。

2005年，乔文志注册"乔府大院"商标，品质意识很强，有灵活庞大的销售网络，但整体却处于低端流通，其目标客户、销售渠道对提高售价的接受度很小。一旦成本价上升，业务很容易受阻。各大资本搅局之下，自然也不好过。但乔文志好学会学，2008年跑去清华大学读了"总裁班"，找到了"新出路"——全产业链发展，做高端大米。

2010年，中科院乔府大院育种研发中心成立，成为乔府大院企业转型升级的第一个大手笔。依托该研发中心，乔府大院聘请项文秀出任五常种业公司总经理，与中国科学院遗传与发育生物学研究所为代表的多家国家级、省级科研院所紧密合作，开展稻花香2号品种提纯复壮、加香加长、抗寒抗倒伏及新品种研发等项目，建起标准化种子实验室、种子萌发室、长期种质库等配套设施和5000亩"同心圆"结构的良种繁育体系。

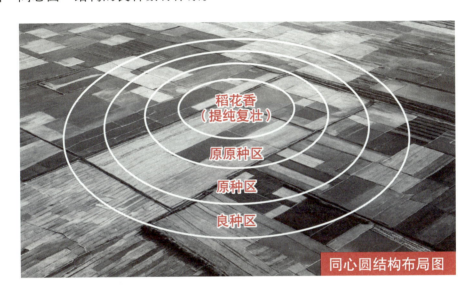

同心圆结构布局图

这些投入，从根源上为它转型走高端大米的定位，打下了坚实基础。随后，建现代化生产线、严控品质、打造现代农业产业园、新三板上市、打品牌……一路快速成长为农业化国家重点企业，大米销量全国领先。

据介绍，乔府大院拥有总面积40万亩的水稻种植基地，其中核心产区占据五常核心稻米产区60%，采取"龙头企业＋合作社＋农户"、统购统销、产业工人等经营方式，带动4万多农民。

在品质上，它也树起了新标杆。率先建立了"生态鸭稻、欧盟有机、中国有机、绿色食品"四个种植标准，拥有2.1万亩有机标准种植基地，9000亩欧盟有机种植基地，2000亩生态种植基地，24万亩高标准种植示范基地，被评选为农业农村部大田数字农业建设项目首批试点单位、国家五常大米生产标准化示范区。建立起了从种子到种植、田间管理、仓储加工等8大环节99道工序的标准化体系，开创的当季鲜稻、准低温仓储、现磨现发、充氮保鲜等保鲜技术体系，可实现一年四季尝新米。

2017年，乔文志荣获"全国农业劳动模范"称号，受国家重要领导人接见，获得了作为一个农民的最高荣誉。依托这份荣誉和坚实的品质保障体系，乔文志做起了乔府大院的品牌代言人，各种宣传中"乔府大院 新鲜好吃的五常大米"赫然显目。

"五常大米能够走到今天，得感谢这些企业。"伊彦臣说。

当初几大巨头入驻五常之时，五常有200多家本地大米生产企业，但有点名气的企业品牌屈指可数，全国有名的企业品牌几乎没有。如今，乔府大院、金禾、彩桥（十月稻田、柴火大院）、五米常香、华米、葵花阳光等本土大米加工龙头企业崛起，成为稻米行业的领军企业品牌。全市大中型稻米加工企业全部实现了自动化流水线作业、无尘化加工，智能化、自动化设备达到80%以上，总加工能力约400万吨。

更值得一提的是，一直以来，当地政府、企业对品牌宣传的投入也从未松懈。从春种到秋收，参展、推介、举办大米节、打广告……一年四季宣传不断。在2022黑龙江大米节稻米品评品鉴评选中，五常大米蝉联黑龙江大米节金奖第一名，共斩获2金、5银、3铜，在十强榜单中占据八席，这背后扛旗的正是五常大米的企业们。

专家点评

黄祖辉

浙江大学求是特聘教授、博士生导师

浙江大学中国农村发展研究院创始院长、首席专家

　　如果要说出几个中国最知名的农产品品牌，五常大米肯定在其中。由于太过于出名，五常大米一直难逃"天下大米乱五常"的烦恼。而一个品牌能到达这种境界，已然说明它的成功。五常大米品牌为什么能成功？

　　"品种"是首要答案。品种是品质的根本性创新。我想吃过五常大米的人都会有这样一个印象——五常大米闻起来香，吃起来更香。这得益于一个叫"稻花香2号"的品种，这个品种的得来是自然对五常人的馈赠，更是五常人对品种创新的执着追求与辛苦付出。种子是农业的"芯片"，五常是一个因品种而改变命运的地方。当然一个好品种也需要在最适合它生长的地方才能最大化发挥出品种的优异特性，五常市种植水稻的自然禀赋十分优秀，肥沃而广袤的土地为五常大米的规模化发展打下了坚实的基础，这也是一个产业能发展壮大的关键因素之一。同时，可以发现五常大米产业发展遵循着新"三品一标"——"品种培优、品质提升、品牌打造和标准化生产"的发展逻辑，这是现代农业发展的重要方向，也是五常大米享誉全国的重要秘诀。

洛川苹果
"一业富民" 的中国样本

>>>>>>>>>>>>>>>>>>>

访谈嘉宾

安金海：先后担任洛川县苹果生产技术开发办公室主任、苹果产业
        管理局局长，洛川苹果四大基地建设指挥部办公室主任，
        洛川苹果现代产业园区管委会主任，现任延安市果业研究
        发展中心主任、推广研究员。多次当选延安市人大代表、
        陕西省劳模、全国农业先进工作者。

2022年10月，农业农村部办公厅发布2022年农业品牌创新发展典型案例名单，洛川苹果成为唯一上榜苹果。同月，它又出现在2022年农业品牌精品培育计划名单之内。

苹果，我国最大众的一种水果，种植面积仅次于柑橘，品种却远不及柑橘丰富，一个"富士"统领天下。在这样一个同质化竞争的赛道中，有能力做"老大"实在要些真本事。洛川，西北黄土高原苹果产区中的一员，论产业发展先后，它是后来者，看产业发展规模，它也不是老大，比产地自然禀赋，它的优势也非独有。但在中国苹果当中，这个苹果却有底气、实力叫喊"洛川苹果甲天下"。

在我国苹果第一大省陕西，洛川苹果是响当当的头号王牌；在我国知名农产品中，洛川苹果是少数品牌价值超500亿元的地标品牌，从赣南脐橙手中夺得过水果品牌"头把交椅"。由洛川苹果引发的苹果经济现象、洛川苹果模式为业内津津乐道，同行争相学习。洛川苹果的经验是什么？

2022年10月，农本咨询课题组奔赴洛川，探寻"洛川经验"。

曲折坚定的苹果路

70多年前，洛川还没有苹果。陕北高原上的洛川人，面朝黄土，背顶烈阳，年复一年耕种着亩产仅有六七十斤的红小麦、火玉米，守着贫穷落后过日子。1947年受命为家乡谋新路的李新安，历经万难，用毛驴将200棵苹果树苗从河南灵宝县驮回洛川，建起了洛川县第一个苹果园。

当时乡亲们不认识苹果树，嘲笑他"种这些'干柴棒棒'能当饭吃？"但他却真搞出了些名堂，不但种出了稀罕的好苹果，还编了首《劝君栽树歌》，走村串户，推广苹果种植："要想富，先栽树，苹果树，摇钱树……"

延安地委、行署决定总结李新安的经验，推广苹果种植。李新安被推举到北京参加全国首届农业展览会，受到了毛主席的接见。1959年国庆前夕，毛主席等中央领导品尝洛川苹果后，嘱中共中央办公厅回函，信中说，洛川县栽植苹果，这在陕北黄土高原是"一个创举"。

1974年5月，在国家"三部一社"（农林部、外贸部、商业部、全国供销总社）举办的全国外销苹果基地鉴评会上，洛川"红星"苹果在237个参评样品中，五项指标中有四项及总分均超过美国蛇果，获全国第一。此消息一出，不仅外界很诧异，洛川人自己也"难以置信"。

在早些年的《洛川县志》中都是这样描绘："山原无林，川沟无水""嶙崚屹崤，沟谷登降"。这次出人意料的获奖，让人们开始重新审视黄土高原这块干旱、贫瘠的土地。中国科学院、农林部等对这个新果区的生态调查显示：洛川是全部符合苹果生长七项指标的世界最佳苹果优生区，发展苹果得天独厚。这一年，全国建立了18万亩苹果基地，陕西占了3万亩，其中洛川有1万亩。

当时《半月谈》杂志提出，"中国苹果的希望在陕西，陕西苹果的希望在洛川"。

在外销基地建设带动下，洛川苹果面积翻倍发展超过了4万亩，这在当时的农业经济政策和政治环境下，实属难得。但彼时的洛川苹果产业更多还是来自"政治任务"推动，刚刚萌芽的洛川苹果还面临食心虫、产量低、质量差等诸多问题，来自体制机制、传统观念的束缚更是让苹果生产迈不开手脚。

1979年改革开放以后，关中旱腰带的礼泉人率先大步迈出生产苹果步伐，并凭借当时的国产苹果之光"秦冠"，很快就收获了陕西苹果的"第一桶金"。洛川这个工业资源匮乏的陕北高原县，能选的就是农业。但就当时而言，粮油畜牧有传统，烤烟有效益，苹果依旧还是一个未知风险系数太高的"新事物"。

思路决定出路。洛川农业抓什么？怎么抓？

1985年9月，调任洛川县委书记的逯靠山给出了定调性答案。在他的带领下，当时洛川县委、县政府经历两个月的走访调研、座谈研究，最后形成共识：

苹果是洛川最具优势的产业，要想兴县富民，实现温饱型向富裕型的转变，必须及早动手，把发展苹果产业当作振兴洛川经济的突破口和主导产业来抓。

洛川首次作出建设"苹果重点县"的决定，制定了第一个苹果"十年规划"（1986—1995年），提出到1995年建成15万亩苹果商品生产基地。这项决定初步确立了苹果作为洛川全县主导产业的地位。

彼时刚刚参加工作的安金海，回到家乡加入了洛川苹果产业发展洪流之中。

贾　枭：看介绍，您1982年从榆林农校毕业后，就到洛川工作，一直和苹果打交道。那个时候，正是洛川做出建设苹果重点县，大力推广苹果种植之时。您当时在哪个部门岗位工作，当时产业发展情况是怎样的？

安金海：我刚毕业就被分配到了洛川果品生产服务公司，主要做桃小食心虫防治、虫果率调查、收苹果三件事。1986年被安排到洛川苹果试验示范场工作，任负责人。当时，县里做了一个重大决定，要建设15万亩苹果商品生产基地，全县开动，派了100余名干部职工下乡驻村蹲点，实行县级四套班子领导分片包干，各部门单位包乡（镇）、干部包村。我们的县委书记、县长各自也都包了村。当时由于洛川育苗技术不过关，我一是负责到外地调苗，另外也开始了育苗工作。当时省果树研究所派了十几个专家在洛川蹲点，我配合他们干这个事情，他们也利用试验示范场进行育苗试验研究。

1986年之前，洛川主要是乡村集体果园，之后开始户办果园。

1988年，县上提出打造100个苹果专业村，并且在京兆乡打造苹果专业乡。

1992年，农口机构改革，我当上了洛川县苹果开发总公司副总经理。1994年，洛川全县苹果号称20多万亩，实际普查下来为14.6万亩，还缺5万多亩。1995年，县上又决定建设30万亩苹果基地。这是一个大事情。当时县委书记李文浩下达硬任务，每年必须新建果园4万亩以上，完不成任务乡镇领导就地免职。因此，当年全县就新建了53240亩果园。

1995年可以说是洛川一系列措施、成果密集形成之年。从1995年开始，我们每年一统计，一亩一亩丈量，县里每年会派督查组下去复查，如果丈量不准不实，就免职。所以洛川苹果的面积一直都很实，说50万亩，那实实在在就有这个数。

另一个重要事情。之前建了一批富士苹果园不结果，全县技术力量也不够。县里决定以每人1.5万元年薪，从山东请了6名农民土专家。那个时候我们一个月的工资也就100来块钱。后来县委决定，19个乡镇每个乡镇都要聘请一名专家。这样洛川苹果技术力量一下子得到了加强，红富士苹果实现了丰产，品质也提了上去。

1996年，又建设了4.7万亩，两年干了10万亩。所以30万亩目标在1998年之前就完成了。

1997年发生了一个大事情。当时礼泉县挖了几百亩果园，被记者报道出去，引起了农业部高度重视，派了专题组针对这个问题进行调研。为什么要挖树？就是因为苹果价格下滑。我印象中，当时中国的苹果面积超过了4000万亩，产大于销。我信奉一句话，"狭路相逢勇者胜"。当时我给李文浩书记汇报说，"咱们要逆向思维：别人挖树的时候，咱们更要栽树，迅速扩大规模"。

所以那个时候，我们就有了建苹果专业县的想法，并着手规划，给县委书记、县长汇报之后，1999年，把规划报告发给县人大代表，2000年县里做出了专业县建设决定。因此，2000—2004年，又干了20万亩。到2004年，洛川苹果种植面积就达到了50万亩（洛川耕地面积64万亩），种粮的耕地基本在川道。之后每年都会挖除低效益、残败的老果园，挖除多少亩就新建多少亩，确保洛川苹果基地常新常优。

但当时争议也很大，认为洛川搞单一经济，风险很大，如果苹果一旦出现病虫害怎么办、多了怎么卖出去，等等。但当时，我们县委书记很有主见，就说中国面积很大，放在全国大市场来看，一个县全种植苹果也影响不了啥事，不会出问题。很多专家争议都很大，但我们很坚定。还有一个想法是，只有建成专业县，凝聚共识，大家才会一心一意干这个事。当时很多县，一会儿发展梨、一会儿发展苹果、一会儿发展枣子、一会儿发展杏，很多到最后啥都没有干成。1986年洛川大力发展苹果就是因为遆靠山书记，后来他到了延安当了地委书记，也要求延安各县（市、区）发展苹果，使延安苹果也得到了大发展。

还有一个小故事。遆靠山书记从洛川调走后，他的下一任书记认为粮食很重要，要求将苹果园建在塬边和台碶地上，而县长要求栽塬面上，把乡镇书记逼到什么程度呢？县委书记来了，把苹果树苗拔了，县长来了又把树栽上去。1987、1988年，洛川大力发展苹果，内部的争议也很大，乡镇很难过。产业到底怎么发展，大家还是有不同意见，经历了反复波折的过程。

1987—1988年，或许是洛川乡镇干部最难做的两年。大干苹果不到两年，洛川就迎来了新任县委书记、县长。但这届领导人之间对于洛川干苹果这件事"有不同的看法"。这就上演了安金海前面提到的"双簧戏"。这种认识上的争议，不仅来自县内领导层，还有下面的干部群众和社会各方。

反对的声音也"有理有据"。首先，洛川发展苹果步子迈得太大，两年搞了6万多亩，比过去增加了一倍还多，欲速则不达。另外，洛川土地资源有限，粮、油、烟、果争地矛盾突出，产业结构调整已到了临界线，再上苹果，会冲击粮食生产，影响县域经济平衡，甚至好几年都转不过来。还有的人担忧，邻县、渭北、陕北都在搞苹果，将来果多卖不出去怎么办？

众说纷纭之下，洛川选择了比较"中和"的路线，提出将苹果的发展方向和重点放在山坡崾头，走"以经促粮，逆向开发，滚动发展"的路子。但看得出，坚定干苹果是明确的，但如何干好成了新课题。

1988年5月，洛川常务副县长郝福才在苹果生产工作会议上作了《统一思想，明确方向，加快苹果系统工程建设步伐》报告，提出"以公路沿线乡村为重点，优质外向型苹果为主攻方向，健全产业配套服务体系"的产业指南。次月，京兆乡来往村成立了全县第一个苹果生产专业合作社，为洛川苹果下步开发"打了样"。

当时，洛川农民"身兼数职"，种粮种油又栽烟，养猪养牛还务果，果园管理水平可想而知。《关于苹果专业村建设的若干规定》就在这样的背景下出台，明确洛川走苹果生产专业化的路子，并确定首批重点建设的100个苹果专业村。1991年底组织验收时，苹果专业村建设超额完成，建成102个。

不过，虽然洛川在苹果产业开发上一直很努力，一个不争的事实是，它已经落后了。

从70年代至80年代中期，在陕西苹果的生产大县中，洛川是首席。但到1991年底，礼泉县和白水县一跃成为领头羊，将洛川远远甩在后面。而山东、辽宁的苹果老生们，大有一统苹果江山之势。在这种你追我赶的风口期，进步慢了就是一种后退。

1992年，在邓小平南方谈话精神指导下，洛川作出了由过去烟果并重转移到以苹果为主，真正确立了苹果的主导地位，并提出实施"苹果开发产、贮（加）、销一体化"发展试验，启动"123"万亩苹果绿色长廊建设工程（"1"是210国道从永乡到京兆一条线，"2"是沿公路两旁的双百米地段，"3"是"三化建园"，即种植矮密化、品种良种化、管理规范化）。

这一次，洛川在最好的塬面地、最显眼的地方，建起了县里最好的苹果果园。

1995年，对于很多洛川人来说，又是一个极其特殊的年份。用安金海的话来说，"这是洛川一系列措施、成果密集形成之年"。

这一年，新一任的书记、县长接任，提出"九五"期间洛川要建设30万亩苹果基地。如果说此前种不种苹果还有得选，那么这次全员就是干苹果。洛川的速度也惊人，30万亩的目标用不到3年提前完成。

然而市场的斗转变化，让洛川再次面临新的历史抉择。从20世纪90年代末期开始到2004年前后，苹果价格暴跌不止。当时甚至有专家指出，苹果产业调整的方向就是产业收缩。以陕西省来看，2002年苹果面积较1996年高峰时下降整整100万亩。

此时，洛川已是区域果业大县之一，但对比来看，先行者如烟台苹果等已建立起地域性品牌，省内礼泉苹果、白水苹果有更好的市场口碑，面积也远超洛川苹果。

下一步怎么走？洛川能否把前途命运继续押注在苹果上？继续向规模化迈进还是就此止步？

当时，时任洛川县委书记李文浩、县长拓平以及县"四大班子"主要领导分别带队开展了长达三个月的反复、周密的调研验证，得到的结论很一致——洛川离开农业"就没猴耍咧"，而"农业除了苹果还能干什么？""苹果价格再低也比种麦强"，农民的心里也门儿清。

2000年4月21日，洛川县委、县政府在洛川宾馆中楼会议室隆重召开"全县苹果产业建设工作会议"，果敢决定：把洛川建设成为苹果专业县，到2010年全县苹果面积达到50万亩。

从外部来看，世纪之交，大机遇与大挑战并行。为适应我国加入WTO的新形势，农业部在全国推行优势农产品区域化布局，促进优势农产品的生产从"遍地开花"向优生区转移，全国果业进入大调整、大淘汰、大竞争的阶段。

2000年，陕西省委、省政府出台《关于加快以苹果为主的果业产业化建设的决定》，提出"争中国第一，创世界名牌，出一流效益"的奋斗目标，次年成立当时全国唯一一个省级果业管理机构——陕西省果业管理局，陕西果业进入发展快车道。

逆流而上的洛川显然抓住了大机遇，在2004年就达成了50万亩的目标，在人均种植面积、人均产量上成为陕西当之无愧的"苹果第一大县"，提前完成了规模扩张的历史任务。

自此之后，"苹果就是洛川最大的政治"，一任接一任，继往开来，未曾动摇。一个有趣的现象是，自2000年以来，洛川历任县委书记基本由前任县长接替，而"书记们"也都走上了更高的舞台。

"非常"手段干苹果

贾　枭：以洛川苹果产业发展为题材改编的电影《情系洛川红苹果》中，饰演您这个角色的演员，有这样两段戏：一段是，连夜偷砍农妇庄稼种上了苹果；另一段是，连夜偷偷帮农妇给苹果树大改型，后来证明你们是对的，但最开始农户无法理解。这些情节是真实情况吗？当时为了推广苹果，采取过哪些措施？

安金海：这种事情是存在的。比如技术推广。我们洛川县在全省第一个总结推广苹果生产四大关键技术（大改形、强拉枝、巧施肥、无公害）。要求隔一挖一，提干落头，锯大枝。当时的树干50多公分（厘米），我们一下子提到1.2米；树高3米、5米都有，统一到3米。我们叫摘帽子、削膀子……先在我们单位的园子搞试验。后来发现，质量大幅度提升。到了2001年，就开始示范，2002年开始，陕西全省大面积推广。你说的那个电视剧里面的情节就来了。

当时老百姓不接受，锯不下来。尤其是隔一棵挖一棵，很难推行。于是，我们就采取硬性锯，把全县技术员、乡镇书记及全体干部都集合起来干，每个村的村主任、村书记又动员四五个人，我统计了一下，当时全县动员了12000多人给老百姓锯，一天一个人锯半亩地，一天下来6000亩就下来了。有些老百姓就挡着树，不让锯。当时就有两种方案：一种方案几个人把老百姓抬走，技术员锯；老百姓实在不愿意锯，就晚上汽车一开，矿灯一拿，技术员上去两下锯好。第二天老百姓到地里一看，哭得不行，一直上访，咋弄？这个时候，就给发两袋面、几百元救济金，政府补贴一下。

2004年补贴就停止了，但这个时候老百姓反而是请我们干。那个时候没有油锯，锯起来累得很，后来乡果站买了油锯。老百姓嫌锯得太累，就来请我们去锯。

2007年，我们推行隔一挖一，最开始84株以上的挖，老百姓都接受，到后边56株的隔一挖一，老百姓就不接受了。这时候，我们列出了400万元资金，在旧县镇洛阳村、黄章乡方厢村各挖了50亩，其他乡镇在公路沿线、交通要道各挖5～10亩搞示范，第一年给老百姓一亩地补贴5000元，第二年补贴3000元，第三年补贴2000元。

贾　枭：当时为什么要做这个事情？

安金海：种植太密了，影响光照，苹果质量太差。这项技术从2001年就开始搞，到现在都还在继续执行。乔化果园从一亩56株挖到了28株，到现在14株，管理特别好的果园可以到8株，它是渐进式。

贾　枭：您前面提到，1995年洛川一年就干了5万多亩。是怎么干起来的？

安金海：1995年，县上提出"部门包村"，所有部门，包括银行、电力、妇联等都要包一个专业村或者示范园，进行技术指导、病虫害防治、卖苹果、资金支持等。

贾　枭：就像精准扶贫一样。这在群众当中的反响和成效怎么样？

安金海：非常好。有些有钱的部门就给钱，买农资等。一个干部帮助一个老百姓卖6000斤苹果。成效非常好。1995年还有一个大事情就是，干部可以带薪请假，回家干苹果，给广大农户树立典型榜样，建果园、外出卖苹果都受鼓励支持。这都是好政策。所以当时全县建园成风。这个时候，还有一个大背景就是邓小平南方谈话，洛川苹果的发展也伴随改革开放的步伐，部门建果园为部门创收。

"苹果系统"独一份

贾　枭：昨天参观洛川苹果博览馆，有一张"洛川苹果产业管理机构图"很有意思。我知道，前两年陕西果业机构改革，洛川是极少数保留果业局的。请您介绍一下洛川苹果组织系统情况。

安金海：洛川苹果局是这样的，1984年叫果品生产服务公司，1986年变成了苹果生产管理办公室，1988年成立苹果生产管理局（有了行政职能），1995年改为苹果产业管理局，到现在一直没有变。

1986年，还成立了洛川苹果生产建设指挥部，当时指挥部部长是一位县委常委。这个机构在1995年得到了加强，成立了县委书记、县长为正、副组长，主管书记、主管县长和有关领导为成员的苹果产业开发领导小组，也叫指挥部。真正强化是在2000年，县委书记任总指挥，人大常委会主任、县长、主管副书记、政协主席是副总指挥。指挥部下面，一个是在苹果局设立指挥部办公室，由局长兼任办公室主任。不像有的县，职能局里发文，办公室不能发文，我们洛川办公室也可以发文。另外成立了苹果生产技术开发办公室、苹果营销流通管理办公室、苹果市场建设环境整治管理办公室、果树研究所，直接隶属指挥部，都是正科级。

> 1986年，洛川还成立了正科级建制的苹果生产办公室，苹果正式从林业生产中分离出来。办公室下面设副科级建制的园艺站、果品生产服务公司，具体负责产业建设的各项工作。此外，各乡（镇）成立果树技术服务站，配备2～3名技术员，由副乡（镇）长、专职负责。各行政村成立苹果技术服务组，配备村级技术员，由支部书记或村主任专管。一个从县到乡（镇）再到村的"苹果系统"初具雏形。

再有一个，1995年，乡（镇）果站也加强了。我毕业的时候每个乡镇有技术员，1995、1996年，洛川许多中专毕业生都被分配到果站去了，特别加强是到了2000年之后，连续三年，第一批分了118个，第二批184个，第三批30个。每个乡镇果站都有二三十名技术员，全县365个行政村每村一个技术员。县里还把乡镇果站建成了副科级建制，直接面向县级指挥部。

我当苹果生产技术开发办公室主任的时候，要管19个乡镇副科级，同时指挥部下面12个科级，局里5个副科，光科级干部就有35个。当时每3年乡果站换届，从乡果站提拔3个到乡镇任副职。现在洛川苹果现代产业园区的一个部门的部长也是正科级，管委会主任就是副县，分管县委副书记兼任管委会党工委书记，配置两个副主任，都是正科。现在洛川从苹果部门提拔起来的科级以上的人才都有100多人。

到了2010年以后，取消了苹果市场建设环境整治管理办公室，成立了苹果质量安全检测中心和信息中心。前两年，机构改革后，苹果局与农业局平行，成了一级局，有党总支部。几个办公室也改革了，为生产中心、营销服务中心、研发中心，隶属苹果产业管理局的事业单位。

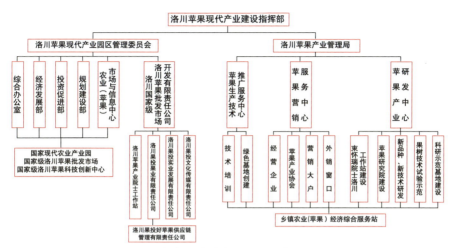

现今洛川苹果产业管理机构图

贾　泉：这里面有一个大的变化是，现在机构改革，从陕西省里面都把这个果业局改掉了，真正把这个局保留下的就剩你们了吧？

安金海：还有延安的宝塔区。洛川苹果产业管理局能保留下来的原因就是苹果是洛川唯一的产业，还有一个是2020年，陕西省把洛川县定为苹果高质量发展先行示范区，洛川是改革试验点。其实主要还是书记、县长重视。要不重视，那就是上面怎么改，下面就照着怎么改。

贾　泉：很多地方对主导产业也比较重视，也成立产业领导小组，开展联席会议。洛川苹果管理组织、机制有什么不同？

安金海：最大特点是，我们每年雷打不动召开两次苹果指挥部调度会。凡是与苹果有关的部门单位，比如县委办、组织部、经发局、财政局、人社局、市场监管局、农业局等都是指挥部成员，都得参加会议。

我记得，当时拓平书记说的一句话是"这个调度会是全县的大事情，县委发的文件你可以不看，可能没你的事情，但指挥部发的文件你必须看，都有与你们相关的任务，必须认真看"。而且每次开会，非收拾人不可。李文浩书记的时候，开会迟到，一次通报批评，两次大会检讨，三次就地免职，不管你的资历有多老。这种雷厉风行的魄力、手段，一下子就为洛川开出了一条路来。

后来高武斌书记也很厉害，一发起脾气来，把主管县长也当场批评。我也被收拾过，从工作角度讲，我还喜欢这种作风。领导当众收拾我，是给撑腰呢，我们到乡镇开展工作，大家就会很配合。

还有一个事情是，1995年开始，指挥部每年的苹果调度会上，都要进行部门单位考核。60%的考核内容是苹果，主要是苹果种植面积、示范园建设、四大技术推广、苹果营销等，40%才是本职工作，不管哪个部门都是这样考核。这项工作至少执行了15年（1995—2010年）。每次考核排名的倒数三名都要做大会检讨。在最开始的调度会上，几项工作完成最差的乡镇党委、政府一把手被当场免职。排名前三的当众分享经验，还有综合奖金。那个时候，奖金是很大一笔钱，比工资都高。

所以说，强有力的行政推动是我们洛川最厉害的一招。

贾　枭：指挥部调度会现在还在执行吗？

安金海：一直执行至今，每年雷打不动。包括苹果局、指挥部也是一样，只是不同阶段叫法有一些调整。

贾　枭：现在洛川苹果的技术构成体系是怎样的？

安金海：我们讲的是，县有中心（果树技术服务中心，现在叫果树生产服务中心），乡有站（果树服务站），村有协会（果业协会，每个村都有果农协会，有的注册，有的不注册），户示范（户里面必须做示范户）。1995年，我们还提出了"五个一"工程——一户一园、一园一技（技术员）、一园一窖（水窖）、一园一圈/沼、一园一库。2003年，我当苹果局局长，农业部给了84万元，省上每年给1000多万元，洛川最后发展到每一户都有沼气池。猪粪沼渣可以施肥，沼液用来喷叶，防治病虫害，果实质量好。那是户办果园时代的特点，现在规模化的园子多了，还有养殖环保问题，户里面已经不养猪了。

贾　枭：您怎么看洛川整个苹果组织系统在产业发展中的作用？

安金海：坚强的支撑。我甚至可以这样说，洛川的苹果组织系统人员配置，在全国独一份，这是我们的核心竞争力。

"花式"营销成名路

贾　枭：从洛川苹果发展历程来看，早些年主要还是聚焦在规模化发展，您印象中，什么时候真正开始品牌建设？

安金海：洛川苹果品牌成长应该是从1974年获奖开始。当年洛川发生了一个大事情，在评比中超过美国蛇果，在果业内引起了强烈反响。之后，我们每年都去参加评优，品牌逐渐萌芽。

但真正开始市场建设，应该是2007年高武斌书记（高武斌，2007年6月－2013年8月，任洛川县委书记，被大家亲切叫作"苹果书记"）来到洛川之后。他来洛川后就提出"重视市场、重视品牌"，一下子打开了我们的思路。当时正好陕西省省长来洛川调研后，提出了搞"四大基地"建设，包括营销基地、加工基地、科研基地、加工基地。这虽是个产业规划，但"品牌"这块单独拿出了一章。

> 2007年1月23日，陕西省省长到洛川县调研后，提出把洛川苹果做成带动延安乃至陕西省现代果业发展的国际化大产业，要求洛川县委县政府要用工业化理念谋划苹果产业发展，努力把洛川建设成为世界苹果优生区、优质苹果生产基地、全国性的苹果科研基地、全国性的苹果营销基地和加工基地，加快苹果大县向苹果强县转变，实现跨越式发展、可持续发展。

贾　枭：当时关于品牌这块，核心和重点是什么？

安金海：首先第一个要注册品牌商标，当时洛川苹果还没有注册，这是我们干的第一个大事情，在规划里面也做了明确要求，必须注册地理标志证明商标。第二个大事情，是设计logo、包装。高武斌书记当时对包装设计非常重视。

> 2008年，国家工商行政管理总局商标局第1127期商标公布了洛川地名命名的"洛川苹果"商标，并为洛川县苹果协会颁发地理标志证明商标。

贾　枭： 在洛川苹果的营销当中，非常著名的是各种冠名赞助，这当中，最引人关注的是"北京奥运专供"。当时洛川苹果还不是那么有名，是怎么跟奥运联姻的？

安金海： "北京奥运专供"是2006年提出来的，2007年高武斌书记一步步推进。洛川苹果一直有"专供"的传统，1990年是第十一届亚运会专用苹果，1999年是澳门回归庆典礼品果，2007年被选为中国女排专供苹果。这是一个背景。争创2008年奥运专供水果，我们本身有这个想法。但当时洛川全年的财政收入才6000多万元，北京奥运会的赞助费用门槛是非常高的。结果运气很好，北京市政协的一位领导来洛川品尝苹果后，高兴地说，北京要开奥运会了，洛川苹果何不作为专供苹果。

我们去北京谈了好几次，但一直没能定下来。最后，当时正好是十六届六中全会，陕西省的一位领导在北京开会，把高武斌书记和我们等叫到了他的住地。刚好北京市的一位领导也来拜访，我们抓住机会向他汇报了我们的想法，他安排北京市商务局根据奥运会专供食品要求对洛川苹果生产进行实地考察。通过实地考察和严格检测后，就定下来了（洛川苹果专供2008年北京奥运会），一分赞助费没出。

奥运会食品原材料的供应是由北京市商务局根据北京奥组委运动会服务部提出的需求，对备选供应单位进行遴选。

奥组委当时的质量标准很高，我当时搞了一个一年半的储藏实验，保证2008年8月8日，这个苹果质量不会出问题。选了一个乔纳金、一个嘎啦，但不行，最后定下用富士。国家当时定了35项指标进行检测。洛川苹果有34项未检出，其中一项检测的数值结果不到要求的1/5。当时检测保密得很，我们不能参与，是从山西请专家独立检测。

贾　枭： 不到要求的1/5的意思是？

安金海： 也就是非常安全，完全达标。其他34项没检出。奥组委食品供应部非常高兴。奥运专供之后，上海世博会、亚运会、博鳌论坛、人民大会堂专供苹果，航空航天员专供苹果……现在洛川苹果是体育健儿的"指定苹果"。

贾　枭：奥运专供可以说打响了标志性的一枪，这些年洛川苹果一直在争创冠名权，您怎么看这一营销方式？

安金海：冠名权，我把它理解为"品牌嫁接法"，把洛川苹果嫁接在国内知名的赛事、大会、品牌上，烘托出自身品牌。曾经一位省老领导为洛川苹果题词，"品国酒茅台　尝洛川苹果"。高书记思维很活跃，尝试了很多有效的"品牌联姻"。比如，还请过香港李嘉诚为洛川苹果题词，当时策划每月给李嘉诚送一箱洛川苹果，我们还亲自给他办公室送去过。还有给泰国正大集团老总也送过。

贾　枭：再一个，我了解到，2010年前后，洛川营销方面还有一个创举就是搞专卖店。现在看来很平常，但在当时果品开专卖店可以说是一个创举。当时鼓励企业在城市开专卖店，是什么样的背景？

安金海：我们洛川苹果还有一个策略就是"送"。早年李新安送苹果给毛主席，后来我们抓住机会送中央委员，到人大、中南海送苹果，以苹果为媒，为洛川苹果产业争取更多的关注和支持。因为这个事情，洛川还在全国第一个创新出了苹果卡。

当时，洛川苹果很受喜欢，一车一车拉很费劲。另一个，我们1986年就在北京搞洛川苹果展销会。但展销会是昙花一现。展销会一结束，北京市民想买买不到，存在持续供应问题，所以最后想搞专卖店。2007、2008年，开始鼓励在北京开设洛川苹果专卖店。这样消费者就可以直接去北京洛川苹果专卖店凭卡提取或直接购买苹果。这是第二个比较大的动作。

贾　枭：第一个店是开在北京？

安金海：是的，高武斌书记当时也提出品牌苹果要卖高价。

贾　枭：最鼎盛的时候，开了多少家专卖店？

安金海：像美域高在上海就开了100家。全国的话300～400家。

贾　枭：高书记，我认识他的时候，已经去了省局，跟他有过交流。他有个观点，"在一个城市打广告要花很多钱。开一个专卖店，门头就是广告，划算得多得多"。那个时期，专卖店对于打响洛川苹果在中心城市的知名度有很大作用。

安金海：北京开得很好，当时北京新发地的张玉玺也非常支持。同时在上海干得也不错。上海的一个背景是，原延安市委书记到了上海担任市委副书记，对洛川苹果非常支持。我记得2019年，美域高在上海就卖了2000多万元。目前洛川苹果消费最好的是广州。专卖店对于洛川苹果起到了很好的宣传、推广作用。

第三个大动作就是洛川苹果博览会。洛川现在已经举办了15届苹果博览会（截至2022年），最早应该是1995年搞过第一届。为什么现在叫第十五届，因为是在2007年定下的，到现在就没有中断过。博览会对洛川苹果的作用意义很大，以会交友，以会聚客商，以会提高知名度，这是一个大平台、大窗口。以前洛川的宾馆条件还是很差，都还没有单间，现在条件好太多了。

> 2010年开始，洛川县以洛川苹果专卖店建设为切入点，拓宽中高端品牌终端销售渠道。县财政坚持每年列资200万元，支持企业、合作社在洛川苹果主销城市开设洛川苹果专卖店。截至2022年10月，国内一、二线洛川苹果主销城市建成洛川苹果专卖店143个、批发门店42个。

贾　枭：洛川苹果宣传推介当中，还有一个非常独特的做法，就是洛川苹果文化研究会。这是哪一年提出的？

安金海：2009年，高武斌书记提出来的。一个是品牌要靠文化支撑。另外通过在北京、西安、延安等城市成立洛川苹果文化研究会，将在各地工作的洛川人无形之中联系在一起，这些人也就成了洛川苹果的宣传员。

贾　枭：据您了解，在全国成立的文化研究会有多少个？

安金海：具体的不太清楚。北京、西安、延安都做得比较好，每年有活动。

> 2008年，陕西省领导在洛川调研指出，现代苹果产业发展必须在产业的外延和内涵上做文章，必须有文化作为支撑和保障，洛川与农业部共同举办多次苹果博览会。2009年，陕西省委党校将苹果文化列为课题，在洛川召开洛川苹果文化座谈会。同年，洛川成立县文联和洛川苹果文化研究协会，之后分别在北京、深圳、昆明、西安、海

南、延安成立洛川苹果研究协会，长期编发《果乡风》月刊，创作各类文艺作品，并规划建设了国内第一座苹果博物馆，苹果文化进社区、进校园、进课堂等成为常态。

一份罕见的产业规划

贾　枭：刚才您提到，您从2007年参与、推动了洛川苹果产业规划（《洛川苹果产业发展规划（2008—2015年)》，2012年重新修订），这个规划对洛川苹果产业发展起到至关重要的作用。这当中，我特别感兴趣的是，一个县的苹果产业规划，为什么后来有那么多院士参与，并且上升到了农业部层面。这个过程是怎样的？

安金海：2007年，（陕西）省里领导来洛川调研提出"四大基地"，原话是要搞个规划。当时，高书记先是带着我们到北京找人搞规划，找到北京许多单位，但对方说他们不懂苹果产业，搞不了这个规划。比如懂营销的不懂加工、懂加工的不懂生产，因此没有人接这个规划。

实际上，我们当时也写了一个东西，按照"规划"要求写了20多页。因为当时县里面出来了一个旅游规划，我就拿来照着模板借鉴，最后扩充到了100多页的厚本子。当时省人代会期间，延安市委书记要求高武斌书记围绕省里提出来的"四大基地"发言。当时的规划叫"四大基地规划"。

正好当时运气也很好。当年（2007年）5月中旬的样子，危朝安副部长（2005—2009年，农业部副部长、党组成员）来延安给农业方面的院士、后备院士培训班的学员讲课。我们知道这个消息之后，就立即向上汇报，得到了一次汇报机会，就把我们写的这个本子印了一批，拿给这些院士、后备院士和危朝安部长看，让他们提意见。

当时汇报完之后，危朝安部长非常高兴，说"没想到你们洛川小小的县，有高人，能做这么好的规划。这次，咱们农业方面的院士、后备院士、专家都在，这个规划，咱们作为政治任务和这次教学成果，由这期培训班的学员负责，作为顾问，把这规划做好"。

当时，刚好农业部规划设计研究院的院长朱明，也是学员，就由他负责。朱明院长回去后，又派了规划设计研究院的肖运来、洪仁彪带了六七个人来洛川正式调研了十几天，而且还到西农大（西北农林科技大学）、延安都进行了座谈，调研得非常充分。

贾　枭：那后来的规划都是在咱们本子的基础上完成的吗？

安金海：对着呢。但人家是规划高手，站位比咱们高得多了。就这样，在这基础上写了初稿。后来又进行了6轮讨论。最后快形成终稿的时候，把我们叫到了北京。当时我带了七八个人。白天，屏幕投上去，一字一词讨论，觉得哪里不对，晚上再修改。就这样整整在北京调整修改了七天七夜。规划搞出来之后，高书记看完规划，高兴得一晚上都没睡着。

贾　枭：这是什么时候的事情？

安金海：2007年，当时我们到农业部汇报规划工作。本来当时是叫"洛川县苹果产业发展规划"，危朝安部长把"县"去掉，直接是"洛川苹果产业发展规划"，说"'洛川苹果'是个品牌，这四个字不能割裂"。所以，后来"洛川苹果"四个字就没有分开过，比如我们洛川县现代苹果产业园区，后来就改成了洛川苹果现代产业园区。高武斌书记厉害就厉害在这里，他最后还把这个规划弄到农业部组织评审，当时省长都答应去了，后来有事情没能去成，但"为之喝彩"。后来由一位副省长去参加了评审。当时，农业部好多司局长参加评审会，商务部派了2个司长，发改委和财政部也分别派了司长。

贾　枭：危朝安副部长也参加了吧？

安金海：他亲自主持。危朝安部长说一个部给一个县做规划很少。评审规格高的原因，一是由省长提出"四大基地"，另外一个是危部长推了一把。当时刚好部里有建设国家级大宗农产品批发市场的想法。部里想做一个典范，省里也想做一个典范。由此规划评审规格放高了。五年之后，2012年我们给危朝安部长汇报我们干成了什么。危朝安部长说，这个规划做得好，全部完成了，规划落地了；这个规划也做得不好，"目标太低了"。所以，我们在2012年重新修订了。

贾　枭： 2012年重新修订，主要是哪些方面？

安金海： 提出了"百亿元产业"目标。在这之前，没有百亿概念。当时就是六七十亿这样子，没有叫响百亿元产业。

贾　枭： 就相当于在原有基础上，再提升目标，再升级。

安金海： 这个规划对洛川起到了非常大引领作用。常常有人说，"规划规划墙上挂"。洛川规划的优点是，真正做好一个规划，就按照规划，一步一个脚印地抓，肯定能干成一番事业。

> 《洛川苹果产业发展规划（2008—2015年）》由农业部规划设计研究院和陕西省洛川县人民政府于2007年9月规划完成。规划提出，到2015年，将洛川建设成为世界知名的优质鲜食出口苹果生产基地、黄土高原苹果优势区技术研发集成示范基地、黄土高原优势区苹果关联产业基地、黄土高原苹果营销物流基地。使洛川苹果真正成为引领陕西乃至整个黄土高原苹果优势区品种、技术、标准、加工流通、产业化发展的龙头和样板，成为陕西苹果的代表品牌，中国苹果第一品牌。

"园区是引擎发动机"

贾　枭： 下一个话题关于园区，也就是洛川苹果现代产业园区。自园区建设以来，洛川相继获得了多项国家级项目。洛川苹果现代产业园区是在什么背景建起来的？

安金海： 这个也是2007年规划会之后。当时省领导提出了"营销基地"，因此我们最初的想法就是建一个营销基地，在县城批发市场这块。但是具体怎么操作没有经验。杨凌农高会给了我们很多借鉴参考，我们就想建设一个会展中心，于是这个框架就有了。接着，要有一个储藏中心，再接着加工中心，农资这块洛川也是一个大头……真正的规划做得很晚，2012年才做的，但园区开工是2008

年12月19号，当时建的就是现在进入洛川县城就看得见的这个"苹果大圆球"，因为最开始其实就设计了会展中心这块，其他板块是后来逐步完善。

我是2008年开始管这个事情的。当时刚好中央要求工业反哺农业，城市支持农村。延安市和延长石油集团达成协议，要支持洛川苹果发展。延长石油集团最开始给了洛川6000万元，后来延长石油集团组织来考察，当时正动工的有30亩工地，听了我们总体设想的汇报后，就说支持1.5亿元，后来又追加了2000万元。

第二个由头是，国家当时正值"十二五"期间，国家"十二五"发展规划里面有几句话提到，要在全国建成一批大宗农产品批发市场。最开始陕西省果业局把这个事情定在铜川。我们也争取机会，向省农业厅汇报，最后定在了洛川。

当时农业部部长来延安考察时，我们给他汇报了大体规划。他同意把国家级苹果市场放在洛川，说支持延安老区建设，给延安两份大礼。一份是国家苹果批发市场放在洛川，一份是延安市整市推进现代农业示范市。紧接着农业部市场信息司张合成司长就带领相关人员来洛川进行实地考察，从市场名称、目标定位、建设内容、功能布局进行了全面的谋划，最后定的名称是，国家级洛川苹果批发市场，定了"5大中心""7大功能区"。农业部这个调一定，我们就知道怎么做了。后来我们拓展到了"8大中心""10大功能区"。

> 洛川苹果现代产业园区筹建于2009年，2011年农业部和陕西省人民政府依托园区启动了国家级洛川苹果批发市场建设。园区规划总占地13平方公里，核心区占地5000亩，规划建设苹果标准化生产示范、会展中心、交易仓储、物流配送、农资交易、产业加工、科技研发、文化展示、配套服务和金融服务等10大功能区。目标是打造全国苹果物流集散、价格形成、信息传播、技术交流和会展贸易中心，成为引领中国苹果产业发展的新"航母"。

贾　泉： 您怎么看这个园区和市场建设对洛川苹果的意义？

安金海： 这个意义太大了。没有建这个园区，洛川就是一个苹果生产大县，就不会聚集会展、信息、仓储、运输、电子商务等功能。我也聊到果业发展有四个阶段，规模化扩张、标准化生产、产业化配套和现代果业要素聚集，通过国家级苹果大市场建设，洛川就实现了现代果业要素聚集的飞跃，这个时候洛川就完成了第四阶段。

我认为这是意义很大的事情。在洛川要什么包装有什么包装，要什么配套有什么配套。义乌小商品为什么厉害，那就是全得很，要啥有啥。可以说园区是洛川苹果产业发展的发动机、引擎。

第三个是，依托园区，洛川第一个建成了国家级批发市场。现在很多批发市场，比如眉县猕猴桃交易市场，一切按照洛川的样本进行学习、打造。再比如，松花江黑木耳批发市场等都到洛川来学习过。洛川苹果国家级批发市场就变成了可复制、可学习的样板。

再一个，园区成了一个窗口。很多项目就来了。比如，我们中小企业进园区，给了我们630万元，成立了一个企业孵化中心。内涵不断扩大。2016年，韩长赋部长第二次到洛川调研，提出国家级苹果科创中心建设，他当时叫"苹果大观园"。这里面有三个核心。一个就是国家级苹果种质资源圃，现在保存了4000多种苹果种质基因，全世界目前是7000多种。第二个是国家级苹果选种场，我们有700个世界新优品种选育场。"秦脆""秦蜜"等优系品种就是在这个选种场培育出来的。第三个就是世界苹果栽培技术展示园。通过园区这个苹果科创中心，抢占世界苹果科技制高点。

2017年又有一个好事情发生。当时汪洋副总理要求在全国建设100个现代农业产业园，拿出100个亿，一个产业园1个亿。这个洛川又是全国第一批的，全国很多地方又来向我们学习。我们当时用现代产业园这1个亿，进行不同的扶持，撬动了12.6亿元投资，囊括全产业链生产的各个环节，一二三产融合。

比如，现代水果分选线，全县33条，我们园区10条以上，并且得到了强大支持。光苹果产业后整理这块，选果线、气调库，我们就拿了3160万元的整合资金，还有延安市政府每年拿1个亿，连续补贴了3年，对装备水平的提升起到了很大的作用。

另外，园区的经济就业承载也很强，吸纳了很多农民在里面打工，现在高峰期有3000多人，平时1000人左右。还有一个是促进了农资农药的管理。原来分散没有办法管，现在统一放到一个市场就好管了。农资经营现在一年十几个亿。

现在一些新的业态也有了，比如电商中心、鲜果交易中心。鲜果交易中心很厉害，一个客户一年挣个20多万元很简单，现在有150家门面。整个园区每年的交易额是40个亿以上。

到目前为止，洛川苹果批发市场建设没有负债。我们争取到了很多政策支持。比如，每年洛川苹果博览会都要向省长汇报，博览会怎么开、需要哪些支持、各个成员单位可以帮什么忙。比如，从洛川高速路口到县城博览馆这段公路，都是成员单位投资的。我们都将他们视为洛川苹果批发市场的成员单位，得到很多隐形的支持。包括苹果大观园、苹果科创中心建设，省市各有关单位支持给了几亿元。

贾　枭：园区相当于成为一个资源整合平台，对内实现各类要素的积聚，同时形成了一个各种资源整合、展示的窗口。

安金海：我常评价"园区就是引擎"。

> 洛川县依托园区建设，先后建成了国家级洛川苹果批发市场、国家苹果产业科技创新中心、国家洛川现代农业产业园和洛川苹果产业后整理示范园区，按照"1+3+X"总体规划布局，高标准建设苹果关联产业加工区，引导配套产业和果品精深加工企业向园区聚集，推进产业集群发展。截至2022年10月，洛川苹果现代产业园区已累计完成投资49亿元、入驻规模企业54家、小微企业300家，2021年交易额40亿元。洛川果企龙头顶端果业、延刚果业、青怡苹果等皆入驻园区。

"后整理"是市场需要

贾　枭：据我了解，这两年洛川在产业后整理上做了很多的工作。这个"后整理"是怎么来的？

安金海："后整理"缘起于一次市人代会，当时一个记者采访了我，《延安日报》报道了我的发言。当时我说，咱们中国苹果产业与国外相比，一个明显的感觉就是，咱们现代化的装备水平太差，农产品到采后（环节）的损失很大。比如储藏，用土库，损失率很高、烂果率很高，一般可以储藏到年前；而用冷库储藏可以在来年4—5月出库，用气调库储藏可以持续到来年8—9月，第二季苹果能够接上，形成周年供应的体系。冷藏太差，是当时明显的表现。

二是随着电商业态的出现，消费者对苹果内在品质一致性有要求。一箱苹果的含糖量可能在12（白利度）、14（白利度）、16（白利度）不等，即便一个树上的苹果，外围和内堂的苹果含糖量都不一样。另一个是霉心病，苹果切开一看，里面有黑心，消费者就投诉。

（当时我们）苹果后端的商品标准化程度太低。就想着，按照工业化的思路，一箱苹果（达到）大小一致、颜色一致、含糖量一致、没有霉心病。"后整理"最开始提出就是这个背景。

贾　泉：您的意思（后整理）是市场需求的需要。

安金海：您看国外基本都是自动化生产线，自动地分选、包装、成框、刷码等，一系列的东西都很先进。咱们的装备水平太差。由此，徐新荣书记（2015.06—2021.01，陕西省委常委、延安市委书记）提出了"后整理"的概念。

贾　泉：什么时候提出来的？

安金海：2017年。当时还有个笑话。有些领导不理解"后整理"的内涵是啥。徐书记（提出"后整理"）也是朦胧的概念，然后请了一批政府领导一块讨论。当时，一位局长汇报，按照从种植、生产、加工、销售……汇报到一半，徐书记生气了，说你们胡说八道，没有理解"后整理"的内容、内涵。最后，大家形成了几句话，后整理包括冷储、冷运、分级分选、品牌营销等。

2017年，当时我们第一个给美域高投了340万元，引进了一条现代化选果线。这条线总共投了560万元。当时选果线大小分85、80、75、70毫米这4个级，含糖量有两个，14（白利度）以上、14（白利度）以下。乘上"2"，有8个级。然后"霉心病"是一个，就有9个级。再有一个是"条红""片红"，再乘以"2"，就分了18级，18个出口。去掉霉心病，一次性分出14个级。"2.0（选果线）"的是一个通道，"4.0（选果线）"是两个通道。

美域高第一个建成，当时库房简单得很，屋顶都没有封，但硬上了选果线。它要达到的一个效果就是"满足需求"。消费者要什么果就给什么果。糖度、大小、口感等都一致。特别是霉心病，也分出来了。分选线就相当于扫描、透视。一箱苹果，几百张照片，一次过去，一下子18个级（商品）就出来了。

贾　枭：相当于全部做CT了。

安金海：这个就是质量的一致性。第二个背景是产业扶贫。当时徐书记提的标准比较高，把这个事情对接产业扶贫，贫困户的苹果，上了选果线之后，一斤苹果至少多卖1块钱。第三个背景是劳动力不足。一条分选线，大的1小时（能分选）6～8吨，小的1小时2吨，效率提升，降低了生产成本。人工挑、收苹果的时候，验记员一天一人多的收3000～4000斤，一般是2000多斤。延安和山东不一样。山东老百姓在前端采摘的时候就分等级了，因为山东的人均面积小，老百姓可以干得过来。咱们这里一家10来亩，一家就2个劳力，老百姓分不过来。在洛川、延安收苹果，大批（的是）70毫米以上不封顶，好的75毫米以上不封顶（即企业按70、75毫米的果径划分一个收购门槛，统货收购）。这种收购方法，企业成本也很高。我们的设想是，企业如果上了选果线，不同的质量标准（果）就放在不同的库里面，一个库是一致性的商品，这样出库也很快。

选果线上了以后，一是减少劳动力投入，二是保障商品一致性，三是提高苹果价格。您昨天采访延美，它现在开三台选果线，每天停不下来。但当时有些人很反对，认为延安搞得力度太大。（选果线）闲置，反面的报道都有。但是我认为，中国要参与世界水果产业的竞争，必须提高现代化的装备水平，要和国外接轨。

贾　枭：我记得第一天见到您的时候，您说现在洛川已经有33条选果线，能满足需求？

安金海：平均下来，一条生产线1小时分选加工5吨，33条1小时约150吨，一天8个小时，就达到1200吨。假设一年200天，就有24万吨。2012年修订（洛川苹果产业）规划的时候，提出要（提升）鲜活农产品的储藏能力、冷藏能力，（要求）冷库储藏、气调储藏必须达到60%，冷库、气调库里面的气调库要达到30%，要满足终年供应体系的需求。"后整理"也包括冷链运输。冬季倒无所谓，特别夏季，冷链很重要。比如嘎啦品种，你到果园现吃，太漂亮了。但是摘下之后，风味衰退太快，到了七八月份的时候，必须走冷链运输。

贾　枭：这打开了我的理解。我之前对"后整理"的理解还比较狭隘，就是从采下来到分选、加工、储藏这个环节。您加了一个冷链。相当于从收储入库到市场终端，都是后整理。

安金海：品牌营销也是后整理。

贾　枭：怎么理解？

安金海：（选果线）加工出来之后是标准化、质量一致的商品，对于提升品牌的价值、提升消费者可信度起到了很大的作用。"后整理"的内涵很丰富。

当时开苹果博览会的时候，徐新荣书记来洛川调研，我让王建锋局长（2009.03—2018.03，洛川县苹果产业管理局局长）去汇报。我说，"后整理"的内容，包含冷藏、加工选果、冷链运输、品牌营销、包装标准化以及果园废弃物加工等。和咱们今天谈的差不多。徐新荣书记很少表扬人，从来不鼓掌，那天汇报完之后，他鼓了掌。

延安市委市政府非常重视。每年列出1个亿，建气调库，按投资的30%给予补贴，选果线每一台也补贴30%，连续支持3年，一下子把延安苹果的采后处理水平提上去了。延安有103条（2020年数据），今年更多。原来这块是硬性考核，建了库，扫描出来多少面积，都要验收。当时延安各县，特别苹果产业发展比较弱的县，选果线闲置，意见很大、反响很大。直到现在，都有不同的"杂音"。但是从洛川县发展好的企业来说，对他们发挥了巨大的作用。目前，我觉得延安在"后整理"这块，装备水平是（全国）最先进的。

> 2017年，延安市创新提出全面推进苹果产业"后整理"，重抓智能选果线和冷气库建设，加快推进产业转型升级。到2022年10月，全市90家龙头企业装备智能选果线105条，每小时选果能力355吨以上；3000吨以上冷气库企业54家，全市冷气库贮能从2016年的80.1万吨增加到158.8万吨。延安市苹果采后装备水平全省第一、全国领先。
>
> 现如今，洛川全县引进配套智能选果线37条，建成冷气库68万

吨，冷（气）贮藏和智能化分选能力位居全国苹果生产基地县之首。同时，洛川县在延安率先启动了苹果产业后整理示范园区项目，摸索出通过分级分选、冷藏冷链、延链补链、壮大品牌、园区带动"五大整理"，实现苹果产业高质量发展的新路径。

洛川苹果"英雄"多

贾　枭：我注意到一个现象，洛川苹果产业发展中，在不同领域涌现出了一批"英雄"，他们为洛川苹果产业做出了巨大贡献。为什么在洛川有这么多"英雄"？

安金海：洛川苹果产业发展中涌现出了一大批"英雄"，为产业做出了巨大贡献。为什么洛川有这么多"英雄"？

首先，洛川县委县政府重视果业人才的培养。举个例子，2000年左右，我们洛川县一年有400多个中专生，政府给我们果业系统就分配了100多人，我们果业系统人员很快就发展到400多号人。同时，政府也重用这些人，优秀的被提拔，有搞行政的，有当乡（镇）书记、乡（镇）长的，甚至有的升到了副县长、县委常委。现在，洛川县许多岗位上，都有这批人。因为被重用，因此确保了始终有一批执着地在果业上奋斗的人。

再一个，昨天咱们到洛川苹果博览馆看到的那个洛川农职业中专。一开始毕业生还包分配，县上给安排工作。后来，毕业后县里不安排工作了，鼓励毕业后回家经营果园。因为受过系统教育，这批人的素质好，当果农的水平也很高，很多人成为技术骨干，这是我认为洛川苹果技术能人多的原因。

第三个原因，就是县委县政府重视对洛川果农技术的培训。比如，以前高武斌书记安排400个农民到日本学习苹果生产技术，给每个农民补贴5000块钱。那时去趟日本要花费一万多元，我们给农民补贴5000块钱。一次派二三十个。鼓励农民去国外学技术，这在业内不多见。现在洛川果农的技术水平就很高。

比如有个洛川果农李海民，他今年栽的树就长了3米多高。今年春季4月6

号栽的树，明年估计就能有2000斤产量。洛川高水平的果农很多，比如潘小平、袁晓亮等，都是技术能手。洛川果农的水平高，因此也成了炙手可热的"香饽饽"。比如果农李育宏，被河南灵宝县聘为技术员，一年给20万元。

除了生产能人外，洛川还有不少销售高手。这些人都是在市场上摸爬滚打锻炼出来的。虽然说洛川苹果好，但也有难卖的时候。这时候，农民就自己拉到市场去卖苹果，闯市场。在这个过程中，慢慢培养了一批营销高手，比如我们这两天见到的延美、延刚、顶端的几位企业老总，还有美域高，早期的华圣等，都是洛川苹果营销能人。

洛川苹果产业发展得好，也吸引了不少外地企业家来洛川发展。比如"王掌柜"，他原来在山东做得非常好，每年苹果销售量很大。因为洛川苹果有特色、市场好，就到洛川办厂。还有青怡苹果公司也是。洛川苹果产业发展氛围很好。比如，近几年延安市推动的"后整理"，都有相关优惠和支持。他们来洛川就可以享受土地、设备等优惠政策。不光是生产销售，还有农资服务业。因为洛川苹果产业兴旺，国内许多有名的农药、肥料供应商，纷纷来到洛川扎点。比如中化等国内有名的农资企业，在洛川都设点经营。从某种意义上说，洛川苹果产业衍生并带动了许多产业的发展，形成了"一业强，百业兴"的局面。

1985年开始，洛川启动实施科技培训计划。一是围绕果业创办农职业中学（后改为农职业中专），培养技术骨干；二是在乡（镇）成立农民文化技术学校，专门培训果农；三是以苹果生产为需要，常年广泛开展果农现场培训会；四是将果业职业教育渗透到中学教育；五是选配乡村优秀青年去省市农业院校代培。到1991年底，全县各类果树职业学校达到了23所，职中14所，输送了果业专业技术人才800多名，其中486人成为苹果科技示范户，240人进入县乡村科技推广服务体系，40人担任乡镇职教教师，130人被陕西省内多个县市区科研单位聘用。

洛川经验与未来

贾　枭：最后一个话题，关于洛川苹果发展的经验和未来。业内很多都在讨论、学习洛川经验，您认为洛川最根本的经验是什么？

安金海：我们曾经讨论过几个晚上，洛川（经验）就是强有力的行政推动。这也回到中国经验、中国方案，一个道理。国外是企业化、家庭农场的，中国是千家万户，千家万户形成的专业县，这么大的产业，没有强有力的行政推动是拿不下来的，包括规模化扩张、标准化生产、产业化配套、现代果业要素聚集，那都需要强有力的行政推动。没有强有力的行政推动，洛川苹果干不起来。还有一个核心要素就是不折腾、不动摇，一届接着一届干，届届都有新发展。

贾　枭：行政推动是区域公用品牌发展的一个共性，应该说洛川是做到了极致。还有一个就是洛川一直在做正确的事。最后一个问题，目前中国苹果产业发展处于转型期，新产区少，更多的是老产区。不少老产区都在品种更新、技术变革。洛川苹果产业发展也处在这个背景下。在您看来，这当中的"危"和"机"是什么？

安金海：应该说，苹果产业这几年问题比较多。我一直有个观点：狭路相逢勇者胜！苹果产业现在到了大竞争、大淘汰的关键时期，优胜劣汰是自然法则。总体来说，苹果产业发展呈现出以下几个趋势。

首先，苹果种植面积不断萎缩。面积萎缩的原因很多。苹果产业是个"扶贫产业"，一旦这些地区有了新的可以致富的好产业，老百姓就不一定会种苹果。像山东等地的苹果面积萎缩，原因就是山东经济发展了，开始向发达省份转变。随着工业化的发展，工业需要劳动力，农民不一定非得靠苹果致富，就会缩减种植面积。

其次，就是苹果质量不好的地区，比如非适生区、非优生区，因为苹果品质不好，被市场淘汰，面积就会减少。因为现在大家对苹果了解越来越多，吃得多了，就能分出好坏，品质不好的苹果就没了市场，就要被淘汰，这也导致苹果面积的缩减。

第三，受中央宏观政策的影响，如严禁土地"非农化"，防止土地"非粮化"政策，果树面积就要缩减。现在不少人认为这些政策是说"苹果树挖了就不让栽"。我的理解还是以老百姓的意愿为主，并且这个政策是个逐渐深入的过程。2021年咱们国家定的就是"撂荒地先治理"，梯级推进。第一步是消灭撂荒地，第二步消灭苗木地。因此，今年育苗的地，挖就挖了，但目前还没到挖果树的这个程度。但不管咋说，在中央政策的调控下，省上就有部署。比如"陕西战略"就是"淘汰渭河沿岸"，发展"三个板块"，就是刚才我说的"旬邑板块""洛川板块""陕北板块"。总体来说，陕西省苹果种植面积900万亩的决心应该不会变。

中国苹果产业发展，总的趋势是"北进西移"，这是我的看法。

第四，劳动力不足、老龄化。我们在洛川调查，有些家庭的孩子出去打工或上班，考上公务员，有了小孩，老人就要去照顾小孩。另外，生活条件好了，老人干不动了，就会到城市，跟随儿女走。因此，果农越来越少。

依我看，果农劳动力的黄金期还有个十年左右。十年后，像我们这一代人干不动了，劳动力就很少了。我现在快60岁，一般是65岁以后就干不动了。我们这批60年代初期的人一旦退下来，劳动力短缺，果园面积肯定要减少，这是毫无疑问的。

第五，咱们说的经营体制和机制的问题。现在一说规模化经营，不少人就一味追求大规模。我们看到，如果做不好，这些规模化经营的企业，矛盾、问题也不断地显现。我们不是说不要发展规模化果园，但是一定要注意适度规模，否则风险就很大。

做农业有几个特点。一是靠天吃饭，免不了自然灾害。一年有自然灾害，你就损失几百万。二是劳动质量难监管。比如说苹果套袋，很简单的套袋技术，一天一个人套多少袋子，你按袋子数钱，有些人把袋子偷偷地搁墙上，或埋到地里边，这种现象都发生过。如果按天数核算，有些人一天也套不了多少袋子。以前套个袋子4分钱，今年涨到了9分钱，去年因为普遍挂果少，工人就要求一个袋子1毛钱。因为套袋的人看你的果子太稀，套不出数量，果子密的话他的效率就高。另外，现在因为劳动力少，套袋的人还要求管吃管住，女工一天发一瓶水，男的给一包烟，这都不包括在工钱内。大规模果园经营有不少问题。未来，做不好的话就会淘汰一些基地，倒闭一些企业，这是值得警惕的。

不过，话又说回来，我认为目前也是苹果产业发展最好的时机，有许多机会。和其他许多行业一样，永远是"危""机"并存。

俗话说，狭路相逢勇者胜。我认为现在苹果产业发展的机遇来了。对于苹果优生区，比如洛川、黄陵、富县、宜川，包括旬邑等地，都是机遇。之前，我给我们的职工讲课时常说，不要光讲技术，首先得讲形势。我经常说的一句话是，苹果产业发展的好机遇来了。

现在的苹果生产技术越来越成熟。特别是西农大（西北农林科技大学），到各地的苹果园区建了20多个试验站。由于试验站的普及，果农技术提高了。比如洛川县，现在如果是讲一般的生产技术，就不太有人愿意听。没人听的原因是没讲到老百姓想听的东西。如果讲老百姓不懂的技术，讲能产生效益的创新技术，老百姓就愿意听。针对这种情况，我们采取了许多办法。

比如这几年对于"矮化转型"技术的推广，老百姓一开始不接受，我们就开展大学习、大参观、大讨论，每年组织3000～4000名农民，参观学习10多天，一天用十几辆班车，接送四五千人参观果园。前几年我们去千阳县参观海升、华圣等企业的果园，这几年就组织大家在县内参观。因为洛川县的苹果生产技术也成熟了，县内有许多高标准的示范园，不需要去外地就能学习。

发展苹果产业，还是得靠政府支持，需要强有力的行政推动。就像毛主席说的那样，关键是教育群众、发动群众、动员群众。

这些是我看到的苹果产业的"危"和"机"。对洛川来说，应该是机遇大于危机。并且必须走省力化栽培、降本增效的路子。

专家点评

何兰生

农民日报社党委书记、社长

长江韬奋奖获得者（长江系列）

　　我对洛川苹果印象很深。党的二十大闭幕后，习近平总书记第一次外出考察来到陕西省延安市，首先就去了延安的苹果园。延安是我国种植苹果面积最大的地级市，苹果是延安的另一张名片，而洛川是延安苹果的发源地和引领者。2018年，我曾带队去延安采访，对洛川苹果的品种、品质、品牌有了近距离的了解。如今洛川苹果的生产、经营、产业，已经成为业界的一种现象，值得深入总结。

　　一、"洛川苹果"现象是我国农业品牌建设史上的一段传奇。洛川本无苹果。1947年，当地农民李新安从河南灵宝带回200棵苹果树苗，建成了延安市第一个苹果园，点燃了延安发展苹果的"星星之火"。从最初的200株树苗到如今的53万亩苹果林，从当时被人质疑的"柴棒棒"到如今的"摇钱树"，70多年来，洛川苹果走过了一段从无到有、从弱到强的发展历程，目前洛川苹果品牌价值已超过500亿元，跻身中国农业品牌水果品类头把交椅，堪称中国农业区域公用品牌发展史上的一段传奇。

　　二、"洛川苹果"现象是洛川人民创造美好生活的精神写照。洛川苹果是洛川人民的致富产业。据了解，全县95%的农民从事苹果产业，农民收入的95%来自苹果产业。70多年来，洛川人民通过大力发展苹果产业实现脱贫致富的故事，生动反映了洛川人民不畏艰难、开拓创新、自强自立的精神面貌，充分印证了幸福生活要靠不懈奋斗来创造这一亘古不变的道理。

　　三、"洛川苹果"现象对于乡村振兴具有积极借鉴意义。政府推动、"一县一业"是洛川苹果发展壮大的重要经验。在洛川苹果产业兴起之初，面对"要不要发展苹果""怎么发展苹果"等关键问题，洛川政府决策层最终做出了"坚定干苹果"，而且是"一心一意干苹果"的选择，此后一任接一任，从未动摇。洛川苹果产业在长期发展过程中形成的一些先进理念，比如"后整理"理念，相当于一场农业产业链上的"革命"，瞄准的是传统农业容易忽略的部分，呼应了产业升级的要求，有很大现实意义。

强国必先强农，农强方能国强。建设农业强国，农业品牌化建设大势所趋、大有可为。"洛川苹果"现象，给人提供了深刻启示。

盐池滩羊

产业振兴　品牌赋能

>>>>>>>>>>>>>>>>>>>>

访谈嘉宾

滑志敏：2013年12月到盐池县工作，在盐池县工作7年多，其间曾先后担任盐池县委副书记、县长，盐池县委书记，吴忠市委常委等职位，人称"滩羊书记"。2021年3月任宁夏回族自治区党委农办主任，宁夏回族自治区农业农村厅党组书记、厅长。2023年5月担任宁夏回族自治区固原市委书记至今。

都说"出名要趁早"，但盐池滩羊有些例外。在中国最知名的农产品区域公用品牌行列当中，盐池滩羊像是突然闯入的一匹黑马，从偏居一隅、籍籍无名的西北土特产到广为人知的羊肉奢侈品，也就是近几年的事，成长速度之快令人刮目相看。"2022中国品牌价值评价信息"发布，盐池滩羊拿下畜牧类地标品牌第一。人们不知道的是，在这些"肉眼可见"的成就背后，它曾面临毁灭性打击，"饕餮"们差点就要失去这道人间美味。如今，盐池滩羊不仅成了当地百姓的致富羊，也是盐池的发展羊、宁夏的品牌羊，以"一己之力"带动整个宁夏滩羊成为中国羊肉市场的香饽饽。

盐池滩羊是地地道道的盐池"特产"。它的成长故事，对许多还处在深闺，或艰难前行、茫然摸索或安于现状的"特产们"，无疑是一个很好的榜样。

2023年3月，农本咨询课题组奔赴银川、盐池，解密盐池"羊经"。

"中国滩羊之乡"

在宁夏盐池县城东门，一只昂首扬蹄、健美雄劲的滩羊位居高台，这是盐池县的地标——滩羊雕塑。它的脚下，"中国滩羊之乡"几个大字赫然醒目。

"白池青草古盐州"，盐池县因盐而得名，县内分布着大小20余个天然盐湖，在历史上，也被称为昫衍、盐州、花马池。它是宁夏的东大门，地处陕甘宁蒙四省（区）交界之地，自古就是西北商贸活动的"旱码头"，历史上中国农耕民族与游牧民族的交界地带，是全国266个牧区县中宁夏唯一的牧区县。滩羊在盐池县有着悠久的养殖历史。

据史记载，在秦始皇三十二年，宁夏黄河两岸即被屯垦。随着秦渠、汉延渠的兴修，"地近荒漠"的宁夏，竟变得"谷稼殷实，盐产富饶，牛马衔尾，牛羊塞道"。到了清乾隆年间，滩羊二毛裘皮就已闻名。乾隆二十年（1755年）《银川小志》史料记载，"宁夏各州俱产羊皮，灵州（含盐池）出长毛麦穗、狐皮亦随处多产"。同时还说，裘皮花穗美观漂亮，有禾采之貌。当时滩羊俗称"白羊"，所产裘皮称"滩皮"，因"滩皮"驰名中外，后逐渐将"白羊"称为滩羊。

滩羊是由我国三大地方绵羊品种之一的蒙古羊，在宁夏贺兰山东麓和中部干旱带及周边地区独特地理环境下，经长期自然驯化和人们精心选留培育，逐渐形成的优良绵羊地方品种。滩羊属于单胎繁殖，一年只产一胎，一胎仅一只羊羔。一个月龄左右宰剥的二毛皮，毛色洁白，光泽悦目，花穗美观，轻而暖，是羊产裘皮中的佳品。一周岁内的滩羊肉质脂肪分布均匀、含脂率低，肌纤维清晰致密，有韧性和弹性，外表有风干膜，切面湿润不沾手，细嫩可口，不膻不腥。同时其体质坚实，能够适应干旱气候和风沙的袭击，具有优良的遗传稳定性。

数百年来，滩羊一直是盐池农民不可或缺的重要生产、生活资料。曾经有一则新闻引起了广泛讨论，记者采访山区的一个孩子，"你长大干什么？""放羊。""为什么要放羊？""挣钱娶婆姨。""娶婆姨做什么？""生娃吧。""生娃做啥？""长大放羊"…… 这个故事里的孩子正是盐池人。人们讨论说盐池人思想落后。但换个角度看，这也恰恰反映，盐池草原上的人祖祖辈辈就是这样繁衍过来，羊早已融入盐池人的血液。

盐池地域辽阔、草原宽广，"靠近蒙疆，居民咸赖畜牧"。很长时间以来，盐池农民的经济收入主要来源于牧业，种点粮食主要供自家消费，家庭其他经济开销主要靠卖羊毛、羊皮、羊肉的收入。当地衡量一个家庭产业的大小，就看看羊只的多少。农民常用"地是聚宝盆，羊是摇钱树"形容羊在自己心中的位置。

世代以滩羊为生的盐池人更深谙"如何吃羊"。据当地资料不完全统计，羊肉的新老做法有几百余种。然而最被推崇的"高级"烹制极其简单，"清水煮，只需蘸点盐"。因为滩羊肉鲜嫩没有膻味，肉的本味就已经很香了。著名纪录片导演陈晓卿在《风味实验室》节目中曾说过，"从各项数据分析来看，比如说，纤维的韧度、含水量、风味物质的浓度等，西北滩羊最好吃"。央视美食纪录片《舌尖上的中国》更是给出"黄河冲出贺兰山，塑造了宁夏平原，几乎所有的中国美食家都认为这里的羊肉质地最佳"的评价。

盐池滩羊为什么好吃？主要与地理地貌风土有关。宁夏矿产地质调查院教授级高级工程师侯培林曾经在一次"大羊为美"组织的考究勘测活动中认定，盐池滩羊的肉质之所以鲜美无比，不仅仅是吃甘草、喝盐碱水那么简单，最重要的原因是滩羊生长在国内罕见的独特的盐渍化土壤地带，这在全国是独一无二的。

宁夏盐池县属鄂尔多斯盆地西缘，东经107°、北纬37°，黄金养殖带，晴天多，降雨少，昼夜温差可达20℃。草原碱化土和底层盐渍化的土壤环境，使得地表植被得以存活繁茂，例如沙蒿、甘草、苦豆子等，而这些碱性草饲正好起到了祛除导致羊肉膻味的葵酸成分的作用。这种独特的盐渍土壤主要集中在中国北方的内蒙古阿巴斯、塔拉沟及新疆等地，尤以内蒙古的锡林郭勒盟（简称锡盟）和以盐池为中心毗邻各县面积最大。

因此，滩羊也具有明显的窄生态适应性，主要分布于宁夏以及甘肃、内蒙古、陕西等宁夏周边地区。宁夏境内主要集中在贺兰山东麓和宁夏中部地区，即银川市、石嘴山市以及吴忠市所辖县、区的荒原上。由于看重滩羊独特的裘皮价值，许多省区曾引进滩羊，但大多在繁育二至三代后裘皮品质下降。滩羊是全国15个地方保护品种的优质羊种之一，2000年被农业部列入国家级畜禽遗传资源保护名录。盐池是滩羊种质资源核心保护区和核心产区。

盐池做对了什么

选择，"盐池就干滩羊"

贾　枭：我们之前做功课了解到，您从2014—2021年，7年时间都是在盐池县工作，从县长到书记。并且听说您老家是同心县，在去盐池之前是在同心县工作。

滑志敏：对。在同心当过副县长、副书记，分管农业农村工作。

贾　枭：2014年您到盐池后，那时盐池滩羊产业是个什么情况？

滑志敏：实际上，我是2013年12月底到盐池（县）的。去了以后当时的现状是，2005 年盐池就注册了"盐池滩羊"地理标志证明商标，但整个羊肉的市场非常低迷，价格可以说是跌入低谷。一斤（盐池滩羊）的产地收购价是 14 ~ 15 块钱。盐池 2002 年实施封山禁牧，圈养的滩羊实际的成本价已经在 15 块钱（一斤）左右。

贾　枭： 那等于说是亏着了。

滑志敏： 对。当时应该说稍微在饲草上成本高一点的，就是亏本的。我刚到盐池是县长，下去做了深入调研。我对农业还是比较熟悉，在同心县做副县长、县委副书记，也是分管农业。同心是养殖大县，养牛、养滩羊。从宁夏滩羊整个分布来看，主要还是在中部干旱带，包括盐池县、同心县、现在的红寺堡（区），还有海原（县）、中宁（县）、灵武（市）的一部分。因为滩羊是区域性（特色）比较强的绵羊品种，主要分布在干旱、半干旱的荒漠化草原，这个区域内的滩羊品质是最好的。我在同心（县）的时候也在发展滩羊这个产业。那个时候大家都叫"宁夏滩羊"。盐池县注册了一个商标叫盐池滩羊，但它（知名度）仅限于县内。

贾　枭： 还没成为"品牌"。

滑志敏： 对。而且那个时候也没有人有这个品牌意识。在宁夏，盐池的说"盐池的羊肉好"，同心的说"同心的羊肉好"，灵武的说"灵武的羊肉好"……另外，宁夏全区在 20 世纪 80 年代搞了小尾寒羊的引进，所以滩羊当中的杂交羊也比较多。从南到北，整个宁夏羊的品种相对来说还是比较杂。有滩羊、滩羊和小尾寒羊的杂交羊、滩羊和湖羊的杂交羊，还有山羊，就是西北地区的绒山羊，占比量也不小。因为本地人也有吃山羯羊的习惯。滩羊主要是吃羊羔肉。因为过去要取二毛裘皮，滩羊是皮肉兼用型。

贾　枭： 所以过去其实主要是取裘皮，而羊肉反而是个副产品。

滑志敏： 对的。过去主要是皮值钱，肉不值钱。一个二毛裘皮能卖几百块钱，而一个羊羔肉就几十块钱。后来反过来了。（我来盐池的）那个时候，是羊肉价格最低迷的时期。市场行情不行，老百姓养羊积极性也不高。我下去调研，当时的政策是给老百姓养的基础母羊，一只补贴 100 块钱，有的地方一只补贴 200 块。我跟老百姓聊天，他们说"没有补贴就没有赚头"，但有想法扩大生产，羊群大一点可能（综合收益）效果要好一点，因为（养殖）成本可能相对要低一点，但缺贷款，就是对资金有需求。这是一个方面，市场的需求是另一个方面。

　　盐池县农村70%左右的家庭以养羊为生，但以前当地老百姓养滩羊主要是为了卖二毛裘皮。20世纪90年代中期以后，滩羊二毛裘皮市场价格持续低迷，低位震荡。滩羊肉堪称羊肉精品，但其价格与其他羊肉几乎没区别，加上滩羊体型小、产肉性能不高、繁殖率低等因素，经济效益相对较低。

　　同时，宁夏作为西部欠发达省份，是生态和经济最脆弱的地区之一，过度放牧导致脆弱的草原大面积沙化。在国家实行退牧还林(草)项目的推动下，2000年，饱尝沙害之苦的盐池提出"生态立县"战略，率先实行全境封山禁牧试点，全县80多万只羊从自由放牧饲养变成了舍饲圈养。2002年底，宁夏推行全境禁牧，宁夏滩羊产业发展面临严重威胁。

　　在放牧条件下，滩羊群体大多为100只以上，多者可达400～500只，有专职的牧工从事放牧工作；封山禁牧后，滩羊由放牧、半放牧转变为全舍饲或以舍饲为主。养殖模式转变，饲养成本大幅度增加，再加上受棚圈面积、饲草料占有量和种类的限制，在一段时间内，养殖户表现出了很大的不适应，滩羊品质、效益双双下滑，或被动或主动地淘汰羊只，滩羊群体规模变小。

贾　枭：也就是不光是卖不出好价格，养殖也有困难。

滑志敏：其实老百姓想养羊。因为盐池就是一个传统的（半干旱）草原大县，而且也是宁夏唯一的草原大县，农牧交错区。

贾　枭：好像是全国200多个牧区县当中宁夏唯一的一个。

滑志敏：对，全国266个牧区县中宁夏唯一的（牧区县）。而且盐池是农牧交错区，既有农又有牧，靠近内蒙古，是陕甘宁蒙四省份交界的这么一个县。南边是甘肃，东边是陕西，北边是内蒙古，（盐池）当地的风俗习惯都是受北边内蒙古大草原游牧的影响。历史上，盐池是北方少数民族活动的一个地方。老百姓对养羊有感情，虽然说利润很低甚至是要亏本，但还是愿意养羊，只是养得很艰难。一方面价格低、卖不好，另一方面想扩大养殖又没钱。盐池曾经是国家级贫困县，虽然面积大、人口少，但基础很薄弱，干旱少雨，就是靠天吃饭。以前（盐池老百姓）就是靠养羊来维持生计。在羊肉价格跌得那么低的时候，很多老百姓是在高价17～20块一斤的时候买进的羊羔，到了要出栏的时候，变成了14、15块一斤。这样价格一倒挂，就更艰难了。

我调研的过程中就有了想法，（滩羊）作为本地的一个（传统）产业，一定要把它坚持（发展）下来，而且一定要把它做起来。那个时候我就在想，怎么把盐池滩羊作为一个品牌让外面的人知道，把它（品牌）打出去。但也知道这很难。因为咱们中国羊的品种很多，养羊的地区也很多，尤其在西北。从数量上讲，我们跟相邻的内蒙古、陕西、甘肃，包括河北都没法比。他们的量远远大于我们。

贾　枭：那是的。尤其是跟内蒙古相比。

滑志敏：跟内蒙古那根本没法比。这个量上比不了。但是，因为挨着内蒙古、陕西，我经常去这些地方，他们的羊肉吃起来，跟我们这边的口感是没法比的，膻味太重。我们这个羊肉是没有膻味的，好吃。我首先就想到了这一点。于是就琢磨，怎么把它宣传出去。当时我看，盐池滩羊的地理标志证明商标是有了，就问有没有（申请下来）地理标志保护产品，结果他们都还不懂这个，说没有。那我说，没有地标就赶快申报，一定要赶快把地理标志保护产品的认证申报下来。我在同心县搞圆枣的时候，首先就是做地标认证申请。地标认证下来之后，就可以打区域公用品牌了，这就是属于本地的一个特色，别人就抢不去了。

但其实当时我也对区域品牌不太懂，查阅了一些资料，想做（品牌）。另外要把产业保住，这也很迫切。2014年，我根据政策加大了（对滩羊养殖）扶持力度，让老百姓一定要先养下去，就是通过给补贴，不能让这个品种断掉了。当时滩羊也是国家级畜禽遗传资源保护品种，很珍贵的一个品种。首先要把这个种群保护住。如果说按照当时（任其自生自灭）的状态发展下去，这个种群资源很可能就没了。为啥呢？因为它（滩羊）的产量特别低，一年才一胎，一胎就一只。所以很多老百姓就转去养殖滩寒杂交羊了。滩寒杂交羊，一年两胎，一胎两只，一年就能有4只羊羔。滩羊一年才一只。

贾　枭：所以其实那个时候滩羊的种质资源延续已经受到挑战了。

滑志敏：当时实际上已经受到了很大的挑战。（宁夏回族）自治区也出台政策，要把滩羊这个品种保护住，盐池作为一个核心区（保护区），同心、灵武也作为（滩羊）种质资源保护区。所以，我当时想的就是，先保（品种、产业），让老百姓先养下去。到了2015年，中央提出了精准扶贫、脱贫攻坚，要在2020年全面完成脱贫任务。"脱贫攻坚"核心就是要解决老百姓的贫困，就是增收问题。没有产业，靠啥增收？究竟靠什么来解决盐池老百姓的增收？我当时想到，还是得要干滩羊（产业）。

　　2015年11月29日，《中共中央　国务院关于打赢脱贫攻坚战的决定》发布。确保到2020年农村贫困人口实现脱贫，是全面建成小康社会最艰巨的任务。

贾　枭：我了解到，那个时候（盐池）有一个提法叫"产业长子"（滩羊产业），归根到底还是"产业为本"。

滑志敏：就是产业为本。"扶贫"首先就是产业扶贫。必须要做产业，没有产业一切都是空的。

贾　枭：但其实除了滩羊产业，盐池应该还有其他产业。

滑志敏：是的。当时新兴的东西很多，也引进了一些新的东西。我们当时比较冷静地思考过这个问题。传统的、优势的产业不能丢，因为这是我们的特长。如果把自己的传统优势的东西丢掉，去做不擅长的、别人的东西，失败的可能性就大多了。而且外来的东西，能不能形成规模，老百姓能不能接受，这也是打问号的。

　　我当时也是顶着各方面的压力，说"盐池就干滩羊"。当时（吴忠市）市领导也支持（盐池干滩羊）。我到盐池工作的时候，（吴忠）市委书记、市长就说，你到盐池一定要把滩羊做起来。后来我就给（宁夏回族）自治区当时分管农业的崔波副书记汇报，他对农业非常熟，而且非常有感情，对盐池滩羊也非常了解。2015年他来调研的时候，我跟他说，"书记，宁夏滩羊的这个产业，你就交给盐池来做"。我就把我的想法跟他谈了，要怎么做，谈了一些思路。我说，你看能不能让自治区下个文，滩羊就由盐池来做，我们来打"羊"的这个头阵，枸杞让中宁（县）去做。后来（宁夏回族）自治区当时（主管农业的）叫农牧厅，专门给我们下了个文件，应该是2016年下的，指定滩羊就由盐池来做。这样的话，我们就不会跟其他县"打架"了。不然的话，我做盐池滩羊，同心做同心滩羊，灵武做灵武滩羊，就会内耗，同质化恶性竞争。所以我当时就提了这个要求，让盐池来做滩羊。崔波书记很支持。文件下来后，我心里就踏实了、有底气了。

我从2015年就开始筹划思考，盐池滩羊产业到底怎么做。当时把加工羊肉的、贩卖羊肉的，有二十多个负责人，召集起来开过两次座谈会。第一次开会问了他们的情况。第二次开会，我跟他们半开玩笑地说，咱们羊肉卖不出去，价格这么低，"罪魁祸首"就是你们这些人。我说我了解过，终端市场，也就是到了超市、外面市场，盐池羊肉的价格没有这么低，但是为啥在你们手上，收老百姓的羊价格这么低，而且滩羊有个大尾巴，有的羊贩在收老百姓羊的时候，还要把尾巴卸掉。

贾　泉：这就是在压价。

滑志敏：对，就是压价。我说完以后，他们就"笑"。我说了我的想法，说咱们能不能建立一个利益共同体，把价格拉起来，让老百姓也受益。你们再继续这样压价，就没钱可赚了。他们问，"怎么没钱可赚？"我说，没人养羊了，你们贩啥？咱们把这个利益共同体建立起来，把价格拉起来，至少要让养羊的人也能赚到钱。养羊的赚不到钱，不养羊了，贩羊的就没有货源了。我跟他们商量说，我有想法，咱们一起把盐池滩羊的价格做上去。我来对外开展宣传，到外面去给大家联系市场，具体由你们来做。最终咱们这个利益共同体也不会把你们甩掉的，因为把你们甩掉也不行，老百姓他们不会直接对市场，要通过你们中间商才链接到市场。

贾　泉：那个时候您有这样的认知是非常难得的。

滑志敏：说实在，也是被逼出来的。2014年那一年让我非常"头疼"，一直在思考"盐池究竟干啥"。到2015年当了（盐池县委）书记，担子更重了，但大概的一些思路已经有了。2016年，我让当时（盐池县）农业农村局局长曹军，他也是我当了书记之后把他调到农业农村局的，专门让他去联系做农业品牌的专业团队，请了浙江大学农业品牌研究的团队。我谈了我的想法，请他们帮忙策划，包括logo、对外宣传的口号。现在大家都在使用的，"盐池滩羊 难得一尝""六个难得"都是那个时候策划总结出来的一套东西。

另外，我也早有打算，所有的对外推介宣传，我都亲自出马。

2012年打响脱贫攻坚战以来，盐池县委、县政府把滩羊产业列为全县扶贫产业的首位产业。历史教训与现实需求给当地出了一道难题：滩羊产业发展既面临"百尺竿头更进一步"的脱贫期待，又面临"逆水行舟不进则退"的生态风险。

2015年，盐池全县滩羊出栏仅180万只，产量仅有2.7万吨。另一方面，彼时羊肉市场形势持续低迷，我国羊肉消费量已连续多年增长率低于3%，羊肉批发价格连续下滑，最低跌至20元/斤（盐池羊肉收购价格一度跌至15元/斤）。在此背景下，2016年，盐池县打响盐池滩羊肉区域公用品牌，通过品牌突围引领产业振兴，高调喊出"盐池滩羊 难得一尝"口号，主打"六个难得"——气候难得、饲草难得、碱水难得、品种难得、育养难得、产量难得，在市场上走高端羊肉食材路线。

借势，上国宴打品牌

贾　枭：您当时决定亲自去做推介，是基于怎样的考虑呢？

滑志敏：我为什么要亲自带队呢？因为我是（盐池）县委书记，出去宣传的公信力强，相当于我是代表地方党委政府给盐池滩羊品牌背书。所以我想，我亲自出去搞推介，肯定比花钱打商业广告的公信力要高得多，包括媒体的关注度（也会比较高，因为当时"书记、县长代言"还是"新鲜事"）。我出去宣传盐池滩羊，一些主流媒体做了大量的报道，这个宣传可以说是低成本、大传播。盐池也没有钱去做商业广告，当时盐池滩羊这么好的东西优质不优价，就是因为外面的消费者还不知道，酒香也怕巷子深。

贾　枭：的确在那之前，盐池滩羊是没有多少人知道的。

滑志敏：（外面）没有人知道。就是在宁夏，同心的说同心（羊肉）的好吃，灵武的说灵武的好吃。

贾　枭：（滩羊）它只是一个传统的产业，但是哪个地方的最好，各有各的说法。

滑志敏：对。所以最终能把（盐池滩羊）这个品牌打出去，也是遇到了一个机遇。那个时候羊肉市场还是比较混乱的，很少有打品牌的。

贾　枭：比较少。

滑志敏：很少，几乎没人想到打品牌。当时每个地方的羊肉，都有固定的消费市场和渠道，就是很传统的一个销售、消费模式。不像现在这样，消费模式已经完全转变了。

贾　枭：就像锡盟羊肉，在北京的锡盟人就习惯吃这个羊肉。基本上没有怎么做宣传。

滑志敏：就是这样。

贾　枭：所以，那个时候您其实是有这个（品牌）意识的。

滑志敏：当时我决定一定要专门来做这个事情（打造盐池滩羊品牌）。2016年，习近平总书记视察宁夏时提出了"五个之乡"，其中就有"中国滩羊之乡"。我说，这是千载难逢的机遇，一定要抓住。当时，杭州正要开G20峰会，我便赶快安排对接，让盐池滩羊肉上G20杭州国宴。其实最后盐池滩羊能上G20（杭州峰会）可以说也是沾了总书记的光。总书记当时在宁夏讲了"五个之乡"——中国滩羊之乡、中国甘草之乡、中国马铃薯之乡、中国硒砂瓜之乡、中国枸杞之乡。盐池就占了两个——中国滩羊之乡和中国甘草之乡。

贾　枭：换句话说，是因为总书记在宁夏讲过这个话之后，联系（上G20杭州国宴）才有用。

滑志敏：可以这么说。

贾　枭：当时是怎么联系上的呢？

滑志敏：最后定下这个事情的是国家质检总局的一个司长。他给我打电话说，你们这个事情定下来了。具体对接是让企业干。我想，盐池是总书记讲的中国滩羊之乡，就要把这（招牌）用起来。这个事情定下来之后，就开始了后续的一系列策划。我说，盐池滩羊对外推介的第一站，就要放到杭州。所以当时我们第一站推介时间放得很迟，到9月份了，就是等G20杭州峰会结束以后，才敢推介。

我们当时到了杭州，推介场地就放在当时G20参会国家领导住的地方。另外，请了当地的餐饮大咖、美食界的意见领袖来宣传。他们来宣传，比我们自己宣传的影响力大。当时盐池在全国没人知道，名不见经传，所以我们必须得借势。怎么借势？一个就是总书记讲了"五个之乡"，对宁夏的农产品给予了充分的肯定和期望。我们也要贯彻落实总书记的要求，把盐池滩羊做大做强就是贯彻落实总书记在宁夏讲话精神的一个行动。另外，打入G20杭州峰会、上国宴也是借势。消费者的心理是，上过国宴的东西，那肯定是最好的、顶级的食材。盐池滩羊推介的第一站放到杭州就对了。

我当时问（盐池）老百姓，如果把羊肉卖到50块一斤，你们还要不要补贴？他们说，书记（卖到50块一斤）那不可能，不要说50块，就是卖到25块就不用补贴。我说，你们放心，我肯定能把羊肉的价格推上去。后来百姓说我说话算数，叫我"滩羊书记"，因为羊肉价格实实在在上去了。当时在G20杭州峰会上就（用盐池滩羊肉）做了一道菜叫"羊羔冻"，是杭帮菜。

贾　枭：这个菜的做法其实还体现不出来盐池滩羊肉的食材特色。

滑志敏：对。但是它用了（盐池滩羊肉），这个是关键。我们当时（在杭州推介的时候）就把在G20杭州峰会上的国宴大师胡宗英——杭帮菜的一个传承人，聘请为盐池滩羊肉品牌形象大使。当时在杭州搞活动的时候，把他请到了现场，发了聘书，还拍了一个宣传视频，教大家怎么做羊羔冻，而首先提到的就是"要用盐池滩羊的羔羊肉"。这句话是最关键的。当时推介完之后，反响特别大，一炮打响。我们带过去的羊肉企业的肉在杭州一下子就卖到了50块钱（一斤）以上。

贾　枭：那这一下子就实现您当初所承诺的了。

滑志敏：杭州结束之后，紧接着，在北京、天津、上海、南京还有深圳，每一站都是我亲自带队去推介，带厨师、带羊肉。为啥要带厨师呢？因为盐池的滩羊肉必须要由盐池的厨师来做，才能做出它原本的特色，在这一点上没有迁就。盐池的羊肉按照别的方法做，就"变味"了，其他很多做法都是靠调料，把滩羊食材原本的风味遮盖了。高端食材不需要太复杂的做法，就是简单保留食物原本的味道。

贾　枭：就是原香。

滑志敏：盐池滩羊肉最好的做法就是拿清水煮，一把盐，味道自然就出来了。我们有这个自信。当然在这个过程中，我们也做好了基础工作，就是保障滩羊肉的品质。我出去推介，光说羊肉好，但凭啥好、为啥好？盐池滩羊肉好吃不膻，为啥不膻？为啥吃起来香、鲜、嫩？因此，我们给羊肉做了一个"生化全套"。

盐池滩羊肉的剪切力比较小，肉鲜嫩不柴。另外，它的4-甲基辛酸、4-甲基壬酸等（导致羊肉有膻味的主要因素）在羊肉当中含量是最低的。这两种酸含量越高，羊肉膻味越浓。盐池滩羊吃的草是碱性的、喝的水也是碱性的，体内影响膻味的这种物质含量比较低。另外，盐池滩羊肉拿清水煮就有肉的那种天然香味，很浓，因为盐池滩羊肉里面一些风味氨基酸的含量要高一些，比如谷氨酸、天冬氨酸等。这些成分含量高，羊肉就更鲜。

贾　枭：这还是得益于盐池滩羊吃的东西不一样。

滑志敏：它吃的草、喝的水，包括生活的气候条件。（盐池县）干旱少雨，夏天不太热、冬天也不太冷，都是碱性的草、碱性的水。包括（羊吃的）草，我们都做了化验。出去推介的时候，我给大家介绍盐池滩羊肉好吃，就拿数据来说，让消费者明白盐池滩羊肉好吃的原理在哪里。同时，为了保种，2016年，我们跟专业机构合作，做（盐池滩羊）基因测序，做基因图谱，把盐池滩羊的谱系从1965年的种公羊、种母羊那一代传下来的一直到现在的基因谱系都做了出来。这个东西做出来以后，就可通过基因检测鉴定手段来确定滩羊血统的纯正性。据我所知，我们在中国畜牧业里面是第一个做基因谱系，把基因检测用到羊身上的。所以不光是对外宣传，在修炼内功上我们也下了很多功夫。

盐池滩羊基因谱系工作由宁夏农林科学院联合中国农业科学院北

京畜牧兽医研究所、北京康普生农业科技有限公司历时两年多时间完成。利用全基因组重测序和生物信息学分析的方法，发现了滩羊区别于其他绵羊品种的特异的25个SNP（单核苷酸多态性）基因位点，构建滩羊基因组变异的"指纹图谱"，从基因组水平精准区分滩羊与其他地方肉羊品种资源。同时，通过对模型的不断优化，开发了盐池滩羊基因鉴定技术，形成了"样品采取——基因检测——结果分析——报告出具"的标准化流程。2018年9月23日，在宁夏首届"中国农民丰收节"盐池县分会场——滩羊美食文化旅游系列活动上，盐池滩羊基因鉴定技术正式发布。这一技术对于进一步加强滩羊品牌保护和产品质量监管，提升品牌信誉度，增加盐池滩羊肉附加值，助力滩羊肉高端消费市场开拓，推动盐池滩羊产业转型升级具有重要意义。

贾　泉：后来盐池滩羊肉能进厦门金砖会议，是因为上过G20杭州峰会，所以更加容易一些吗？

滑志敏：（能进厦门金砖国家峰会国宴）也是不容易。当时南方的人对西北羊还不习惯，认为西北羊膻味都很重。他们计划是牛羊肉都用进口的，担心对国产的口感不适应。当时也是我亲自过去的，带了厨师、带了羊肉。我说先做几道菜试一下，如果可以就用，不行就不用。结果一试，人家当场就拍板，说羊肉就用盐池的。

贾　泉：所以还是因为（盐池滩羊肉）品质过硬，有特色。

滑志敏：当时做了手抓、清炖几道菜，大家评价都高，当场就拍板用盐池的羊肉。厦门金砖国家会议那一次用了17吨（盐池滩羊）肉。当然对（质量）要求也比较高，基本是按熟食的检测标准来的。当时又是七八月份的高温天气，我其实对微生物超标是有担忧的，请了专家把屠宰场消毒一个星期，屠宰环境合格之后，才开始加工。又把传统的卧宰改为吊宰，因为卧宰很容易滋生微生物。每一只羊都检测，按照不同的要求进行分割，再封条运输到福建。当时运过去交接完毕之后，电话就打过来了，我心里面的石头就落下了。其实当时还有一个插曲，俄罗斯代表团来的人比较多，带了自己的厨师团队，要用我们的羊肉，他们还要再检测一遍。大家比较担心的是，如果检测有问题的话，对咱们的影响比较大，因为这也是政治任务。结果一检测全部合格。我当时比较有底气的是，除了微生物，残留物这些是肯定没有的。

贾　枭：就只是担心加工过程中可能会有污染。

滑志敏：对。除了加工过程中可能产生污染，其他农残、药残，我们心里面是有底的。金砖国家会议用盐池滩羊肉做了很多菜。后来上合组织青岛峰会就简单了。

贾　枭：那就轻车熟路了。

滑志敏：当时我们餐饮协会去一说，人家一听已经两上国宴了，一下子就进去了。后面又上了大连的达沃斯论坛。这个会，因为主办方有要求用当地企业，所以费了一点心思，我亲自去了，攻下来了，用我们的羊肉，我就青岛上合组织（峰会）没有去。这就是（盐池滩羊肉）四上国宴的这么一个过程。每一个地方上了国宴之后，我立马就带队过去搞推介。

推介，一个是介绍产品，最根本的方式就是品鉴，现场上羊肉，现场做，让大家现场品尝。这样更有影响力。来参加推介的可能就200来号人，但是大家出去之后那就是"星星之火"了，口碑就出来了。而且这些人是有影响力的，我请的是大酒店主厨、影视大咖、餐饮界大咖等，用这些人帮我们宣传。另外一个是主流媒体跟踪报道，因为我去推介的时候也把媒体请上了，主流媒体大篇幅报道，这个影响力也是非常大。后来我们还去了海南三亚，推介也非常成功；还去了三沙市，把盐池滩羊肉带到祖国的最南端。本来计划在那边开一家店，后来操作起来比较难。

贾　枭：这些是很高明的公关手段。

2022年，盐池滩羊肉入选了北京冬奥会餐桌食材供应目录，实现五上"国宴"。此次供应了4.3吨盐池滩羊肉，包含皇品滩羊、至尊滩羊、鱼羊鲜、羔羊后腿肉卷、鲜切肉卷5种精深加工产品，获得北京冬奥组委会赠送的"盐池滩羊美名远扬 无私奉献助力冬奥"锦旗。

借力，引金融保产业

滑志敏：实际上从2015年开始，一个是打品牌开拓市场，另外是树立老百姓养羊的信心。我把银行和保险公司请了过来，请他们开发一个险种，就是针对盐池滩羊肉价格的保险。具体怎么保？当时羊肉的价格很低，老百姓的信心不足，但羊肉终端市场的价格没有这么低。只是老百姓卖羊的价格被一些羊肉贩子压了下来，是中间商的问题。

我有办法解决这个问题，但需要保险公司助一把力。怎么助？脱贫攻坚，银行和保险公司也有任务，咱们可以搞一个保险扶贫。当时我已经开发出了金融扶贫的盐池模式，老百姓不用抵押、不用担保，直接凭信用贷款。最多的可以贷款10万元，这样老百姓就解决了融资问题。另外就是价格问题，我说盐池正在做盐池滩羊肉的市场，但眼下要保障老百姓养羊的信心，需要一种机制，就是保险。保险公司进来以后，保费由政府财政来承担，将盐池滩羊肉的收购价格保到20块钱一斤。卖到20（块）一斤了，保险公司不用管，低于20（元），低多少保险公司赔多少，一个季度一算。最后保险公司说行，就尽这个社会责任。

贾　枭：商业讲究利益，当时他们（保险公司）愿意干这个事情的动力来自哪里？

滑志敏：也是借助于"脱贫攻坚"，2015年中央定下了这个历史性任务，金融保险等各个行业都有责任。我当时提出了一个保险扶贫，保险公司当时看中的是，这个保费是由盐池政府财政来支撑。第一年有可能亏，但以后肯定是盈利的。

贾　枭：是看长期的。

滑志敏：对。从长远来看，我把老百姓的保险意识培养起来，以后你的市场就大了。

贾　枭：这个保险现在还在继续实施吗？

滑志敏：现在还在做。后来慢慢地，保费门槛涨到了25、30、35（元/斤）。后来延伸到，老百姓从银行贷款也给保险。就这样开发了一个盐池滩羊肉价格指数险，从2016年1月开始，最低价格保20元/斤（收购价）。我说，也不会让保险公司亏的，第一年亏是完成政治任务，第二年亏是尽了社会责任，但第三年亏企业可能就不干了。为了可持续做下去，我们建立一个保险基金。当时我们给银行的贷款就建立了一个风险保证金，那么给保险公司也建立了一个保险基金，政府财政拿了一千万元。一个季度下来算账，保险公司亏了，这个基金可以给你承担60%，企业承担40%，这样就降低风险；如果盈利了，保险公司拿出40%，注入这个基金，巩固保险基金池。相当于是给保险上保险。这样保险公司的风险就降下来了。这（保险扶贫）也是一个支撑，保住了老百姓来养羊的信心，更重要的是，老百姓很朴实，也是既得利益的一个代表，这个时候二道贩子来买羊一斤18（元），那就不卖了。因为政府都给我保到20（元/斤），低于这个价格就不卖了。

贾　枭：这实际上是给了他们信心。

滑志敏：就是给老百姓信心。因此在2016年年初，我们就把（盐池滩羊肉收购）价格稳定下来了，最低定到了20块钱（一斤）。然后G20杭州峰会推介回来之后，羊肉（收购）价格就超过了25（元/斤）。

贾　枭：这个相当于是用了金融之手，建立起了整个（盐池滩羊）产业的安全屏障。这个是非常厉害的。

滑志敏：这是一个系统的东西。我把金融拉进来作为（发展产业的）一个支撑，把政府有形的手和市场无形的手结合起来了。银行、保险进来，虽然是政府牵线，但实际上还是市场行为。另外一头，我代表盐池县委、县政府出去搞（盐池滩羊肉）推介，看似是政府行为，其实也是市场行为。两只手同时抓、两条腿同时走。因此，2016年盐池滩羊肉就"翻起身来了"。

为解决盐池滩羊产业经营主体融资难问题，盐池县创新实施了金融措施。一个是成立了宁夏首家县级扶贫担保公司，担保基金3亿元，设立了1亿元的扶贫小额信贷风险补偿金，撬动银行信贷资金10亿元以上，通过滩羊基金公司以基准利率优惠政策向国家政策性银行批量贷款，通过担保向国开行等银行批量贷款，整合2000万元的扶贫产业助资金和2000万元的特色优势产业风险担保基金，撬动银行以基准利率发放信贷资金，与人保财险合作出资5000万元，开发了险资直投的支农融资项目，按照"五万元以下、三年期以内、免担保免抵押、基准利率放贷、财政贴息、建立风险补偿金"六个政策要点，定向扶持龙头企业和建档立卡贫困户发展特色产业。另一个是引入了保险机制，在宁夏率先开展"2+X"菜单式的扶贫保险，开发了盐池滩羊肉价格指数险、滩羊基础母羊保险等12个险种，给老百姓依靠滩羊养殖脱贫致富吃上了定心丸。

懂产业的"滩羊书记"

滑志敏： 2018年我们还和北京的长富宫（饭店）联合起来搞了一个活动，推了一道菜，叫"鱼羊鲜"。长富宫用的是蓝鳍金枪鱼，我们拿的羊肉，也火了一把。现在百草滩羊公司开发了一款产品，就是把深海鱼和羊肉压在一起，冻了以后切片，有红有白，有羊有鱼，就叫"鱼羊鲜"，现在又改名为"山海情"。每一次出去推介，都有不小收获。所以盐池滩羊肉对外的影响力、品牌知名度逐年提升。

与此同时，修炼内功、提升品质。包括羊吃的草，不仅有专门种植的饲草，里面还添加了中草药等。我们对外宣传，盐池滩羊喝的是矿泉水，吃的是中药草，那就一定要做到。所以饲草里面添加了中草药等配方，比如甘草、苦豆草、百里香等。以前盐池羊肉好吃是放养的，现在全部是圈养的。怎么解决这个问题？就是抓生态牧场，每一个生态牧场都有专用的跑道，把羊每天早晚赶上去，让它跑，增加运动量。

贾　泉： 就是模仿原始天然的那种生长方式。

滑志敏： 对。饲草也是模拟天然放牧的饲草。我从小家里面也放羊。我观察，羊在不同的季节吃哪些草，绵羊喜欢吃哪些草，山羊喜欢吃哪些草，春、夏、秋、冬喜欢吃什么草，不同品种，不同季节都不同。吃秋冬的草，羊肉比较香没有膻味。夏天吃青草，羊肉会有膻味。所以，盐池本地人过去基本五一或端午节一过，就不吃羊肉了，说肉变膻了。然后中秋节又开始吃羊肉。一般都是秋冬季、春季，这三个季节吃羊肉，夏天很少吃。现在是一年四季都吃。为啥呢？现在我们把饲草都调整过来了，一年四季都吃的专用饲草。所以它口感、风味都一样。

　　为保护草原生态环境，推动滩羊养殖生态化发展，盐池县投入闽宁协作资金1200万元实施"种养＋"一体化示范项目，打造了2万亩优质牧草种植基地和2万只纯种滩羊养殖基地；对接宁夏大学等，协调组建滩羊专用优质饲草料研发团队，模拟天然草场，制定营养需求标准，生产满足各个不同生长阶段需求的滩羊专用饲料，新建年产4万吨滩羊专用饲料加工厂，推进滩羊养殖标准化。目前已授权滩羊专用饲料配方专利5个。截至2022年底，全县已建成100家标准化生态牧场、91个标准化养殖示范村，规模化养殖比例达到70%。

　　贾　泉：这真是让我想到了一句话叫"吃羊饭、念羊经"，您关键是也"懂羊"。我们老说，光爱农业还不够，还得懂农业。您这是真正用内行的思维去养出一个"难得一尝"的盐池滩羊。

　　滑志敏：我经常下去跟老百姓聊天，他们也很惊讶，问我怎么也懂这个东西，怎么啥都知道。我跟他们说"土话"，聊羊的年龄、吃的草料，有的时候羊吃了鲜草拉肚子，我说你赶快喂点谷草，加一点啥东西。老百姓感觉很出乎意料，也愿意跟我聊天，加上我又在外面宣传宁夏盐池滩羊肉，给大家站台卖羊肉，大家都有智能手机，拍的短视频、宣传片都能看到。所以大家叫我"滩羊书记"，也是很亲切的。

　　贾　泉：您这个是名副其实的。

　　滑志敏：老百姓也很高兴，说"书记你说话算话，我们的羊肉价格真的上去了"。把市场做起来了，品牌做起来了，老百姓不要补贴，也按照你的标准执行。一开始，我们也制定了盐池滩羊的整套标准体系，但很难推。

　　贾　泉：为什么难推？

　　滑志敏：因为羊大多数都是一家一户养殖，最开始推标准的时候还没有把市场效益做起来，老百姓没有动力。

　　贾　泉：所以说，标准化是品牌化的基础，但品牌化是标准化的出路。

　　滑志敏：对。所以我说，搞产业化最终都要品牌化。前些年，大家对品牌还很陌生，但现在都看重品牌。

贾　枭： 尤其是在西部地区（前些年大家对区域品牌认知很少）。

滑志敏： 之前我到东部地区交流学习。大家都惊讶我们的这些想法。我说我们也是被逼出来的。后来我们还与《中国品牌》杂志、中国品牌网也开展了交流合作。每年的5月10日，中国品牌日都会策划一些活动。我到厅里（宁夏农业农村厅）以后，在2021年中国品牌日，专门搞了一个宁夏专场。这其实也是借势。

贾　枭： 相当于把您当时在盐池的人脉延到厅里面。

滑志敏： 我们现在搞了一个叫"宁夏品质中国行"的活动，也是我带着一站一站跑。

成立集团服务产业

贾　枭： 说到这里，我想起2019年盐池滩羊产业被作为"一县一品"品牌强县的一个典型案例，您当时也去发言，对盐池的经验做了总结，重点就讲了"依托县域优势资源打造县域品牌"。这次您在前面也已经作了分享。还有一点，盐池在2017年成立了盐池滩羊产业集团，并且在全县建立了县、乡、村100多个协会，这是出于怎样的考虑？

> "一县一品"品牌扶持行动由中国老区建设促进会、中国品牌建设促进会、中国优质农产品开发服务协会主办。

滑志敏： 是这样的，2016年开始做品牌后，虽然有了一定的影响力，但当时盐池滩羊毕竟是一个小众产品，影响力也没有大到让一些有实力的企业来领头做这个产业，我一开始是想去联系外面的有实力、有能力、有想法的企业来做。也有一些企业来看过，但对方感觉产业还是太小，看不上，或者说是对前景不太看好。

贾　枭： 能不能这样理解，您那时候也感觉到，盐池滩羊已经小有名气，但整个组织化经营的程度还是很低？

滑志敏： 当时的一个想法是，还是要引进企业。我们虽然有一定的影响力了，市场对接上还是很薄弱。没有一个像样的龙头企业去做。而且当时也受到了一个特别大的影响，推介过程中，有人问我，"滑书记，你说盐池滩羊的羊肉好，那我去哪里买，买谁家的好？"那个时候我感觉到，盐池滩羊肉已经有了区域品牌，但还没有企业品牌和产品品牌。消费者在购买的时候，不知道怎么选、怎么买。

还有的说，你们盐池羊肉吹得这么好，我到盐池之后去哪里吃？这也把我问住了。（这背后其实）就是没有龙头企业。当时盐池滩羊的企业大部分都还是小打小闹的羊肉贩子，出现了一个问题，就是相互恶意压价。在杭州推介时就出现了，我前脚刚走，后面就有人给我打电话说，"书记你要管，我们刚给别人谈好的价格，一斤50块钱，结果另外一家挤进来，卖45块"。我一看不行，区域品牌的名气，影响力虽做起来了，但如果没有龙头企业来挑担引领的话，这个产业也会很快垮掉。因此必须要有龙头企业来把产业牵起来。

当时请了外面的几家企业来看之后，人家都不愿意干。既然没有企业愿意来做，那么政府就要把这块责任先承担起来。盐池滩羊是当时盐池县脱贫攻坚的一号支柱产业，于是我就开始着手筹备盐池滩羊产业集团。当时，我把所有经营羊肉的企业也请了过来，跟他们商量。政府成立一个企业，把这个产业的担子先挑起来，然后你们要跟上，按照要求来做，大家建立一个利益共同体。为啥我们要求每个乡、村都要有协会，就是要把这些人都用上。我说，成立滩羊集团不是砸你们的饭碗，而是让你们的饭碗端得更牢，让大家抵御市场风险的能力更强。

贾　枭：县成立协会，我能理解。但是每个乡、村都成立协会是为什么呢？

滑志敏：滩羊集团成立之后，我们有很多标准要往下推，这需要通过协会来执行，从县里到乡、到村都有协会，一级一级统下去，也就是"县统乡、乡统村、村统组、组统户"，这样就把整个（管理体系）串起来了，管理就能渗透下去。标准就是要靠这样一套管理体系来执行下去。从现在来看，这实际上也是一个经营体系，打破了小农户单打独斗、跟小商贩博弈的局面。以前大家很散，在那里争争吵吵，现在有一个规范的组织，这样到一定时候，盐池滩羊产业就容易形成一个市场定价权，有了能调节市场的手段和能力。我们每年定期都会发布这一时期羊肉的价格参考。前面提到有滩羊价格指数保险，又跟这个结合起来。这样关于（收购端）价格就可以由滩羊集团和协会来调控，以此来保证养殖户、加工、销售企业等的利益，避免恶意的价格竞争。

> 通过滩羊集团和县乡村三级滩羊产业发展协会，盐池基本实现"企业＋基地＋农户＋品牌＋标准化"的产业化经营模式。从购销价格、市场开拓、品牌宣传、营销策略、生产标准到饲草料使用环节实行"六统一"，推动分等定级、优质优价体系建立。

贾　枭：这当中，集团和协会就是发挥"中流砥柱"作用。

滑志敏：对。集团是国资的，对外就是打市场。我不可能天天带着去干市场，只是起到穿针引线的作用。县委书记可以站台背书，但是背后具体的事情，要由龙头企业来干，这是市场的事情，企业来干。所以就成立了滩羊集团，一个国有独资的企业去干，包括把一些政策也可以倾向性地扶持到上面。通过滩羊集团，把整个经营体系支撑起来。

贾　枭：就是把政府的项目资金，有倾向性地往上靠，（集团）就变成"指挥棒"了。

滑志敏：那几年，每年我们的政策补贴都在调整。比如，2014、2015年补贴主要是在养殖户上，2016、2017年就在市场、品牌、加工等环节做文章。针对养殖户的补贴，羊的收购价格起来了，补贴就降下来了。

贾　枭：我注意到一个数据，盐池滩羊肉的加工比例已接近60%。我去过很多牧区，基本上大部分还是活禽交易。盐池这个加工比例已经是相当高了。

> 据公开报道，截至2022年11月，盐池全县屠宰加工比例58%，其中精深分割加工比例达到45%以上；年产羊肉2.9万吨，生产盐池滩羊肉加工产品5200吨，研发滩羊产品150多种。

滑志敏：盐池滩羊的加工比例（在全国）可以说是最高的了。盐池很少有直接把活羊卖出去的。

贾　枭：因为它（盐池滩羊肉）有价值了……

滑志敏：加工附加值高，以前是原料，现在变产品、商品了。另外，现在线上的交易量比较大。尤其是经历过（新冠）疫情之后，销售模式发生了很大变化。线上交易量比线下还大，渠道也是高端平台渠道，我当时有一个要求，就是价格必须走高端，不能把盐池滩羊肉跟一般的羊肉混为一谈。

贾　枭：刚才谈到了对协会、集团的期许，在后来的运行当中，滩羊集团有起到龙头带动作用吗？

滑志敏：它起到了。一个是在平时，另一个是在（新冠）疫情防控期间，尤其是2020年（新冠）疫情刚起来，滩羊集团发挥了很大的作用。那个时候，老百姓出不了门，滩羊的交易基本处于停滞状态。滩羊集团就成立了8个服务队，因为盐池滩羊涉及8个主要乡镇，上门服务。老百姓有羊需要卖，直接给滩羊集团打电话，服务队就上门，达到出栏标准，直接就把羊买走，帮忙销售。需要买羊，滩羊集团也通过服务小分队上门服务。

贾　枭：它（滩羊集团）发挥了特殊时期的公共服务职能作用。假如没有它，（产业）可能就瘫痪掉了。

滑志敏：去年（2022年）受（新冠）疫情影响，整个羊肉市场价格低迷，大家基本是持平或很微弱的利润。但盐池县因为有滩羊集团，老百姓还是赚钱的。它（滩羊集团）以高于市场价格保底收购，承担了兜底作用。

贾　枭：发挥了兜底作用。其实不瞒您说，这些年我看到，很多地区都在探索尝试，不同形式的国资企业，农投公司、农发集团等，他们对自身的定位其实是很模糊的。国资企业某种角度来讲，更多是有为政府的一种举措，承担的是政府公共服务的职能，同时又具备一定的市场能力。它绝对不是跟产业的其他企业去竞争，更多还是一个服务组织。

滑志敏：成立滩羊集团就是这个目的。比如，盐池黄花菜也是通过盐池国有企业来做（服务）的。2018年，全国黄花菜的价整体都下来了，跌得很厉害。行情好的时候，一亩地最高能有上万元的纯收入，2018年一亩地纯收入1000块钱左右，老百姓干菜才卖10块钱一斤，高的时候都30多块。采摘黄花菜的时候，我正好下去调研，在地里面，一看不行，通过收黄花菜的商贩了解，全国黄花菜主产区整体都在压价。我当时现场就开会，让国资企业一天之内就成立了一个服务公司，政府拿出500万元，让这家公司来定价收购老百姓的黄花菜，把价格抬起来。当时别人都10块钱（一斤），我们15块一斤收购，只要你的东西产品质量合格就行。这一弄就把老百姓稳住了。因为我知道，黄花菜当季鲜菜刚下来那段时间价格肯定低，如果能存到九、十月份，价格肯定就起来了。通过政府的企业收购兜底，给老百姓树信心。

贾　泉：它（市场价格波动）其实是一个常见的市场规律，只是说（盐池）没有有能力的人出手（稳市）。

滑志敏：对。没有人去干预调控这个东西。我们以前只是让老百姓种这个、养那个，没有管老百姓的市场。现在我们做产业，首先要考虑市场。

贾　泉：这个就是品牌思维。它一定是先看到市场再建"工厂"。

滑志敏：现在销售的模式不一样。过去是你卖啥我买啥，现在是根据需求侧来，有啥需求再来定制产品。

> 宁夏盐池滩羊产业发展集团有限公司（简称滩羊集团）是盐池县人民政府出资1亿元成立的国有独资企业，成立于2017年7月，现已发展为一家集饲草种植、加工，滩羊保种繁育，滩羊肉及黄花菜、滩鸡等特色农产品收购、加工、销售、推广为一体的产业化龙头企业，年产值达到2.5亿元，建有年屠宰量为30万只的盐池滩羊屠宰加工厂1座、可存栏5000只以上优质滩羊的可视化生态牧场1座、年产量4万吨的盐池滩羊专用饲草料加工厂1座和2万亩优质牧草种植及2万只纯种滩羊养殖基地。
>
> 滩羊集团作为国有企业，与全县养殖基地、农户建立利益联结机制，采取"集团＋企业＋协会＋合作社＋养殖户＋金融服务"的新型产业化联合模式，通过订单收购和社会化综合服务，2.3万余户养殖户签订收购合同，以高于市场同期价格的10%收购盐池滩羊，年均订单收购滩羊60万只，带动全县滩羊养殖户实现销售滩羊只均新增纯收入150元以上。

宁夏滩羊只打一个品牌

贾　枭：咱们话题再拉回来。您之前是盐池的县委书记，想的是盐池如何干滩羊产业，但是现在您是宁夏农业农村厅厅长，这时候盐池只是宁夏滩羊的一个核心产区县。盐池滩羊理论上代表的是盐池300多万只滩羊，那么整个（宁夏回族）自治区的滩羊呢，怎么把握处理这个关系？

滑志敏：它是这样。您是区域公用品牌专家，研究得深。区域公用品牌实际上可以把一个地方松散的资源整合起来。我到厅里之后，站在全区的角度，仍然要继续把盐池滩羊这个区域公用品牌做大做强，并且通过它来带动整个宁夏羊肉产业的发展。现在需要做的就是分级、分类，滩羊不同产区的标准不一样，级别也不一样。盐池滩羊是宁夏滩羊的核心产业，要把品牌这个大旗扛起来。其中一个核心就是保品种，要把滩羊这个品种保护好。我们现在有三个种公羊的繁殖基地。一个是厅里面直管的在盐池，红寺堡区有一个，盐池滩羊集团也有一个。其中两个是国家级的，一个是自治区级的。还有一块是基础母羊，这些是在企业、养殖大户中养殖。

贾　枭：说到这里，有一个问题想跟您探讨一下。都知道延安苹果（的代表）肯定是洛川苹果。但延安市有13个县（市、区），总书记在党的二十大之后去了延安，延安苹果现在"很火"。延安在苹果上，其实跟宁夏在滩羊上有些类似。当时延安市有两个想法。一个是想用洛川苹果把全市13个县（市、区）的苹果都"统领起来"，甚至做过地标范围变更，希望全市苹果都用洛川苹果，这是一个主观愿望。陕西果业机构改革的时候就在推，但现实中推不通。后来又变了，叫"延安洛川苹果"好像也推不通。再后来，市里打造了一个"延安苹果"品牌。理论上，洛川的苹果叫洛川苹果，洛川以外的12个县（市、区）的苹果叫延安苹果，以产区来区分，比如延安苹果黄陵产区。当然"延安"这两个字肯定很好，自带光环，但实际情况中会发现，很多地区"不自觉"悄悄使用"洛川苹果"，因为它（洛川苹果）更加知名。回到这个话题（宁夏滩羊），个人的一点看法，在种质资源相同、自然禀赋大同小异的情况下，是不是全区可以就打盐池滩羊的牌子？

滑志敏：现在可以说（盐池滩羊）已经把全区整合起来了，包括同心、灵武、红寺堡、海原的滩羊肉。我以前还在盐池的时候，跟这些县的书记、县长也交流过，他们也乐意统一打"盐池滩羊"这个品牌。但是我也有一个要求，就是必须按照"盐池滩羊"的要求来，达标了可以用盐池滩羊品牌。为啥我前面也提到了要分级、分类（也是这个原因）。比如，盐池（滩羊）核心区……

贾　泉：但这个分级不是按照地区划分，而是按照产品的实际品质等级吧？

滑志敏：对。在（滩羊）这个大的区域，首先按照品种来分，这也是我们为什么要搞"基因检测"。牛羊讲究血统，高端的牛羊肉血统必须纯正，比如日本和牛，现在盐池滩羊的要求是必须要达到80%以上的血统才能被认定为盐池滩羊。第二个是饲喂方式，得看是不是严格按照标准来的，比如饲草，有没有要求的中药材、野生饲草等。通过这些标准来分为不同的等级，这样销售价格、渠道层次等都会不一样。但是我们在宁夏只打一个"盐池滩羊"，不会再打别的品牌。我在盐池做县委书记的时候，就已经跟他们（滩羊其他产区）沟通好了，大家也都很认可（这种方式）。

贾　泉：这实际上是形成一个产业联盟了。您现在到了省厅这个位置，这个事情会更加容易做。其实您看，现在宁夏枸杞和中宁枸杞不就是面临这个类似情况，洛川苹果、延安苹果，烟台苹果、栖霞苹果……

滑志敏：《中国品牌》杂志品牌价值评估的是中宁枸杞，不是宁夏枸杞。从我个人来讲，我在"宁夏品质中国行"活动中，一直讲的都是中宁枸杞。

贾　泉：其实不见得范围和规模大就是一个大品牌。

滑志敏：区域公用品牌往往小地方更能出价值，更能有影响力。打区域公用品牌要避免打省级的品牌。

贾　泉：除非它已经是一个很有名气的品牌。

滑志敏：对。可能一个"小地名"名气更大，比如阳澄湖，它就是一个小地名。包括五常大米、洛川苹果也一样。

贾　泉：所以在您看来，在宁夏（滩羊）就是一个品牌——盐池滩羊。

滑志敏：我们（宁夏）现在打的就是盐池滩羊、中宁枸杞、六盘山牛肉、贺兰山东麓葡萄酒……就是统一打这些，至于产区做企业品牌、企业产品品牌都行，但"大旗"就是一个。

贾　枭："棋手"可以很多，但都在一个"大旗"下。

滑志敏：就一个"大旗"，不能分割。现在干区域公用品牌，很多人还是行政思维，慢慢地要纠正过来。

品牌化就是现代化

贾　枭：刚才厅长您也提到了日本和牛，您把盐池滩羊干了这么多年，现在盐池滩羊已经算得上是中国羊肉第一知名品牌了，今后肯定还要对标世界。从您的角度考虑，要做世界品牌，还有哪些不足？

滑志敏：我说过这个话，"盐池滩羊肉是中国最好吃的羊肉，也是世界上最好吃的羊肉"，但是我们现在做的这个品牌，跟国外同类的（相比），还是有很大的差距。相对来说，我们做得还是比较"粗"。一个是，现在大家的品牌保护意识还比较差，对品牌的认知度还不够。真正要把这个品牌做起来，持续健康发展，还需努力。日本和牛现在是世界知名的品牌，轻易是得不到它的，是绝对的奢侈品。而且，它是很排外的一个品牌，国内现在养的和牛，可能都不是正儿八经纯正的和牛。还有像韩国的高丽参。这些品牌从管理上来看也都是抓在政府手里的。但我们现在的实际情况是，管理起来还很松散。另一个就是标准不统一。

贾　枭：其实还是生产方式（问题）。

滑志敏：咱们现在还是一家一户小农户生产的模式。小农经济，这个也没有办法，需要一个过程。现在盐池搞"出户入园"，就是采取社会化服务等方式，把一家一户的羊托管起来。老百姓养羊，这个羊是你家的，但是有些环节不需要你去干，而是让专业的团队去干。通过这种方式不断修炼、提升品牌的内功，现在其实在内功这块，有时候咱们"没有底"。

贾　枭：这个能理解。因为不能做到"统管"，现在还没办法实现。

滑志敏：一家一户，很多时候你是没有办法控制的。不过现在的情况肯定比以前要好很多。

贾　枭： 最后一个开放式话题。今年是党的二十大之后的开局之年，都在提农业强国建设，这当中大家对品牌建设的呼声比以前更高了。您怎样理解品牌建设？

滑志敏： 从农业大国迈向农业强国，一字之差，这里面需要付出很大、很艰辛的努力。我对品牌的一个看法是，过去大家对品牌的认知度比较低，现在有了一定的认识，但对品牌还是缺乏理解。现在缺的是好品牌、优质品牌。宁夏每年注册的商标特别多，但是能真正作为品牌叫响的很少。这可能就是咱们刚才探讨的，跟生产方式、销售模式和对需求侧的认知度等都是有关系的。现在要从农业大国走向农业强国，可能就是要从这些方面入手。

从区域经济到产业化，从产业化到品牌化，品牌不是一个泛化概念，而是一种资产。我的理解，品牌就是一种资产，它的价值也可以量化的，是溢价的。一个地方有一个大品牌是无形的巨大资产，而且可以把很多松散的产业资源，有效地整合起来，发挥更大的作用。"现代农业和农业现代化有什么区别"，我最近也在琢磨这个事情。

现代农业，应该说现在很多已经达到了要求，科技、农资、装备等现代生产要素进入农业领域以后，整个农业已经发生了很大变化，比如现在智能大棚、智慧耕种等。如果按照西方的理念，我们一定程度上已经实现了"现代农业"。但是按照中国式现代化，它实际上是没有实现的。因为中国式农业农村现代化，包含农业、农村、农民的现代化。品牌在这个过程中的作用就显而易见了。乡村振兴核心是产业振兴，产业振兴靠啥？总书记两次来宁夏视察讲到现代农业的"三大体系建设"——产业体系、生产体系和经营体系。品牌在这当中举足轻重，实际上品牌化就是实现产业现代化的重要途径。

贾　枭： 没错。品牌化是一个要素集成创新工程，它把很多东西集合起来，最终体现为效益。

滑志敏： 我的理解，品牌实际上也是一个"综合体"，不是简单的一个口号、形象。农业实现品牌化，也可以理解为是对农业整个生态的一个重构。盐池滩羊产业到现在虽然做得也算成功了，但我认为还不够，里面短板还是很多。包括生产体系、文化内涵等都还没有真正实现（品牌化的要求）。

贾　枭：这需要时间积淀，所以您提出要把盐池滩羊打造成为"百年品牌"，这也是一种决心。

滑志敏：品牌最终还是靠坚持，认定一个目标，坚持走下去，它肯定能成功的。

贾　枭：我特别佩服，您在盐池7年，能把一件事情（盐池滩羊产业）从头抓到尾，这个是非常难得的。而且很多在外界看来只是一件事情，但是背后是很系统的考虑和准备。比如您刚才提到的上国宴，背后的很多动作，怎么推介、请哪些人等。您是一个真正的实践者。

2022年，盐池县滩羊饲养量320万只，羊肉产量2.86万吨，规模化养殖比例超过70%，屠宰加工率达58%，培育壮大滩羊集团、鑫海公司等区、市级农业产业化龙头企业18家，发展滩羊养殖合作社、家庭农场近500家，全产业链产值达64.5亿元。滩羊产业对群众增收贡献率超过80%，农民收入的一半以上来自滩羊产业。

盐池滩羊品牌价值达98.25亿元，被评为"全国优质地理产品生态环境保护与可持续发展首个典型案例"，入选国家地理标志产品保护示范区筹建名单，荣获中国农产品百强标志性品牌。品牌授权企业73家，滩羊集团、鑫海公司授权经销商36家。在全国开设销售点226家（授权专卖店122家，品牌旗舰店30多家），打入各大城市153家连锁超市、262家餐饮企业。产品畅销全国28个省级行政区50多个大中城市，在多家主流电商平台建起旗舰店117家，中高端市场销售滩羊肉1.4万吨以上，形成了"企业直销店＋品牌专卖店＋零售店＋超市专柜＋网络电商"的销售模式。盐池滩羊肉收购价格30～35元/斤（比周边羊产区平均高3元/斤左右），加工后45元/斤，终端销售价格平均90元/斤以上。

2021年，盐池县入选全国农业全产业链典型县。与此同时，近几年得益于盐池滩羊肉品牌快速成长，宁夏滩羊饲养量增速也十分亮眼。2021年，宁夏全区滩羊饲养量达1300多万只，同比增长8.3%（全国多年来羊的饲养量年增长率仅1%左右）；羊肉产量11.5万吨，同比增长3.5%；实现全产业链产值260亿元，较2020年、2019年同比增加6.9%和20.9%。

　　2020年习近平总书记视察宁夏时做出"宁夏滩羊肉品质好，滩羊有滩羊的特点，要把这个品种保护好"的指示。同年，宁夏将滩羊产业列入九大重点产业，建立省级领导包抓机制，成立产业专班，先后出台了《自治区滩羊产业高质量发展实施方案》《滩羊产业高质量发展"十四五"规划》《自治区滩羊产业高质量发展科技支撑行动方案》，提出到2025年，滩羊饲养量达1750万只，屠宰加工比例达70%，精深加工比例达25%，实现全产业链产值400亿元。其中滩羊养殖要在盐池县建立"双优"（优质优价）体系生产综合创新示范区——集科技研发、生产加工、商贸营销、社会化服务为一体的综合中心。

专家点评

陆娟

中国农业大学教授、博士生导师

中国农业大学中国农业品牌研究中心主任

《农产品区域公用品牌建设指南》起草组首席专家

　　盐池滩羊作为中国知名的农产品区域公用品牌，如今，不仅成了当地百姓的致富羊，也是盐池的发展羊、宁夏的品牌羊，大大推动了当地产业的振兴。

　　盐池滩羊的成长故事，告诉我们：产业要振兴，区域公用品牌的成功建设是关键。农产品区域公用品牌建设就是围绕当地的一个特色产业进行品牌建设，从而促进产业的转型升级、提升产业的市场竞争力，推动产业振兴。而农产品区域公用品牌的成功建设，依赖于政府积极的政策支持与领导干部的正确理念引导，在此基础上，围绕农产品区域公用品牌的区域性、产业性与公用性特征，科学开展区域品牌建设。

　　盐池滩羊的品牌建设，正是在宁夏政府的政策支持与盐池干部的努力工作下，通过以盐池县为品牌建设核心区域、以盐池滩羊为特色产业，指导农户、企业、行业协会等协调一致，共同建设盐池滩羊这一农产品区域公用品牌，通过科学的品种培育与保护、品质提升与管理、品牌传播与推广，使盐池滩羊迅速成为广为人知的知名羊肉区域品牌。这些经验值得业界同行与后来者学习。

新会陈皮

市场先行 历久弥新

>>>>>>>>>>>>>>>>>>>

访谈嘉宾

潘华金：新会本土农艺师，曾任新会陈皮行业协会秘书长
（2002—2011年）、新会农业农村局二级主任科员，现
任江门市新会陈皮产业发展中心负责人。主持完成
"新会柑地理标志产品保护申报""新会陈皮地理标志
产品保护申报"以及《大红柑生产技术规程》《大红
柑》《地理标志产品　新会柑》《地理标志产品　新会陈
皮》四个省级地方标准制定，推动"中国陈皮之乡"和
"中国陈皮道地药材产业之乡"等认定，人称"陈皮
博士"。

黄锐楼：江门市人力资源和社会保障局党组成员、副局长，曾任
江门市新会区人民政府党组成员、副区长，曾一手推动
新会陈皮现代农业产业园创建。

区柏余：丽宫食品集团总裁，把新会陈皮从药用引入食品加工领
域的"第一人"，荣获新会陈皮行业协会永久荣誉会长、
全国农村创业创新优秀带头人、新会陈皮非物质文化遗
产传承人、2022年江门市"侨都十大工匠"等荣誉。

吴国荣：江门市新会陈皮村市场股份有限公司（简称"陈皮村"）
创始人，人称"村长"。"陈皮村"相继获得国家文化产
业重点项目、国家特色景观旅游名村、新会陈皮国家现
代农业产业园三产融合示范区等多项殊荣。

陈柏忠：新宝堂的第四代掌门人、新会陈皮炮制技艺省级非遗传
承人、新会陈皮行业协会常务副会长。新宝堂是一家有
115年历史的"广东老字号"企业，广东省非物质文化
遗产"新会陈皮制作技艺"传承人单位、国家高新技术
企业。

广东有"三宝"：陈皮、老姜、禾秆草。其中最广为人知的是陈皮，尤其是新会陈皮。新会陈皮有着"一两陈皮一两金""百年陈皮胜黄金"的美誉，药食同源、食养俱佳，是中国传统道地中药材、"和药"之首，广东省江门市新会区也被誉为"中国陈皮之乡"。新会陈皮以新会柑果皮为唯一原料炮制而成，是广东省岭南中药材立法保护品种。

相传新会专门种柑取皮有700多年，到宋代已有商人将新会陈皮销往外省。2023年初电视剧《狂飙》热播带火侨乡江门，新会陈皮也"借火"再度火出圈。近些年，新会陈皮产业着实也是一路"狂飙"，让人刮目相看。2020年新会陈皮全产业链产值突破"百亿"大关，达102亿元，2021年达145亿元，2022年增至190亿元，2023年新会提出通过建溯源、补链条、强龙头、提品质、创品牌、扩营销，推动新会陈皮产业全产业链总产值早日突破500亿元目标。2022年，新会陈皮位居"中国区域农业产业品牌影响力指数"TOP100首位，新会全区新会柑种植面积约13.9万亩，新会柑鲜果产量14.75万吨，新会陈皮产业商事主体2000多家，已形成药、食、茶、健和文旅、金融等6大类35细类100余品种的系列产品规模，带动全区7万人就业。

2023年5月，农本咨询课题组走进新会，探寻新会陈皮"狂飙之道"。

从700亩到190亿的蜕变史

从果到皮的兴衰转折

贾　枭：看介绍，您是1988年毕业后就回到新会工作，到现在已经在陈皮产业上工作35年了，大家都叫您"陈皮博士"。最初您是在哪个部门工作？

潘华金：那时候叫经济作物局，我被分配到水果股，2002年机构改革以后，所有农口机关单位都并在一起了。

贾　枭：水果股当时主要服务什么？

潘华金：那个时候水果股不只是服务新会柑产业，还有龙眼、荔枝、芒果等。水果当时是新会经济作物的大头，柑橘分量最大，而柑橘差不多一半的量都是新会柑。

贾　枭：1988年的时候，新会柑的种植面积有多少？

潘华金：1978年开始柑橘面积在1.7万～2万亩，1985年到了4万亩，翻了一番。那个时候政府很重视柑橘产业，一把手直接抓产业，一部分农民跟着种了柑橘挣了钱。所以1985年的时候，出现了很多"柑橘洋楼""柑橘存款"。这种效应之下，从1985年到1990年是（柑橘）一个大发展时期，1989年到了顶峰13.6万亩（新会柑同步发展，占柑橘50%左右），每年增长2万～3万亩。这个发展速度太快了，累积的风险也是不小的，一个是疫病（主要是黄龙病），另一个是谁来卖。1991年，柑橘年产16万吨。

贾　枭：这个销售压力很大吧？

潘华金：在当时市场经济还不是很发达的情况下，销售压力很大，卖不出去。那时全区党员干部职工都被要求买"支农柑"，1毛、2毛钱一斤。记得有一次，我一个人就买了两箩筐100多斤。这个教训很惨，果贱伤农，尤其是后来跟上来的农民，铆足了劲投入进来，结果血本无归，自然就不愿意管理果园。再一个前面柑橘果园发展很快，苗木来源有些乱，一些带病的苗也进入了市场，带来了很大隐患。黄龙病一旦不管理，发展速度是很快的。1991年就开始暴发，传播速度快得很，1992—1995年，整个产业从13.6万亩掉到了700亩。

贾　枭：这次毁灭性打击主要因为黄龙病吗？

潘华金：那个时候整个广东（柑橘产业）都暴发了黄龙病，时至今日，其他地方的柑橘后来又暴发了两三次，但目前新会柑生产一直没有中断。黄龙病发生有两个原因，一个是苗木源头和媒介橘木虱，另一个是经济效益。农民赚不到钱，疏管失防，技术员再懂技术也无能为力。现在也存在黄龙病，全区一次性清除做不到，但用技术策略做到"与狼共舞"是可行的。比如一个农场，以疏育一至两年的大苗为基础，一是坚持以20%（面积）进行土地轮作，把土壤改良好，保持土地活力；二是每年淘汰5%～10%的衰退产能，保障90%～95%的健康产能，进行更新。

贾　枭：效益最好的时候，价格怎么样？

潘华金：一块多到两块一斤，成熟的果园一亩能产5000斤左右，效益很好。但在1991年的时候就一毛、两毛（一斤）。

贾　枭：当时政府、民间对新会柑产业态度怎样，怎么看这个产业？

潘华金：肯定很沮丧痛苦。产业面临很大的问题，但柑橘自古以来在这里生生不息，大家有情结，对产业有感情。所以从政府到民间都还是很坚持这个产业。

贾　枭：那后来是怎么拯救这个产业的？

潘华金：当时是做了这么几件事情。第一个，清理病残树，挖掉感染的病树，改种其他作物轮作，改良种植生态。当时政府的统筹能力也很强，很快就干起来。第二个，选种。1995年，我们这些年轻技术员就在老同志的带领下，在全区寻找各种性状表现更好的品种，提纯复壮，最终重新选育了主推品种——大种油身大洞05号。第三个，良种无病苗木繁育体系建设，这个非常重要。现在整个新会柑产业在黄龙病依旧存在的情况下还能健康生产，跟那个时候建成的良种苗木繁育中心是分不开的。省里和国家在这方面也给了很大的支持，有两个项目：一个是"南亚热带水果良种繁育基地"；另一个是农业部"九五"种子工程"广东省水果良种苗木繁育场"，广东全省就一个，放在新会。

贾　枭：相当于从头再来，从源头开始再造产业。

潘华金：对。那个时候还有一个变化是，新一代的柑橘人开始思考柑橘产业到底该怎么发展。当时我们都很年轻，看到这么大的一个产业突然之间就垮掉了，技术上不存在大问题，那发展方式、思路需不需要调整？我们的工作都是直接跟柑农打交道，大家在一起讨论，新会柑橘产业除了解决苗木良种的问题，到底该怎么发展。种起来了又卖不出怎么办？起起落落不赚钱，很伤老百姓积极性。

贾　枭：什么时候产业开始有了新的思路？

潘华金：2002年对新会柑产业发展是非常关键的节点，从传统产业模式走入现代产业化模式。一个是，体制机制上，六七个局合并到大农业局，我当时还在果苗场工作，被调到了局里工作。当时新会柑产业已经恢复到5000亩了，但是价格又掉下来了，5毛、6毛、8毛一斤。

贾　枭：是鲜果价格？

潘华金：鲜果。价格很低。2001年底我们和一些农民一起商量，成立了新会柑产销联合体。大家组织起来，一起搞品牌、一起销售。2002年初，省里开始成立农业行业协会了，我们马上就改成了新会柑（陈皮）行业协会了。

贾　枭：我注意到，当时协会的名称是新会柑（陈皮）行业协会，这是怎么考虑的？

潘华金：虽然之前一直是卖鲜果，但陈皮一直也是珍贵的副产品。农户、小贩把橘子皮剥了，把肉卖给客人。

贾　枭：当时卖鲜果不是整颗果子而是卖肉？

潘华金：对。

贾　枭：具体怎么卖？

潘华金：在工厂、农贸市场门口等卖，也有专门收皮的。

贾　枭：所以最早新会种柑橘主要是卖鲜果肉，虽然陈皮有价值，但不占主要地位。我听人说新会柑果肉食用性很差。

潘华金：这是误解。新会柑是一个很特别的品种，高糖高酸，还很香，风味很浓郁。像一些低糖低酸的品种，由于少酸吃起来显得甜。但是以前种水果是在12月柑子成熟以后才采摘，也就是等到大红皮的时候，当时这个皮的价格也一般，农民一般是不卖皮的，就是当作鲜果来种植，主要拨开卖鲜果肉，"皮"是副产物，但一直都有用。

贾　　枭：那是从什么时候开始主要做陈皮呢？

潘华金：真正作为产业，就是2002年开始。

贾　　枭：所以成立协会目的之一是推陈皮？

潘华金：这是目标。当时我们提出，一是要产业化，二是要全产业链发展，三是要做陈皮。80年代发展柑橘产业，政府高度重视，行政强力推动，是在"计划经济"的基本框架下发展产业，用政策、资金等手段推动大家干，出发点是好的，想让大家生活好起来。产业规模是很快上去了，但怎么卖的问题很棘手，市场经济规律也很现实。跃进式的发展产业还是很粗放，没有同时顾及生态规律和市场规律，产业存在隐患。

贾　　枭：所以2002年成立协会主要是为产业重新谋思路？

潘华金：对。从那时起，我们也立誓，不用鼓动的方式劝农民种植。因为不仅是柑橘产业，政府对龙眼产业的扶持力度也很大，但产业最后都没有发展好，最终还是要尊重市场经济规律。只要有价格、有钱赚，你还愁农民不种吗？

贾　　枭：当初协会会员组成是个什么情况？

潘华金：农户为主。（我）作为发起人、组织人，就是"保姆"，一手包办协会日常工作（首任协会秘书长）。当时分管的农业局副局长戴宇勋同志是协会首任会长，一位老领导，完全放手让我去干。还有果树所所长、一些种植（大）户、良种厂拍档、工商联同志、丽宫食品公司，还有每个产区都有一个产区（镇）代表，总共50人左右。

贾　　枭：协会成立之后，重点是做什么？

潘华金：那时候重点研究的是怎么卖好，把新会柑的价格稳住，让农民不亏本。所以从2002年开始，协会就出了一个田头的指导价，当时的价格就5毛、6毛一斤，每年涨2～3毛上去，最后一直到了2块钱（一斤），才取消了这个指导价，同时每年采收季会组织采购商来田头看产业、洽谈、收购。

贾　　枭：那个时候还是果的价格？

潘华金：就是果的价格。到2005、2006年，价格到了2块钱，就取消了收购指导价。太高了，协会就有垄断市场的意味了。

贾　枭：具体是怎么向上顶这个价格？协会定的价格市场认吗？

潘华金：认。因为当时市场整体量不大，种植户们联合起来抱团稳定价格。

贾　枭：那时候买新会柑的是本地加工企业还是？

潘华金：当时本地收购还是少，但大家开始做陈皮收购，都是大红皮。

"破橘皮"破"皮"重生

贾　枭：您曾在媒体采访中说，2005年行业协会将新会陈皮和新会柑普茶确定为主导产品是一个非常成功的商业案例。我想知道，这个决定在协会是怎么形成的？当时为什么会将陈皮和柑普茶确定为主导产品？

潘华金：从2002年，我们就开始转变发展方式，就是从政府推动到市场拉动转变。一个产业没有主导产品和市场是不行的。我们一直把一个产业的主导产品、主流文化、主力市场、龙企品牌（龙头企业品牌）看作发展产业的关键。

新会陈皮本身就药食同源，同时它也用于泡茶，在新会一直流传下来。到了20世纪90年代中期，在新会的大泽、双水等新会柑主产地以及周边地区，一些人尝试用新会柑挖口然后和普洱茶包起来做成柑普茶，但当时我们感觉这个做法还是"很怪"，仅仅是"玩玩"而已，还没有想到把它作为一种商品去卖，当时还叫"桔普"。当时（江门市）鹤山（市）茶科所也在做这个东西。新会是在2005年之后，开始有企业作坊式做柑普茶。

> 1847年，有个新会进士罗天池偶然发现，用陈皮水和普洱茶煮出来的茶，不仅香醇而且化痰利咽，体验很美妙，爱上了这种吃茶法，于是改良做法，取新会柑，挖取果肉，置入茶叶封其挖口晒干，制作出了柑普茶，流传至今。

另外，我们当时想的是，产业化发展不可能只是卖个陈皮产品，讲好故事、理念也很重要。有这么个说法叫"百年陈皮胜黄金"，新会陈皮在一千年以来的"广府文化"里面被广泛运用，珠三角、港澳台及东南亚华侨等，都把新会陈皮当作宝贝。

江裕集团区柏贤先生当时在我国香港、内地做生意，我曾跟他讲，您用多少钱投资新会陈皮往大健康这个方向走，都值得。他当时还问有没有市场数据，我说大健康是无限大。跟他讲的第二个是，在"广府"圈里，新会陈皮到哪里都被视为宝贝，大家对它不离不弃，从现代商业角度来说，它是一个（消费者）忠诚度特高的产品。但以前外地朋友不了解新会陈皮，没有"正当"理由品尝，大家总觉得这是一个"破橘子皮"，而且"破"字发音还很重，我记得很深刻。所以新会陈皮那时候很便宜，被当作"廉价货"，没有把它的质量价值、文化价值发挥出来。

当时想的就是，一定要把新会陈皮加入中国大传统文化中去（宣传）。中国的酒、茶都是几千年的文化，往茶里面寻找结合点是比较合适的。在举办第一届新会陈皮产业发展论坛的时候我们还专门探讨新会陈皮茶的茶艺。

贾　枭： 当时协会把陈皮和柑普洱茶确立为主导产品，大家怎么看？

潘华金： 大家都认可。但那个时候虽然确立了这两个主导产品，在市场上还没有多大的作为，核心是让大家树立观念，知道这个事情"重要"。

贾　枭： 当时有企业开始做这两个产品吗？

潘华金： 基本都是小作坊在尝试做，像丽宫食品、新宝堂那时也还没有开始做陈皮普洱茶。

贾　枭： 也就说，那个时候大家都还只是一种尝试。

潘华金： 对，还在尝试，没有多少信心。

贾　枭： 协会确立这两个主导产品后，怎么去推这个事情的？

潘华金： 应该说在产业1.0版阶段只是确立了这个事情，市场化没有真正做起来。在产业2.0版阶段才开始市场化。

10年打好产业根基

贾　枭： 怎么理解1.0版新会陈皮产业，最大的成果是什么？

潘华金： 从2002年陈皮协会成立到2011年举办第一届陈皮文化节，这10年是非常关键的10年，是新会陈皮产业转型升级1.0版，建立起了（新会陈皮）区域公用品牌，定义了主导产品，形成了陈皮价值文化底本，有了品牌推广的雏形。那个时候大家也比较团结，竞争没有很激烈，都是为了一个目标——把新会陈皮的品牌做起来，把产业基础打好。

贾　枭： 大家对"新会陈皮"已经开始有了品牌认知?

潘华金： 对，已经开始做品牌，发展产业。这也是新会陈皮行业协会的一个核心宗旨。

贾　枭： 1.0版阶段，总的做了哪些事情?

潘华金： 当时成立协会后，我们就开始申报国家地理标志产品保护，宣传区域公用品牌，制定地方标准，确立主导产品，还举办了两次新会陈皮产业发展论坛（2006年、2009年）。这是非常正式的全国性陈皮产业论坛，成立首个产业智库，是开创性的做法。同时，为了申报地标开展了很多专家交流、文化研讨，等等。2006年，还重新想了陈皮的故事口号，产业化发展之前叫"百年陈皮胜黄金，一两陈皮一两金"，后来是"千年人参，百年陈皮"，借力人参的影响力。这些事情为产业积攒了势能，积累了第一波产业资源，吸引了社会各界对新会陈皮产业的关注，也向社会宣传普及了对新会陈皮的认知。尤其是通过申报地理标志保护产品，把陈皮的故事系统性讲出来了，有了一个科学的表达范本。

贾　枭： 您讲到地标，新会柑和新会陈皮是全国少有的"一品双（地）标"产品。怎么想到申请双地标?

潘华金： 当时"一品双标"可以说是绝无仅有。申请这个"双地标"时，争论很厉害。国家质检总局说，你们这个新会陈皮已经保护起来了，新会柑就不用了吧。我们的陈述是，新会柑和新会陈皮息息相关，是制作新会陈皮的唯一原料，保护新会陈皮不保护新会柑那等于没有保护。经过我们多次的陈述、请求，国家质检总局最后同意了。还有一个"争"，是我们跟省里争取，新会陈皮要在新会陈化三年。陈皮陈久者良，没有仓储存放这个环节，这个产业肯定做不大。省上最开始也不同意。最后我们用陈皮理化性指标来解释，因为新会陈皮是在新会这个特定的自然环境中自然晒制、自然陈化形成的独特产品。现在新会陈皮的仓储是企业经营中的一个灵魂环节，是整个新会陈皮产业供应链的核心枢纽。目前，陈皮仓有150万立方米以上，如果大大小小的算上起码200万立方米。

> 2006年，新会柑和新会陈皮均获得国家地理标志保护产品认证。2008年，新会陈皮取得了地理标志证明商标。按照规定，真正的新会陈皮要满足三个条件，即新会种(zhǒng)、新会种(zhòng)、新会陈，才能称之为地道广药新会陈皮。

借文化节和小青柑出圈

贾　枭：2.0版新会陈皮产业从什么时候开始？

潘华金：2.0版以陈皮文化节为标志，把新会陈皮品牌广泛传播出去，把品牌体系建立起来，把产业业态做起来，同时通过产业集聚、三产融合发展做大全产业链。

2011年，新会区举办了第一届中国新会陈皮文化节，有开幕式、博览会、产业论坛、陈皮进校园推广等活动，论坛每年还有一本文集。文化节这种传播方式看起来很老土，但很有用。2011年举办新会陈皮文化节的时候，新会应该是广东全省为数不多的为一个农产品举办文化节的县。后面两年一届，政府很重视。

> 2011年11月18—20日，首届中国·新会陈皮文化节举行，主办单位为中国药文化研究会、新会区人民政府。此次活动是当时新会陈皮历史上最高级别、最大规模、最具影响的活动。国家有关部门负责人、省市领导、港澳嘉宾、专家学者、八方客商、四海游子、乡里乡亲云集新会。此次文化节展现了新会陈皮"道地性来源和药食同源"两大核心，以及"陈藏、养生、茶道"三大文化脉络。此后，按惯例新会陈皮文化节每两年举办一次。

贾　枭：当时为什么设定两年一届？

潘华金：当时也没有经验参考，产业也没有那么多资源来办节，就定了两年举办一次，觉得是合理的。文化节搞起来了，后面还搞了新会陈皮文化节新闻发布会。2015年第一次在北京人民大会堂开了发布会。

贾　泉：当时为什么想到要去北京人民大会堂搞新闻发布会？

潘华金：就是要去高大上、权威的平台发布。我们虽然不是第一个在北京人民大会堂为农产品开发布会的，但在广东来说是领先的。2015年第一次在北京开发布会，效果很轰动，极大提振了整个行业的信心，大家看到了"政府这么重视"。

2017年还兵分两路，以新会柑茶、新会陈皮全国万里行的方式一起开展推广。我带领的人马和中国茶叶流通协会，在北京钓鱼台国宾馆开展了新会柑茶全国产销对接会。跟全国陈皮产区、销区对接以后，大家非常兴奋。我印象非常深刻的一个场景是，当时问了一起出来的陈皮企业，大家很激动地喊"信心爆棚！"我们当时还提出，新会柑茶要冲刺中国"第七类茶"。

贾　泉：现在回过头看，您当时将新会陈皮和新会柑普茶确定为主导产品，最后能成功的原因在哪里？

潘华金：关键就是宣传。我们当时还利用了广州食博会连续搞了5年的推介，2012年进去的。我们开创了一个先河，整个陈皮行业协会调动起来集体参展，同时展台的场景设计很用心，打造了"新会·中国陈皮之乡"大展区。那几年我每年都在会上调查，专门问北方朋友"柑茶好不好喝"，他们都回答说"很棒"，我又问"怎么棒？"他们说"很有特点，玲玲珑珑的果里面装茶，闻起来很香，品起来味道很好"。

所以我很肯定陈皮柑茶这个产品是很有商品魅力的。后来，我也总结思考过新会陈皮为什么能很快融入大市场，就是用这个（陈皮柑茶）方式。这解决了我们以前一直思考的到底用什么办法把陈皮快速推出去，让更多国人品尝到新会陈皮的好。

从2010、2011年开始，新宝堂、丽宫食品这些大企业也开始很规范地做品牌，做陈皮柑茶产品。因此，我们一般把新会柑茶产业化的元年定在2010年。2010—2015年是新会柑茶在新会本土市场化起步的一个阶段，开始有"新会小青柑"企业品牌（"小青柑"最开始为新会企业创的产品名，现已发展成一个公用的茶品类名称）。2015年开始大发展，我们跟云南大益茶、澜沧古茶等大茶企开始合作，这些企业市场渠道广，小青柑市场走得非常好。这个时候开始，我们每年消耗普洱茶在6000吨以上，新会小青柑茶引爆了新会陈皮价值。

贾　枭：那时候是协会、政府推动新会企业和云南这些大茶企合作吗？

潘华金：对。前面也提到，这个产业是从政府推动到市场拉动，要靠企业去干。如果要说新会陈皮的成功，它走的是市场机制，市场端一定是企业去耕耘。像新宝堂、丽宫食品等企业，每年都会做很多陈皮、柑普茶的宣传普及体验活动。新会政府直接给企业的钱其实并不算多，但知道市场的发力点在哪里。

贾　枭：您怎么看小青柑这个产品对新会陈皮产业的影响？

潘华金：它（小青柑）是网红爆品，是把新会陈皮跟中国茶进行融合的一个好案例，对产业起到了画龙点睛的作用，融通了小产品大市场之路，点燃了陈皮市场的这把火。以前我们送新会陈皮给北方的朋友，他们不知道怎么使用，但和茶结合后他们喜欢，会主动过来买，甚至加入陈皮事业中。北方的朋友现在也把陈皮柑茶、陈皮当作宝贝。

> 2016年在新会政府支持下，首届新会青柑·柑普茶交易会在新会陈皮村举办。2010—2018年，整个新会地区柑茶的产量从近乎为零增长至8500吨，产值从无到有，跃升至34亿元。小青柑市场最火时，新会陈皮加工企业柑普茶代加工量占产能90%以上。

陈皮传统价值"回归"

贾　枭：您有没有感觉到这两年大家又开始回归"陈皮"了？

潘华金：我记得2015年的时候，就曾跟企业说，做柑普茶市场的渠道不在新会，也就是市场话语权不在新会，不要高兴得太早。（陈皮与柑茶的关系是）"父凭子贵"，陈皮通过柑茶开拓了一个大市场，但最后会达到一个稳定市场，陈皮才是根本。

贾　枭：换句话说，柑茶和陈皮共同成长是正常的。

潘华金：是。去年（2022年）柑茶的产值是45亿元。在新会陈皮全产业链190亿元的产值中一产25亿元，三产57亿元，中间（二产）108亿元（包括柑茶45亿元）。

新会柑茶又称新会陈皮茶，以产于广东江门市新会区行政区域内的茶枝柑（别名大红柑）的小果、果皮的干品或其经陈化后的陈皮单独做茶用，或与其他茶类（黑茶、白茶、红茶、绿茶等），按一定形式和比例搭配混合而成的，在形式、品味、功能和茶道上有新变化发展的茶种。其中新会陈皮茶、新会柑普茶和新会陈皮普洱茶是代表产品。

贾　泉：新会陈皮现在已成长为百亿规模的产业，听说大概12年前您就说，新会陈皮产业有百亿产业的潜质，是一个拥有巨大潜力和商机的产业。您当时做这样的预判，信心和底气来自哪里？

潘华金：这话应该是在一次新会陈皮产业发展论坛上说过。最大的信心来自"大健康"。一千多年的历史已经证明新会陈皮药食同源，是一个宝贝，市场有忠诚度，同时我们还融入了"国茶"这个大平台，进入了大健康这个"潮流"，我相信只要给新会陈皮机会让大家体验，大家一定是"给好评"的。

新会陈皮有两千多年的中医药实践和一千多年的"广府"生活实践。第一个实践证明了它是道地药材，尤其是在"祛痰"方面的功效，比如"二陈汤"，在很多中医典籍里面都有提到。第二个实践证明了它是"宝贝"，新会陈皮男女老少皆宜。所以2017年的时候，我们还提出了"新会陈皮，人类共享"的口号，这个口号听起来很虚，但它表达的就是陈皮的普世价值。

贾　泉：其实还是来自对产品本身的信心。

潘华金：对。新会陈皮是道地药材，有六大核心价值。

贾　泉：说到这里，新会陈皮本身是药食两用，你们当时在定位时是偏向药用还是食用，有没有倾向性？

潘华金：陈皮药用价值是它的一个立足点，但是药食同源才是产业发展的广度所在，"大健康"加工才是产业的业态（所在）。

贾　泉：您印象中，新会陈皮产业在什么时候开始腾飞，有哪几个关键节点？

潘华金：应该是从2011年第一届新会陈皮文化节开始，有一个过程。另外一个节点是成功创建新会陈皮国家现代农业产业园。产业园创建成功后，又遇上了新冠疫情，在国家、专家的诊疗方案中都提到了陈皮。大家对陈皮产业发展的信心更足了。

陈皮是具有理气降逆、调中开胃、燥湿化痰等功效的中药材，在国家卫健委与国家中医药管理局公布《新型冠状病毒感染的肺炎诊疗方案（试行第四版）》及更新的第五、六、七版中，陈皮位列其中。

新会陈皮要扛起"大旗"

贾　枭：您在前面也提到过您对产业发展的一些看法，如果要总结新会陈皮产业从濒临毁灭到蜕变成如今的百亿大产业，您认为最关键的原因有哪些？

潘华金：第一个是发展方式转变，从传统的单一政府推动到政府助推与市场拉动结合；第二个是依托区域公用品牌建设，找到了好的宣传推广方式、路径，同时联动助推企业品牌成长，比如丽宫食品"侨宝"、新宝堂、陈皮村等。但区域公用品牌也需要大家守护，就目前而言，新会陈皮在区域公用品牌保护上还有需要提升的，需要完成三产融合、促进业态呈现、实现产业集聚等。

贾　枭：新会陈皮现在提出的新目标是到2025年实现500亿元产值，未来要打造千亿产业。您一路见证、推动这个产业成长，对于它的未来发展有什么思考？

潘华金：现在是陈皮价值觉醒、产区崛起的时候，其他地区也在干陈皮，如果大家都在一个平面上竞争，一定不会是良性的。未来新会要干千亿产业，做中国陈皮之都、世界陈皮中心，必须要向3.0版转型升级。一是要谋定大健康产品市场，发挥利用好陈皮药食同源的价值，做好产品；二是新会陈皮要扛起"中国陈皮之都""世界陈皮中心"的大旗，为其他兄弟县市发展陈皮产业提供势能支撑，要有这个使命和担当。

2011年11月18日举办的第三届中国·新会陈皮产业发展论坛上，潘华金在《善用道地性密码 打造陈皮全球中心》主题发言中就对新会陈皮前景潜力进行了分析。以下内容为原文摘录。

新会陈皮具有像高丽参、文山三七等道地中药材的产业特征，同时又具有普洱茶、杭白菊等保健茶产业特征，由于调味功能卓越，新会陈皮还被赋予了美食的产业使命，也由于其以陈为尚、以老为贵，具有珍品收藏产业特点，产业领域和前景非常宽广。

在经历20世纪80年代末、90年代初产业灾难后，几近被毁灭，近十年来，在历届各级政府和社会各方的关注下，取得恢复性发展。本轮发展更注重市场，更理性，实现政府推动向市场拉动、分散小农向合作组织、鲜食果品向陈皮干品、初级产品向深加工品、有形产品向文化产品等五大转变，产业形态初现，产业价值链、企业也在不断壮大，在产品化和产业化方面取得一定进展，但目前年产值也只有2亿～3亿元，总体规模水平与道地性品牌不相称，还得用现代先进方式方法升华，推动做强做大。

千百年来，新会陈皮可称得上新会人衣食的一个行当、一个产业，但始终停留在小农的、小贩和小作坊式的生产加工状态，未真正与现代中医药和保健养生理论对接，未真正与现代产业和商业模式对接，未真正进入大市场，产品化还处于初始阶段，现代化的任务相当艰巨，但新会陈皮一旦跨越市场的门槛，找准价值的市场定位，进入现代化进程，其前景无可限量。所以，在陈皮产业发展的问题上，必须明确新会、新会陈皮和新会陈皮产业的定位，紧紧依据价值和文化，做好养生保健的文章，做到"三个看到"。

1. 看到新会陈皮是中国陈皮的品牌，世界陈皮的品牌。新会陈皮是地理标志产品，国家以法规的庄严，确认了其质量价值与来源的唯一性，认可了最好的陈皮就是新会陈皮，正如法国波尔多红酒一样，是具有全球意义的一种稀缺性资源。既然新会陈皮是陈皮的品牌，就让新会陈皮领导全球陈皮产业经济和产业文化。

2. 看到新会也可能建设成为陈皮生产加工集散中心和全国陈皮研发中心，并以新会陈皮为引领，打造全球养生保健品和功能食品现代产业体系，打造全球中医养生保健品产业基地，这是自然和历史赋予的，也是发展的大势，我们务必顺势而为。

3. 看到新会陈皮产业有"百亿"产业规模的潜质。可能有人认为这是不靠谱的狂人呓语，目前从产业环境、产业内涵已不可同日而语，就以陈皮茶为例，这种以茶保健养生的方式渐为人们所接受，而且已有成功案例表明陈皮茶产品及文化为全国所接受。果真如此，仅仅是国内已经让人可以好好想象了！

"产业园"助推产业"腾飞"

新会陈皮国家现代农业产业园于2017年9月入选第二批国家现代农业产业园创建名单，2019年底被农业农村部、财政部认定为国家级现代农业产业园。该园区以新会陈皮为主导产业，创新打造"大基地＋大加工＋大科技＋大融合＋大服务"五位一体的发展格局，加速推动了新会陈皮产业升级发展。

2016年新会陈皮全产业链产值36亿元，到2022年新会陈皮全产业链产值达190亿元，产业园区内加工企业数量从2016年的50家上升至2022年的340家，园内新会柑种植面积6.5万亩，规模化种植经营覆盖超过90%。以产业园陈皮相关企业为主的加工种植领域实现劳务收入达6亿元以上，相关企业年纳税额超1.6亿元。

多方助推产业园建设

贾　枭：新会陈皮国家现代农业产业园是新会陈皮产业一个非常重要的组成部分。您曾是该产业园的一手操盘手，请介绍下这个产业园是怎么谋划筹建起来的？它为什么能取得这么好的效果？

黄锐楼：我比较幸运，接管新会陈皮这个产业遇上了好时候，让新会陈皮品牌知名度迅速提升了起来，但主要还是"前任们"打好了产业基础。新会区委、区政府一直高度重视新会陈皮产业及其品牌建设，再加上市、省乃至国家的支持才走得更远、更快。

关于新会陈皮产业园成功申报国家级现代农业产业园，不得不说《南方农村报》起到了很大作用。我在产业园工作的时候和《南方农村报》形成了朋友式的合作关系，当时也没有多少合作费用，但他们给了新会陈皮产业很大的帮助。

一方面是帮助我们争取上级的政策、资金支持，争取到了省农业农村厅很多扶持政策和指导意见，当时还请了农业农村部规划设计研究院陈伟忠所长来指导新会陈皮产业的发展规划。有了《南方农村报》的帮助，事半功倍。另一方面，《南方农村报》所属南方报系，品牌宣传资源、渠道、平台很广，有了《南方农村报》的支持，新会陈皮产业被各级部门领导关注的机会就更大，得到的产业支持自然就多了。

后面就遇上了国家现代农业产业园的申报。当时省里推荐我们去申报，在创建汇报过程中，《南方农村报》全程帮助我们完善提升汇报内容。通过这次汇报，农业农村部对我们这个产业有了全面了解，给了一些政策配套，随后新会陈皮产业逐渐得到了市、省以及国家的支持。尤其是农业农村部看到了这个产业的潜力，让新会陈皮产业园入选了国家级现代农业产业园创建名单。

在这个过程中，我们也抓住了两个很重要的机遇。一个是争取到了全国现代农业产业园工作推进会在江门市举行（2019年4月），受到了农业农村部多位领导的重视和关注，这一下子就提升了新会陈皮在全国农业产业中的地位，很多地方来新会考察学习，全国各大媒体也先后前来采风报道，这也使得省、市、区各级政府对新会陈皮产业的重视程度达到了新的高度。以前新会陈皮只在"广府"圈子有知名度，随着产业园建设的深入推进，各类市场主体加速涌入新会陈皮产业，小青柑（茶）、陈皮花生、陈皮酒等"陈皮＋"新产品、新业态逐渐发展起来。

一个产业能得到政府的高度重视，对它发展来讲非常关键。

> 2019年4月19—20日，全国现代农业产业园工作推进会在江门市召开。时任农业农村部部长韩长赋、时任农业农村部副部长余欣荣及来自全国各省的代表，先后调研新会陈皮国家现代农业产业园。时任广东省委常委叶贞琴，省人民政府副秘书长郑伟仪，时任江门市委副书记、市长刘毅等陪同调研。

还有一个，我认为比较重要的因素就是"媒体"。《南方农村报》和央视军事·农业频道（现为央视农业农村频道）是我印象非常深刻的两个媒体。我们当时跟央视军事·农业频道合作也不多，主要开展新会陈皮文化节相关合作，央视军事·农业频道曾帮助我们走进了人民大会堂，举办文化节新闻发布会（2015年第三届中国·新会陈皮文化节新闻发布会在北京人民大会堂举办），邀请了有关部委领导、专家等与会，通过央视平台直播等方式，极大地提升了新会陈皮的知名度和影响力。

央视是很多媒体的参考风向标，后来很多媒体都主动联系采访报道新会陈皮产业。在人民大会堂举办新闻发布会后，我感觉新会陈皮就迈入了从药食走向食用的一个快速发展阶段，相关的企业主体一下子多了起来。小青柑（茶）最开始能火起来，也是因为媒体的力量让很多北方人尤其是年轻人喜欢上它的味道。

贾　枭：据我了解，小青柑（茶）在新会陈皮产业园创建之前就已经在做了。

黄锐楼：是的。但基本是一些小作坊企业，当时新会陈皮的用途主要还是药用，茶还不是新会陈皮主要的用处。后来，我跟普洱市茶叶和咖啡产业局的人交流，他们感叹"新会陈皮救了我们！"因为那个时候普洱茶正处于炒作之后向下滑落的阶段，通过新会陈皮产业园建设以及我们到人民大会堂推介，很多人认识了陈皮普洱茶。茶消费其实是一种口感的培养，消费者一旦接触习惯了就会像喝咖啡一样形成依赖。陈皮普洱茶的推广中，政府和媒体的联动起到了很强的宣传导向作用。

新会陈皮的"十个关键因素"

贾　枭：我知道您是新会人，是从乡镇一步步干起来的干部。在上世纪90年代新会陈皮产业发展一度跌落低谷，而如今已成长为一个近两百亿元产值的大产业。在您看来，新会陈皮产业能完成这样成功的蜕变，经验是什么？

黄锐楼：我曾经总结了"十个一"，这些是我认为在新会陈皮产业发展中比较关键的因素。

"一节"，就是新会陈皮文化节。这个节反映了新会区委、区政府对新会陈皮产业的高度重视，带动了行业各方资源和更多市场主体介入这个产业，以节为媒开展各种资源交流、对外宣传推广……比如，正因为有文化节，新会陈皮才有机会进入人民大会堂，让更多人知道、认识。

　　"一园"，就是新会陈皮国家现代农业产业园。这个园区的建设让各级政府都重视起新会陈皮产业，同时让全国各地有涉农产业园建设的地区都来考察交流，这是无形但有力的产业宣传。同时，因为有了这个园区，把整个新会陈皮产业都统领起来。

　　"一村"，就是"陈皮村"，起到了标杆引领作用。陈皮村创始人吴国荣，原本从事国际贸易行业，后跨界进入新会陈皮产业，资金实力强，同时产业认知、顶层设计视野开阔，用现代农文旅融合综合体、三产融合的方式来做产业，一下子把陈皮产业推到了新的高度。在陈皮村没有建起来的时候，别人来看这个产业没有什么亮点，因为产业规模也不大。陈皮村建起来以后，大家来一看，"哇，原来新会陈皮这个产业可以做得这么大、这么好"，看完以后，印象非常深。陈皮村也一度成为新会陈皮产业对外交流展示的大平台，对新会陈皮区域公用品牌宣传起到了很大的作用，成功带动了很多市场主体发展。

　　"一贷"，即"陈皮贷"。可以让农民用很少成本做抵押贷款。最开始是政府拿出一笔资金作"政银保"，银行按1∶15来扩大放贷。但是一开始，银行放贷卡得比较紧，放贷少，农民的抵押物少。后来我们推出"陈皮贷"，把农户有关陈皮经营的情况信息（种植面积、树龄、预期产量等）统计起来，通过产业园的大数据平台入库，银行根据农户种植新会柑的面积来放贷。我当时也跟银行方算了一笔账：新会陈皮和一般农产品不一样，具有越放越值钱的特性，这也获得银行方的认可。"陈皮贷"累计贷款超过了1个亿，后来广东省农业银行还给了我们10个亿的授信额。

　　"一协会"，新会陈皮行业协会。新会陈皮的发展离不开以陈皮行业协会为代表的陈皮从业者、爱好者的共同努力，他们不停钻研产业高质量发展之道，讲述新会陈皮故事。

　　"一种（zhǒng）"，本地原产茶枝柑品种（品系）。我们新会很早就有一个新会柑良种繁育场，这对品种保护起到了很好的作用。

　　20世纪60年代，新会选育出新会柑"大洞05"等优良单枝。到了90年代，新会联合华南农业大学、仲恺农业工程学院、广东省农业科学院和中国柑桔研究所进行提纯复壮良种，先后成立"南亚热带良种繁育基地"和"广东省水果良种苗木繁育场"，构建起完善的新会柑橘良种无病苗繁育体系，并培育出首株良种无病新会柑苗，批量供应生产需要，从源头上实现了对重大病虫害的控制。

按照新会陈皮国家现代农业产业园的规划，在广东省农业科学院果树研究所的大力支持下，2016年，集苗木繁育、科研、示范、技术推广于一体的新会柑种质资源中心和无病苗木繁育基地建设成立，年产新会柑无病毒苗木可达200万株，现已收集了大种油身、细种油身、大蒂、高笃和短枝密叶5个品系共99份茶枝柑优良株系，对新会区各镇不同产地包括来源于圭峰山、东甲、天马、七堡、大洞树等重要产地及不同树龄的新会柑（陈皮）种质资源园圃进行保存。

"一种（zhòng）"，指在新会这个特定的产区种植，也包括了新会陈。新会种（zhǒng）、新会种（zhòng）、新会陈是新会陈皮道地属性的要素。我们拿下了"一果双地标"，这在全国范围内也是很少见的。

"一非遗"，"新会陈皮炮制技艺（中药炮制技艺）"入选了"传统医药"国家级非物质文化遗产代表性项目名录，这对新会陈皮制作技艺的传承和保护起到了非常重要的作用。

"一检测中心"，新会陈皮质量监督检验中心（2018年成立），这让新会陈皮质量和产业竞争力进一步得到提升，同时倒逼推动农户标准化、规范化、绿色种植。

"一标准样本库"，这个对新会陈皮走得更远十分重要。我们在新会不同的地方，选择种植户、企业，作为选定样品点，将他们生产的新会陈皮放进这个陈皮样品库，若干年后，完全可以通过量化的指标分析出不同年份新会陈皮的量化指标到底是怎样的。

新会陈皮标准样本采样点是由新会陈皮行业协会、各镇街推荐的具有代表性、科学绿色种植的柑场，为新会陈皮产业发展提供基础性、公益性和长久性支撑。新会区农业农村局为新会陈皮标准样本库采样点样本收集进行培训和指导，并与新会陈皮标准样本采样点签订合作协议和颁发证书。

"人+园"引发"蝴蝶效应"

贾　枭：产业园的建设让新会陈皮从地方"土特产"进入了"国家队"（国家级产业园）。您前面提到了很多因素的确重要，但在我看来，这些都只是外部作用力，最根本的还是产业内部本身。在您看来，最核心的原因是什么？

黄锐楼：应该是人。新会陈皮产业有一帮爱陈皮、懂产业的陈皮人，沉下心来去研究、推动这个产业。有几个人让我印象比较深。

一个就是"陈皮村"吴国荣。他见证了"陈皮村"的成长，他不断地往新会陈皮产业里面投入，在没有看到实际收益之前这个过程是很痛苦的，而且他是从另一个行业进入这个产业，一开始行内、行外都不理解，包括他现在做的陈皮仓储模式，当时很多人不认同。但他一直很用心、用情、坚持做可溯源的新会陈皮，才有了今天"陈皮村"这个平台的成功。

第二个是新宝堂的陈柏忠，我们叫他"陈皮忠"，他当时是作为一个很年轻的接班人来做新会陈皮，在新会陈皮申请国家非物质文化遗产过程中新宝堂起到了很大的作用。他的另一个贡献是，从一个传统陈皮中，通过创新做成了"陈皮酵素"、陈皮奶、陈皮气泡水、陈皮咖啡等产品。他和很多高校科研机构建立合作，搞研发做陈皮药用深加工。

还有像丽宫食品的区柏余等。应该说因为有了这个产业园，有了各级领导重视，有了国家产业园的扶持，带动了整个产业体系的完善、升级，而产业园建设又很好地带动了市场主体进入新会陈皮行业，市场主体进入以后带来了资金、科技……这个产业自然就不断发展。

贾　枭：其实产业园的建设是发生了一连串的良性连锁反应。

黄锐楼：对。有了产业园，各大新会陈皮经营主体不断发展壮大，丽宫、新宝堂、"陈皮村"等不断扩大经营规模和产业链条，之后又有了泓达堂等一批新生力量的加入……

贾　枭：这就像"蝴蝶效应"一样。

打好基础保好品牌至关重要

贾　枭：您作为这个产业曾经的分管领导，对新会陈皮也很有感情和思考，新会陈皮现在发展速度很快，如果要居安思危，您会思考哪些危机？

黄锐楼：从我个人角度来看，一个是道地性的保护问题，另一个是品牌保护问题。在产业园创建的时候，有两个事情已经做了一些基础尝试。一个是新会陈皮标准样本库的建设，坚持每年在新会不同种植区域采样保存；另一个是溯源大数据平台建设，推动全产业链标准化、规范化，同时根据种植大数据进行不同产区的划定，进行分级等。

这两个是我认为最关键的，如果能做好，新会陈皮产业完全有底气实力再继续做大做强。

开启"陈皮＋"的永久荣誉会长

"逆向而行"干陈皮

贾　枭：我看到一个介绍，您是新会陈皮行业协会的"永久荣誉会长"。荣誉会长很多，但"永久荣誉会长"不多，这足以说明您对新会陈皮产业的贡献，大家高度认可。您是从什么时候开始干陈皮，那个时候新会陈皮产业是什么样子？

区柏余：我就是新会人，之前是在香港、澳门做贸易。1995 年回家乡江门投资，开了江门丽宫酒店。酒店在 1997 年 7 月香港回归的时候开业。我做酒店接触过各行各业的人，发现都没有人探讨过新会陈皮，很多当地人都忘了这个东西。90 年代我回新会的时候，新会柑的种植面积很小，只有几百亩地。以前政府鼓励种，但农民收益不好，没有渠道卖。还有一个是种植技术也不行，黄龙病影响很大。

但我一直有一个想法，新会陈皮是新会几百年历史流传下来的东西。这边在外的华侨，什么东西都可以不带，但一定要带上陈皮。它是一种思念家乡的寄托，有一种情怀在里面。所以当初干陈皮，一个是因为家乡情怀，还有一个就是想帮助一下农民。当时就是到处跑，收购农民的柑橘和陈皮。

贾　枭：那个时候农民都卖不出，您买回来想好怎么做了吗？

区柏余：因为我做的是餐饮，新会陈皮在本地人生活饮食中使用还是比较多，比如煲汤，生病了煮点陈皮水喝，等等。所以我想，这个陈皮还是有很多用途，是有市场的，尤其是在食疗养生这块。

贾　枭：可不可以这样理解，您当时做酒店可以把陈皮用到食材中去。

区柏余：是的。但一开始并不顺利，很多人都反对。在研究陈皮食品上花了很多时间、资金。一开始用在餐饮里面，尝试了一百多个产品，没有多少人接受。陈皮月饼这款产品比较成功，主打健康食品，少油少糖，也是经过了很多次反复的实验才找到了合适的配料比。

贾　枭：陈皮月饼这款产品最开始市场反响怎样？

区柏余：一开始其实也并不太好，1998年产品出来后，主要还是通过送给客人免费品尝来推广。经过一两年的推广后，广东人逐渐接受了，当时一年有几万盒的销售，后来逐渐一年的销售能有几十万盒。最高的时候一年卖出过50万盒，很多人选择用它来送礼。现在人们生活观念又改变了，对月饼的需求没有前些年那么大，但我们目前是江门地区月饼销售最高的一家。

贾　枭：您当时把陈皮用于做健康餐饮、食品的时候，市场上有其他人这样做吗？

区柏余：基本上没有。以前大家也就是煲汤、做糖水的时候放一点。用途很小，还是比较传统的用法。我应该是第一个做陈皮食品的。

贾　枭：您刚才谈到，最开始这个事，团队是不支持的。那您为什么会坚持做这个事，是看好市场还是什么？

区柏余：我一直坚信新会陈皮是老祖宗留下的，对身体健康非常有益的一个东西，是好产品，怎么会没人用、没人来发展呢？那我就来干这个事情。

贾　枭：陈皮月饼之后，还开发了什么产品？

区柏余：后来开发了陈皮酱、陈皮酒、柑普茶，等等。我们总共拿了21项国内发明专利。我一直认为，陈皮的大机会在于深加工。

贾　枭：目前公司主打哪些产品？

区柏余：陈皮超过30%，柑普茶超过1/3，其他就是陈皮饼类、陈皮酒等。

贾　枭：您有没有算过，这些年在陈皮食品研发方面投入了多少？

区柏余：没有算过。但是近10年来，我们每年在研发方面的费用在300万到500万元。

> 1998年，区柏余在丽宫酒店成立了新会陈皮产品研发小组，研究开发了一系列以新会陈皮为原材料的特色菜肴；1999年开始研发陈皮月饼，2000年中秋正式推向市场，受到普遍欢迎；2002年，举办第一届新会陈皮美食节，各大媒体纷纷前来采访，陈皮菜系得到了广泛关注，随后江门以及周边地区的餐饮行业涌现出众多以新会陈皮为主要原材料的特色菜肴；2004年，创立江门丽宫国际食品有限公司（简称丽宫食品），推出自有品牌——"侨宝"。目前已有"新会陈皮"为核心的"陈皮茶饮""陈皮月饼""陈皮花式饼""陈皮酒""陈皮酱""陈皮坚果"六大系列上百种陈皮深加工产品。

贾　枭：丽宫食品是从什么时候开始做柑普茶的？

区柏余：2011年开始研发柑普茶工艺。我们公司是比较早做这款产品的，那个时候和澜沧古茶、北京同仁堂、陈李济等合作，给他们做代加工。其实从清朝开始，新会就有用大红柑来做的陈皮普洱茶，但不是这几年大火的小青柑。

贾　枭：目前这款产品销售情况怎样？

区柏余：这几年公司柑普茶一直保持在10%～20%的增长，但是柑普茶整体市场近两年在下滑，行业鱼龙混杂，很多质量跟不上。一些大企业品牌卖得好一些。

贾　枭：现在丽宫食品公司每年柑普茶的营收有多少？

区柏余：差不多1个亿。

贾　枭：您印象中小青柑是什么时候火起来的？

区柏余：2015—2016年。

贾　枭：您觉得小青柑这个产品火起来后对新会陈皮产生了怎样的影响？

区柏余：影响很大，对整个新会陈皮产业的壮大有很大帮助，带火了新会陈皮。同时还增加了农户收入，小青柑采摘对大红柑的产量没有多大的影响，因为中途不采摘，一些果子也会自己掉落，这是自然过程。

> 新会柑每年有不同的采摘时间，一般的小青柑采摘时间大致在5月份，用来制作小青柑普茶居多；青柑（制作青皮）采摘时间大致在10月份；二红柑（制作二红皮）采摘时间大致在11月初开始；而新会大红柑（制作大红皮）采摘时间大致在12月初开始。

贾　枭：到目前陈皮深加工整体市场是个什么情况？

区柏余：现在陈皮食品已经衍生出了很多产品，做这块的公司很多，但规模都还比较小，这两年陈皮中医药、医疗也在崛起，我认为有很大的空间。

贾　枭：您可以说是见证并推动了整个新会陈皮产业发展，在什么时候您感觉新会陈皮产业真正发展起来了？

区柏余：应该是2010年左右。那个时候政府开始加大了新会陈皮的宣传力度，举办了第一届新会陈皮文化节（2011年11月举办首届"新会陈皮文化节"）。

贾　枭：据说首届新会陈皮文化节之后，新会陈皮的价格一下子就起来了。

区柏余：印象中当时涨了30%～40%的样子。之后越来越多的人加入了这个行业，这个市场单靠一个人是做不起来的。

打造产业园引导规范加工

贾　枭：据了解，丽宫食品是新会陈皮国家现代农业产业园的"大加工"代表企业，其中非常重要的板块是丽宫新会陈皮产业园，您是什么时候开始筹建丽宫产业园的？

区柏余：应该是2015年。

贾　枭：这比新会陈皮产业园获批国家现代化农业产业园创建（2017年）还早。当时为什么想到干这个事？

区柏余：我做这个产业园是希望能够带动大家规范加工。新会陈皮发展到这个阶段（2015年），已经比较有名，但很多还是在农田里面搭棚加工，陈皮晾晒很多在大马路上，这不可避免会有污染。在丽宫陈皮产业园里，我们提供加工场地、设备、标准等，大家按照要求来做，能很好地保障产品品质。

贾　枭：您当时就已经想到通过产业园这样一个空间载体，来规范、引领更多的小微企业来规范化生产加工。

区柏余：是这样一个考虑。就像是种植果树到了"护花期"，新会陈皮到了这个阶段，品质必须把控好，走规范化、专业化的生产加工路线。

贾　枭：当时这个产业园规划了多大面积？

区柏余：我们一期规划有10万平方米的空间，80多亩地。这当中最核心的板块就是加工。

贾　枭：您有没有算过账，您的丽宫产业园到现在总共投入了多少？

区柏余：差不多超过8个亿了。

贾　枭：这个投入很大，资金从哪里来呢？

区柏余：我们还有酒店等业务，主要靠其他板块的收入来支撑。这几年也有来自政府的一些政策支持。做农产品真的是需要很长的时间和投入，才能把一个产业、品牌做起来。

贾　枭：能不能透露一下，丽宫食品在什么时候开始实现盈利的？

区柏余：2012年才开始有盈利。

贾　枭：在您看来丽宫陈皮产业园，包括后来新会陈皮国家现代农业产业园建设，起到了什么作用？

区柏余：我们企业的产业园虽然建得早，但能做的毕竟有限，国家现代农业产业园对新会陈皮产业知名度的提升有很大帮助，依托产业园政府对产业的规范管理更重视起来了，对我们来说是很大的助推。

贾　枭： 新会区绝大部分的企业都进驻新会陈皮产业园了。这其实和您当初干产业园的初衷是一致的，只是作为企业，没有办法改变整个行业，只能做局部规范引领。同时这对于企业来说，也保证了原料、品质等。

区柏余： 是这样的。

> 丽宫新会陈皮产业园已发展成为新会陈皮国家现代农业产业园"大加工"代表——丽宫研发加工园、产业园标准化示范场。园区集现代农业、科技工业、文化旅游于一体，规划面积约20万平方米，设有茶枝柑深加工孵化器、新会陈皮研究院、质量检验检测中心、陈皮酿化中心、陈皮品牌中心、陈皮文化博物馆及陈皮养生馆七大功能性机构。到2020年底已有50多家企业、品牌进驻产业园，年接待20多万人次。

上市的初心为"规范"

贾　枭： 丽宫食品被誉为"新会陈皮第一股"，据悉2017年成功在新三板挂牌上市。当时为什么会想到上市，是想融资还是什么？

区柏余： 我当时上市主要目的倒不是考虑融资，而是希望通过上市推动公司管理标准化，更规范化运作。做农产品没有一个规范、标准，很难保证品质。新会做陈皮的企业大大小小有两千多家，但目前没有多少家是很规范化运作的。我上市一个重要的想法就是要规范化、标准化。另一个是，让公司管理人员能够真正参与到公司的经营管理中来，我们公司有一部分股份是留给公司管理人员的。

江门丽宫国际食品股份有限公司于2017年成功挂牌新三板，成为新会区第一家以新会陈皮产品为主营业务的挂牌公司，获称"新会陈皮第一股"，已发展成为集新会陈皮系列产品研发、生产、销售、产品OEM（俗称代工）为一体的综合性食品生产加工企业，国内最大的新会陈皮生产加工企业。

贾　枭： 新会区政府在推动丽宫食品上市过程中有过哪些帮助、支持？

区柏余： 给了很大的帮助支持。我们一开始都不知道该怎么做，特别是农产品，比如种苗、陈化几年等，这些量化标准具体要求是怎样的，我们都不清楚。现在我们公司一共报了3个团体标准，组织农户组成了丽宫新会陈皮产业联盟。我们有种植的标准、要求，尤其是农药、化肥这块。合作农户的新会柑，我们每年都按市场价格来保底收购，一般价格会比市场高一点。

贾　泉：一亩地能收多少斤鲜果？能做成多少斤皮？

区柏余：鲜果4000～6000斤。100斤鲜果大概可以做4.5斤皮，另外陈化3年之后，还要减少15%。

贾　泉：去年大红柑的收购价格是多少？

区柏余：一级产区一般都在10块钱一斤。

贾　泉：这个联盟里面，农户是在种植环节就完成了利益分享，还是还有其他的？

区柏余：我们会不定期邀请一些专家来给大家做一些培训，品种、技术、水土化验等。我们还在天马周边拿了泥土，将这里改土，开展水肥一体化建设，不用农药和除草剂，都是靠人工除草。

　　2017年，丽宫食品联合产业园内外柑农、专业合作社建立丽宫产业联盟，与农户抱团发展，合作柑园面积达到20000多亩。同时建设新会柑标准化种植示范园区——丽宫陈皮庄园项目，鼓励农户提升种植技术、标准化种植新会柑。2022年，丽宫食品牵头，联合园区内48家单位，起草了《新会柑种植技术规范》《新会陈皮干仓仓储管理规范》《新会陈皮感官评定办法》三项团体标准，于2022年3月24日发布并实施，这是新会陈皮产业首次制定团体标准。

年投千万做宣传

贾　泉：从全国实践来看，能花大价钱去宣传推广区域公用品牌的企业很少见，基本都是由政府来承担这项职责，但我发现在新会，企业在品牌宣传上比政府更卖力。您能不能介绍一下丽宫食品在品牌宣传上的情况？

区柏余：公司每年都会到很多城市去推广新会陈皮。重视品牌营销，去年我们用于品牌宣传的资金投入大概有一千万元。

贾　枭：主要是用于哪些宣传？

区柏余：广告、展会推介，举办产业论坛、文化节、品鉴会等，以及培训陈皮制作工艺师和品评师。

从2016年起，丽宫食品每年举办新会陈皮大讲堂、参加多个省份举办的茶博会、举办新会陈皮收藏文化节、侨宝新会陈皮膳食育成班、七月果经销商大会等一系列宣传推广。2017年以来，侨宝新会陈皮广告每年连续亮相央视多个黄金频道。在全国各地举办了1000多场"区柏余专家工作室——新会陈皮酿化技术传承工程系列活动·侨宝全国巡回尊鉴会"，对数万人传播新会陈皮文化。2021年开始在全国多个城市开设侨宝新会陈皮文化体验馆、侨宝新会陈皮旗舰店。同时作为新会陈皮非遗传承人，区柏余培育了200多名采用传统烟熏仓储方式制作新会陈皮的工艺师和品评师，在新会陈皮行业有很高的声誉。区柏余："人家说我是陈皮佬或者农民佬，能为陈皮出一份力，让新会陈皮能够发扬光大，我很高兴了。"

坚定品质不忘初心

贾　枭：新会陈皮现在很有名，但出名也有出名的"烦恼"。在您看来，现在整个新会陈皮行业的最大烦恼是什么？

区柏余：现在有的人通过一些工艺把新会陈皮"年份改变了"，我认为这个对以后新会陈皮的发展影响很大，但现在我们（单个企业）改变不了整个市场，只能要求自身，不忘初心、坚定品质、长远发展。这二十多年来，我一直坚持的就是怎么样能把新会陈皮做得更好，保证"侨宝"这个牌子的品质信誉。我当时取名"侨宝"就是表达，新会陈皮是江门侨乡之宝，希望能百年传承下去。现在政府也出台了保护条例，上线溯源系统，但关键还是得执行下去。

2020年7月1日，由江门市人大常委会自主起草完成的《江门市新会陈皮保护条例》正式实施，这是广东省内首部针对单个地理标志保护产品制定的地方性法规。

贾　枭： 来到新会，一个最大的感受是"产业人才多"，市场主体非常活跃，包括听说近几年回乡选择陈皮创业的年轻人不少。您怎么看新会陈皮"产业人才多"的现象？

区柏余： 这几年越来越多的人加入新会陈皮这个行业，这是好事。现在我们公司管理运营基本上都交给年轻人去干，我负责坐镇，把品质这块坚守好就行了。

"标新立异"的"吴村长"

用"三产融合"做好陈皮

贾　枭： 据我了解，2019年，韩长赋部长来新会调研的时候说了两句"够格"，其中一个就是您这个"村长"够格。您讲的一句话特别好，"新会陈皮是中国现代农业的一个缩影"。它的一个典型发展特征就是"融合化"，其中"陈皮村"是代表，所以我们这次是慕名而来。您当时打造"陈皮村"是很创新大胆的想法，这个想法是怎么来的？初心是什么？一路走到今天，有没有实现您当初的夙愿？

吴国荣： 我就按照我的感受来谈一谈。新会陈皮有700多年的历史，我是新会人，当初跨界创立陈皮村，有家乡情怀的因素。另外，当时选择回乡深耕陈皮也离不开政府的推动。2011年，我发现一些新会区政府领导对这个产业有很强烈的发展意愿，举办了第一届新会陈皮文化节，并用文化推动产业发展，我甚是认同，尽管那个时候我还没有正式参与这个产业。

过了一年，当时新会区时任区长伍培进和我聊天的时候，问我有没有兴趣加入新会陈皮行业。我当时和飞利浦、埃克森美孚等公司合作，主营国际贸易（现在也还在做），算是有一定资金基础，才有底气去投资新会陈皮。

但是到底该怎么做呢？我跟区长说，你给我一年的时间，我得好好学习一下到底怎么做。因为发展产业，定位太重要了。当时我去了很多地方学习，一直都没有找到满意的模式，直到去了我国台湾以及日本、美国。

给我印象最深的是台湾，一盆芦荟可以做成化妆品、日用品，进行旅游体验等，把一二三产全部融合了起来，这启发了我。新会陈皮的药食同源，有千百年的应用历史，应该说更具有发展前景。2012年底回来之后，我感觉自己对怎么做陈皮有点眉目了，但还只是有了初步概念，具体怎么落地还是一个巨大的挑战。

以前大家做农业只关注一二产，往往忽略了三产，那我们就要把三产做起来，于是就有了"陈皮村"，我要通过文化、旅游的推动把新会陈皮的影响力打出去。当时新会区政府也有两年一届的新会陈皮文化节，我们就借此契机，用文化旅游赋能产业发展。"陈皮村"是我的一个梦想，希望把它作为一个陈皮文化、旅游、市场、贸易的集散地，推广到全国。这在当时是一个很大胆的创新构想，颠覆了大家对"村"的认知，我内心没什么底，却也对项目充满希望。

当时找了广州美院的吴宗建教授，请他来操刀文旅创新设计，商业设计部分我自己负责。当时我们在广州一家酒店畅谈了一个晚上，他说你这么有情怀我帮你。于是，就开始用那一片土地资源开启了策划。

贾　枭：只是一块地，并不是一个村子？

吴国荣：就是茶坑村的一块地而已。具体规划的时候，也不知道到底用什么文化来落地，推翻了好几稿，最后选定了用岭南文化加侨乡文化融合的方式，打造了一个以竹为载体、融合新会陈皮的空间。2013年动工，时间很紧，陈皮文化节马上就要举办，我们也想利用这个契机把陈皮村推出去，最后运气好，碰对了。2014年5月，我们举办新会陈皮美食节，一天超过2万人次。那一年，陈皮村接待游客超过100万人次。

> 2013年11月15日，第二届中国·新会陈皮文化节在陈皮村开幕，
> 此活动重磅内容之一——新会陈皮村博览会也在新会陈皮村举行。

贾　枭：您当初把这个地方叫做"陈皮村"，用"村"这个概念就是想走生活化、融合化？

吴国荣：就是这个考虑。很幸运，我们注册"陈皮村"的时候，以为批不下

来，结果批下来了。

贾　枭："陈皮村"是什么时候全部建成的，您当时投资了多少?

吴国荣：到2014年上半年才全部完成，当时一共投资3个多亿，那个时候真的是一天烧50万元，也很有可能就打水漂了。很多人都说我是"疯子"，他们说"你做这个陈皮真的很难成功的，这样烧钱真的很危险"，但是我这个人就有点"不撞南墙不回头"，当时有一个信念就是一定要把它做成功。一开始跟着干的有一百多家陈皮商户，得让他们赚到钱，自己五年内不要想着赚钱。

"从头到尾"打造陈皮行业标准

贾　枭：您从一开始打造陈皮村，就在探索"产业标准化"，在推动新会陈皮标准化上，做了很多个"第一"。但大家都知道，干农业，标准化是非常难做的一件事情。新会陈皮作为一个历史传统产业，大家对于怎么种植、加工、储藏、销售等都有比较成熟的"传统经验"。您当时为什么会非常重视"产业标准化"，要重新"定义"它?

吴国荣：一个产业，没有标准，就没有未来。当我做"陈皮村"的时候，发现这个产业还有很多短板没有补上——没有标准、市场很乱。我们决定从源头开始，探索形成了种植标准、加工标准、仓储标准、定价标准、交易标准。

第一个是源头，种植标准，一定是科学种植保证食品安全。从2013年开始，我收购的所有茶枝柑，首先要检验检测、建立档案，当时还找了（新会）海关负责检验检测的人来帮我们把关，十年来，在这个环节上，我们没有半点放松。同时第一个采用大数据溯源，把每一个环节记录、串联起来。我们合作的农户果园，种什么果、什么时候种、什么时候采购、什么时候加工……全部有记录。

> 2014年3月，陈皮村柑桔种植专业合作社成立，目前合作社成员超180家，种植面积达20000亩，为新会区最大的新会柑种植专业合作社。

第二个加工标准。传统的陈皮加工，没有质量检验，摘下来不清洗，开了皮直接放在地上晒，很容易造成第二次污染。再一个，如果下雨，开皮之后72小时之内如不能及时晒干，它的品质就会发生变化，就像食物一样超过期限就会变质。所以，我们规定72个小时内要完成从采摘、风干到进仓陈化。我们跟广东省农业科学院合作研究这个问题（陈皮村的茶枝柑清洗和高效干燥工艺），研发出了陈皮村的鼓泡式清洗和热风低温风干技术，前者保证了鲜果的表皮洁净与食品安全，后者有效杜绝大部分霉菌生长，同时保证柑皮的活性营养物质更好保留。

第三个仓储标准。新会陈皮的陈化，需要冷热交替陈化、干湿交替陈化，但高温高湿时间长了又会发霉、长虫。我们也是跟广东省农业科学院合作，研发出标准仓储技术，设计了控温控湿的系统，可以根据春夏秋冬不同的气候环境来调节（陈皮村标准化仓储中心保持在干燥、通风、相对湿度70%左右、温度不超过30℃的环境中，能有效保留新会陈皮黄酮类化合物和挥发油等活性成分）。

2014年，陈皮村与广东省农业科学院合作，制定了陈皮行业第一个标准——加工仓储标准，并于2014年10月14日颁布企业标准，成为陈皮行业里首家在质监局成功备案加工仓储标准的企业，并荣获"采用国际标准产品标志证书"和"广东省采用国际标准产品认可证书"。

第四个定价标准。定价标准是综合种植成本、土地租赁成本、加工成本、仓储陈化成本、金融前景等给出的科学定价参考。陈皮预售活动举办到第六届了，已经成为行业价格风向标，现在每年很多人都会到陈皮村来看看，今年的新皮是什么定价。大家也不是一定要按照我们给出的价格，但是可以参考，按照实际情况，上下浮动。

最后是交易标准。新会陈皮的核心价值在于"陈"，新皮虽然很便宜，但是随着每一年时间的推移陈化，它的价值会不断往上走。这也让陈皮有了一个金融属性的效果。李时珍《本草纲目》记载"陈久者良"，陈化时间越长，有益人体的活性成分、药理指标都会越来越好。我个人有一个总结，陈皮是"369"，3年才能称得上是陈皮，6年适宜日常使用，9年以上是最好的。

可以说，在行业标准化这块，陈皮村是一个表率。一直以来，我们也很严格地遵守自己的初心、承诺。我们这两年又突破了，在美国食品和药物管理局（FDA）备案，我们的陈皮可以堂堂正正出国了，这是一个历史性突破。现在我们的陈皮产品在洛杉矶、多伦多等都卖得很好。一个产业一定要有标准，食品安全的门槛要守住守牢。

目前陈皮村拥有1500吨新会陈皮容量的标准仓储中心，首创并举办多届新会陈皮预售节，成为每年新会陈皮销售市场的风向标。

守护地标，做中国陈皮领头羊

贾　枭：您作为新会陈皮标志性人物，怎么看如今的产业发展情况？对它的未来有什么看法？

吴国荣：关于新会陈皮产业如何保护、融合发展，打造成为中国陈皮中心，我曾写了一份建议报告给政府。一直以来政府苦于怎么确定、统计新会老陈皮年份等，我认为这个东西不必纠结，应该把国家地理标志作为标准，还有把大数据做起来，不仅是新会陈皮的大数据，而是中国陈皮大数据。我希望新会有这个格局、高度，要带头起来把陈皮的盘子做得更大，让更多的农民致富。

具体怎么做？先把新会陈皮地理标志保护用起来，用地理标志证明商标授权来设置门槛。我认为，中国陈皮分三种，第一是像茅台的飞天，就是新会陈皮；第二是两广（广东、广西）陈皮，第三是两广以外的陈皮。把新会种（zhǒng）、新会种（zhòng）、新会陈，这三个要素要定好，通过大数据管理平台，由政府进行国家地理标志证明商标的授权。如果一直纠结通过专家、基因检测的手段来分辨真假，目前阶段还是很难做到。

贾　枭：它本质上还是一个"非标化"的农产品。

吴国荣：没错。现在新会政府也开始推动这一块的工作，我很高兴看到，政府接纳了我的意见。2023年发布的《新会陈皮产业高质量发展》白皮书，里面有不少内容，和我提出的建议相近。能够为这个产业贡献一点力量，是值得骄傲的事情。

贾　枭：您前面提到，新会陈皮要做中国陈皮的领头羊，未来的空间在哪里？

吴国荣：我们的陈皮村·陈皮产业中心，正聚合上下游产业资源，计划打造中国陈皮交易中心，构建"学、研、产、城"的集成创新体系，形成产业集群效应。

这个交易中心，不仅要把新会陈皮，还要把两广、福建、浙江、江西、贵州、四川等地的陈皮定价统一规范起来，由新会陈皮行业领衔。我们必须要有这个目标和勇气。各地做陈皮的机构和企业，来陈皮村考察学习。曾有人提醒，我们不要把自己的优势讲得太清楚。我说，就是一五一十、原原本本告诉他，他们也赶不上我。我们有这个平台，可以带动他们一起致富。我们要有这个大格局。

单纯卖陈皮对我来说没有什么挑战，未来这个产业要更进一步，得往生物科技、大健康去发展。新会陈皮要从百亿做到千亿，必须从这个方向走。这是新会陈皮产业的未来，也是中国陈皮产业的未来。

现在我们有陈皮茶、陈皮饮料、陈皮酒等各种陈皮食品，陈皮美妆产品、陈皮养生品也已经开始。我们公司2022年收购了一家生物科技公司，做陈皮香氛，研发"春夏秋冬"系列产品，春天用新会茶枝柑的花瓣提炼精油；夏天用小青柑；秋天用二红柑、大红柑；冬天用十年陈皮香，它里面的挥发油、活性成分是一流的。还有新会陈皮历史传承下来的二陈汤，这个做凉茶一定比王老吉还好。"新会陈皮＋"还有很多可以探索，1000个亿是完全可能的，只要用心去做。

但是目前有个大问题是，假冒伪劣，工艺陈皮……大家说的"水很深"。这是我最担心的一个事情。最近两年因为陈皮一下子打开了市场，有些不够卖了，老陈皮没剩多少了。我的一个原则就是，消费者想买好陈皮，我们用时间去沉淀出好产品。陈皮放这么久，它的成本是很高的。现在很多人买陈皮担心买不好，又担心贵，这是一个矛盾。贵的东西不一定好，但便宜超出合理范围的一定不好，因为陈皮这个时间和成本，不允许卖那么便宜。我们做这个仓储中心，投入几千万上亿。我们现在的定位是，不跟行业去竞争了，而是专注做头部，"二八"法则，我们做头部的20%，面向高端消费群体，现在卖得也很好。我们从2020年已经开始盈利了。

贾　枭：您说的是整个陈皮村公司吗？

吴国荣：对。我做这个陈皮村其实有很大一部分是"公益"，整个园区留给自己的空间不大，给租户的租金也不贵。这是我应该做的，打造陈皮村这个平台，现在两百多家商户基本实现盈利，还有十来个千万元的"先富商户"。

坚守初心做"长跑运动员"

贾　枭：陈皮村是您一手绘就的，到现在已经10年，实现您当初对它的期待了吗？

吴国荣：其实我当时的想法没有很宏伟，就是希望打造一个平台，让商家、果农一起赚点钱。初心很简单，但具体怎么走，投入这么大，是没想到，最开始以为两三亿就够了，现在已远远超过这个数字。近两年陈皮村的发展，是有些超乎我的想象。

贾　枭：您指的是哪方面超出想象？

吴国荣：这两年新会陈皮这个产业，好像突然间就在全国有了很强的影响力。

贾　枭：您觉得原因是什么？

吴国荣：我认为还是天时地利人和。一个是政府重视，每两年举办一届新会陈皮文化节，这个很重要。第二个是陈皮村这个平台，用文旅推广新会陈皮，增加影响力，我们几乎每年都有100多万的人流量。还有一个是（新冠）疫情影响，全民健康意识提升。最后是《狂飙》的话题影响力。

贾　枭：据说《狂飙》这部电视剧是在江门取景，"代言"了陈皮。

吴国荣：没错。我现在最感动的是，陈皮村已经成为很多人致富创业的一个依靠，很多商户一年365天都在陈皮村，这里就是他们的"家"，没有一天不来，大家很有归属感。2013年陈皮村才建起来的时候，有的小孩子还很小，现在都上大学了，看着他们长大，我感觉很有意义。陈皮村在意的不是赚钱多少的问题，而是企业价值观的问题。

贾　枭：听完"村长"的讲述，我有一个很深的感受，新会陈皮贵在陈、难在陈、路在新。

吴国荣：创新不容易，我每一次创新都受到了打击、非议。

贾　枭：最后想问一下关于"陈皮村"未来传承问题，您也讲过要做"百年陈皮村"，据我了解新会陈皮也有不少的"皮后代"，对于陈皮村的延续性，您是如何考虑的？

吴国荣：我最近在反复考虑这个问题。我就一个儿子，但接力棒还是得交给一个团队，通过一种良好机制运营，我希望这个"小村"能活下去，活一百年。我们现在已经过了最困难的时候，做企业要做"长跑运动员"，不要就盯着眼前的利益，放弃了初心，脚踏实地，把基础打好，一步一步走，深耕一个行业，做好企业，没有什么了不起的秘诀，用心去做，就会立于不败之地，这一点很重要。

守中拓新的"皮四代"

志在陈皮，"皮四代"顺心接棒

陈柏忠首先让人记住的不是他的老字号掌门人身份，而是精心打理、约至齐肩的头发，加上身材清瘦，戴上银框眼镜，倒像是一个搞艺术的。他给人的这种"新奇"之感，倒十分符合外界对他的评价——胆识、魄力。

陈皮传承上千年，陈柏忠一家与陈皮何时结缘无从追溯，但"新宝堂"从何而来十分清晰。他的曾祖父陈继耀于清朝光绪三十四年（1908年），在新会会城边开办了一个卖陈皮的小店铺，大号"新宝堂"，寓意"陈皮乃新会之宝"。不过世事难料、生活不易，陈家陈皮事业几经风雨，"新宝堂"在历史中冷寂了近半个世纪。直到1989年，陈柏忠的父亲陈辉林让"新宝堂"的招牌重现，取名"新宝堂陈皮批发部"。

1978年陈柏忠出生于新会，在陈皮熏陶之下长大，看着祖辈、父辈经营陈皮，陈皮对于他，不仅是家族谋生之本，更多的还有亲情和乡情。他从小就立志——把家族基业传承下去，将"新宝堂"字号发扬光大。从13岁懂事起，就跟随父亲学习、钻研新会陈皮炮制技艺、储存工艺、质量鉴别技艺等专业技能。大学毕业后，他并没有直接"接班"，而是先去企业里面闯荡了5年，2004年5月正处职业上升期的他，毅然辞职回家，心里很笃定：此生，志在陈皮！此时，他父亲的新宝堂陈皮购销部在经历了以批发为主的重新起步后，储存了比较充足的陈皮货源，拥有一批比较稳定的客户，已进入平平稳稳的正常运作阶段。父亲对他的回归也充满期待。

首先从基本功做起，学习识货。不仅要学会辨别各种陈皮之间的微小差异，能从椪柑、扁柑、蕉柑、四会柑、潮州柑、温州柑等五花八门各类柑橘制成的陈皮中，准确找出哪些是正宗的新会陈皮，还得能辨认陈皮的规格、种类、性质、年份等。除了这些，陈皮的产生、成分、作用、价值、使用以及陈皮行业形成等，也是必修课。这些过关之后才是陈皮经营。

父亲传授他经营法则：做陈皮，要了解市场，搞好销售，积累客户，诚信经营。他深以为然，初生牛犊充满了干劲儿，一趟一趟到处跑市场。此后3年里，陈柏忠多次往返新会、广州之间，做陈皮批发生意。其中遭遇的冷眼教训、流过的艰辛汗水，他甘之如饴，但是否就这样沿着父亲的经营路径继续下去，他已有了新的思考和打算。

创新营销，陈皮开启"新玩法"

"阿爸阿妈……陈皮大有前景，父亲已经打下了基础，我作为第四代，应该想办法做得更好。以批发为主，没有自己的品牌，市场很容易乱，出现价格恶性竞争，利润很微薄，很难打开局面，做一番事业。我想改变经营方式，将批发为主改成零售为主，先在新会开专卖店，打出我们自己的品牌'新宝堂'。等到条件成熟，我还准备建连锁店，增加陈皮的系列品种，扩大影响……"

2006年底，在喜迎新年到来之际，陈柏忠向家人郑重地讲述自己的想法。父母听了"心惊胆战"，儿子虽然已有经验，但毕竟羽翼未丰，不跟着走，反而要一下子全部推翻原来的搞法，以往新会的陈皮零售也比较多，但后来生意不好做，这些年基本销声匿迹……不过好在担心归担心，父母最终还是选择支持他。

随后，成立新宝堂陈皮有限公司，注册"新宝堂""岭南新宝堂"商标，在新会最热闹的街道口租店，设计大气、上档次的中国风专卖门店，门头黄金色"新宝堂"招牌赫然醒目。同时，摒弃人们印象中传统特产小店铺由阿公阿婆守店，招募清一色的年轻女孩，专业培训做店员……2007年9月，新宝堂第一家陈皮专卖店和新会步行街同一天开张，成为新会本土第一个实行品牌连锁经营的特产企业。当天人头攒动、热闹非凡，漂亮打响首战。很快又在江门市区开了一家专卖店。

但万事开头难，热闹剪彩后一开始店里流量并不大，年底盘点还亏了十几万。不过虽说亏了钱，一切却在朝着好的方向发展。彼时，新会政府也正大力发展陈皮。新会很多人自家虽然有制作陈皮的习惯，但要用好陈皮，或是招待贵客，最好的礼物还是去店里挑好陈皮。过去新会陈皮没有什么品牌，全凭自己识货，新宝堂打出品牌，正合人们之意。2008年下半年，随着招商成功，新会步行街商铺越来越多，周围相似的店铺相继开业……

生意越来越好，新宝堂的产品也从单一卖陈皮，开始丰富产品线。一开始找代工厂生产九制陈皮、陈皮梅等当时已经出现的陈皮食品，但当时市面上陈皮食品种类少，陈柏忠索性自己建厂，做陈皮新产品开发。很快陈皮姜、川贝陈皮、甘草陈皮、陈皮果酱、陈皮酒等产品顺利上市……公司逐步形成了从研发、生产、制作、销售的"陈皮链"，专卖店逐渐遍布了珠三角地区，实现了陈皮连锁品牌经营。不过他的陈皮版图不只是在"本地"。

陈柏忠很早就把目光瞄向了互联网电商，成为新会陈皮电商第一个"吃螃蟹"的人。2005年注册电商平台，后又专门招聘一批电子商务专业的毕业生负责新宝堂新会陈皮网网站建设。2011年在天猫开始运行"岭南新宝堂旗舰店"，目前在多个电商平台均设有官方旗舰店。电商销售不仅成为新宝堂的重要销售渠道，更是"新宝堂"、新会陈皮文化对外传播的"超级"窗口。继新宝堂之后，新会陈皮行业同行也纷纷向电商领域进军。

接手"新宝堂"后，陈柏忠一顿颇有成效的操作，引起了业内的关注与好评。2009年，陈柏忠被江门市确认为"新会陈皮制作技艺"传承人，此时31岁的他也感到了一份沉甸甸的责任，对企业和新会陈皮的发展也有更多的思考："新宝堂"的发展需要文化，新宝堂的陈皮本身就和文化连在一起，做陈皮如果不和文化联姻，那就得不到真正的陈皮精髓，自然无法真正做好陈皮事业；另外企业发展到这一步，单枪匹马的时代已经过去，同行之间不应该无序、相互打压竞争，而是求同存异、共谋发展。

过去做陈皮这一行，从来没有花钱打广告做宣传一说，陈柏忠又成为"第一个"，主动花钱宣传新会陈皮。制作新会陈皮文化画册、宣传单、影视光盘等免费送客户、市民，举办新会陈皮文化讲座、诗词歌赋活动……一些人说他是多此一举，花钱不讨好，他却很坚持——"不能急功近利、只盯着钱"。

随着名声传开，不少媒体开始关注新会陈皮、新宝堂。2010年，《舌尖上的中国》纪录片在央视黄金时段播出，风靡大江南北。其中第六集"五味的调和"就推介了新会陈皮，陈柏忠作为新会陈皮代表人物，出现在纪录片中介绍新会陈皮；2011年初在央视科教频道春节特别节目《味道》中，再次成为新会陈皮代言人。2012年，年仅34岁的陈柏忠被广东省文化和旅游厅认定为广东省非物质文化遗产"新会陈皮制作技艺"代表性传承人。2013年，新宝堂被评为广东省非物质文化遗产生产性保护示范基地。

一直以来新宝堂坚持对新会陈皮非遗文化的传承与创新，受到中省及地方媒体的多次关注。新宝堂这个老字号也被更多人熟知。2021年新会陈皮炮制技艺（中药炮制技艺）正式入选传统医药国家级非物质文化遗产代表性项目名录。新宝堂做出了重要贡献。

> 新会陈皮炮制技艺（中药炮制技艺），流程包括采摘、开皮、翻皮、晒制、陈化，形成"三年育苗、三年挂果、三批采收、三个品种、三瓣开皮、三年晒皮、三级分皮、三年陈化、长久贮存"的炮制技艺，独具地方特色，经陈皮经商家族与民间，以手口相传的方式世代相传。

"陈皮+科技"，干出"无限大"

35岁常被视为一个人人生的重要关口。2013年，陈柏忠35岁，迎来了他的转折之年。父亲退出，让他全盘接手新宝堂。此时，新会陈皮整个行业在政府、协会等大力宣传之下，也正蓄势待发，最为明显的就是陈皮疯狂涨价，价格涨了好几倍，颇有当初"炒普洱"之势。

不少金融投资机构瞄向了新会陈皮。有风投机构带着几千万元的资金来合作，这当然是机会，陈柏忠也在寻找新的突破口，但双方最终没能谈妥。新宝堂百年品牌、四代呵护，陈柏忠要的是基业长青、把陈皮传承下去。他很清醒，新会陈皮的问题还不少：种植规模、水平远没有恢复到历史最好，制约行业发展；新会陈皮制作技艺水平参差不齐，质量得不到有力保障；陈皮年份鉴定没有统一标准，以次充好时有发生；陈皮的价值未能得到充分挖掘，没有完全走出卖农产品的阶段；新会陈皮市场未能真正突破"本地"……

他决定组建团队，编写科学的陈皮制作技艺流程培训教材和年份鉴定方法，供行业参考。无心插柳柳成荫，在此过程中他敏锐捕捉到："陈皮+食、药、茶、酒"已在开花，但对陈皮基础性研究严重不足，产业缺乏科技的高端支持。于是"拥抱科技、延伸产业链"成为新宝堂的又一重大部署。

10多年以来，新宝堂与八所大学、两所三甲医院、两所科研机构建立起产学研和商业合作关系，深度开展新会陈皮的相关科研项目，在陈皮的年限与成分变化、陈皮的产地与成分变化、陈皮的成分与医药应用、临床应用等领域深耕，取得了50多项研究成果。这些布局为企业的再度"开疆拓土"奠定了基础。

2016年1月，广东新宝堂生物科技有限公司正式成立，与广东省中医院共同成立新会陈皮保健食品研发中心，变废为宝，利用新会柑肉资源优势，研究陈皮酵素产品。此款产品于2019年成功推向市场，目前也是新宝堂重推的战略产品之一。新冠疫情以来，陈皮的药用价值得到广泛挖掘。顺势而为，2021年广东新宝堂制药有限公司成立，在陈皮行业内率先通过广东省药品监督管理局验收批复，拥有药品生产许可资质，新宝堂正式进入中医药产业市场。

如今的新宝堂已发展成集新会柑种植基地、原材料批发、食品研发深加工、连锁专卖店和电子商务、生物科技和制药于一体的新会陈皮实业开发公司，在全国拥有5000个经销商，开设了上百家专卖店，销售版图覆盖34个省级行政区、1869个城市。

在新会陈皮迎来百亿元产业新时代，陈柏忠带领团队与新会区300多家农户联合成立新宝堂新会柑种植合作社，种植面积1万多亩，获国家科技部重点研发项目"广陈皮生态种植与产地加工示范基地"专项。2018年至2023年7月，带动农民增收19.65亿元，纳税1.73亿元，对新会区、新会陈皮文化做出了突出的经济与社会贡献。

在陈柏忠看来，陈皮药食同源，"陈皮＋"的空间无限，而走这条路一定要依靠科技，他与同行有情怀也有理想，把陈皮从农产品向食品、药品，向文化、康养、旅游等领域不断延伸，共创陈皮大未来。

注：课题组在新会开展新会陈皮品牌访谈期间，陈柏忠因公出差在外，此部分由课题组根据对新宝堂公司高管访谈和新宝堂、陈柏忠相关资料成文。

▋专家点评

宋洪远

农业农村部农村经济研究中心原主任、研究员

广东是我国农业大省，作为我国市场经济的先行地、排头兵，这个地方干农业也带着强烈的市场经济基因。这一点在新会陈皮产业发展中也有很好的体现。

新会一开始发展的是柑橘产业，主要卖鲜果，陈皮只是"副产物"——当地的一个特产。新会柑橘曾经甚至面临毁灭，后来当地通过研究市场，进行产业转型升级，将陈皮、陈皮柑茶等作为主导产品，为这个产业带来了转机和新生，吸引了一批有胆识、有实力的市场主体积极投入产业。他们对市场的探索和嗅觉是最前沿的、最敏感的，也是极具创新、冒险精神的。

近几年，新会陈皮赶上了一个个市场机会，沿着"陈皮+"的方向不断做大，如一匹黑马闯进了全国特色农业产业阵营，整个产业的产值今年预计有200多亿元，的确是让人刮目相看。这当中有政府的重视和支持，更有市场主体"唱主角"。可以看到，新会陈皮产业是有带头"企业家"的。他们挑起了产业发展的大梁，在全产业链各个环节都深入了进去，同时还担当起了新会陈皮品牌宣传和品牌保护重任，这非常难得。从某种程度讲，在新会陈皮产业发展上，政府已经实现了做幕后"把关人"，让企业们在前台"唱大戏"，带动全域"一盘棋"发展的目标。

研究市场、尊重市场、市场先行，这是我从新会陈皮产业发展中感受最深的一点。当然任何一个产业的发展都不可能是完美的，新会陈皮产业现在也有问题亟待解决，但我相信这些问题会在发展中迎刃而解。

郫县豆瓣

三百年老字号的长青之道

>>>>>>>>>>>>>>>>>>>>

访谈嘉宾

徐　良：四川省郫县豆瓣股份有限公司董事长、
　　　　中国川菜博览馆馆长

岳　平：四川省丹丹郫县豆瓣集团股份有限公司
　　　　创始人

杨　丽：中国川菜产业城管委会副主任

何香瑾：成都市郫都区食品工业协会会长

黄朝成：成都市郫都区经济和信息化局食品饮料
　　　　科科长

郫县豆瓣，调料品中的扛把子，被誉为"川菜之魂"。川菜位列中国八大菜系之首，而有川菜的地方就有郫县豆瓣。作为调料品中复合味型的先驱者，郫县豆瓣诞生已三百多年，到如今这一传统的调味品，已延伸到农业、工业、服务业、文化旅游等多个领域，生发出多级"裂变"。近年来，在中国品牌价值评价信息发布中，郫县豆瓣连续多次跻身区域品牌地理标志产品10强榜，连续3年蝉联"加工食品类地理标志产品"全国第一，稳居四川省地理标志产品第一，2020年品牌价值达661.09亿元。

2023年7月，农本咨询课题组走进郫都区，探访这个三百年老字号的"长青之道"。

对话鹃城豆瓣现任掌门徐良

四川省郫县豆瓣股份有限公司起源于清康熙年间，是中国历史最悠久的调味品企业之一、中华老字号企业。"鹃城"是四川省郫县豆瓣股份有限公司的商标。郫都区又名"鹃城"，古蜀国国王杜宇曾在此定都，号称望帝，"望帝春心托杜鹃"的神秘传说就发生于此。"鹃城牌"取自于此。

郫县豆瓣成名溯源

徐　良： 我先简单介绍一下我的情况，我原来是政府干部，从乡镇到招商局、工业园区管委会，再后来大概2010年的时候，郫都区要打造文化旅游业，成立了国有成都蜀都文化旅游投资发展有限公司，就把我调过去，我就从政府单位转行到了国有企业，当老总了。郫都区的文化旅游到底怎么搞？我思来想去就是差异化发展，依托川菜文化，打造载体，发展川菜文化旅游。2015年8月份，我被安排兼任鹃城董事长、总经理，但一直到去年我才专职在鹃城，原来可能只有一半时间在这边。两边都抓，可能哪一边都抓不好，这对豆瓣产业的发展来说，也不负责任。郫县豆瓣产业就这么一家国企，必须专人、专注地干，领导也很认同我这个想法，大致就是这么一个历程。

贾　枭：昨天我去看了中国川菜博览馆，很有文化格调，体验非常好。据说这是您一手策划打造的。里面介绍，郫县豆瓣有300多年的历史了，到现在可以说名满天下。据您所知，郫县豆瓣在全国出名是以哪种方式，或者说有没有一些代表事件，比如就像当年茅台在巴拿马万国博览会上"一摔成名"？

徐　良：郫县豆瓣应该说是与川菜相生相伴的。再进一步说，郫县豆瓣推动、成就了近现代的川菜。近现代川菜的很多名菜都是在清末民初发展演变出来的。成都是天府之国，在宋代，四川有一千多万人，是人口发展高峰期。宋末明初开始经历了500多年的黯淡期，基本上所有现代的四川文化，美食、川剧、川话……都是在后来的移民融合发展中形成的。一直到清末民初，四川美食、文化等才重新繁荣起来，形成了一个高峰。所以我们基本认为，近现代川菜是在清末民初发展定型的。郫县豆瓣是1688年在康熙年间的移民潮中产生的，最开始叫"辣子豆瓣"，后来不断在川菜中被应用、推广。

比如说，回锅肉的产生早于郫县豆瓣，以前没有使用郫县豆瓣的时候，它的味型可能没有现在这么好，用了郫县豆瓣之后逐渐变得有名气，成为川菜的"第一菜"。郫县豆瓣为什么叫"川菜之魂"，因为它的江湖地位就在这里。川菜的很多经典菜就是要用到郫县豆瓣。再比如麻婆豆腐，也是因为郫县豆瓣，它的味型才定型的。

> 17世纪下半叶，辣椒随着大量湖广移民传入四川地区，诞生了一批代表性的川菜菜品，如回锅肉、麻婆豆腐等，催生了川菜最重要的调味品——郫县豆瓣，并衍生出多种川菜味型，如红油味、麻辣味等。清代中后期，川菜逐渐定型。辛辣逐渐在四川民间盛行开来，其中郫县豆瓣酱功不可没，其具有辣味醇厚、色红油润、回口香甜的风味特点，用其佐餐、烹饪，在口感上远比单用辣椒更为丰富、饱满、透香扑鼻。在川菜的麻辣、家常、怪味、酸辣等特色味型中，郫县豆瓣都是必不可少的调料。由郫县豆瓣酱开始，大量复合味菜肴相继出现，最终演化成了川菜"一菜一格，百菜百味"的丰富味道。

贾　枭：也就是说，郫县豆瓣开始走向全国其实也是清末民初，因为这个时候川菜开始繁荣走向全国。

徐　良：可以这么说。如果要说标志性事件，就是民国初年，四川政府犒劳在西藏驻军的部队，当时送了几万斤的郫县豆瓣。这个事件在当时影响很大，当时的军政府还给郫县酱园发了奖状。郫县豆瓣在民国初期，就已经传遍全国了。当时有很多到四川来做生意的，通过这些商贸来往，就把郫县豆瓣带到了全国。新中国成立以后，郫县豆瓣基本上就是跟随川菜的步伐。川菜在国内、海外可以说是影响最大的菜系。火锅加上川菜可以说占据了中餐的1/3。

川菜为什么有这么强大的生命力？为什么在巴蜀，中国曾经最封闭的地方之一，能走出中国最开放包容的菜系？一个就是"天府之国"，物质基础丰厚；另一个是移民文化的包容创新，不管什么食材来了都能被弄出"川味"来，融会贯通各种技法，就像郫县豆瓣和川菜的融合。其他地方的菜系，比如鲁菜为啥不行？我到山东专门去吃过孔府宴，当地有"父母在不远游"的文化基因，所以鲁菜是比较"传统保守"的，千百年传承下来就是一个味。从某种角度来看，往往历史越悠久的地方，传承越传统。我们这里历史文化断层过，这是近现代川菜诞生的一个最大原因。川菜的创新性、包容性很强，口味丰富，适应人群很广，所以无论是在国内还是国外，都比较容易传播推广。随着川菜的推广，郫县豆瓣作为"川菜之魂"，就顺带被推广出去了。

贾　枭：所以郫县豆瓣成就了川菜，也伴随川菜的流行走向了全国、全世界。

徐　良：就是这样的。很多川菜必须使用到郫县豆瓣。另外，郫县豆瓣出名，还有一个原因是火锅。重庆火锅大概也是民国初年发展起来的，郫县豆瓣之于火锅那更是离不开。现在稍微有点名气的火锅品牌，都用郫县豆瓣作为炒制底料的一种配料，不可或缺。在这些带动下，郫县豆瓣的影响力越来越大。

有句话叫"有华人的地方就有川菜，有川菜的地方就有郫县豆瓣"。新中国成立以来，作为重要的对外文化交流品牌，在国家和四川省政府的指导下，川菜行业通过外派川菜厨师、组织文化交流活动、合资创办川菜餐馆等方式，走出了国门。20世纪80年代，川菜开始大规模输出海外，2010年成都市成为亚洲首个"世界美食之都"。

"郫县豆瓣 川菜之魂"

贾　枭："郫县豆瓣　川菜之魂"这句话最能表达出郫县豆瓣在川菜中的地位。这句话是怎么来的？

徐　良：原来民间就有这种说法，后来是一个川菜大师题的词，正式提出了这句话。应该说，这也是业内公认的一个事实。

贾　枭：您怎么看这句话的价值、意义？

徐　良：就是实至名归。四川还有泡菜，他们的提法是"川菜之骨"，还有花椒也有一个说法。但是真正占领人们心智的只有"郫县豆瓣"。原因就是我前面提到的，郫县豆瓣和川菜相生相伴发展。郫县豆瓣也是一个神奇的产物，我给它的说法是，人的移民、物的移植在天府之国独特的气候、水土下相互交融的一个产物，也是移民文化创新创造的产物。发明它的人是移民过来的，生产它的重要原料——蚕豆是从西域过来的，辣椒也是外面来的，但是郫县豆瓣为什么在这个地方（郫都区）产生？

郫都这个地方，你来了应该也能感受到，空气湿度、温度都很不一样，这种气候环境有利于产生郫县豆瓣发酵需要特殊的菌种。所以，就像茅台只能在茅台镇产生，郫县豆瓣也只能在我们这个地方产生，都是一样的道理。郫县豆瓣是唯一的通过自然发酵，不添加任何添加剂的复合调味酱，我们称之为"酱中茅台"。湖南多用鲜辣椒，直辣；贵州老干妈是炒制辣椒，香辣；我们是自然发酵，天然的酱香辣，在整个辣椒调料制品中是独特的。

所以郫县豆瓣它本质上是一个复合调味料。应该说它是最早、最基础的一种复合调料，和川菜结合，就成了现代川菜最具标志性、基础性的调味料。四川最早的一些厨师不用郫县豆瓣"做不出菜"。郫县豆瓣跟花椒一结合，能产生无穷无尽的妙味。这也是大部分川菜的奥秘所在。

贾　枭：就像您说的，郫县豆瓣是最早的复合调料，特殊的工艺，自然发酵，再跟别的调料进行搭配，能碰撞出无穷的美味。

徐　良：早期川菜厨师就是靠郫县豆瓣，叫它"万能调料"，所以它能被称为"川菜之魂"。

贾　枭：所以这也是为什么四川各种酱菜、调料很多，唯独只有郫县豆瓣是川菜之魂。

徐　良：川渝独特的地理气候条件，产生了大量的调料，比如说阆中醋、涪陵榨菜、泡菜、豆豉等，但郫县豆瓣在这些调料当中是最独特的，是最早的川菜复合调料。

郫县豆瓣一直有传承

贾　枭：历史上，很多地方也有不少独特的小吃、酱料等，但是走着走着就没了，最终能像郫县豆瓣这样成为一个区域产业，形成集群的很少。比如说腐乳，历史上一些地方也很有名，但到现在这个产业几乎像"消失"了一样。郫县豆瓣能一直走下来，您认为是什么成就了它？

徐　良：郫县豆瓣在传承过程中没有断代，制作工艺是一辈一辈延续传承下来的，到现在已经传承到了第六代。就是那个发明了豆瓣的陈氏家族，他们现在已经传承到了第六代。

> 关于郫县豆瓣的起源，有一个流传已久的故事。明末清初，一位陈姓人士流落四川，带着蚕豆充饥，但蚕豆却"发霉"了，于是他将"发霉"的蚕豆与辣椒拌食，竟发现滋味奇佳。随后陈氏家族落户郫县，经营酿造业。清熙年间，陈氏后代陈守信潜心钻研豆瓣酱制作技艺，总结出"晴天晒，雨天盖，白天翻，夜晚露"的十二字真诀。郫县豆瓣传统手工制作技艺至此臻于完整，并流传至今。
>
> 2008年6月7日，郫县豆瓣传统制作技艺被列为第二批国家级非物质文化遗产名录。现有非遗传承人国家级1人、省级2人、市级8人、区级34人。"鹃城"是非物质文化遗产郫县豆瓣传统制作技艺的传承企业和郫县豆瓣行业中唯一拥有郫县豆瓣传统制作技艺国家级传承大师的企业。

贾　枭：所以第一个是有人的传承。

徐　良：一个是人的传承没有断。第二个是，郫县豆瓣这个产品得到了市场认可，有生命力。郫县豆瓣在川渝是"民生产品"，或多或少，一直有需求，所以企业能一直经营下去。我还专门去拜访过北京的六必居等老字号，它们中间有的是断代过的。鹃城这个企业经历过很大的变化，但还是一直传承下来了，是中国调味料历史最悠久的企业。1853年开的"益丰和号"门店，现在都还在经营。

> 1955—1956年，益丰和、元丰源、绍丰和三家酱园完成公私合营，合并为"国营郫县豆瓣厂"。1981年，国营郫县豆瓣厂注册了"益丰和"和"鹃城"商标。1999年，国营郫县豆瓣厂、郫县犀浦豆油厂、郫县唐昌酿造厂发起成立四川省郫县豆瓣有限责任公司（郫县犀浦豆油厂、郫县唐昌酿造厂皆由当地历史上的酱园通过公私合营、股份制改造而来）。

贾　枭：我了解到，鹃城是几家工厂合并来的，您了解中，当时合并之后有多少家经营郫县豆瓣的企业？

徐　良：当时合并之后只有一家，就是郫县豆瓣股份有限公司。基本没有其他公司，新中国成立前就是三家在经营，新中国成立后就合并成了一家。

贾　枭：那后来这些郫县豆瓣企业是什么时候发展起来的？

徐　良：改革开放以后。郫县豆瓣生产工艺并不复杂，家家户户都可以做。慢慢地一些私营企业就发展起来，多的时候有三百多家，现在获得郫县豆瓣证明商标授权的有70多家企业。

郫县豆瓣没有"巨无霸"

贾　枭：我发现郫县豆瓣的企业，大家的包装上无一例外都头顶着"郫县豆瓣"几个字。我在全国走过那么多地方，政府老是头疼的是，企业不好好用区域公用品牌，都想搞"不一样"。当然这对于大企业来说可能也是一个烦恼。您怎么看这一现象？

徐　良：您是这方面的专家。郫县豆瓣现在最大的问题是价格偏低，大家都在这个金字招牌下，但真正去推广、维护品牌的少，这应该也是很多地标品牌的"通病"。这么多年，政府也想过、尝试过一些方法。比如，整合形成一家大企业上市。但政府只能做到政府能做的事情，比如提高行业标准、监管、打假，不是说想整合就能整合，把其他厂子说关就关了。涪陵榨菜在这方面做得比较好，在行业里面形成了一个大的上市集团企业。有实力、有财力的大企业才会在产品、品牌、人才等这些方面持续性投入，从而引领这个行业、品牌不断提升发展。

贾　枭：但这种大的企业不一定是政府推起来的，而是在市场"拼"出来的。

徐　良：对。一个行业如果能内生出一两家大龙头企业出来，才能有更好的发展。没有大龙头，大家都在一个圈子同质竞争，难以突破瓶颈。

贾　枭：郫县豆瓣名声很大，但为什么这么多年始终没有真正成长起来一家"巨无霸"？

徐　良：郫县豆瓣行业集中度还不高，应该说有主客观原因。企业发展首先还是得要有企业家，一家企业有一个好的领军人，持续10、20年不断深耕，才可能产生出一个大的企业来。

就像华为任正非说的，做企业就是对着一个城墙口冲锋。我们四川曾经还有一个临江寺豆瓣，它曾经的名气基本和郫县豆瓣齐名，但在发展中东一下西一下，后面基本垮了。老干妈做的这种产品（豆豉），贵州有一帮企业在做，但只有陶华碧做出来了，几十年就做这么一个产品。郫县豆瓣这么多民营企业，做得最优秀的是岳平（丹丹豆瓣创始人）。

带头创新，抓技改、抓营销

贾　枭：郫县豆瓣品牌价值评估高达600多亿元，但70多家企业加起来的产值不足百亿元，您怎么看？

徐　良：确实如此。有些人老说老干妈一个企业干了几十亿，郫县豆瓣为啥干不大？我认为，第一个原因是郫县豆瓣的产品特性决定的。老干妈属于快消即食品，打开就能吃。郫县豆瓣是一个调味料，消费场景、消费群体相对有限，主要就是川菜。这是一个客观原因。主观原因还是在郫县豆瓣行业里面，大家的创新创造力还不够，从产品到包装都比较落后。

这几年，我们在大力做的一个事情就是让郫县豆瓣方便化、即食化。现在很多年轻人根本不知道怎么用郫县豆瓣。鹃城现在的口号是"让豆瓣应用更便捷，让酱香滋味遍世界"，这是企业愿景、使命。郫县豆瓣是一个很好的产品，必须创新，要让它更加方便食用。这两年，我们实施"郫县豆瓣＋"战略，在行业率先推出了豆瓣粉、豆瓣牛肉酱、零添加郫县豆瓣等新产品。老字号传承不能守旧，得适应时代的发展。

贾　枭：鹃城豆瓣创新产品目前成果怎么样？

徐　良：势头还可以，我是看好的。但目前还处于起步阶段，体量还比较小。这需要一个过程。2015年我来接手这个公司的时候，就讲郫县豆瓣虽然名气很大，但放到整个中国调味品行业里面，发展是偏慢的，比如食品卫生安全、加工工艺等，很多企业主体还是小富即安。我来了之后，下了一个大决心，投入了1.8亿，用了3年时间来搞"技改"。这一轮改造还是比较成功。你去参观过的那个工业旅游基地，就是其中的一个板块。

贾　枭："技改"的重点是改哪些方面呢？

徐　良：可以说，你今天来看到的全部都是新的，除了原本的厂房结构框架没有动。我刚来时，公司连会议室都没有，现在这些办公室、接待厅等都是新盖的。原来的厂房用的是塑料棚，下雨会漏雨，现在改造升级成了智能大棚。

贾　枭：所以"技改"首先是生产环境的改造升级。

徐　良：对。整个是一个脱胎换骨的改造，包括整个厂区环境、生产工艺、产品包装等整体升级。以前很多人不了解郫县豆瓣的工艺，以为是用脚踩出来的。现在我们搞了工业旅游，大家来看，发现郫县豆瓣原来是这么生产出来的。我们现在这样改造之后，其他企业也跟着搞起了"技改"，对整个行业的提升起到了很大的作用。

　　四川省郫县豆瓣股份有限公司自2018年初全面启动实施"技改"项目，历时780天，于2020年竣工并投产。

　　此次"技改"在"硬件"方面，对生产环境、食品安全、卫生条件、生产装备等硬件进行现代化改造升级，形成了瓣子及椒醅负压输送、发酵池自动循环补水、大棚自动开启控制等研究成果30余项，实现技改非标设备占比达70%，"技改"后整个工厂的产能提升了一倍。如原先的塑料大棚换成了智能化玻璃天窗，数字化自动监控，更精准方便控制温度、湿度、含氧量等，一键式滑动天窗控制空气流通，食品安全防护提档升级；新设计的翻晒机能进行自动翻搅；包装环节使用机器人包装，使工人较原来减少40%；运输环节采用管道运输，减少运输过程中产生的食品安全风险。

更值得一提的是，此次"技改"将技术升级与工业旅游相结合，不仅把一个传统的豆瓣生产企业变为一个现代化的食品生产企业，同时也把它变成了一个工业旅游参观基地，为郫县豆瓣搭建了一个重要的展示平台。整个"鹃城牌"郫县豆瓣厂区被设计成由鹃城豆瓣文化展厅、阳光晒场、自动化包装车间、郫县豆瓣非物质文化遗产技艺体验基地、传统晒缸、大师工作室、郫县豆瓣文化互动体验区等七大核心景观场景串联组成的非遗旅游路线。如在郫县豆瓣阳光晒场观景台上，游客能看到郫县豆瓣行业最大的智能阳光晒场，郫县豆瓣的透明化生产在这里一览无余；自动化包装线上，打包装箱机器人、码垛机器人快速运转，理瓶、洗瓶、灌装、旋盖、贴标、开箱一气呵成；在露天晒场体验区，4000多口传统晒缸，采用传承三百多年的传统技法制作郫县豆瓣，游览过程中既有讲解，还能下场体验杆豆瓣、翻豆瓣等传统制作。

该工业旅游基地荣获了"四川省非物质文化遗产体验基地""第一批成都市非物质文化遗产研学旅行实践基地""四川省首批研学旅行主题路线""四川省绿色工厂""四川省工业旅游基地"等荣誉称号。

贾　枭：您前面提到了产品创新，据我所知郫县豆瓣的流通，一个是像火锅底料之类的调味料加工厂，另外是餐饮，第三个是C端。这三个市场占比最大的是哪个？

徐　良：就鹃城来讲，目前B端大包装和C端小包装各占一半。大包装里面，餐饮占大头，还有火锅料加工。另外一块是传统大流通。C端的小包装，我们已全渠道布局，设立了电商部、国际贸易部，现在出口每年要卖两三千万，电商几千万。线下还有直营门店，既有文化体验又有产品销售，目前整个豆瓣行业只有我们有。

就产品来说，目前真正做发酵一年以上的郫县豆瓣的，鹃城应该占到了全行业的三分之一多。其他企业大多是红油豆瓣为主，大部分都是走大包装（B端），进商超卖的可能就十几家。

> 红油豆瓣的由来：1964年，犀浦豆油厂技术员邱志国、王龙吉应市场营销员蔡长信要求，为四川大学食堂研发了一款适用大锅炒菜的细豆瓣，这种豆瓣在大学、工厂食堂特别受欢迎，但保质期不长，后来为了延长保质期和提高色泽度，探索性加入了红油（菜籽油），始称"红油豆瓣"。传统发酵制作郫县豆瓣至少需要一年，根据发酵时间的不同，分不同的等级。红油豆瓣仅需3~6个月发酵。

贾　枭：郫县豆瓣名气大，但大部分做原料，市场价值还是太低了。

徐　良：是的，B端按吨卖，几千、万把块钱一吨就出去了，价值没有被体现出来。现在一瓶酱油都能卖到二三十块钱。我们一斤豆瓣才十多块钱。主要原因，一个是郫县豆瓣现在的应用场景有限；另一个是内部企业多，低价竞争，缺乏大企业引领。这几年，鹃城已经在带动了。我们年年在涨价，对整个行业还是产生了一些影响。就像乌江榨菜涨价，拉动整个行业的价格。

贾　枭：内部需要有竞争，但更关键在于怎么把外部蛋糕做大。

徐　良：近几年，豆瓣行业发展还是很快，整个蛋糕在不断扩大。鹃城豆瓣，我2015年接手时大概是1.6亿元（销售额），这几年基本上保持着10%~20%的增长，去年销售额超过4亿元，我们是第二，丹丹第一。我们两家占整个行业的20%~30%。

贾　枭：哪一块增长更快？餐饮、加工还是C端？

徐　良：就鹃城来说，小包装（C端）增长最快；其次是火锅底料的加工供应。

贾　枭：听说现在郫县豆瓣大的企业都在搞技改。郫县豆瓣从生产的场地、周期来看，很耗成本和时间，现在有没有可能通过技改，在保持原有的工艺品质基础上，加速生产周期？

徐　良：技术方面，我们现在正在做实验，希望通过技术创新来提高发酵能力。原来"郫县豆瓣"一直传承传统工艺生产，机械化、自动化程度低，生产周期长，会出现销售订单因产能不足无法按时交付的问题。未来通过发酵技术的升级，应该可以实现蜕变。

生产改革是一方面，我们的另一个重头工作是品牌宣传。关键还是市场拉动，不是生产拉动。我现在全身心抓鹃城豆瓣，接下来会亲自抓营销。这两三年，我们布局了电商，进行了抖音营销、直播带货、高铁飞机冠名等一系列营销创新。昨天我还在开营销大会，今年全国500家经销商，全部都要走一遍。另一个是培养营销人才，我刚开始接手鹃城的时候，总共就几个营销人员，现在每年都要招聘大学生，组建一支营销人才队伍，但需要时间，未来几年我还是很有信心。

川调黄金期，郫县豆瓣市场广阔

贾　枭：现在大家都很注重健康，讲究低盐少油，您觉得这个消费趋势会不会冲击郫县豆瓣的市场？

徐　良：事实上还是有点影响。以前不觉得，现在大家对高盐比较在意。有的客户就说，"徐总，你的豆瓣如果盐巴少点，做菜就可以多加点进去。"我们现在做到了零添加（添加剂），产品已经上市了。低盐作为攻坚目标，也正在做实验。这是趋势。

贾　枭：您不知不觉也是8年的产业人了。您怎么看郫县豆瓣这个产业未来发展？

徐　良：昨天我还在给小伙伴们打气，现在是川菜调味品产业发展的黄金期。同时高铁改变生活，伴随交通的发达、人的流动，大家的口味越来越交融，比如以前北方人不吃辣椒，现在很多人也吃。川调的发展还有广阔的空间。这几年产生了一批蓬勃发展的企业，有2家上市，还有一批10亿企业。现在川调做得最大的是火锅底料，这对郫县豆瓣也是一大利好。郫县豆瓣未来的发展前景还是很好的，但自身得创新。

在鹃城豆瓣2023年经销商大会上，徐良表示，过去三年鹃城豆瓣每年销售额同比增长超过10%。2023年是鹃城"第一定位"的开局之年，鹃城郫县豆瓣将从行业标准制定者向行业发展的探索者和引领者迈进：从供应链建设、技术支持、信息化建设、经营管理等方面，进行全方位升级。在"第一定位"的战略下，这家百年老字号正谋划"亿元大单品"打造计划。

对话丹丹豆瓣创始人岳平

丹丹豆瓣（全称四川省丹丹郫县豆瓣集团股份有限公司）创立于1984年，在创始人岳平的带领下，这家企业从一个持续亏损、找不到销路的小作坊，一步步发展成为主营郫县豆瓣、火锅底料、泡菜、多功能复合调味料等40多种调味品的龙头企业。2005年，丹丹豆瓣销售额破亿。2015—2021年，丹丹豆瓣销售收入从4.05亿元增长至7亿元，产量达到6万余吨，成为郫县豆瓣行业纳税第一名。2022年以来，丹丹豆瓣被媒体报道将进行上市，有望冲击"郫县豆瓣酱"第一股。

艰难起步创业

贾　枭：岳总，看介绍您是1984年开始干豆瓣厂，到今年快40年了。

岳　平：我是39岁的时候干郫县豆瓣的，还差两个月就78岁了。

贾　枭：您当时是怎么开始干豆瓣的？

岳　平：我在干豆瓣之前，（郫县安德镇马赶村）生产队安排我养蜂子（蜜蜂）。改革开放之后，我一开始还是在养蜂子，但陆陆续续周围的人开始干其他的事情，我就思考到底找点啥子事情做，最后决定做酱油、豆瓣，因为我们这个地方一直都有做豆瓣的传统。当时找了两个朋友一起干，每个人出1400元建了一个豆瓣小作坊厂。（创业启动资金）不完全是现金，有的还是家里种的树、桌子等一些值钱一点的东西。当时我们是每个人分别经营一年（轮流转），我排到了第三年，厂子一直在亏损，快做不动了。到我来负责做的时候，他们都不想做了，我还是继续做，但是成本没有退（给他们），我也退不起。那个时候，我去康定（市）、泸定（县）等地方跑市场，卖出去了一些豆瓣，有了一些客户。就这样逐步把厂子养活了，但也没有赚到啥子钱。

贾　枭：当时郫县豆瓣在市场上的名气怎么样，大家知道郫县豆瓣吗？

岳　平：当时郫县豆瓣基本就是在成渝有卖，我在全国各地养蜜蜂，在外面想买点几乎没得。当然我养蜜蜂主要是去县城、农村有花的这些地方。

贾　枭：当时豆瓣的产量还是太小了。

岳　平：你说的很对。主要还是产量小。在1989年的时候（产量）一下子多了起来，当时有20多个小厂子，安德信用社也有一个豆瓣厂。全郫县有三个大的国营的郫县豆瓣厂，后来这三家合并成了一家，就是鹃城。

外拓市场，走向全国

贾　枭：您刚才提到一开始郫县豆瓣只是在川渝卖，什么时候开始走向外地？

岳　平：应该说就是1989年的时候。当年我了解到了糖酒会，当时一个是在郑州、一个在成都，一年举办两次，我带着郫县豆瓣到现场支了个摊，就接到了单子。

全国糖酒商品交易会，有着中国食品行业"晴雨表"之称，始于1955年，是中国历史最为悠久的大型专业展会之一，每年分春、秋两季举行。

贾　枭：参加了糖酒会后，销售量有没有很快上去？

岳　平：一开始增量不是很大。但是糖酒会上，我带了很多名片，别人给我名片，我就互相交换。当时我也不只是去了糖酒会，还去了一些交易会，搞了推广，后面发展很好。

贾　枭：那您应该是郫县豆瓣企业中最早去参加展会，较早抓住了结交全国客商的机会。

岳　平：可以这么理解。后面大概1992年开始，我每年有一半的时间都在全国各地跑市场，以前养蜜蜂也跑惯了。当时像新疆、黑龙江这些地方都去卖过，但是后来放弃了，不好收款。后面往南方市场跑。那些年，全国的省会、直辖市我大都走过了。

贾　枭：您这让我想到了娃哈哈创始人宗庆后，跑遍千山万水。从这点来看，丹丹豆瓣从最开始一个小作坊到现在成为郫县豆瓣行业"老大"，其实很重要的一个原因是"抓市场"，通过市场拉动企业发展。

岳　平：对。还有一个是质量。我经常说的一句话是，产品即人品，质量就是生命。我们有很多客户都是客户之间互相介绍的，很信任我。1995年开始，我就开始收现款。

贾　枭：另一个，我比较感兴趣的是您公司的名字——丹丹，是怎么来的？

岳　平：大概是1992年的时候，我去注册商标。工商局的人说，要我想一个名字，要容易记，别人还没有注册过的。当时我们厂十几个人在一起想，那个时候鹃城豆瓣卖得好，好多都是叫鹃啥子的（名称中带"鹃"字），我们也想了很多。最后有个读书人提出来叫"丹丹"。陕北有个民歌叫"山丹丹花开红艳艳"，我们这里叫鹃城，有一种杜鹃花，最后就定了这个名字。

贾　枭：那后来找宋丹丹代言也是因为"名字"的缘故吗？为啥想到请明星代言呢？

岳　平：当时是有个郫县人，事业有成、有社会地位，找到我，说想为家乡郫县豆瓣做点推广，丹丹把郫县豆瓣做得好，帮我做点广告。因为和宋丹丹同名，就这样请了她。

贾　枭：那这一下子，丹丹豆瓣的知名度就不一样了。

岳　平：有帮助的。甚至还有的人怀疑丹丹豆瓣是不是宋丹丹的。

2009年，丹丹豆瓣签约宋丹丹作为品牌代言人，迅速打开知名度，走向全国市场。作为较早一批着手渠道多元化布局的调味品企业，丹丹豆瓣销售渠道类型丰富多元，在KA卖场、中小连锁超市、批发零售、餐饮等传统渠道深深扎根，电商、工业大客户渠道也表现不俗。

消费者喜欢红油豆瓣

贾　枭：据我了解，红油豆瓣现在已经占到整个郫县豆瓣的大半。丹丹现在红油豆瓣在所有产品中占多少？

岳　平：我估计占85%。

贾　枭：那传统豆瓣很少了。

岳　平：是这样的。传统豆瓣发酵时间长，从营养成分含量来看是要高一些。但是消费者好像更喜爱红油豆瓣，它红亮亮的、鲜红鲜红的，颜色很好看。

贾　枭：这种趋势会不会对郫县豆瓣发展产生一些冲击、影响？

岳　平：因为消费者爱好红油豆瓣，现在只有大一点的企业还在做传统豆瓣，小厂子基本上都不做了。

贾　枭：您说的"消费者喜欢"会不会是因为企业卖红油豆瓣卖得多了的缘故呢？

岳　平：应该也有关系。红油豆瓣一开始就卖得很好，很快就卖起来了。现在消费者也有一些新的变化。比如零添加的豆瓣，虽然卖得贵，但还是愿意买。

贾　枭：从和您的交谈中，我发现您的思想是很开放的。在产品创新上不保守，您的原则是消费者认可什么就做什么。

岳　平：是的。还有一个是质量，这个太重要了。

丹丹豆瓣很早就将触角延伸到了郫县豆瓣衍生产品研发，高薪聘请做火锅、川菜底料的师傅，不断研发，生产出以豆瓣为基底的火锅调料、豆瓣鱼调料、回锅肉调料等川菜复合调料。目前，丹丹豆瓣拥有"国家豆瓣酱加工技术研发专业中心""国家企业技术中心""食品用酶生物发酵技术国家地方联合工程研究中心"三大技术创新平台。

这些年，丹丹豆瓣在创新方面：一是抓原料，和隆平红安进行合作，在新疆建了几个基地进行品种选育筛选，成功选育了丹丹1号、2号、3号等专用辣椒品种；二是抓菌种，在郫都的整个区域采集了200

多个样本，筛选并鉴定了1000余株菌种，建立了首个郫县豆瓣菌种资源库；三是抓工艺设备创新，研发了郫县豆瓣自动生产线，可实现郫县豆瓣生产环境智能化、自动化和信息化，产品品质和产能双提升。2021年8月，丹丹郫县豆瓣新工厂迎来正式投产，新基地规划总占地面积100亩，总建筑面积规模为80800平方米，豆瓣精深加工生产线2条，精品川菜复合调味品生产线1条。

郫县豆瓣未来可期

贾　泉：据我了解，您也是郫县豆瓣行业协会会长，您怎么看郫县豆瓣未来的发展？

岳　平：我认为它是绝对不会垮的。一个是，现在国外市场也打开了，未来逐渐会有更大的市场；二来，国内现在也还有市场待开发。

贾　泉：另一个话题，丹丹豆瓣去年开始在积极筹备上市，很多媒体报道称，丹丹豆瓣是"郫县豆瓣第一股"。在您看来，假如成功上市，有没有可能实现对郫县豆瓣产业的整合，把小厂兼并统一起来？

岳　平：这个是有可能的。

对话川菜产业城管委会

中国川菜产业城是全国首个以地方菜系命名的产业园区，被定位为"川菜产业高地，川派文化窗口"，是成都市重点发展的6个食品饮料产业功能区之一。园区围绕以"郫县豆瓣"为核心的复合调味品和休闲食品，现已聚集天味、新希望、丹丹、有友、丁点儿、杨国福、新加坡丰树等食品饮料企业120余家，产业集中度达93%，年产值超百亿元。

郫县豆瓣是不可或缺的招牌

杨　丽：贾老师您是做农业品牌的，从我们园区（川菜产业城）来讲，是在工业口上。我2016年到这个园区。川菜产业园的定位，我们讲的是以郫县豆瓣为核心的复合调味品和休闲食品两大主导产业。郫县豆瓣于园区来讲，是一个品牌、招牌，但我们不是全搞郫县豆瓣。整个豆瓣产业在园区的规模中，我估计现在是20%～30%的一个占比。

贾　枭：那这个（园区）其实更多还是其他类型。

杨　丽：以调味品为核心的。

贾　枭：园区对外讲的话，一年大概的产值是多少？

杨　丽：园区的产值我们是很有信心的。去年是近81个亿，今年应该也是80多亿元，整个规模应该在100亿元左右。

贾　枭：100亿元的话，那豆瓣应该就20亿元左右。

杨　丽：最多就20个亿。丹丹可能有七八个亿，鹃城有四五个亿，其他就比较零星了。

贾　枭：园区豆瓣企业有多少家？

杨　丽：10家左右。有些豆瓣企业也做复合调味品，有些复合调味品企业也做一些豆瓣，但不对外卖，作为自己的原料。因此这个没有很精确，就看它主要是做什么。龙头（企业）都在这里。

贾　枭：鹃城和丹丹都在园区？

杨　丽：对，现在郫县豆瓣的话，从规模来讲，大概就是丹丹第一、鹃城第二、旺丰第三，园区还有一个郫筒酱园，比较大规模的企业基本在园区里面。园区外面可能有两到三家规模也还行的。

地标老字号就要"长命百岁"

贾　枭：我有一个疑问，郫县豆瓣名气这么大，企业这么多，为什么加起来才干那么点产值？

杨　丽：我就讲讲自己的一些主观看法，可能有些不一定准确。我们不是产业（郫县豆瓣）主管部门，但郫县豆瓣是园区很重要的一个产业类别。我们压力也很大，领导开会很多时候都要把我们拿出来跟老干妈做对比，说一个老干妈一年可以做到几十个亿。

贾　枭：面对这样的压力，你们是怎么想的？

杨　丽：我想说的第一个是，对于四川农业品牌来说，大家都会想到郫县豆瓣。因为川菜和熊猫是四川当之无愧的两张名片。而如果要有个产品最能代表川菜的话，就只有郫县豆瓣。所以但凡提到川菜，郫县豆瓣很多时候也会被关注。

我自己的一点思考是，评价一个地标产品是否发展得好，不能简单对比，拿郫县豆瓣跟海天、老干妈比是不太合适的，地标加工类农业品牌，最后能够形成产业集群的都很不容易，可以说是九死一生。建县史比较久的地方，大致都会有两三个这样的品牌，但是到现在仍然能够保留下来的，其实已经非常少了。就像我们成都附近的，以前的温江酱油、新繁泡菜、唐场腐乳……现在都很少听到了，甚至没有代表性的工厂。

郫县豆瓣有300多年的历史，从明末清初开始到现在，仍然存在，有鹃城、丹丹这样的企业，虽然规模还不大，但在农业类地标品牌里面我觉得已经是很不错的。这是应该被肯定的。像新繁泡菜，在我小时候不比我们郫县豆瓣的名气小，但这几年已经很少听说。

郫县豆瓣是郫县人的选择

贾　枭：那您认为，为什么郫县豆瓣至今还在？

杨　丽：它能发展下来，有赖于一代又一代的豆瓣人，坚持不懈从事这个事业。新中国成立以后公私合营，几家老字号合并，让产业延续经营了下来。现在可以看到，我们这里有很多从事豆瓣生产的厂家，很多人其实很早以前就是在鹃城或丹丹工作，自己掌握一定技术后，就出来干，就这样不断衍生出来的。这些企业，鹃城也好，丹丹也好，包括园区外很多企业也好，大家做产品的同时也在做市场，做市场其实也就是在推广品牌。可能一些人觉得郫县豆瓣只在川渝地区用得多，其实不是，西北吃辣的地方，如新疆、青海、陕西也是大市场。可能以前他们那里吃辣，就是干辣椒、辣子油之类的，后来有我们做豆瓣的人去开拓市场、做一些推广后，大家慢慢改变了烹饪习惯。

贾　　枭：在您印象里，这些豆瓣厂子是什么时候发展起来的？

杨　　丽：改革开放以后，很多就从家庭作坊开始做，供一些小餐馆、小食堂，慢慢做起来的。我感觉在八九十年代，郫县豆瓣有一个高速无序的发展阶段。2000年有了地理商标（地理标志证明商标）之后，开始做生产工艺、产品品质的标准。那个时候，也把郫县豆瓣的商标字体进行了规范固化，开始有了对这个地标产品进行团体宣传的一个概念。在这之前的话，还是一个各自为政、松散发展的状态。应该说，从拿到证明商标后，就开始进行规范化、统一化管理。当时成立了食品推进办、食品工业协会，主要就是围绕郫县豆瓣。这也是我想说的第二点。

郫县豆瓣能走到今天跟政府的努力息息相关。包括后来又有了地标协会，现在市场监管局等部门单位，大家在郫县豆瓣的行业规范、品牌宣传等各方面一起做了很多工作。郫县豆瓣作为我们的一个招牌，在政府宣传口径上一直是作为很重要的名片在推广。每年都去参加品牌价值评估，做各种宣传视频，等等。

贾　　枭：换句话说，这个产业始终有那么一群人，政府方面不论重视程度，总有人在干这事情。

杨　　丽：我觉得政府是一直很重视这个产业。郫县豆瓣是我们最能够差异化发展的一个选择，是我们跟其他区县的不同之处。就像现在，从园区从产值来说，郫县豆瓣就百分之二三十，但它始终是不可或缺的那部分。郫都区的电子信息、氢能、机械加工等，能做到几百个亿，郫县豆瓣可能只有几十百来亿，但这不重要，重要的是"只有我们做这个"（郫县豆瓣是独特的）。我觉得历届政府对这一点是认识到位的，对这个产业的重视从未改变。

贾　　枭：所以我也能理解，郫县豆瓣产业为什么一直都在。

杨　　丽：就像2004年，当时搞重点镇，安德镇当时就搞这个川菜产业园，就是基于有郫县豆瓣这么一个资源基础，第一家入驻的企业就是丹丹。鹃城原来是在郫筒街道，后来也迁到园区。郫县豆瓣是我们的品牌，后来我们围绕着"川菜"这个产业链招商，形成了一个产业集群。

中国川菜产业城坐落在郫都区安德镇，规划面积57.1平方公里。安德镇是川西平原重要的物资集散地，享有"旱码头"之美誉，同时也是郫县豆瓣的发源地。安德镇原本是一个传统农业小镇，规模小、人口少，全年的财政收入不足500万元。2004年开始探索发展工业，拥有成都现代工业港中小企业园这一平台，可由于园区缺乏明确的主题和特色，盲目招商，成效甚微。2005年2月，成都确定14个优先发展重点镇，安德镇因为基础太薄弱差点被排除。到底发展什么产业，从县里到镇上，大家都挠破了头。

"命悬一线"之际，安德镇找到了出路——"紧密围绕传统商贸基础和豆瓣加工优势，在安德镇打造中国川菜产业化基地"。安德穷，但有一个产品很出名——郫县豆瓣。2005年9月26日，安德镇以"郫县豆瓣"为核心，建设川菜原辅料加工基地，不到一年的时间，平地里崛起一座"中国川菜产业化基地"。一石激起千层浪，该园区受到政府、餐饮界和社会的广泛关注，吸引了大批知名川菜餐饮企业、川调企业、食品加工企业进驻。当时四川省饭店与餐饮娱乐行业协会会长何涛评价："这是一个产业集群，是中国川菜产业化发展进程的一个重要标志，传统餐饮集体向现代工业化生产迈出了前进的步伐。"

2009年8月，川菜产业化园区被中国食品工业协会正式命名为"中国川菜产业食品加工基地"，成为全国唯一的以地方菜系为主导的"中国川菜产业化园区"。时至今日，中国川菜产业基地经历了从"园区"到"城"的蝶变，实现了从单一的豆瓣酱制造到川味川调的全面开花。

郫县豆瓣成就了"川调"

贾　枭：这个园区叫川菜产业园，现在主要做川调。为什么有这样的变化？

杨　丽：产业发展不以主观意识为转移，有它自己内在的规律。当时园区的定位更多偏"中央厨房"，但因为当时餐饮连锁的模式还没有起来，对中央厨房的需求很少。

在这个过程中，我们慢慢发现，川菜复合调味品在逐步地发展起来。作为一个消费者，我很有感受。我读大学的时候，家里会弄点豆瓣和肥瘦相间的肉馅一起炒，封好，让我带去学校吃。那个时候很多家庭都这样做。这对一些企业是一种启发，有些就开始用豆瓣延伸出一些复合调味品，像鱼调料、兔调料、烧鸡公调料等，在2000年左右，很多豆瓣企业就开始做这些产品。在这个过程当中，比如像天味食品，它做川调复合调味品，慢慢就做起来了，它不做豆瓣就买豆瓣，现在很多川调里面都要用到郫县豆瓣。

贾　泉：也就是说郫县豆瓣成为川菜产业链中的一个重要环节。

杨　丽：对。我们现在对郫县豆瓣的市场划分为三类：第一类是工业用户，第二类是餐饮，第三类是C端用户，跟其他产品相比多了一个工业用户。我们园区就有很多做复合调味料的。

贾　泉：园区当中以郫县豆瓣作为相关原料的企业，体量上大概能占多少？

杨　丽：这个数据不好统计，园区复合调味品整个规模的话，也加上郫县豆瓣，接近60%，休闲食品40%的样子。

郫县豆瓣这个"英特尔"还没有印上去

贾　泉：有个问题是，消费者购买这些复合调味品，很少注意到郫县豆瓣。

杨　丽：我们之前都开玩笑说，很多电脑上都会有一个"英特尔"的标志，但郫县豆瓣在川调产品上还没有实现这个赋能。我们也有过很多想法和探索。比如，回锅肉调料能不能叫郫县豆瓣回锅肉调料，豆瓣鱼调料能不能叫郫县豆瓣鱼调料，当时有考虑过做团体标准，相当于把郫县豆瓣像英特尔一样放在每个产品上。

贾　泉：川菜调味料中，尤其是一些核心明星调味中，是可以这样植入。"川菜之魂"是什么意思，就是要让川菜离不开它（郫县豆瓣）。

杨　丽：我们有这样考虑过。选一部分来做团体标准。郫县豆瓣是"魂"，就像英特尔之于电脑。通过品牌的双向赋能，通过龙头企业的引领，才能让这个产业有更大规模的发展。这其实也是双赢。但这一块我们也有很多困惑。

之前，我们针对郫县豆瓣类辣椒酱做过一个地方标准，叫四川省辣椒酱地方标准，里面对关键成分都有一个下限规定，就郫县豆瓣的工艺来说，我们是可以保证把品质做得更好。当时提出想把行业标准提高，起到好的引领，草案都做出来了，但业内有不同声音，现在还没有推行下去。

这其实还是前面讲的这个问题，郫县豆瓣还没有实现品牌赋能的"超能力"。目前我们做豆瓣，全国各地也在做豆瓣，我们提标以后，成本必然增加，就没有竞争力了。当"英特尔"印不上去，没有品牌溢价，提品质就是一个自杀式行为。你这个标准一出，就要关很多企业。标准过不了，品牌又不能赋能，所以我们现在是又想做品牌溢价，又不得不在低价厮杀的矛盾中求生存。你去跟龙头聊，跟小企业聊，他们都有自己的困惑和苦恼。

贾　枭：我感受出来了，在鹃城，有些人就说，郫县豆瓣不应该给那么多企业用。

杨　丽：产业要规模化发展的话，必然要提升集聚度，但这应该是市场行为，我们这个产业它还有很长的一段路要走。

贾　枭：我的一个直观感觉是，"川菜之魂"这个提法非常好，很好表达了郫县豆瓣的价值功能，但同时它也把郫县豆瓣埋没在了川菜之中。

杨　丽：我们的川菜大师都是很认可郫县豆瓣对川菜味型的贡献，在川菜很多代表性的菜品、产品中，都离不开郫县豆瓣。但问题是，不能就豆瓣说豆瓣（要让郫县豆瓣从川菜的背后走出来）。

贾　枭：如果说要真正彰显出郫县豆瓣的价值，它必须成为正宗川菜的"把关人"。这样才能真正赋能产业。

整合得靠市场，技改迎来机遇

杨　丽：前面也跟您聊过我们的一些思考。之前我们也去考察过云南白药、涪陵榨菜等做得比较成功的品牌。看完以后发现，有些东西是不可复制的，但一些内在逻辑是一致的。产业发展总是从无序到集中，行业集中度逐渐提高，龙头企业做大整合提升品质，然后提升品牌，从而再增加地标的附加值，进而更有市场竞争力。它是有这样一个过程。

但每一个地标都有自己独特的历史时期和独特的地理条件，有些东西不可复制。像涪陵榨菜，它跟郫县豆瓣是一样的，也是家家都做榨菜，当时他们也是有一家国有企业，规模也不大就几千万的样子，沿着三峡有很多小榨菜厂，但是它遇到一个特殊的历史时期——要修三峡大坝，必须搬迁。当时涪陵政府就是以此为契机把小企业整合了，很多小企业就不做了，同时给了乌江榨菜这个企业一笔钱去国外定制了全套设备，从而实现了整个产业的升级。

这是特殊历史赋予了涪陵榨菜机会，他们很好地抓住了，并且把产业做大。现在涪陵榨菜就只有20来家企业，减少了内耗。"乌江"是当之无愧的老大，而且它也没有改制，到现在仍然是国有控股，是一个比较好的典型。像海天（味业）这种，以前也是国有，但现在完全改制了。

贾　枭：这其实也是绝大部分区域公用品牌的一个问题，很难出现巨无霸。比如五常大米，那是多大的牌子，最大的销售企业也只有十多亿元（年销售额）。

杨　丽：地标就是这样的，特别是食品加工地标，技术门槛的护城河很低，容易被复制。像泡菜大家都在吃，觉得量很大，但没有说哪个企业做得有好大的规模。产业发展还是要有集中度，我个人主观预测，未来可能我们只有十几家豆瓣企业，（年销售额）10亿元以上的企业能做到5家以上，这个时候团体标准才可能往下走得更好，然后郫县豆瓣这个品牌才能实现从郫县豆瓣到郫县豆瓣衍生产品的全链条赋能，把整个产业规模做大做强。这需要有一个过程。

目前，郫县豆瓣（面临的难题）一个是生产周期长，二是生产占地面积大。据我了解，从2016年开始，有几家龙头企业已经在研发，怎么把郫县豆瓣做得更安全、更标准、效率更高。目前从几个大企业了解到的好消息是，在传承原有工艺的基础上，创新研发的新生产技术已经趋于成熟。等这些项目一上来，到时候你们再到郫都来看，会有很不一样的感受。现在看到的发酵池子还是很传统，以后将通过升级发酵技术，做成更加现代的工业化厂房，不仅占地面积变小，食品安全也更有保证，而它的核心工艺没有改变，只是用现代技术来实现，同时对氨基酸、肽、氮、盐、水等指标更加可控，产能能很大提高。这样大企业在成本上就更有优势。

贾　枭：到那时就具备了整合的可能。

杨　丽：我觉得在未来5年我们还有一个蝶变的可能。如果能成功，郫县豆瓣会迎来改革开放以后的第二次真正的升级，实现标准化、规模化、集聚化发展。在新工艺没有出现之前，我对郫县豆瓣未来的发展，心里其实感觉还是有很大的不确定性，最近和几家龙头企业聊了以后，心里就有底了。想通过政府、协会拿手段来进行产业整合很难，还是得靠市场。

贾　枭：都是利益。

杨　丽：豆瓣协会每年开会都吵吵嚷嚷，我参加过一次。大家谈产业发展，就谈产品要提质等。小企业就说，现目前都没有钱赚，还要提质？当时我就说，有上万人在吃郫县豆瓣这碗饭，郫县豆瓣不是只在内部竞争，而是在跟全国辣椒酱产品竞争。提品质了，可能2000人因此吃不上饭，但不提升，未来可能一万人都吃不上这碗饭。这肯定会有阵痛，这样做的初心绝不是想把某家企业弄下去，而是所有企业都应该想一想如何往前走。

贾　枭：这70多家企业肯定是良莠不齐，实力、竞争力、发展阶段、心思都不一样。

杨　丽：在新技改没有出来之前，我感觉市场也很难来调节。郫县豆瓣附加值已经低到不能再低了。对于龙头企业来说，人力、合规等成本远高于小企业，即便有规模化采购的价格优势，也很难跟小企业贴身肉搏。新的技改是一个实现产业集中发展的机会。

贾　枭：您说的"技改"这块，代表性企业有哪些？

杨　丽：丹丹、饭扫光、鹃城他们三家都比较成熟了，都在准备新的项目。但具体什么样的技术暂时都不愿意透露。

贾　枭：理解。这算是商业机密。

杨　丽：对，但我感觉很成熟了。昨天聊的一家企业，现在在设备定制方面都已经开展大动作了。技改之后，促使产业集中，形成龙头优势，龙头强了，我们就可以开始做团标，实现郫县豆瓣在复合调味品、火锅调料等方面的"英特尔"

作用。还有一个是更大规模的预制菜，将来再发展回锅肉预制菜团体标准、麻婆豆腐预制菜团体标准等，这是做大市场的方向。

我觉得在这几年，川调做得还是不错。我曾经听过一些专家讨论，川菜是四川的金字招牌，靠三个东西——食材、调料、厨师。食材难有差异化，难输出；厨师把川菜带向全世界，但难以"变现"，对四川经济没有直接贡献；只有标准化的川调（复合调味料）才能真正将川菜作为名片产业的经济效益激发出来。现在复合调味料作为川菜的一个代表品类，在进行大力地发展。这也是郫县豆瓣的机会。

我自己是一个工业思维，更多从规模、效率上考虑，这些都是主观的个人看法。

对话郫县豆瓣产业主管单位

为豆瓣产业专设机构

贾　枭：据我所知，经信局是郫县豆瓣产业重要的管理部门。今天我们一个是想了解郫县豆瓣产业管理脉络，另一个是想听听产业管理者的思考和体会。从什么时候开始政府将郫县豆瓣作为一个产业进行发展？

黄朝成：这个比较久了，应该是（20世纪）八九十年代。但有明确的部门来管理应该是2005年，专门成立一个食品办（全称"郫县食品饮料产业推进办"），相当于一个独立的部门，专班，副局级单位。当时有十多个人一起做豆瓣产业，办公室主任就是经信局的党组成员。2016年并到了经信局，现在只有几个人做。之前这个办公室其实也包括了食品工业协会，后来国家政策规定协会要和政府脱钩，协会就单独运行了。

贾　枭：关于豆瓣产业的管理组织架构，品牌管理归属是食品工业协会？

黄朝成：郫县豆瓣地理标志证明商标持有人是食品工业协会。其实当时也是为了郫县豆瓣才成立这个食品工业协会的。

1990年成都市郫县食品工业协会成立，1997年该协会申请注册

"郫县豆瓣"证明商标。2000年，郫县豆瓣获国家工商行政管理总局

批准"国家地理标志证明商标"，成为四川省第一件地理标志证明商标。2005年郫县豆瓣获得国家地理标志证明商标产品称号。

贾　枭：听说现在有74家授权企业，授权的门槛是什么？

黄朝成：73家，减少一家了。证明商标有管理规则、细则，每隔一段时间要修订，根据产业发展实际情况、国家政策等。

"商标"规范包装，合力做响品牌

贾　枭：协会这边除了进行商标授权管理，还负责什么？

何香瑾：质量监管、金融服务、产业规划、宣传推广等，还有标准制定。

贾　枭：这就是产业管理了。好多地方部门的产业管理部门，一个是手里有"权"，二是手里有钱，才能调动，否则比较难。

何香瑾：我们现在还行。协会工作主要通过证明商标的授权来开展。如果没有这个基础的话，很多工作就很难开展下去。

贾　枭：郫县豆瓣地理标志证明商标最早授权了多少家主体？

何香瑾：最早可能有200家左右。慢慢淘汰了一些小作坊，现在只有73家。

贾　枭：我发现，郫县豆瓣企业不管是大是小，在商标品牌的应用上都很规范，统一打"郫县豆瓣"。郫都区企业这样做是"主动"还是"被动"？

何香瑾：主要还是大家都愿意用。郫县豆瓣毕竟还是金字招牌，在全球都是有一定影响力的。

贾　枭：郫县豆瓣的包装规范从什么时候开始推的？

何香瑾：从2000年证明商标使用授权开始。

贾　枭：我看大家不管包装规格大小，"郫县豆瓣"四个字都是一个样式。

何香瑾：这是地标规则里面明确要求的。使用证明商标，必须要按照规则要求来。

贾　枭：这个非常难得的。

何香瑾：必须统一。不然别人都不知道，到底卖的是什么东西。有了这些，我们去维权也有依据。

贾　枭：这一点上，全国像郫县豆瓣使用得这么规范的没有几个。企业用得这么好，说明"郫县豆瓣"这个标是很有用的。

黄朝成：郫县豆瓣有300多年的历史，在成为知名商标之前，本身就有知名度。原本郫县豆瓣商标是在国有企业（四川省郫县豆瓣股份有限公司），后来是县委、县政府从中协调，把郫县豆瓣这个品牌拿出来，作为了一个证明商标。成为证明商标以后大家一起为这个品牌发力，品牌知名度越来越大。以前郫县豆瓣基本就是在川渝地区有名气，外地人都不知道。

贾　枭：从区域知名走向全国知名的这个过程中，有没有一些标志性事件？

黄朝成：应该是评上了中国驰名商标后。随着川菜推向全国，豆瓣也走向全国。

　　2009年，"郫县豆瓣"获（国家工商行政管理总局）中国驰名商标认定，是全国唯一以证明商标形式申报成功的品牌和四川省唯一获得中国驰名商标的地理标志证明商标。2010年"郫县豆瓣"已完成在全球80个国家和地区的国际商标注册保护工作。2014年5月，"郫县豆瓣"入围中欧互认产品。

贾　枭：我看鹃城在宣传上，有挂驰名商标，其他的没有挂。

何香瑾：是食品工业协会申请的中国驰名商标，授权给他们使用。那个中国驰名商标要具备一定条件的企业才能使用，现在只有鹃城一家。

贾　枭：科长前面谈到郫县豆瓣是和川菜一起走向全国。

黄朝成：对，九几年开始，那个时候就提出了"郫县豆瓣　川菜之魂"这个口号。当时豆瓣企业花了很大的力气开拓全国市场，也推动了以川菜为主的这种比较偏辣的饮食文化走向北方、南方市场，慢慢地，很多人都知道郫县豆瓣了。另外川菜也是四川的重要招牌，四川厨师走出去了，川菜就被带出去了，郫县豆瓣也自然跟着走了出去。

贾　枭：郫县豆瓣的宣传和川菜宣传推广，有哪些协同联动？

黄朝成： 从整个宣传体系来看，是侧重于宣传川菜，然后会把郫县豆瓣带上，点到位，不然光宣传郫县豆瓣的话，有时候达不到目的。包括现在园区名字是川菜产业城，我们的产业研究中心，打的是中国川菜产业研究院。不光是郫县豆瓣，而是以川菜为主，带动郫县豆瓣。

贾　枭： 郫县豆瓣的品牌宣传由哪个部门牵头？

何香瑾： 食品工业协会和企业共同负责品牌宣传。宣传部、文旅局等也会参与。

贾　枭： 有没有一年一度的豆瓣节日或其他活动？

何香瑾： 有一个郫县豆瓣博览会，是商务局在牵头。

贾　枭： 这个节办了多少年了？

何香瑾： 应该有10年了，我们还在食品办的时候，就在搞了。有论坛、展会、厨艺比赛等内容。基本上是跟大型会议一起搞，比如原来有个成都美食节、川菜大会，不是单独举办。

> 2013年3月25—27日，郫县举办首届郫县豆瓣博览会，活动由成都市博览局、市商务局和郫都区政府等主办。值得一提的是，此届博览会放在了当年的全国糖酒会期间，吸引了参加全国糖酒会的1600多家知名企业的参展商、采购商，博览会盛况空前，项目推介、签约活动和贸易成交成果丰硕。

与川菜相伴，与市场共舞

贾　枭： 郫县豆瓣已经延续了300多年的历史，这是你们很骄傲的地方，为什么它能走到今天？

何香瑾： 它是川菜的必需品。豆瓣在四川这边，就像我们放盐巴、味精一样，有些菜离不开豆瓣。还有一个原因是，打造了园区（川菜产业城），形成了集群化发展，对郫县豆瓣产业起到了造势助推的作用。

黄朝成： 我归纳有几个要素。第一个就是刚刚提到的，它是跟着川菜走的，很多川菜的菜谱里面写着郫县豆瓣，所以在厨师界、餐饮界，郫县豆瓣的市场是比较大的。第二个是，郫县豆瓣随着市场在改变。比如红油豆瓣，就是跟随市场选择的结果，现在要占到郫县豆瓣产值的90%。虽然红油豆瓣也导致了现在郫县豆瓣发展的一些问题，但是在发展初期的时候，它是很有功劳的。

贾　枭：我穿插问一句，红油豆瓣这个产品是什么时候变得受欢迎的？

黄朝成：九几年到2000年左右。我们在申请地理标志产品之前红油豆瓣就已经上市了，很多企业都在生产。

> 资料介绍，改革开放以后，市场对红油豆瓣的需求猛增，各私营企业抓住机会，把红油豆瓣发展到了极致，以至于很多人误认为红油豆瓣就是郫县豆瓣。

贾　枭：那就是等于说，在拿到地理标志之前都已经有了（红油豆瓣）。当时申请做地标标准的时候有没有把它纳入进去？

黄朝成：之前郫县豆瓣国家标准没有红油豆瓣，后来单独修改了，标准修订应该是在2007年，把红油豆瓣加了进去。大家才正式把红油豆瓣叫郫县豆瓣，在这之前红油豆瓣打郫县豆瓣牌子，按照要求是违规的，当时市场监管局还专门查这个事情。

贾　枭：所以因为市场需求，才把红油豆瓣纳入郫县豆瓣的？

黄朝成：红油豆瓣除了需要加红油，其他工艺跟豆瓣是没有区别的，只是它的发酵周期短，只有两三个月。这个和当时二级郫县豆瓣的定义标准是对应的，只是加了红油。这个红油就是我们四川喜欢用的菜籽油，熬熟了之后再添加进去，有些企业还喜欢加一点芝麻油。它（红油豆瓣）打了市场之后，郫县豆瓣的市场就扩大了。如果当时没有改变，坚持用传统豆瓣，市场不一定能广泛接受。因为传统豆瓣的形状、颜色、外观等，从直观上没有红油豆瓣好看。

第三个是政府和企业形成了合力。因为郫县豆瓣是金字招牌，企业、政府都比较重视这个产业。而且我们这个地方很多企业都是小作坊起来的，在这片土地上有很多人就是做豆瓣这个生意，大家都在共同推动这个品牌的发展。政府这边有什么项目经费、奖励也是偏重于豆瓣企业。

第四个是这个产业在不断创新。郫县豆瓣最开始的生产方式是非常原始传统的，完全靠人工，现在丹丹、鹃城已经是比较现代化、机械化的生产，虽然和其他食品产业相比还有差距，但是和老祖宗的那种生产传统相比已经上了三个台阶了。

> 郫县豆瓣传统工艺的发展，至今已有300余年——从第一代的露天瓦缸发酵，到第二代的露天条池发酵，再到第三代的"透光顶棚＋条池发酵"。

还有一个是标准质量。我们一直推行实施的都是郫县豆瓣国家标准，消费者认可郫县豆瓣的品质。外地一些生产豆瓣的企业实行的是企业标准，有的可能质量好，但成本高，品牌没有知名度，消费者不一定认可。有的企业可能标准就会低一些，卖价也低，但消费者也不一定认可，可能会觉得你这个东西比较差。

贾　枭：这其实就是品牌的力量。因为品牌就是信任。

"郫县豆瓣＋"是趋势

贾　枭：郫县豆瓣产业现在是一个怎样的发展状态，有没有呈现出新的变化？

何香瑾：整体还是一个传统的产业，现在慢慢在向新的方向发展，比如有了新的产品。

贾　枭：听说现在真正传统发酵的豆瓣在整个产量中只占到10%左右。

何香瑾：是。现在年轻人做传统川菜的很少了，得适应消费变化。豆瓣企业也在做复合调料、休闲食品、即食性产品。

贾　枭：从豆瓣来讲，据说现在绝大多数都是红油豆瓣。

何香瑾：红油（豆瓣）的比重肯定比传统（豆瓣）的大。

贾　枭：按照这个趋势，传统豆瓣会不会慢慢就没了？

何香瑾：不会。其实红油豆瓣的利润点还要少一些，传统豆瓣的利润点要高些。现在有些企业也正在做转型，还是想把传统豆瓣做起来。卖一斤传统豆瓣的利润相当于卖两斤红油豆瓣的利润。有些企业发现了这一点，还是想做传统豆瓣，不像以前一味追求"短平快"。而且郫县豆瓣毕竟是金字招牌，也不会丢的。现在协会也在推动做"郫县豆瓣＋"系列产品，适应市场需求。并且有的标准已经出来了，目前正在制定使用细则。

贾　枭：能不能举个例子，具体是哪些产品？

何香瑾：以郫县豆瓣作为基料衍生出来的产品，加入了肉类或者是植物类的一些新产品。很多企业已经在做（新产品），但是没有一个标准，我们是根据他们的需求制定了这个标准。

贾　枭：这个标准是协会制定？

何香瑾：企业和我们一起。

贾　枭：现在确定了几类"郫县豆瓣＋"的产品？

何香瑾：团体标准里面确定了三大类，烹饪、即食，还有一个就是火锅豆瓣类。但是具体产品还没有确定下来。下面会根据需求，请专家认证一下，确定做哪些产品。

内外有烦恼

贾　枭：您这儿有没有统计，上亿的企业有多少家？

黄朝成：应该五家以上。上5亿的只有丹丹一家。

贾　枭：郫县豆瓣这么大的品牌，大企业还是太少了，我来之前想象中应该是大批商业龙头，因为它不是农产品，是食品加工业，应该说一个企业一年干上几个亿，甚至上十亿不会是那么难的事情。

何香瑾：目前我们的豆瓣附加值还比较低。和其他比起来，比如说涪陵榨菜，它一瓶可以卖十几块钱，而成本很低，利润点高，我们还没有做到。

贾　枭：我就觉得郫县豆瓣卖得太便宜了，那么一大桶才几十来块钱，而且生产成本还不低。您觉得涪陵榨菜价格为什么能卖上去？

黄朝成：涪陵榨菜不一样，在九几年的时候，涪陵区政府利用政策、资金等整合了很多企业，后来剩下的都是中大型企业，经营比较规范，都是按市场要求来良性竞争。我们这边虽说也减少了一些企业，但是还没有到位。

何香瑾：还是个体分散化经营的原因。大的、小的（企业），一直陷在价格战中。

贾　枭：你的意思是因为企业太多，形成内耗，不能进行价格定价了？

黄朝成：是这意思。大大小小这么多企业打的都是郫县豆瓣这个牌子。

何香瑾：这些年，我们在原材料这一块，目前还没有一家企业有能力来把控原材料的价格。

贾　枭：换句话说，还没有低成本的竞争力。大企业想进行整合是有心无力，因为并没有成本优势。

何香瑾：如果能像涪陵榨菜那样由一个企业来引领，其他企业向它靠齐，你追我赶，产业做大还是很有可能。我们现在慢慢在向这个方向打基础。

贾　枭：这无法用行政力量，只有通过市场。

何香瑾：对，只有通过市场，如果能实现，大企业就有定价权了。

贾　枭：您觉得低价只是因为内部竞争吗？

何香瑾：内部竞争以及外部竞争。

黄朝成：现在主要还是内部竞争。

何香瑾：湖南那边的豆瓣现在对我们还是有一定的影响，他们是剁椒豆瓣。

贾　枭：湖南不少辣椒产品是外省生产的。

何香瑾：是的。侵权郫县豆瓣的企业特别多，打我们郫县豆瓣的牌子，卖得比我们还便宜，我们经常打假。还有一个问题是，郫县豆瓣在外省，不一定天天被使用，一罐豆瓣可能要用两个月。

贾　枭：我了解下来，郫县豆瓣的销售渠道主要是调味料加工、川菜餐饮、终端销售，有没有关于这三个渠道分别的走量统计？

黄朝成：大包装和小包装基本上各占一半的样子。大包装稍偏多一点。小包装基本上是Ｃ端，直接针对消费者；大包装面向Ｂ端。

双向发力破瓶颈

贾　枭：最后一个比较官方的问题。你们如何看待郫县豆瓣的未来？

何香瑾：未来郫县豆瓣的发展，应该是以郫县豆瓣为基料发展休闲食品、复合型调味料为主。

贾　枭：以郫县豆瓣为核心，但未来的"郫县豆瓣"不只是一个豆瓣，会有更多的衍生品？

何香瑾：对，衍生品，长远就应该是这样。

贾　枭：对于技改这块，你们怎么看？目前企业在"技改"方面是什么情况？

何香瑾：现在是这样，有十多家属于豆瓣这一块的头部企业，他们的资金要相对充足一些，市场需求量要大一些，在做技改这方面，他们愿意投入，且是看得到成效的。

贾　枭：重点是往哪些方向进行"技改"？

何香瑾：加工设备以及一些新产品研发。现在头部企业都有自己的研发团队，还有一些是和川菜产业研究院在对接，生产一些新的产品。

贾　枭：政府这边，目前有没有政策或项目来推动这个事情？

何香瑾：有。现在正在做产业发展促进办法。

贾　枭：项目资金方面呢？比如鹃城这几年搞"技改"，政府有没有给到一些支持？

黄朝成：政府有支持，但是主要还是靠他们自己。当时他们项目时间太长了，持续了三年多，超过了基本项目支持时间，没有拿到政府资金支持。

何香瑾：有一个问题，在（川菜产业城）园区内的豆瓣企业不多，很多都是园外企业，进不了园，受一定的生产条件限制，改造很难彻底，比如土地用地等方面。

贾　枭：那么未来怎么办？还是按照目前这样？

何香瑾：根据这个促进办法，我们现在正在思考这个问题，才刚开始。

贾　枭：促进办法叫什么？

何香瑾：全称是《成都市郫县豆瓣产业发展促进办法》，由成都市牵头。我们正通过这个办法来解决我们现在所想到的这些问题。

2023年7月12日，《成都市郫县豆瓣产业发展促进办法（草案）》起草工作动员部署暨调研座谈会召开。

贾　枭：这个办法出台，很多资源整合就不是区级层面了，而是全成都市级层面。

何香瑾：对产业肯定有大的支持，刚才说的这些问题有可能都能解决。

专家点评

孔祥智

中国人民大学教授、博士生导师

中国合作社研究院院长

郫县豆瓣出自天府之国成都，被誉为"川菜之魂"，是一个极具地方特色的"美食产业"。有句话是这样讲的——"吃在中国，味在四川，魂系郫都"，这个"魂"当然就是指郫县豆瓣。

发展产业、打造品牌，找准定位非常关键。郫县豆瓣的发展与川菜紧紧捆绑、相辅相成，这一点当地抓得非常精准。这也是郫县豆瓣能一直发展下来，成为我国复合调味品代表的重要原因。同时，郫都区的安德镇因为当年抓住了"郫县豆瓣"这个"魂"，成功实现了差异化、特色化的发展，郫都区也因此打造了全国首个以地方菜系命名的产业功能区和先进制造业园区——中国川菜产业城，构建起了"根系郫县豆瓣，超越郫县豆瓣"的美食大经济。

郫县豆瓣是传承了300多年的中华老字号，当地企业们无一例外把"郫县豆瓣"这几个字放在企业产品包装最显眼的地方，说明这个"牌子"名气确实大，大家都愿意用。不过，有些遗憾的是，当前就郫县豆瓣产业产值来看，的确与它的名气有些"不匹配"。名气这么大的一个地方名牌，年销售上亿元的企业屈指可数。这当中有各种原因。

郫县豆瓣的困局其实也是我国许多"老字号"面临的普遍问题。这些"老字号"能传承发展到今天实为不易，是可以好好挖掘开发的产业富矿。如何创新发展将它们真正产业化、品牌化，打造成为一个个特色鲜明、带动力强、市场占有率高的金字招牌，需要更多的智慧。期待郫县豆瓣这个"老字号"的新未来！

库尔勒香梨

香飘世界的"西域圣果"

>>>>>>>>>>>>>>>>>>>

访谈嘉宾

张　峰：库尔勒市香梨研究中心副主任、国家梨产业技术
　　　　体系库尔勒综合试验站站长。库尔勒市香梨研究
　　　　中心成立于1999年，2009年张峰从新疆农业大
　　　　学毕业来到香梨研究中心工作至今。

盛振明：新疆巴音郭楞蒙古自治州库尔勒香梨协会会长

高　元：新疆库尔勒香梨产业发展有限公司董事长

覃伟铭：新疆库尔勒香梨产业发展有限公司高级农艺师、
　　　　库尔勒香梨产业技术专家

　　一说起梨，人们很容易就想到大名鼎鼎的库尔勒香梨。在新疆也流传着一句顺口溜——"吐鲁番的葡萄，哈密的瓜，库尔勒的香梨甲天下"。库尔勒香梨的美名从一千多年前就已开始流传，它是古丝绸之路上的"西域圣果"。1924年，它在法国万国博览会上夺得银奖，被誉为"世界梨后"。1986年9月，英国伊丽莎白女王在北京人民大会堂品尝库尔勒香梨后，连连称赞它是"果品王子"。库尔勒市更是因为盛产这颗梨，而闻名于世，被誉为"中国梨城"。库尔勒香梨区域公用品牌价值在全国梨类中年年排名第一。

　　这颗梨到底有何与众不同？ 2023年8月在香梨飘香的时节，农本咨询课题组走进新疆库尔勒，揭秘"香梨之道"。

"独一无二"的库尔勒香梨

古老的新疆梨品种

　　贾　泉："库尔勒香梨"无论是作为品牌还是品种都很有名。品种是源头。据您了解，库尔勒香梨这个品种到底是怎么来的？

　　张　峰：关于这个品种的史料记载很多，可以追溯到1300～2000年前。最早在《西京杂记》里面有记载，说"瀚海梨，出瀚海（今塔里木盆地）北，耐寒不枯"。这本资料记载了很多梨，但是没有"库尔勒香梨"这五个字的具体记载。库尔勒香梨这几个字具体来源，据我所知是一个叫谢彬的作家1917年写了一部著作《新疆游记》，书里面第一次写到了"库尔勒香梨"，在这之前是没有这五个字的。历史记载的"瀚海梨"是从塔里木盆地角度去说的。

> "库尔勒香梨"这一品种名称，文字记载始见于民国六年（1917年）《新疆游记》，作者谢彬，其行至库尔勒孔雀河铁门关时写道："对岸梨树成林，梨实味甘，所谓库尔勒香梨是也。"

贾　枭： 也就是说"库尔勒香梨"这几个字最早的出处是来自文学记载。我还看到一种说法是库尔勒香梨是由西洋梨和东方梨杂交来的。

张　峰： 这个说法是当时新疆八一农学院的张钊在1993年发表的《香梨品种种源问题的探讨》文章中提出来的。这篇文章对库尔勒香梨的起源进行了一些介绍和探讨。张钊在文章中综合分析提出，"瀚海梨"可能就是新疆的西洋梨，香梨可能是瀚海梨与白梨的杂交后代。但也只是一种探讨，不确定。后来新疆农业大学有人通过分子分析，认为白梨很可能就是香梨的亲本之一。香梨的形状有点像西洋梨，也和白梨有血缘关系。这些说法的可信度还是比较高。

> 新疆位于我国西部边陲，是黄河流域（含新疆）果树原产中心。1975年新疆农科院农科所与陕西省果树所合作，发现新疆原有梨树5种，白梨、新疆梨、秋子梨、西洋梨、杏叶梨，以新疆梨和西洋梨分布最广、品种最多，白梨次之，秋子梨、杏叶梨极少。1983年，杨槐俊用孢粉学对梨属植物进行较深入研究，提出香梨可能是西洋梨和白梨的杂交后代。1986年，邹乐敏等从孢粉学领域进行研究，通过花粉观察发现，库尔勒香梨花粉的外壁纹饰倾向于西洋梨，说明含有西洋梨的血缘，再结合其果实香味较浓等性状，认为其可能是白梨和西洋梨的种间杂种。1989年，辛培刚等采用梨树同工酶酶谱分析法观察到，西洋梨与白梨的酶带有明显的种质区别，而库尔勒香梨梨果形近似西洋梨，叶片锯齿又近似白梨，这为"库尔勒香梨是西洋梨和白梨的后代"提供了佐证。资料来源：《香梨品种种源问题的探讨》，张钊、王野苹，1993年2月14日发表于《果树科学》。

贾　枭： 所以其实对于库尔勒香梨的来源没有一个确切的定论，一直在探讨之中。

张　峰： 对。不同的研究者有不同的说法。

贾　枭：库尔勒香梨这个品种具体是什么时间通过审定的？

张　峰：这个我查了很多资料也没有找到审定相关方面的材料。但是这个品种肯定是早就通过审定了。

好吃带香还耐储

贾　枭：库尔勒香梨在生产特性、产品特征方面，你们一般是怎么描述的？

张　峰：从果形来说，像秋月梨等品种的果子果形很多都可以做到一样，但库尔勒香梨，即便在一棵树上，要找到两颗极为相似的果子都是很难的。它的整齐度比较差，形状不规则。从果重来说，库尔勒香梨是小果型，一般为80～150克，平均110克左右。生育期一般在146天左右。口感上说，它皮薄肉细、汁多渣少、酥汁爽口。还有一个是有特殊的香气，味道浓郁。以库尔勒香梨为亲本的一些新品种，像新梨7号，尤其是红香酥，它的形状、果形和库尔勒香梨都特别像，一般消费者很难辨别出来。我们归纳了一个"六看法"：一看产地，二看香气，三看大小，四看果形，五看果皮，六看口感。

贾　枭：经常看到这个库尔勒香梨有"公梨"和"母梨"的说法，这怎么理解？

张　峰：这个说法已经沿用很久了，别的品种也有这个说法。就是果子本身固有的一种特性。库尔勒香梨所谓的公梨，就是萼端有凸起来的，萼片没有脱落。萼端凹下去，萼片脱落的是母梨。

贾　枭：公梨和母梨从品质口感来说有区别吗？

张　峰：有，但不是很明显。有的经销商会在包装上写"全母梨"，卖得比公梨贵，说是好吃一些，但其实只是一种民间市场上的说法。

> 库尔勒香梨有"公梨""母梨"之分，"公梨""母梨"生长表现为同一树有"公梨""母梨"，同一枝、同一花序有"公梨""母梨"，因此又称"夫妻树""情侣果"。

贾　枭：我发现市面上卖的库尔勒香梨有一个明显的特点是带把。

张　峰：对。像内地的梨，果柄一般比较细，是木质化的。我们这个香梨的果柄是肉质化、半肉质化的，比较粗。这也是它的一个特性。这个特性造就了库尔勒香梨的良好耐储性，基本上可以达到周年供应。像现在冷库里面还有去年的梨子，吃起来跟刚采摘下来时的口感风味基本没有什么差别。

贾　枭：这应该跟保鲜技术也有关系。

张　峰：是的，但核心还是品种特性。有些品种本身就不耐储藏，同样放在冷库里面，能存放的时间没有库尔勒香梨长。应该说耐贮藏是库尔勒香梨一个非常典型的特征。

库尔勒香梨在普通冷库中可贮藏8～10个月，在气调库中可贮藏12个月，果品仍然新鲜如初。

贾　枭：说到耐储，（库尔勒香梨产业）冷库方面现在是什么情况？

张　峰：库尔勒市的仓储容量现在应该在65万吨以上。从冷库贮藏来说，完全满足产业发展需要。贮藏库基本是随着库尔勒香梨产业发展起来的。因为这个品种本身耐贮藏，在冷库没有发展起来的时候，当地果农把库尔勒香梨放地窖贮藏，也能存放很长时间，保藏效果也很好。随着这个产业规模扩大，冷藏企业就发展起来，实现了周年供应、全年销售。内地有些果子就不进冷库，直接进入市场。

贾　枭：冷藏损耗率怎么样？

张　峰：有但不大，7%～10%。库尔勒香梨保鲜技术在全国梨产区来说是比较先进的，而且保鲜容量也是靠前的。

贾　枭：库尔勒香梨的商品率怎么样？

张　峰：整体在80%以上。

贾　枭：残次果怎么处理？

张　峰：近三五年有一些深加工企业，做香梨膏、梨汁、梨酒，但不多，才刚刚起步。因为香梨主要还是一个鲜食品种，鲜果的价值更高。

库尔勒香梨"种不出新疆"

贾　泉：还有一种说法是，库尔勒香梨"出不了新疆"，在别的地方种不了。

张　峰：确实是这样的。一个是品种特性，一个是地域环境条件。

　　库尔勒香梨最突出的特点是地域性极强，主要种植在库尔勒市、阿克苏、喀什地区部分县、市也有种植，但是其所产的库尔勒香梨的品质与库尔勒市产的香梨差异明显。多年来，国内其他梨果产区曾多次尝试引种库尔勒香梨，到目前还没有成功的先例，均因生长不良或品质差而终告失败。

贾　泉：在全国其他地区找到类似库尔勒的小气候条件（的地方）应该说不难啊？

张　峰：离我们这里比较近的（甘肃）酒泉市就引种过，可以结出果子，也是小果形，但是再怎么晚采，它的果实很硬，果肉的可食性很差。

贾　泉：应该说库尔勒香梨作为一个优质的品种，市场上价格卖得也高，其他梨果产区肯定打过主意，但是没有试种成功。

张　峰：对，基本没有引种成功，果实品质表现不行，甚至不能食用。

贾　泉：那么到底什么样的自然气候条件最适合库尔勒香梨呢？

张　峰：我们这里（库尔勒市）来看是北纬41°～42°这样一个跨度，经度东经85°～86°这样一个范围。从气候条件来说，库尔勒市年平均温度在10.5～11.5℃，光照时间长、有效积温高。冬季低温，像去年都达到了－25℃。可能这个经纬度和气候条件更适合香梨的生长。像阿克苏地区那边也产库尔勒香梨，但是口感品质还是有比较明显的差别。库尔勒香梨的核心产区主要还在库尔勒市，再细分的话就是孔雀河沿岸。

　　库尔勒绿洲平原的南部、西部与塔里木盆地相连，形成一个广阔的扇形绿洲，是库尔勒香梨种植的主要区域之一。库尔勒香梨品质属孔雀河流域的最佳，孔雀河水源出自新疆天山雪水，这里土质疏松、土层深厚，昼夜温差大，降水量少，蒸发量高。

抢手的亲本育种资源

贾　枭：您前面提到，库尔勒香梨这个品种是一个古老的品种，一般来说再好的品种都避免不了品种退化问题，库尔勒香梨有这方面的问题吗？

张　峰：有的人说香梨的品质在下降，不好吃了。但我认为这还是跟种植技术、管理水平有关。比如，有些果园挨得很近，这边的果园坐果率低，品质一般，但旁边的园子很好。只要标准化措施、种植投入能跟上，就能种出好果子。所以品质更多还是在人为。库尔勒香梨这个品种已经经过这么多年的检验了。为了今后产业的发展，我们也在做采穗圃（提供优良种条的繁殖圃），把优良的单株种条采集保存起来，从源头上保持这个品种的优良特性。

贾　枭：这些年有很多以库尔勒香梨为母本或父本培育的新品种，应该说大家还是看中了库尔勒香梨这个品种良好的特性，它底子很好。

张　峰：库尔勒香梨是一个很好的育种资源，很多育种专家都把它作为一个重要亲本去育种。

贾　枭：现在大家都盯着库尔勒香梨这个好的品种资源。你们内部有没有进行这个品种的更新，比如库尔勒香梨二代、三代。

张　峰：我们二师农科所（新疆生产建设兵团第二师农业科学研究所）有用库尔勒香梨来培育新品种，香梨研究中心老一辈专家们也进行了库尔勒香梨芽变选育，研发了新品种。2011年，我们香梨研究中心和新疆农业大学共同选育了"早美香"品种，还有沙01、沙02、沙03，都是库尔勒香梨的芽变品种。还有新梨系列的新梨1号、新梨6号、新梨10号等，有芽变也有杂交品种。这两年，我们和新疆农业大学合作选育了第三代库尔勒香梨品种——雪香，它的亲本是新梨7号和雪花梨。

> 库尔勒香梨常常被选为杂交育种的骨干亲本，通过芽变选种、杂交育种方法，已选育出近20个优良品种，代表性的品种有新梨7号、红香酥、玉露香梨等。

库尔勒香梨品种独特、地位高

贾　枭： 您前面提到的这些品种好像基本是外地在推广种植？

张　峰： 对。我们本地种植新梨7号多一点，这两年也有种植玉露香梨的。

贾　枭： 现在整个库尔勒梨产业中，库尔勒香梨品种占比多大？

张　峰： 现在库尔勒市的香梨是41.2万亩，库尔勒香梨占绝对优势，基本都是这个品种。新梨7号就几千亩，玉露香梨最多一千亩，基本是尝试性种植。我们研究中心也引种了新梨7号、玉露香梨等多个品种，主要用于试验。

贾　枭： 这些品种应该都比库尔勒香梨的产量好吧？

张　峰： 是的。像新梨7号亩产至少得有2吨以上。玉露香梨在这边也非常丰产。

贾　枭： 这些梨的价格怎样？

张　峰： 我们这边种植比较少，收购价格比库尔勒香梨相对要好一些，因为就那么点量。

贾　枭： 现在库尔勒香梨亩产一般是什么情况？

张　峰： 目前全市的平均水平在1吨左右，我认为还是偏低的。因为库尔勒香梨本身就不是大果形，其他的梨一个能顶我们几个。但是管理好、投入品到位的也有2～3吨/亩的产量。

贾　枭： 所以很大程度上也仰仗管理水平。

张　峰： 是的。我认为它的丰产潜力还是有的。平均亩产在1.5吨以上，就能有比较好的收益。以前果农种植的主动性高，舍得投入，但那时候重视产量不重管理。后来我们逐步在改变，引导指导大家重视土壤的修复改良，加大有机肥的投入，重视技术管理。从2017年开始，全面实施库尔勒香梨产业提质增效，包括增施有机肥、花果管理、水肥管理、整形修剪、统防统治等，应该说这几年库尔勒香梨生产管理水平和果实品质都在提升，整体上处于上升阶段。

贾　枭： 但产业最终是市场引导的结果，果农、客商都要赚钱才行。虽然库尔勒香梨是一个很好的品种，但目前它的低产决定了果农赚钱相对比较难了。加大田间管理投入远比更换一个新品种的成本高。通过高接换头，品种很快就可以换过来，并且很快丰产。

张　峰：我们之前也提过，这边作为一个梨产区，品种还是比较单一，基本就是库尔勒香梨。当时也提过以库尔勒香梨为主，不同区域适当种植其他品种。

贾　枭：从您的角度，还是库尔勒香梨为主，会引入新品种，但不会冲击库尔勒香梨的地位？

张　峰：对。但从品种结构上，还是应该适当丰富，引入其他品种作为辅助。我们现在已经引入了快30个新品种，都在试验地里做试验，看哪些品种在这边表现好、效益好，适当推广给愿意种植的果农，形成不同成熟期的产品搭配，错开上市。现在新梨7号差不多已经成熟了，属于早熟品种，玉露香梨跟库尔勒香梨的成熟期差不多。不过这么多库尔勒香梨的二代、三代，从口感上来说，还是赶不上库尔勒香梨。口感差不多的，香气淡一些；玉露香梨不错，但皮要厚一些。

贾　枭：你们怎么评价库尔勒香梨在全国梨业中的地位？

张　峰：库尔勒香梨是一个地域性极强的品种，而且商品性非常好。应该说在国产梨乃至世界梨果中，它的地位是很高的，是不可或缺的一部分。

贾　枭：但奇怪的是，一方面是您说的不可或缺，但另一方面果农的效益好像一般。

张　峰：很多人都在说一个问题，就是库尔勒香梨的价格20多年来没有多少变化。很早之前就四块（一公斤），那时候三四块的收购价格，效益很好了，现在的收购价格没有多少提升，很平稳。

贾　枭：这个"平稳"或许不是一件好事情。按库尔勒香梨产业目前的情况，放在内地很多梨产区，可能一下子这个产业就垮掉了。不赚钱谁会种呢？

张　峰：您说的有道理。但库尔勒香梨产业还就这样一直发展下来了。

贾　枭：基本上都是一家一户种植？

张　峰：一户平均十几亩的比较多。

贾　枭： 库尔勒香梨不管近几年效益如何，它闻名遐迩，产业一直发展到了现在。在您看来是什么成就了它？

张　峰： 首先是库尔勒香梨品种自身的优良特性。再一个是政府引导支持，当然也还有经济效益。如果没有一点效益，它也发展不起来。

提质增效是未来重点

贾　枭： 从您自身感受来看，这几年库尔勒香梨产业有没有比较明显的变化？

张　峰： 从种植端来说，近几年缺少了产业的中长期规划，就是规模到底发展到什么程度。现在库尔勒香梨种植规模处于自然发展的状态。从2017年以来，规模发展的速度减慢了，这其中有自然灾害的影响，还有效益不高的原因。在"十一五""十二五"期间，新疆从上到下大面积发展林果业，库尔勒香梨的种植规模也没有快速扩大，还是比较稳步地发展。从香梨价格来说，和种植面积不成正比，2017年应该是产量最高的一年，库尔勒市的香梨有46万吨，但是那一年的价格下降了。我认为种植面积不一定要追求大，稳定在一定的水平上，适度发展，重点放在品质提升上。

我们现在提出的是稳定面积、提升品质、提升产量。在种植端加强标准化的管理。为了提升种植管理水平，2020年政府专门成立了库尔勒香梨发展有限公司，现在流转了8万多亩的果园，基本都是原本已失管、水平比较差的果园，进行标准化生产，提升果园管理水平，发挥示范带动作用。

贾　枭： 那这个果园的底子就很差。

张　峰： 所以这几年都需要加大果园投入。

贾　枭： 香梨公司和研究中心是紧密合作的吧？

张　峰： 对。未来库尔勒香梨的重点方向不是扩大规模，而是提质增效。

贾　枭： 那么香梨中心当前的重点工作包括哪些？

张　峰： 技术指导服务。比如标准化的管理措施、技术规程的编写以及技术培训指导等。

贾　枭：近期有哪些重点谋划？

张　峰：9月中旬左右，计划举办一个库尔勒香梨提质增效的技术交流会，邀请国家梨产业技术体系和其他科研院所的专家到库尔勒来，针对目前库尔勒香梨产业面临的问题，进行讨论交流。

贾　枭：这些年在库尔勒香梨种植技术方面有没有一些新的探索和突破？

张　峰：以前香梨基本都是大冠稀植的栽培模式，树很大，大部分4米高，株行距5～6米，这种种植模式费工，采摘修剪都得爬上树，打药可能有的地方也打不到。从2011年开始，我们从梨业体系内和其他地方交流学习省力密植栽培模式，已经在推广，品质、产量表现都很好。但出现的情况是，有的人管得很好，有的管得不行，枝条控不住。因为香梨的生长是很旺盛的，在没有挂果之前就大水大肥的话，很难控制住树冠、枝条。

贾　枭：那库尔勒香梨从生长特性来说，是不是不太适合这种省力密植模式？

张　峰：不能这么说。有的人按这种模式管理得就很成功，有的不行，说明只要技术到位，也是完全有可能的。

贾　枭：省力密植果园和以前乔化果园在产量方面有什么不一样？

张　峰：目前多按2米×4米（株距2米，行距4米）种植，这样一亩地有80多棵树。这个亩产量可以达到2吨，丰产的话3吨也是可以实现的，但是也要控制产量，在2～2.5吨是比较合适的，品质也会更好一些。

贾　枭：这个（省力密植）投入怎么样？

张　峰：管理得好、舍得投入的，一亩地要4000～5000元。建园的基础设施是一次性投入。

贾　枭：大家对这种种植模式积极性高吗？

张　峰：这两年新建果园多采用这种模式，还有一些老果园更新的，整个库尔勒市大概有1万亩。

贾　枭：现在还有地来新建果园吗？

张　峰：有，但不多。退耕还林有一些用地指标，大家还是更愿意种梨树。

贾　枭：分级方面呢？目前库尔勒香梨主要是靠什么分选？

张　峰：主要还是靠人工分选。我刚工作那会就已经在提智能化分选，但是这么多年一直没有发展起来。可能还是技术一直没有攻关。像砀山梨产区直接把裸果放进分选线，但我们香梨不能把裸果直接放上去，因为香梨皮薄，容易碰伤。一般我们在地里采摘下来就套上网套，再进行包装运输，要上分选线的话，还得把网套拆下来，比内地要多一道工序。这是一个方面的原因。

另外就是香梨的分级操作难度也要大一些，它的果个、果形不均匀。近几年提出，内质和外质的分选都要考量，我们正在尝试。实现自动化分选肯定好，现在人工成本也高。但是到现在还没有比较适合推广的库尔勒香梨自动化分选。有的技术达到了，但效益不划算，人工成本也高。有的分选线还不如人工分选的效率。这是今后需要攻关的一个事。

库尔勒香梨产业成长记

贾　枭：听说您从事香梨产业已经30多年了，您原来是在哪里工作？

覃伟铭：我1992年到沙依东园艺场工作，先后担任沙依东园艺场分场副场长、果树研究所所长、技术服务部主任等职，一直到2020年才离开，到了香梨公司（新疆库尔勒香梨产业发展有限公司），主要是搞香梨技术这一块。

贾　枭：您知道库尔勒香梨作为一个产业起初是怎么发展起来的吗？

覃伟铭：库尔勒香梨原本就是一个特产，有独特的品质，政府很早就开始关注和发展。1959年开始通过园艺场、兵团种植，比较有代表性的是沙依东园艺场。这应该是香梨规模化发展第一步，但那个时候面积不大。1976年，库尔勒被定为香梨生产基地。真正大规模产业化推广是在2000年以后，基本上以每年5万亩的规模在扩大，2021年库尔勒市的最大规模是46.5万亩，目前库尔勒市有41.2万亩。前几年由于病害和老树改造，面积下滑了一些。全州（巴音郭楞蒙古自治州）

地域（含新疆生产建设兵团）有近60万亩香梨。全疆最多时超过100万亩，现在应该不到百万亩。库尔勒香梨是从库尔勒市最早开始发展的，其他地方"跟风"发展起来。

> 香梨由古传来，1954年以前，栽培面积就有百余亩，多依河畔而种，零星散落在当地维吾尔族农家小院前后，自然生长，砧木为酸梨，实行套接的嫁接手法进行繁育。20世纪50年代末，香梨开始改变原来零星种植，建立了专业化生产基地——沙依东园艺场和库尔楚园艺场，实现集体管理，统一经营。70年代后期，香梨生产又步入新阶段，巴音郭楞蒙古自治州被确定为香梨商品生产基地，极大地调动了农民发展香梨生产的积极性，库尔勒香梨的栽培技术也成功取得了突破。此后，以库尔勒香梨品种为主的梨业被纳入新疆农业结构调整的特色林果产业进行推广发展。

贾　枭： 库尔勒香梨是我国第一件地理标志证明商标，当时是怎么注册的，您了解吗？

覃伟铭： 库尔勒香梨证明商标是当时由巴州政府主导，沙依东园艺场和其他园艺场及兵团参与一起弄下来的。当时库尔勒香梨的出口做得不错，领导提出注册商标，沙依东当时是代表性企业。

贾　枭： 您还有没有印象，当时拿下地理标志证明商标后，是怎么用这个商标的？

覃伟铭： 当时协会注册了"孔雀开屏"和库尔勒香梨组合的图形商标，要求授权使用商标的，都必须贴这个标。还有印制包装箱，最早是黄箱子，后来开始用彩印箱子，原来10公斤，慢慢变成7公斤。后来各种原因，贴标执行得不是很好，但还是推行了一段时间。真正规范起来是2016年以后，协会从政府体系剥离出去，由盛总（库尔勒香梨协会会长盛振明）接手后，以协会名义进行规范化、市场化管理。

1994年6月，巴音郭楞蒙古自治州库尔勒香梨协会成立，1995年协会开始申请"库尔勒香梨"地理标志证明商标，于1996年11月获准注册，"库尔勒香梨"成为我国第一件地理标志证明商标。

贾　枭：您觉得协会进行市场化运作后有哪些亮点？

覃伟铭：一是市场化程度更高，和市场对接很紧密。协会转为民间运作后，性质已经发生变化，基本偏向市场端。盛总经营香梨时间较久，有自己的公司，对市场变化很敏感。2019年他主持制定的团体标准，更贴近市场端，原来我们定的标准是以种植端为主，协会会员多是沙依东园艺场还有兵团团场，以种植端为主。香梨协会在盛总接手后，发展很快，行业认可度很高。协会会员中经销商比例较大，市场对接度较高，整个协会的凝聚力也很强。

二是库尔勒香梨知名度也有很大提升。这几年香梨协会参加国家质量评选、品牌价值评估等，对品牌宣传起到了很大的作用。

三是商标管理做得非常好。最早要贴标（"库尔勒香梨"），有的人不愿意，觉得干嘛要掏这个钱来买你这个东西，明摆着就是"卖钱"。盛总接手之后，搞了"双标"（区域公用品牌＋企业品牌），他很懂怎么运营，用标准、"双标"管理，大家也愿意跟着这样"玩儿"。这个对库尔勒香梨的品牌保护具有重大的意义。

贾　枭：库尔勒香梨闻名全国，您觉得在它的发展过程中，是什么成就了它？

覃伟铭：第一个肯定是咱们这颗梨好，是老祖宗留下来的宝贝。二是，不管是种梨的人还是卖梨人，大家对库尔勒香梨情有独钟，在库尔勒上到领导下到老百姓，大家说起库尔勒香梨都是非常自豪的。这是支撑这个产业不断发展的一个关键点。另外，库尔勒香梨是我国第一个地理标志证明商标，很早就开始打品牌。此外，库尔勒香梨的发展离不开老一辈的科技工作者们，他们为这个产业带来了一大批真正的大学生，那个时候大学生本来就少，这些大学生对香梨发展做出了巨大贡献。

贾　枭：据说现在整个产业90%以上都种的是库尔勒香梨这个品种。您前面也提到库尔勒香梨这颗梨好，从产业发展来说，您怎么看这个品种的未来？

覃伟铭：首先库尔勒香梨这个品种是独一无二的，到目前还没有能够替代它的品种。它既有东方梨的酥脆，又有西洋梨的香味，这种酥脆香甜是其他梨没有的。而且很有意思的是，这个香梨你"搬不走它"，也就是只有我们这里才能种得出。现在我们的香梨品质确实整体不如以前，所以提出了要"回归原味"，核心是从种植端入手，恢复香梨"香甜"的典型特性，这才是真正的库尔勒香梨。

库尔勒香梨协会"不一样"

见证香梨"从国外香回国内"的会长

贾　枭：您什么时候开始从事香梨产业的？

盛振明：（20世纪）90年代初。我原来做粮食贸易，当时市场上苹果都卖五六块一公斤，我想我们香梨也很好吃，也带去推销。我记得很清楚，1993年我拉了三车库尔勒香梨二级果（当时路上因事故损失了一车）到武汉推销，一开始大家都不敢吃，最后在江边找到了搬运工免费送给他们吃，连送三天，把一车货送了大半，然后就有人开始来买了，问卖多少。那个时候也不知道怎么定价，就乱喊200块一箱（9公斤），还真有人买。大家一吃又好吃，说这个梨好，可以送人。当时三车卖出去的也就一车多一点的量，结果还挣钱了。当时我也很震惊：原来库尔勒香梨能卖这么贵！看到人们吃了香梨，那种发自内心的赞叹，我就下定决心以后专心干果业，卖香梨了。

贾　枭：据我所知最早库尔勒香梨是走出口，基本不做内销。是内销不行吗？

盛振明：以前库尔勒香梨是"墙内开花墙外香"，90%都是出口。国内原来对香梨的认识是很肤浅的。我最开始到上海、武汉推销香梨，大家都说，"你这拿的是个啥，'枇杷'吗？"因为库尔勒香梨太小了。

贾　枭：那个时候国内大家还不认可香梨？

盛振明：不认可。当时我去做推销的时候，拿的是二级果，就是80克左右的梨，90克、100克的都出口了。

贾　枭：在您印象中，什么时候国内消费者开始认识库尔勒香梨了？

盛振明：1999年。

贾　枭： 那一年是因为什么（大家认识了库尔勒香梨）？

盛振明： 量很大。产量一下子上去了。

贾　枭： 那个时候库尔勒香梨规模、产量有多少？

盛振明： 当时整个新疆应该有五六十万亩的香梨了。库尔勒当时应该有30万亩，阿克苏少一点。相比之前的量，那一年是显著上去了。

贾　枭： 量上去之后，当时香梨价格怎样？

盛振明： 那时候香梨是和进口水果一样的高价。

贾　枭： 具体多少？

盛振明： 当时批发价六七块一公斤，终端就是十几块一斤。

贾　枭： 什么时候内销超过出口？

盛振明： 2000年。1999年应该说是库尔勒香梨内销市场的一个分水岭，当年打开市场后，基本就大面积转向内销。

贾　枭： 现在库尔勒香梨的出口和内销是什么情况？

盛振明： 现在出口只占到总量的0.6% ~ 0.7%。

> 库尔勒香梨从1975年开始销往中国香港，继而出口到东南亚地区。2004年开始出口加拿大，2006年拓展到美国，2008年在欧美市场上大受欢迎，成为中国挤入欧美国际高端市场的唯一果品。目前在世界五大洲都有销售。

7年时间会员从7家到481家

贾　枭： 看介绍，库尔勒香梨是1996年注册的我国第一件地理标志证明商标，您有没有了解过，当时去注册商标是有什么契机还是？

盛振明： 这是前任们做的事情，是干的最大的一件好事。1996年注册成为中国第一件地理标志证明商标，2003年又申请成为第三件中国驰名商标。这部分的工作做得很扎实，他们的意识很强。

贾　枭：您什么时候开始接管协会？

盛振明：香梨协会之前一直是官办组织，在我之前的几任（协会会长）都是政府相关部门主要领导兼任的。比如，我的前任是巴州林业局局长，他的前任是州党委的秘书长、农办主任，再前任是沙依东园艺场的书记。2015年之后，政府官员不能再担任协会会长，大概用了一年的时间把转变流程走完，协会的法人变更到了我的头上。2016年6月，我们召开会员大会，重新制定章程，政府官员就从里面退出去了。

贾　枭：您接管协会的时候，协会会员有多少？

盛振明：那个时候7家会员单位，国营单位有4家，还有3家私营企业。后来我们团结了库尔勒香梨合作社、经销企业、冷藏企业等加入协会大家庭，到现在已经有481家会员单位，包括50家核心会员单位。

贾　枭：核心会员单位在库尔勒香梨中体量能占到多少？

盛振明：大概一半以上，销售、种植都有。

贾　枭：7年时间，会员单位从7家到481家，这是很了不起的成绩。怎么做到的？

盛振明：原来协会由政府主导，通过行政命令来管理。到了我这里之后，转变为市场行为，协会章程也改了，上承政府下联经营主体。我们这个协会用一句话来说就是"一心一意做香梨"，百分之八九十的会员都只做香梨，而且只做库尔勒香梨，很多外地人专门到库尔勒经营香梨。这帮人对库尔勒香梨是很有感情的。

贾　枭：我听下来，协会的会员其实不仅限于本地，而是包含整个产业产加销各个环节的经营主体，是开放的。多数地方产业协会很少将外部的经销商纳入会员体系。

盛振明：我们库尔勒香梨协会会员是全国范围内的。比如百果园、盒马也是会员单位。

贾　枭：进入协会的门槛是什么？

盛振明：要进入协会，必须要有理事单位推荐和两个会员单位保荐，进来之后遵守我们的管理办法。

贾　枭：这样看是必须真正做库尔勒香梨产、加、销的经营主体才行。

盛振明：必须真正在干库尔勒香梨的才有资格，我们入会程序上的设计也是基于这个考虑。

贾　枭：加入会费多少？

盛振明：2000块钱（一年）。

贾　枭：那这样一年也没有多少会费，协会怎么开展工作呢？

盛振明：原来最早的时候，我和我们几个副会长都自己拿钱出来坚守。后面会员人数多了，还拿出一部分钱来进行品牌宣传、做一些广告。

全国都卖库尔勒香梨

贾　枭：现在给人的感觉是全国各地都在卖库尔勒香梨，看介绍现在全国90%以上的城市都有库尔勒香梨销售网点，这样一张遍布全国的销售网是怎么编织起来的？

盛振明：应该说是90%的一、二线城市。（20世纪）90年代我国第一条冷链气调库就是在库尔勒，为香梨而建。记得从1996年开始库尔勒香梨就可以冷藏保鲜，持续销售到来年10月，实现全年销售。国家对新疆的冷链建设也很重视，给了一些政策支持。现在全州冷库总库容达70万吨，香梨贮藏保鲜率超85%。这解决了梨子新鲜度和销售季节的问题。库尔勒香梨本身也是极耐贮藏的一个品种，都是带把摘下来，非常利于保鲜。

贾　枭：相当于是首先解决了保鲜问题，为建立全国销售网络奠定了基础。我的意思是全国销售网是怎么建起来的？

盛振明：我们现在有68%的渠道是全国各地批发市场，在全国295个城市都有常年销售网点。

贾　枭：这些网点也都是库尔勒香梨协会会员？

盛振明：对。都是协会成员，在产地收香梨，销地卖香梨。基本上大型的水果连锁商都是我们的会员，比如百果园、绿叶果业等。我们的会员单位必须卖"库尔勒香梨"。

贾　枭： 那这个网非常厉害，不仅是产区的网，而且是整个中国库尔勒香梨的网。是怎么让这些大的水果连锁商都成为协会会员的？

盛振明： 一个是打假，这些水果连锁商、新发地、沃尔玛等都被打假过。有的曾把红香酥梨、新梨7号等当库尔勒香梨卖，还有的是没有获得授权也卖。必须成为协会会员，遵守协会规则，才能卖"库尔勒香梨"。

贾　枭： 库尔勒香梨协会不仅把产地的生产经营者团结了起来，而且把全国和库尔勒香梨相关的经营者都联系团结了起来，协会真正成为所有库尔勒香梨从业者的平台。这是非常难得的。

统一标识、双标双码、互相监督

贾　枭： 说到这里，我想知道库尔勒香梨地理标志证明商标是怎么管理的？一般来说，地理标志证明商标仅局限于"本地"来使用，而库尔勒香梨地标包括了3市7县，同时库尔勒香梨既是地标名也是品种名。

> 库尔勒香梨地理标志保护范围集中在新疆巴音郭楞蒙古自治州南部和阿克苏东南部，具体位于塔克拉玛干沙漠的北边缘和孔雀河流域、塔里木河流域之间的冷热空气剧烈冲击地带，分布在库尔勒市、尉犁县、轮台县、库车县、新和县、沙雅县、阿克苏市、阿瓦提县、温宿县和这些地区里的国营园（团）场。

盛振明： 当时地标范围规定的就是塔里木河流域和孔雀河流域的几个地方，基本上种出来的库尔勒香梨都有皮薄无渣、带香气的特点，是尊重了这个品种自然生长特性来划分的。离我们这里不到50公里的焉耆回族自治县就种不出来。这样划分管理起来确实是有一定难度。咋管呢？

一个我们实行的是"双标双码"管理，必须统一打"库尔勒香梨"这五个字，实行"母子品牌"双标，也就是把库尔勒香梨和企业品牌都要打上去。同时在箱子的侧面实行"双码"，印制企业一个，使用企业一个，这都是唯一性的，每年授权一次。这样就很容易辨别出谁真谁假。

二是每个会员都有一个专属标号，每年都要进行授权，一般都是不变的。包括原产地标准使用证编号、印刷厂编号管理。

贾　枭：您前面讲到，库尔勒香梨原产地地标范围包括了"两河"流域，不同产区怎么区分？

盛振明：就是用"编号管理"，同时必须"注明产地"。像阿克苏产区的香梨在市场始终和库尔勒市的香梨要差十来块钱（一箱）。

贾　枭：这个价格是由什么决定的？

盛振明：品质。库尔勒香梨核心产区就是孔雀河流域，像阿克苏那边很少能种出Ａ级果，他们最好的果子，差不多就是这边（库尔勒市）的Ｂ级果。

贾　枭：这种管理方式是什么时候开始的？

盛振明：我接管协会之后。

贾　枭：您是怎么做到让这么多的会员单位都愿意把标识、包装，包括您说的编号等都按规定用？现在很多地方的苦恼就在于大家不愿意统一这么干。

盛振明：以证明商标为"令箭"，发挥协会作用，首先找支持你的"大户"，30%头部主体都这么干了，后面大家都愿意这样做，人都有趋从心理。

贾　枭：他们会自觉在包装标识上打上"库尔勒香梨"，并标注这是产自哪里？

盛振明：他们必须这样办。如果不这样，有人会举报。

贾　枭：谁会举报？

盛振明：协会会员同行，市场上大家都一清二楚的，谁没有按规矩办事。

贾　枭：您这个协会不仅是把各产区和全国经销商团结到了一起，还是一个信息交流综合平台，大家在这个平台上没有秘密。

盛振明：都是透明的。库尔勒香梨产区包括多个产区，会员来自全国各地。但我们对会员的吸收是很谨慎的。像线上这块，对吸收流量很有效果，我们也收得很紧。原来针对线上授权销售的，会进行"二次约束"，价格不能低于线下的

26%，不能影响线下销售，这是在合同上白底黑字写清楚的。如果不按规定来，我们有合作的专业律师团队进行处理。

以下内容源自《库尔勒香梨证明商标管理规范》。

一、包装印刷要求

1.被授权的包装印制企业在印制"库尔勒香梨"证明商标文字、图片、产地等信息内容之前，必须要求被印制企业或个人出示"库尔勒香梨原产地地理标志证明商标准许使用证"方可进行库尔勒香梨包装箱印制工作。

2.包装箱或单果标签上应印制"库尔勒香梨原产地地理标志证明商标准许使用证""库尔勒香梨原产地地理标志证明商标准许印制证"编码。

3.规范包装纸箱具体样式要求如下：

新印制的包装纸箱应印制印刷厂名称、准印证编号和准许使用证编号，两个编号同时印制在包装箱的侧面位置；

应规范使用"库尔勒香梨"字样、"库尔勒香梨"孔雀图标标识；

产地信息标注要求：中国·新疆·库尔勒，中国·新疆·阿克苏，中国·新疆·阿拉尔。

二、准许使用证和准印证编码

编码如下：

巴州地区：商标准许印制证编码为年代号＋MZ＋协会授权码，商标准许使用证编号为年代号＋MS＋协会授权码；

阿克苏地区：商标准许印制证编码为年代号＋AZ＋协会授权码，商标准许使用证编号为年代号＋AS＋协会授权码；

商超的商标使用人，商标准许使用证编号是以年代号＋ZX＋协会授权码；

电商经销的商标使用人，商标准许使用证编号是以年代号＋DS＋协会授权码。

维权打假，维护市场

贾　枭：协会每年处理类似违规、打假之类的纠纷业务量应该很大吧？

盛振明：每年几百起。

贾　枭：人员和经费怎么解决？

盛振明：原来我们协会有两个人专门负责维权打假。打假维权方面律师拿大头，我们拿小头，协会的目的不是靠这个赚钱，主要是震慑、维护市场。

贾　枭：在您印象中，库尔勒香梨被假冒、各种违规等情况比较严重是什么时候？

盛振明：2016年我们开始打假维权的时候，已经达到市场上100箱库尔勒香梨95箱都是假的，只有5箱是真的。

贾　枭：是没有被授权，还是说就是假的？

盛振明：就是假冒，根本不是库尔勒香梨，批发市场、商超都是如此。2016年，我们从北京新发地市场开始打假，政府也给了我们很大的支持，工商局、监管局过去查封，真干、硬干。经销商看到了我们的态度，也愿意加入我们协会，大家一起共同经营。

贾　枭：这两年好像维权的声音变小了？

盛振明：这两年我们打假维权的力度有所放宽，有举报的就去。2021年"胡辣汤商标争议事件"还是有一定影响。但它和我们不同，胡辣汤那个是集体商标，库尔勒香梨是地理标志证明商标。舆论沸沸扬扬，很多人其实都没有搞清楚，弄得我压力很大。我们是按规定办事，不是乱干，在起诉之前，有的只要认识到错误，认个错我们就不会继续追究。还有就是，现在成立了国资香梨公司，我们协会也不能把所有的事情都包办，协会只是一个服务组织，要找好自己的定位。

还有，我们协会信息是公开透明的，各经销商之间大家也会互相监督，假冒等情况少了很多。这两年也得益于我个人的关系，我也是中国果品流通协会副会长，跟各大批发市场的老总们的关系也很好。库尔勒香梨什么时候采摘，什么时候发车出新疆……直接给他们发公函，他们也维护我们的市场。

贾　枭：相当于一个从准出、一个从准入，双边把控。

盛振明：对。通过协会人脉关系跟市场紧密结合起来。现在我们也不仅仅是打假，而是宣传什么是真正的库尔勒香梨。

让库尔勒香梨"回归原味"

贾　枭：您当上会长之后，对库尔勒香梨这个品牌发展有什么畅想或思考？

盛振明：我接管协会之后，理事会提出了一个战略目标——"回归原味，塑造品牌"。就是要从种植开始，注重品质，回归原味生产，真正把库尔勒香梨的特点体现出来。库尔勒香梨有别于其他梨的一个显著特征是皮薄无渣、香气浓郁。我最早经营库尔勒香梨的时候，内地人一吃到这个梨的那种喜悦是不由自主的，感叹"哇，天下还有这么好吃的水果！"近些年库尔勒香梨遇到了品质、标准等方面的问题。

贾　枭：如何回归原味？

盛振明：一个提标准。原来只有国家标准、地方标准和行业标准。我们香梨协会率先申报了一个团体标准。原来香梨分级主要是从感官指标来定，主要就是果个大小。我们在这基础上增加内在品质标准，并把它强化。比如糖度（可溶性固形物）在12.5（白利度）及以上的符合A级果……

另外也对食品安全进行了规定。库尔勒香梨商品果的食品安全标准是高于绿色食品要求的。为什么这样定呢？从整个库尔勒香梨种植来说，全州的要求都是非常严格的，上市前的15天不允许打任何药，而且新疆的气候是很干燥的，一年打药也就四五遍。所以我们整个食品安全水平还是很高的，即便把门槛提高也是容易实现的。

还有禁止采青（早采），要求必须成熟后才采摘。2016—2018年是非常艰难的三年。一个是采青很严重，八月十几号就开始采摘上市，这个时候尝鲜价格卖得高，回款快，经营成本也低一点。我们当时提出要禁止早采（尚未成熟，影响品质），甚至在公路上设置关卡拦截，触及了很多人的利益，因此很多人对我的怨声很大。最严格的时候，甚至是直接连车带人一起扣下。

现在盒马、百果园对产品的要求更高了，糖度必须要达到12.5（白利度）甚至13（白利度），达不到不行。如果农民不从种植端做出改变，外观再漂亮也达不到标准。

> 根据《巴音郭楞蒙古自治州库尔勒香梨协会团体标准》，库尔勒香梨的理化指标包括果实硬度、可溶性固形物、石细胞含量和总酸（以苹果酸计）4个指标；库尔勒香梨的宜采摘时间为9月5日至10月15日（当天采摘当天入库为宜）。

贾　枭：标准改变之后，在市场售价上有没有明显的变化？

盛振明：肯定有变化。像A级果品牌商都认可。去年广州有几个做A级果的，一箱（7.5公斤）批发价是一百多块钱，平均一斤都是十多块，一年当中七八个月都是这个价格。

贾　枭：换句话说，新的标准给大家带来了更好的效益。

盛振明：做品牌基本都是A级果，不看B级、C级的，都是按照标准去收购果品。通过标准引领，充分实现了优果优价。同时对种植户是很强的一个引领。现在不用监督，大家都不会早采。

贾　枭：您提到了分级，库尔勒香梨主要靠什么分选？

盛振明：基本还是人工分选。光电智能分选很难，现在香梨公司（新疆库尔勒香梨股份有限公司）也引进了智能化分选线，但成本还是太高了，香梨分选不像苹果，必须得呵护式，需要不少人工，商业化推广还是难。

贾　枭：那香梨的分级主要是靠抽检了。

盛振明：对。另外也看果园管理。前两年，百果园提出做树上熟，甜度要13（白利度）以上。如果用化肥生产不用有机肥，即便挂果到10月份也达不到要求。还有盒马、绿叶果业都在提新的要求。盒马来搞"树顶红"，把香梨树"结构"都改变了，出高价收树顶上带红的梨子。这些梨晒的阳光多，甜度、果形都更优异，所以这两年香梨开始大面积"落头"，以前香梨树有三五米高……我认为这个也是未来的一个发展方向，但是步子不能一下子迈得太大。

> 所谓"树顶红"库尔勒香梨，指的是梨面红度不低于30%，糖度在13白利度以上的香梨，单梨重量在120～160克，长在香梨树的顶部，采摘时间比普通香梨晚20多天，一般十几个梨或者是20个梨才能选出一个，口感细腻，是香梨中的精品。它们的价格比普通香梨价格高30%左右，目前在盒马的售价为24.9元/6个。

> 从2018年开始，盒马与库尔勒当地就香梨展开了基地直采合作，盒马的采购员发现，挂在梨树最顶端、果面带红的梨子口感更佳，于是和当地合作社进行"树顶红"香梨的探索性合作。第一批"树顶红"香梨在盒马上架，30吨的数量迅速售罄，于是"树顶红"被作为标杆性商品来打造。为了达到盒马对于"树顶红"香梨的选品标准，盒马合作的果园采用物理防虫、有机施肥、半机械采摘等精细化种植管理，每年进行三次"疏果"，产量下降四分之一，但品质能大大提升。

每年发布香梨指导价

贾 枭：据我所知，协会每年都要发布库尔勒香梨当年的指导价格，这个指导价格怎么定价？

盛振明：指导价格和产量有关。2022年，我们香梨的产量是50万吨，收购指导价格A级12元/公斤、B级8元/公斤、C级6.5元/公斤。2021年产量是130万吨，收购指导价格A级6元/公斤，B级4.7元/公斤，C级3.5元/公斤。2020年是110万吨，收购指导价格A级5.7元/公斤，B级4.6元/公斤，C级3.5元/公斤。

贾 枭：2022年和2020年的产量为什么相差这么大，是因为冻灾吗？

盛振明：我们香梨的产量按正常来说，96.7万亩应该有上百万吨的产量。2022年为啥这么低？香梨是异花授粉，正常是7～15天的花期，去年香梨的花期两天都不到，来不及授粉，造成了减产。

贾　枭：所以每年的指导价格是根据当年产量预测和往年市场价格来定？

盛振明：基本是这样，我们还要看当年的其他重点水果的情况，比如沃柑、砂糖橘等，根据情况大家综合分析讨论出一个适宜的价格。

贾　枭：这个指导价格是从什么时候开始实施的？

盛振明：2016年开始的，指导价格是一个参考范围。

贾　枭：这个指导价格在实际运用中怎么样，起到作用了吗？

盛振明：我认为是有作用的。有了指导价以后对果农、经销商应该说都是有利的，价格没有大起大落，比较平稳。但是争议也不小，今年非常难弄。

贾　枭：为什么？

盛振明：今年香梨经历了三场冻害。在1月14号有极低气温−25℃，持续了20天，把香梨树冻伤了，4月5号开花期有个零度气温，5月6号又有−4℃，还下了一场雪，把果子冻裂开了。今年减产成定势。还有一个是发育不良，有十几万吨的冻伤果，内质上没有影响，但外观上有"斑点"。而阿克苏那边没有受冻害，他们的价格一直都是这边的价格出来之后再定，要便宜1～1.5元/公斤。所以今年这个指导定价难度比较大。我也给很多经销商做了工作，今年这个受冻的梨子不能被当作残次果来卖，要正面宣传，告诉大家这个果子虽然被冻了，外观不好看，但不影响内质，可以适当优惠。这批果子处理好了，对其他商品果才有稳定性。

区域公用品牌诱发购买动机，企业产品品牌实现重复购买

贾　枭：您接管库尔勒香梨协会后到现在7年多了，最大的感受是啥？

盛振明：我现在可以很自豪地跟你讲，我们品牌标识是统一的、编号是统一的，很多地方要达到我们现在的管理水平，没有十年工夫是不可能的，甚至二十年都不一定能做到。

贾　枭：为什么这么说？

盛振明：很多耳熟能详的农产品，你在市场能看到打着统一名称的产品包装箱吗？很少吧？但我们做到了，把"双标"——库尔勒香梨区域公用品牌和企业商标品牌都打上去了。区域公用品牌的作用就是打造知名度，通过它让人产生购买。企业品牌创造美誉度，实现重复购买的作用。

品牌发展是有阶段的。第一个维度是知名度，第二个维度是企业品牌，第三个维度是商业品牌。所以接下来的阶段，我们库尔勒香梨要做品牌联合体，哪一天做到市场买库尔勒香梨只认一个牌子的时候，才是真正掌握话语权的时候。那时候可能库尔勒香梨树才开花，钱就已经收进来了。我们现在就缺一个这样的商业品牌。

精细化发展，让整个库尔勒香梨都贵起来

贾　枭：您对库尔勒香梨产业未来发展怎么看？

盛振明：这几年香梨也到了一个瓶颈。一个产业要健康发展下去要保证三个要点——果农有收入、企业有利润、政府有税收，这三点缺了哪一个都不会长久。但现在库尔勒香梨果农是没有多少收入的，经销商大部分都是卖产品也挣不了多少钱，政府没有税收。你讲过区域公用品牌建设"首长"要重视，而"首长"是会换的，只有把税收留在当地，才能让各任"首长"都重视，坚定不移地支持这个产业，区域公用品牌才能有成果。在我看来，果农一亩地要有6000到10000元才正常，低于6000元，第二年果农就舍不得投入。库尔勒香梨一亩地的产量1.5吨都达不到，砀山酥梨、秋月梨等一亩地可以有四五吨的产量。刨去投入，目前库尔勒香梨一亩地也就3000元左右的收入。所以我现在提出的首要问题，就是解决农民收入。

贾　枭：库尔勒香梨是低产的，那就必须高价。

盛振明：现在的问题是产量高不起来，价格也提不上去。

贾　枭：这其实还是品牌没有真正实现溢价。

盛振明：我认为，要从过去的商品化生产升级到礼品化生产，要实现论个卖，

真正的优质优价。

贾　枭：如何实现？

盛振明：品种结构调整。30%是优质的库尔勒香梨，70%通过嫁接换头改造成大产量的优质品种，比如秋月梨、玉露香梨等，让亩产在4吨以上，这边种的品质也很好，哪怕价格比其他地方低一点，整体的收入也会提高。比如像阿克苏这些地方，本身种植出来的库尔勒香梨就没有这边的好，价格也不如这边，就可以进行大果型调整。

贾　枭：那这样的话，库尔勒香梨品种不会慢慢没了吗？

盛振明：库尔勒香梨品种肯定要保护好，产业要保住，但是要礼品化发展。

贾　枭：您的意思是，缩小库尔勒香梨种植范围，保留核心产区，其他产区进行品种调整？

盛振明：对。你看，我们种得好的库尔勒香梨收购价能达到十几块钱（一公斤），低的就三四块（一公斤）。

贾　枭：也就是库尔勒香梨的产量没有办法根本性改变，但是可以进行品种调整，把核心产区的库尔勒香梨价值做高，真正往高端去做。

盛振明：我的想法是，以后就保留孔雀河沿岸（的库尔勒香梨），做"树上熟""树顶红"高端水果，让整个库尔勒香梨都贵起来，再也不是追求规模化的发展。其他地区改接大果型优质梨，打上新疆产，多做几个地理标志。

贾　枭：您这个观点，我听了之后比较惊讶。

盛振明：这是我个人的观点。我前年和（库尔勒）市领导、香梨专家等到隰县考察玉露香梨产业。他们真是从上到下都很重视这个产业，品牌、电商都做得很好。人家讲的是"我们县委书记就是地头抓标准，县长就是搞品牌推广""你们能想到的我们会给果农，你们想不到的我们也给果农补"，而且常年坚持。最后达到的是，整个产业交易在本地，税收在当地，所以政府会坚持干。

我当时还去了山东莱阳，看很多的秋月梨基地，当时还比较沾沾自喜，认为没有什么梨的品质能赶上库尔勒香梨，但今年我又去了，感受大变。我们有一个副会长，原来一辈子都觉得库尔勒香梨最好吃，但吃过人家的莱阳梨后，发现真是太好吃了。人家用的是日本先进的种植技术，确实好吃，很受欢迎。我们香梨这几年品质在退化，还没有解决根本——种植的问题。

贾　枭：所以库尔勒香梨不是品种退化导致品质下降，而是种植土壤、技术等原因。

盛振明：不是品种退化，而是"地力"（土壤有机质等）退化。2016—2018年连续三年，我们取样了287个土壤样本，平均有机质0.8%都不到。10年前我到广西去考察，人家要求，土壤达不到3.0%以上不种果树。当时我就说，以后广西的水果一定会赶超，你看现在那边的果业发展多迅猛。现在香梨公司也正牵头示范，进行提质，投入了有机肥等改良土壤，这是应该要做的。但土壤有机质恢复所需时间很长。现在比较可行的办法是，在还没有开垦过的土地上种，还有一个就是用全营养的液体肥料。但这个成本高，要改变种植模式。

未来必须要在肥料、种植技术上下功夫，库尔勒香梨才能重新走出去，而且不能大面积种。去年我去看了一个果农种的，他就可以做到盒马、百果园的种植要求，精耕细种、树体透光，一亩的产量能有2吨。这让我看到了希望。现在库尔勒香梨产业发展有限公司流转的8万亩果园，其中2.9万亩是我们协会几个骨干，包括执行会长、几个主要的副会长和监事长单位流转的。我们的目的就是给果农示范，带领果农干。

国企带头产业升级

政府出手成立香梨公司

贾　枭：来香梨公司任职前，您在哪个单位工作？

高　元：在一个乡镇做常务副乡长，我在基层干了13年，以前主要负责项目、经济发展这块。

贾　枭：接触过农业吗？

高　元：接触过，但没有多深，分工不同。

贾　枭：那其实你也算是农业新人。什么时候来香梨公司？

高　元：公司是2020年成立的，我是今年4月份来公司的，相当于是第二任负责人。

> 新疆库尔勒香梨产业发展有限公司（以下简称"香梨公司"）成立于2020年7月，为库尔勒市国资委下属全资国企，是一家规模化种植、标准化管理、专业化运营的香梨产业全链条发展公司。

贾　枭：据我所知香梨公司是政府成立的国资企业，您是否了解成立公司的初衷是什么？

高　元：其实核心就四个字——提质增效，让咱们的香梨回归原味，让产业提质增效。

贾　枭：是只有通过国有农投公司才能实现它（产业提质增效）？

高　元：国有企业既要承担经济责任，也要承担政治责任，还要承担社会责任。对于当前的库尔勒香梨产业提质增效，通过国企集中力量办大事，保住、保好库尔勒的"民生工程"，彰显国企担当。

贾　枭：但这背后其实还是站在政府的角度来干这个事情，只是以公司化形式来运作。

高　元：是的，目前的情况，必须政府出面牵头。

贾　枭：你前面提到了提质增效，那么这背后是基于一个前提——当前库尔勒香梨产业是低质低效。

高　元：我们的产业是遇到了三个问题。一个是香梨的品质在下滑。二是农民的增收到了瓶颈期。三是库尔勒香梨的品牌价值没有真正转化为市场价值，和同类高端水果相比，它的增速明显放缓了。基于这三大问题，（库尔勒）市委、市政府成立了香梨公司来引领产业升级，我认为这是非常正确且很有必要的决定。

贾　枭：香梨公司成立的注册资金是什么情况？

高　元： 香梨公司注册资金为5000万元，是一个国资注资、政府扶持、主营农业的企业，我们通过土地流转经营权证的办理，农发行授信贷款，来申请提质增效贷款，主要用于对各乡镇果园进行示范引领。

"提质增效"是近几年库尔勒香梨产业发展的"主旋律"。库尔勒市先后出台《特色林果库尔勒香梨绿色生产技术规范》《库尔勒市香梨产业发展实施方案（2020—2022年）》《库尔勒香梨产业发展"十四五"规划》《关于进一步促进库尔勒香梨产业持续健康发展实施方案》等规范文件，修改完善《库尔勒香梨标准体系》。2022年6月13日，《巴音郭楞蒙古自治州库尔勒香梨产业高质量发展促进条例》正式实施。

产业面临多重严峻挑战

贾　枭： 你们认为品质下滑的主要原因是什么？

高　元： 说透了就是土壤的事情。

贾　枭： 地力（有机质）下降？

高　元： 一直在下降。几十年下来一直在让土壤产出，但投入不足，土壤的有机质、营养元素快消耗殆尽。所以这几年香梨的品质出现了下滑。第二个是，现在很多香梨的树龄相对比较大，树体老化。数据显示2/3的树龄在25年以上。香梨突出就在一个"香"字。我认为从20年的树龄开始，芳香味是开始逐年下滑的。另一个就是土壤有机质下降，这也影响口感品质。种出来的果子卖不上价，次年果农就不愿意投入，不愿投入，品质越是下降，这就造成了恶性循环。现在果农弃管果园的风险在增大，种香梨不挣钱了，还种它干啥？

贾　枭： 就是因为效益低。

高　元： 对。加上前几年的枝枯病对产业影响很大。现在已找到办法治理，已经基本遏制住了。

贾　枭： 枝枯病是怎么回事？

高　元： 它是寄生在香梨树上的病原体，会传染，造成香梨树枝流脓、树体坏死。

苹果枝枯病是由细菌引起的危害植物枝干叶果花的一种传染性极强、致死率极高的病害。

贾　枭：如果把树挖掉就不会传染了吧？

高　元：是的。果树得病了就是传染源，要进行彻底清除。感染这个病主要还是香梨树的"身体不好了"，就像人一样，免疫低就容易感染生病。

贾　枭：一个是果园疏于管理，土壤有机质等各方面投入不够，再一个树老化，所以容易大规模感染传播，一旦感染必须挖掉，这跟柑橘黄龙病很像。

高　元：有点类似。（库尔勒市）政府也下了很大决心，把该挖的树都挖掉了，很坚决，算是把这个病控制住了。

贾　枭：什么时候开始挖树的？

高　元：2018、2019年就出手了。第一个事情是统一解决病树，现在也找到一些针对性的管理办法。个别也还有，但不是普遍性问题，个别的就针对性治理。第二个事情就是成立国企，把有弃园风险的这些果园给托管起来。老百姓不愿管，管不好的，公司来接手，果农来当产业工人。现在这些产业工人的工资都远高于他自己种植香梨的收入，已经形成了比较好的互动关系。

贾　枭：果农技术这块是公司统一指导？

高　元：对，我们会统一出技术操作管理办法，什么节点做什么事情，怎么授粉、怎么修剪、怎样疏果等都有指导。

贾　枭：相当于有一套标准化的操作指南，公司有专门的技术团队？

高　元：对。有技术团队，再一个和香梨研究中心合作，配合非常好。

既是托底也是引领

贾　枭：您前面提到了托管，目前公司流转托管的果园面积有多大？

高　元：8.6万亩。

贾　枭：那等于说达到了1/5了（占到库尔勒香梨种植总面积），8.6万亩的体量已经非常大了。

高　元： 对，公司流转的体量非常大。

贾　枭： 果园流转是一次性付清还是？

高　元： 每年付，流转18年。

贾　枭： 一年租金也不少。

高　元： 一亩平均下来一年的流转费800元，这是起价，有三年的建设期，第三年以后每年有百分之几的递增，根据实际情况来定。

贾　枭： 8.6万亩的果园怎么管？

高　元： 公司自己来管肯定管不过来。我们分了8个项目区，分别交给所在乡镇国企来负责日常管理，也就是我们投钱、出标准、出制度，他们来负责执行日常管理。

贾　枭： 这当中，管得最大、最小的果园面积是多少？

高　元： 最大的1.2万亩，最小的两千亩。

贾　枭： 1.2万亩这个面积也不小。

高　元： 是的，需要管理的人也非常多。但基本都是本地老百姓，为了避免吃"大锅饭"，提高大家积极性，没有设固定工资，而是多劳多得。这样对于本乡镇的农民，一方面有果园、土地流转金，另外也可以当产业工人，等于说拿了两份钱，综合效益是提高了。

贾　枭： 现在测算下来，一户家庭比如说夫妻两人在你们这里打工，同时收地租，这样和他们以前自己种香梨收入相比，哪个高？

高　元： 我们现在测算，户均年收入是2.5万元。原来果农自己种香梨，搞不好还得赔钱，尤其是遇上像今年这样的极端冻害。香梨这个产业也是要看天吃饭。现在来看，流转的这些果农户均都是增收的。

贾　枭： 那这个风险就在你们这里了。前期的投入很大。那么政府对香梨公司有什么目标要求呢？短期内你们肯定是亏的。

高　元： 政府成立国资，是通过一二三产整体融合发展，重点是补链、强链的作用，产业链上短哪补哪，特别是二产深加工方面以及库尔勒香梨区域品牌建设上。整个产业种得好、卖得好，农户、客商都有收益，政府有税收，才是一个可持续的健康状态。

贾　枭：那还是得向市场要效益，真正把产加销整体链条打通。但就目前的情况来看，香梨公司要打通这个链条，市场开发的成本也会非常高。

高　元：香梨公司作为国企，销售端主要是搭平台，服务渠道品牌商，输出好的产品、严把品控，站在大局上考虑。我们这8.6万亩是起到一个示范引领的作用，引导市场端的主体逐步介入种植端。未来，我们希望通过香梨公司这种模式引领，有更多的销售企业、客商能主动去流转、承包果园，用先进的种植技术、种植模式，和农户形成紧密连接，种出好香梨，同时利用渠道优势卖好香梨。

贾　枭：这8.6万亩其实已经不只是示范，也是托底了。8600亩那只能是示范，8.6万亩说白了已经把产业当中最薄弱的板块拿过来了。库尔勒这41.2万亩香梨中，效益还可以的，他现在是不愿流转的。

　　　　为改变香梨产业发展现状，解决近年来存在的果园管理粗放、投入不到位、部分产品品质持续低下等问题，新疆库尔勒香梨产业发展公司牵头实施库尔勒香梨提质增效项目。

果园提质效果显著

高　元：过去这两年我们在果园上，投入了很多有机肥对土壤进行改良，对树形树体进行了塑形、嫁接。

贾　枭：这个成效怎么样？

高　元：果园改良效果非常显著。说个场景，同样一片果园，我们流转果园增施有机肥的果树，叶片又绿又厚，果园里的草长得非常茂盛，外形上就能明显区分。从商品率来说，去年我们达到了80%，可以说是近几年品质最好的。

贾　枭：产量上呢？

高　元：产量上还没有明显的提升。我们还在探索建设期，该疏果的就疏果，该补种的补种。但从口感来说，糖度风味度明显提高了，还有商品率的提高。

贾　枭： 亩产效益呢？

高　元： 各项目区也分情况。有的园子底子好一些，有的差一些，亩产也不一样，光看产量还对比不出来，看的是它的综合商品价值。

贾　枭： 据我所知，库尔勒香梨低产是一个普遍现象。

高　元： 对，我们刚才聊到的树老龄化严重。

贾　枭： 那老果园怎么办，挖掉重新种新苗？

高　元： 我们正在这样计划，但特别慎重，不能一下子全伐了，重新种到丰产壮年要等七八年。这对香梨公司来说财务压力巨大，还是得有计划地来。

贾　枭： 据我了解，陕西那边很多种植苹果的，针对老果园，一种是栽种新苗，一种是伐掉嫁接，这种方式也很好，大大缩短挂果期。库尔勒香梨的老果园有必要都挖掉吗？

高　元： 从我的角度认为要坚决挖掉。现在已经开始订购一些新苗，它已经到了 2 ~ 4 年的时候，直接移栽过来。嫁接是快，但原本的树龄还是太老了。

贾　枭： 现在 8.6 万亩当中挂果多少？

高　元： 挂果丰产期的只能占到 30%，其他要么在幼苗期，要么就是老树龄。幼苗是这两年才种下去的，大苗移栽也就这两年。

贾　枭： 去年整个产量有多少？

高　元： 3 万多吨。

贾　枭： 价格怎么样？

高　元： 去年价格很贵，好的商品特级果达到 10 块钱一公斤的收购价了，但去年香梨整体价格有点虚高，后面高开低走了。

贾　枭： 按 80% 的商品果率，亩产 1 吨，这样来算，一亩地也有七八千元的收入了。

高　元：没有，后期市场变化太快。但我们的投入高，去年也是亏损的。

贾　枭：大盘肯定是亏损的。但就挂果的这部分不可能亏损吧？

高　元：是的。大盘来说现在还是投入期。目前我们丰产园面积体量这么小都能达到这个效益，我对香梨产业还是非常有信心的。

贾　枭：香梨公司的园子和经营水平，现在能看到效益的，在整个库尔勒香梨当中属于什么水平？

高　元：从管理水平和效益来说是中上的。这三年来我们不断投入，但产出小，等到连续投入 5 年之后，我相信会慢慢是一个上升的曲线。

贾　枭：有没有算过，现在一亩地投入大概是多少。

高　元：4300 多块钱，包括除采摘以外的所有投入费用。

贾　枭：你是高投入、标准化生产出来的果子，还是和老百姓一样走批发，这个利润还是太薄了。走到终端去的话，这个利润就远不止这些。

高　元：是的。库尔勒的梨子也分三六九等，种得好的，供不应求，一些优秀种植户可以卖到 10 块一公斤甚至更高。

贾　枭：这是批发价？

高　元：对。地头批发价。现在我们就要把种植往高端品质上引导。

本地专家更懂本地

贾　枭：现在技术这块是和谁合作？

高　元：我更愿意和香梨研究中心合作。我们和香梨研究中心、大学院校还有河南、河北、山西的梨研究所都有合作。

贾　枭：但在新疆内现在梨的技术这块不算强。

高　元：是不算强。但内地专家到我们这里来也会出现"水土不服"，库尔勒香梨比较独特，和内地梨品种的特性完全不一样，内地管理技术用到香梨上不一定合适。

贾　枭： 那您觉得香梨研究中心强在哪里？

高　元： 从技术水平来讲，他们团队不是最强的，但是我非常看中他们对库尔勒香梨的了解。他们对本地土壤、香梨生长习性的了解要远远强于内地的一些技术团队。内地的种植模式直接复制到我们这边不合适。内地在新品种研发和当地梨品种的种植管理技术是领先，有优势，但对库尔勒香梨的研究没有跟上。香梨研究中心，可以去内地学习先进的技术，或引进专业团队等，再结合本地情况进行推广。

贾　枭： 你希望把香梨研究中心做成本地技术服务的承接平台？

高　元： 对。另外我们公司的覃总（覃伟铭）也是香梨的大专家，一直在这个产业上工作，对香梨研究非常深。

贾　枭： 他属于本地专家。

高　元： 对。一方面公司自己培养，一方面和香梨中心合作，一块使力。现在我们跟本地做生物肥、有机肥的企业也在积极对接合作，研发香梨的专用肥料。甚至根据不同的地块土壤环境，进行针对性施肥，研发不同的专用肥料。

销售、品牌一起抓

贾　枭： 前面谈的是种植端这块，您也谈到了品牌建设方面。关于销售这方面，有什么计划？

高　元： 现阶段肯定还是以香梨协会原有的传统渠道为主，传统的渠道还是香梨的一个主战场。同时加上传统和新兴电商销售，新媒体销售为辅。

贾　枭： 新渠道这块是自己去做还是合作？

高　元： 电商这块，传统电商平台上已经打通，但没有强有力的企业品牌，是个短板。这会是一个重点扶持的方向，挖掘出有潜力的企业，扶持他们做大做强。现在抖音直播、视频号和社群、社团销售这块在巴州也是一个短板。

贾　枭： 未来打算怎么做？专业团队合作还是自己干？

高　元： 合作。我计划搭建一个直播电商的舞台。我们现在有个1.2万平方米的直播电商空间。

贾　枭：作为专门卖库尔勒香梨的平台吗？

高　元：以库尔勒香梨为主，同时销售本地其他农特产品。我们在里面把所有硬件的东西，包括选品等都做好，直播团队进来免费用，销售产品。我们现在是朝着产业集群去打造，依托库尔勒香梨这个产业，希望是有流量、有规模、有经验的从业人员来一起干。我们给扶持，赋能你去发展。

贾　枭：说到"销售"，离不开一个重要的话题——品牌。我看到，今年香梨研究中心把"孔雀河畔·库尔勒香梨"这个商标授权给了香梨公司。对于品牌这块有什么考量？

高　元："孔雀河畔·库尔勒香梨"是政府这几年在推的一个品牌。从我来说，第一个肯定是做好宣传推广，通过机场、高铁等上大广告。第二个会在新媒体上进行流量宣传，扩大知名度。第三个利用库尔勒香梨电商来宣传，跟在电商上做得好、做得大的商家合作，虽说是从你这个店铺出去的，但包装是我的包装，品牌是我的品牌。第四个是在一些大批发市场开品牌推介会，比如嘉兴水果市场、广州江南市场。

> 2012年，由库尔勒香梨研究中心申请注册了"孔雀河畔·库尔勒香梨"商标，2015年授权给了百果园来运营，合同期4年。2023年2月17日，库尔勒市香梨研究中心与新疆库尔勒香梨产业发展有限公司举行"孔雀河畔"商标授权仪式。

香梨为主，丰富品种

贾　枭：最后想问一个开放式话题，这次来我也听到了不同声音，见仁见智。对于库尔勒梨产业，您认为还是像现在这样以库尔勒香梨占绝对主导，还是丰富品种结构？

高　元：库尔勒是梨城，但不一定只产香梨。我的想法是"五加五"，也就是50%的库尔勒香梨，另外的50%种植其他5个新品种。库尔勒香梨小果低产。比如拿秋月梨来说，它一亩地可以产三四吨，而且每公斤的价值现在比香梨还要高。

种秋月梨和库尔勒香梨两个价值加起来要高于只种一种库尔勒香梨。

贾　枭： 计划种什么新品种？玉露香梨？

高　元： 不想做玉露香梨，内地像隰县的玉露香梨已经很成熟，它的种植面积也非常大，我们跟不上他们的。我想引进一些其他的新品种，国外的也好，还有本地研发的新品种。要丰富品种。

贾　枭： 你的看法是比较坚定的？

高　元： 我是非常坚定的。

库尔勒香梨产业是新疆6个超百亿元优势特色产业集群之一，是2020年农业农村部、财政部批准建设的50个优势特色产业集群之一。2021年，库尔勒香梨入选国家地理标志产品保护示范区筹建名单。

根据《库尔勒市香梨产业发展"十四五"规划》，到2025年库尔勒香梨总面积稳定40万亩，结果面积达到35万亩，商品果率达到80%以上，果品产量力争达到50万吨以上，以香梨为主的林果产业收入在农民收入中的比重力争达到35%以上。将建设一批高质量的标准化科技示范园，香梨标准化生产基地力争达到10万亩以上。

专家点评

曹永生

中国农业科学院副院长、党组成员

我国是梨的生产和消费大国，在众多梨产区中，库尔勒香梨是一个与众不同的存在。

一是，库尔勒香梨产品底子确实好，梨果的新优特品种不断涌现、抢占市场，但库尔勒香梨一直保持很高的梨中地位。品牌是产品的牌子，好品牌的基础一定是好产品。库尔勒香梨的商品性非常好，"好吃带香还耐储"，这是它一开始能很快叫响市场，而现在也能一直在梨果红海竞争中占据前列的重要基础。学界也常将库尔勒香梨作为育种的亲本资源。这些都表明了这个品种的优异。

二是，库尔勒香梨是典型的地标产品，具有独特性、稀缺性等典型特征，有利于创牌。库尔勒香梨是在漫长历史演变中传承下来的新疆梨，而且只有种植在特定区域才能表现出优异的品质，这一点表现非常明显。这样的产品打品牌具有天然优势，容易被市场接受，所以它一开始进入市场的"身价"也很高。

另外，库尔勒香梨作为我国第一件地理标志证明商标，很有代表性。其地标范围划分真正遵从了"地标产品"原则，包括了库尔勒在内的多个县（市）。在市场上它的品牌商标的应用和规范是国内少数做得很成功的。这离不开库尔勒香梨协会的成功运作。

库尔勒香梨产业是大自然给当地人的一笔财富。然而产业发展，效益是关键，一定要让各个环节的主体尤其是农民赚到钱。近几年库尔勒香梨面临一些问题，当地正在积极探索产业升级、提质增效。值得期待！

我国地貌广阔、资源丰富，还有许多"待字闺中"的地标产品，当中不乏好品种、好产品、好产业。相信库尔勒香梨的发展经历，能为他们带去经验和启迪。

寿光蔬菜
中国蔬菜之光
>>>>>>>>>>>>>>>>>>

访谈嘉宾

徐少华：寿光市三元朱村原团支部书记、高级农艺师，寿光冬暖式
　　　　大棚第一批带头人，在全国各地推广大棚蔬菜技术30多
　　　　年，先后荣获"全国农村青年星火带头人""山东省劳动模
　　　　范""山东省十大杰出青年"等荣誉。

王家相：寿光市人大常委会原副主任、寿光菜博会组委会办公室顾问

隋申利：寿光菜博会组委会办公室常务副主任

张林林：寿光市蔬菜产业发展中心副主任

　　1500年前，寿光人贾思勰撰写出了中国古代最早的农业百科全书《齐民要术》，泽被后世，被人们称颂为"农圣"。1500年后的今天，寿光用蔬菜影响中国。改革开放以来，寿光蔬菜从生产到销售、科技到品牌等全面开花，成为国人耳熟能详的大品牌。寿光蔬菜成为产业高质量发展的标杆、模范，创造了广受关注的"寿光模式"。

　　寿光在蔬菜领域有多"硬核"？这里是国务院命名的"中国蔬菜之乡"，是全国最大的蔬菜集散地、世界四大蔬菜区域优势中心之一，从这里走出去的蔬菜，关联着全国、全世界几亿人的餐桌。这里也是我国冬暖式大棚蔬菜技术的发源地和发扬地、国际蔬菜产业硅谷，每年接待为菜而来的客人超200万人次……以寿光蔬菜为核心的千亿级蔬菜产业集群入选我国首批50个优势特色产业集群。2018年习近平总书记一年内两次肯定"寿光模式"。

　　何为"寿光模式"？什么成就了寿光蔬菜？2023年9月，农本咨询课题组走进寿光寻找答案。

"大市场"打响"寿光经验"

　　在"蔬菜圈"流行一句话：寿光蔬菜"抖一抖"，全国蔬菜"抖三抖"。此话虽是一种夸张的表达，但足以说明寿光蔬菜的市场地位。作为中国蔬菜价格的"晴雨表"，一旦寿光蔬菜价格有什么变动，那全国蔬菜便是"牵一发而动全身"。寿光每年蔬菜交易量达900多万吨，各地的蔬菜来这里集散，销往300多个大中城市，出口25个国家和地区。"买全国、卖全球""寿光菜农不怕卖菜难"不是大话口号，而是寿光人的底气。

勇抓"市场之手"建批发市场

寿光下定决心"搞市场"是从一场"大白菜滞销事件"开始的。

"一亩园，十亩田。"寿光农民一代又一代都牢记着老祖宗的经验，从没有放弃过种菜。改革开放的春风吹进寿光后，当地蔬菜种植户犹如雨后春笋般冒出。种出的菜要么到处游走叫卖，要么到乡村和周边县区的集贸市场销售。此时的寿光人一门心思在种菜上，蔬菜种植面积不断扩大，至于该种多少菜、之后怎么卖菜，自然是还没有想到这一层。而隐藏的危机已悄然来临。

1983年，寿光县蔬菜总产量达8亿多斤，这个体量在当时寿光蔬菜的销售半径内是无法消化的，上千万斤丰收的大白菜，烂在了地里。这一年的深冬，上任寿光县委副书记的王伯祥在下班途中见一位老农民拉着一大车大白菜在路边瑟瑟发抖、沿街叫卖，心中五味杂陈，于是掏出20元买下了全部的大白菜。这虽解了老大爷的一时之急，却解不了全县的卖菜之困。如何破全县卖菜之题？事实上，市场已经给出了一些信号。

在寿光的北邻，有着一个30多万职工的胜利油田，油田区不产菜，一有卡车出来时，便在路边捎些菜回去，这逐渐在寿光县城西南角的一个"斜里沟"形成了一个小菜市场。这里处在潍博公路（潍坊－淄博）交叉口，"市场"面积不大，却一直很火热。1984年的春节前后，这个小市场因修路被挤占，买菜的买不到菜，卖菜的寻不着人。寿光县工商局想在附近找一块地把市场引过去，但此时"市场"这个东西尚未被老百姓完全接受。有的村干部甚至拒绝市场建在自己村边。

一筹莫展的寿光县工商局局长找到了王伯祥商量，王伯祥不假思索地推荐了九巷村（也在潍博路边上，寿光县城的东入口，"斜里沟"在寿光西入口），"九巷占据地理优势，且村支书思想开放。"就这样，1984年3月1日，寿光县工商局在九巷村租赁了7亩场地4间草房，寿光蔬菜批发市场（当时叫"九巷蔬菜批发市场"）就这样开张了。当年这个批发市场的蔬菜成交量就达到了1.57亿公斤，交易额5509万元。第二年，这个市场扩建至20亩，拥有700平方米的交易棚，但这也远满足不了需求，来往人太多，市场"水泄不通"。

火热的交易场面让王伯祥瞬间"醍醐灌顶"。1986年，他上任寿光县委书记，如何抓蔬菜他十分清晰。在他召集的县委班子论证会上，他阐述道：抓蔬菜生产固然重要，但市场做大了，蔬菜才能更好地流通；流通不成问题了，生产的积极性才能被带动；要继续培育和扩建九巷蔬菜批发市场，把其作为全县的第一要务，让蔬菜市场为支点，经济规律为杠杆，撬活寿光经济。

此番"大胆"言论，让不少人心里惴惴不安，有人提醒王伯祥：大搞"市场"到底行不行？搞出事来谁负责？"市场是第一位的，有风险也得办。只要老百姓能赚钱，乌纱帽算什么……"，王伯祥的回答坚定有力。

1986年底一纸《关于培育和完善九巷蔬菜批发市场的意见》发往全县，正式拉开寿光发展市场经济的序幕。这同时也是一份"市场建设手册"。县里成立了王伯祥为第一责任人的市场管理委员会，一名副县长任管委会主任，工商、公安、商业、税务等部门的主要负责人为成员；九巷蔬菜批发市场由原来的20亩扩大到了150亩，未来根据需要可再扩大；完善各项硬件设施，建交易棚、硬化路面、建办公楼，还要建邮电大楼、上程控电话、完善周边交通；市场周围设立饭店、娱乐等配套设施；成立工商管理所，工商行政管理费按国家规定从低收取……升级后的九巷蔬菜批发市场车水马龙，买卖人数每天都多达两三万，平均日成交蔬菜150万斤。1987年一年销售蔬菜5亿斤，交易额达1.5亿元。

1988年后，该市场又经历过多次扩建，功能不断扩大、完善。不仅卖寿光本地菜，来自全国各地的菜也开始汇集在这里交易。1992年，寿光蔬菜批发市场被国家工商总局列为"全国十大专业集贸批发市场"，1995年被国务院发展研究中心认定为"中华之最——全国最大的蔬菜批发市场"。到了2000年左右，外地菜已经占到寿光蔬菜批发市场的30%以上，寿光成为全国最大的"菜园子"，"没有买不到的菜、没有卖不了的菜"成为业内佳话，全国200个大中城市，都吃上了来自寿光的新鲜蔬菜。

进入21世纪后，原来的寿光蔬菜批发市场已经发展到极限，无法适应发展需求，迁址再建被提上议程。2007年4月寿光得到国家发改委正式批复。2009年4月，迁址再建的寿光蔬菜批发市场更名为寿光农产品物流园（现名"寿光市地利农产品物流园"），正式开工建设，同年11月正式对外运营。

2008年，寿光蔬菜批发市场借鉴荷兰花卉拍卖系统方式，在国内率先打造蔬菜电子拍卖系统，在全国各地设立电子交易厅、代办处，让交易遍及全国大多数省、自治区、直辖市。2010年7月27日，"中国·寿光蔬菜指数"由商务部正式批准成立，该指数全面反映了蔬菜价格和批发市场活跃度，成为寿光菜农掌握市场行情的风向标。

今天的寿光市地利农产品物流园，每天凌晨三四点就已车水马龙，物流园日交易量通常在1万吨左右，园里有"众货众百客"的说法，不管是东北还是海南来的菜，无论是椒类、豆类还是叶菜，每天都能销售一空。物流园里蔬菜交易品种超过200个，年交易量300余万吨（90%以上都是外地菜），交易额约100亿元，辐射全国20多个省份。

挥舞"有形之手"抓市场流通

寿光蔬菜批发市场是一个传奇。多年来，许多学者、专家、同行都盯着研究过它长盛不衰的秘诀。曾经河北一些蔬菜产区宁愿增加麻烦，也要绕道到寿光的市场"滚一圈"之后再进京。它到底有什么"魔力"？其实答案也简单，就在原来寿光蔬菜批发市场大门两侧的标语之中——"四海集一市，五衢通天下"。

"四海集一市"指天南海北的蔬菜运到寿光市场来销售；"五衢"寿光人引申为五条流通渠道，核心就是流通。在九巷蔬菜批发市场的成长初期，寿光全县上下工作重心就围绕四个字——扩大流通。当地至今依然流传着很多当年"县委书记卖菜""全县搞流通"的故事。

1986年，寿光县的蔬菜总产量达到了十几亿斤，九巷蔬菜批发市场打通了渠道，蔬菜产销两旺。从1月到10月初，全县销售蔬菜七八亿斤。但最后两个月仍有几亿斤的新菜要集中上市，这大大超过了彼时的九巷蔬菜批发市场能消化的范畴。1983年的"白菜悲剧"让寿光人一直心有余悸。果然，刚进入冬季，担心的事发生了——蔬菜价格滑了下来，菜农忧心忡忡。绝不能让悲剧重演！

这年11月11日，寿光召开全县189个副科级以上单位主要领导会议，把蔬菜销售任务按人头分配到了部门、单位，各部门紧急行动，托关系、找门路，齐心协力卖菜。蔬菜价格很快回升，但王伯祥又陷入了沉思：如何从根上杜绝菜贱伤农？还得抓流通，要有更广阔的流通渠道。一个"四海集一市，五衢通天下"的构想在王伯祥脑海中逐渐勾勒清晰……

一是发挥国有商业、供销社等渠道的作用，这是主渠道。供销社行业中的蔬菜公司，设施全，关系广，销路远，销量大，资金雄厚，吞吐能力强。让他们本着薄利多销的原则经营，县里对他们的考核和奖惩也不以盈利为依据，而是以销售蔬菜的数量为标准。

二是县里成立蔬菜销售协调委员会，发动县直所有部门、乡镇、自然村及村民，都成立蔬菜销售公司和销售点。

三是让寿光蔬菜市场进入国内大市场，让县外、省外的大菜商、小菜贩都来参与寿光的蔬菜销售，让寿光没有卖不出去的菜，也没有买不到的菜，让全国都来帮寿光发展蔬菜生产。

四是鼓励成立运销联合体、专业户。

五是搞蔬菜保鲜加工，建蔬菜保鲜恒温库，旺储淡销。

思路一明朗，王伯祥召开会议，专门研究落地执行。

会后，全县24个集中产菜的乡镇全部成立蔬菜销售公司，400多个村都设立了蔬菜销售点；县直50多个部门也照此办理，销售公司或销售点相继诞生；个体户、联合体迅速发展……一个四通八达的蔬菜收购、销售网络初步形成，这个网络每年销售蔬菜达到2亿斤以上。

1988年，寿光蔬菜种植区域已经覆盖到25个乡镇，全县已有64%的农户在种菜，蔬菜收入占到农村经济总收入的60%以上，且还在继续扩大。这一年的冬天，在蔬菜又即将集中大量上市前，寿光县委召开了蔬菜流通大会，王伯祥在会上作了"全县都要参与蔬菜大流通"的专题报告，提出了那句深入寿光人心的口号——"要像爱护眼睛一样爱护我们的市场！"并代表县委、县政府发出了"三个百分之七十"的号召：从县委书记到五大班子，从乡镇党委书记到所有乡镇干部，从县直部门到所有企事业单位的负责人，以及所领导的每个部门、每个单位，要拿出百分之七十的人力、百分之七十的时间，每个人拿出百分之七十的精力，参与蔬菜大流通。

此次蔬菜营销动员大会后，寿光蔬菜市场犹如打通任督二脉，上有县领导带队的"主力军"，在全国各地牵线搭桥、开拓市场，下有翻倍成长起来的个体销售"民兵连"各出奇招、四面出击。不仅如此，寿光还专门开大会表彰个体经济先进典型，"县委支持你们发展，支持你们参与蔬菜流通，国企享受什么政策，你们就享受什么政策……"。

在寿光人的回忆中，那些年他们的王伯祥书记上班头一件事，就是查看蔬菜市场销量表，在他看来：这政治，那政治，把老百姓的菜卖出去，就是寿光眼下最大的政治！短短几年，"四海集一市，五衢通天下"的构想成功落地，"没有卖不出去的菜，没有买不到的菜"成为寿光人的荣耀与王牌。同时"卖菜"的基因也根植进寿光人的身体，"市场"成为当地最敏感的那根神经。

1989年，寿光试验成功冬暖式大棚后，没过几天"人无我有"的日子，当地就被推着在全国推广这项技术，亲自培养"对手"。从寿光到全国，蔬菜产量很快就上去了，并且不断上升。来自全国的挑战与日俱增，寿光也早就坐不住了。

1993年，冬菜旺季到来之前，当地派出4个蔬菜考察团，4个市级领导带队，每人带一个组，到全国考察蔬菜种植和流通。大城市的人还在吃寿光菜，但人家郊区蔬菜基地发展势头猛；全国市场发育程度也在不断提高，国有公司流通优势遇到挑战，寿光怎么应对……

第二年继续，这一次去的是北京，寿光市委书记、市长亲自带队。此行的核心任务是让寿光蔬菜彻底打入北京市场。1994年12月19日下午，寿光市无公害蔬菜进京直供直销座谈会在北京人民大会堂召开。时任寿光市长鞠法昌在会上表示：北京市场缺什么蔬菜，寿光就供应什么蔬菜；北京市民要什么蔬菜，寿光就种什么蔬菜；北京什么时间需要蔬菜，寿光就什么时间送来……字字铿锵有力。

随后，寿光在北京方庄市场设立驻京蔬菜经销办事处。与此同时，寿光向北京发送首批20万箱无公害精装套菜……寿光菜成功进京，当时每年北京市场上四分之一的蔬菜都来自寿光。但与此同时，一些"歪风邪气"也顺势刮了起来。公路乱收费、乱检查，市场"菜霸"欺行霸市等扰乱市场行为的事情时有发生，蔬菜价格层层加码……为此，时任国务院主要领导作出了关于在寿光－北京发展蔬菜直供、直挂、直批、直销指示。

1995年5月，寿光－北京送菜车队"绿色通道"设立，随后6月的一个凌晨，16辆车从寿光出发开往北京，车上除了送菜的还有山东省交通厅、公安厅，潍坊市、寿光市等部门领导组成的"押车"队伍，沿途考察"三乱"治理情况。与此同时，寿光向内掀起雷霆整顿，"谁要是砸了市场的牌子，谁就是砸寿光人民的饭碗！"1996年开展的寿光蔬菜批发市场集中教育整顿动员大会上的一句话至今被寿光人奉为经典。

内外发力之下，寿光菜在北京市场独领风骚，"早上寿光菜园子，下午北京菜篮子，晚上家庭菜盘子"经常出现在当时的媒体报道中。同时，寿光－北京"绿色通道"也打下了样板，1999年寿光又先后开通了寿光－哈尔滨、寿光－湛江2条"绿色通道"，当时全国5条纵向"绿色通道"，寿光就占了3条，寿光蔬菜畅通全国。

因势利导做活村头市场

有一个有趣的现象。如果问寿光卖菜最厉害的地方在哪里，外界多半会以为是"在批发市场"，而寿光人多会答"在村头市场"。每年从寿光集散出去的900多万吨的蔬菜，有一半都是从寿光村头市场出发，寿光本地生产的蔬菜几乎不进寿光蔬菜批发市场。

在建立寿光蔬菜批发市场初期，寿光菜几乎全部拉到批发市场交易，不过随着村边地头市场的发育，特别是寿光乡镇、村庄的种植越来越趋向"一镇一品、一村一品"，品种集中了，产量大了，需要收什么菜，客商只需要在某个村的村头把大车一停，半天就能装满一车，不用东跑西跑凑货，省时省力，节省了成本，提高了效率。蔬菜批发市场上的寿光菜交易量一天比一天少。

寿光也曾尝试取缔过村边地头市场，原因倒不是影响批发市场上的本地菜交易，而是村边地头市场缺乏监管。一方面蔬菜抽检跟不上，另一方面老百姓卖了菜后拿不到现钱，越来越多的纠纷出现。村头市场是市场的选择，犹如县城"斜里沟"自发形成的交易市场，强行拔苗自然不成。怎么办？留下来、管起来、搞好服务。

先上检测设备，每个村边地头市场都有，批批抽检，接着整治"打白条"……据悉，寿光在蔬菜种植集中村建设并改造了1600多处村级田间地头市场。这些村头市场在市场流通中发挥着重要作用。

一是方便了交易。村头市场根据客商要求联系农户组织货源，农户将蔬菜运到市场过磅后，市场与农户及时结算，市场按收购蔬菜数量向外地客商收取每斤3分钱左右的管理服务费，不收农户任何费用。村头市场成为客商与农户之间的直接交易平台。

二是形成了相对稳定的交易价格。村头市场在收购蔬菜时，一般只公布一个大致的价位，最终价格根据外地市场价格、农产品物流园价格、当日收购数量和客商心理预期等综合因素确定，大多数情况下略低于农产品物流园指导价格。从多年的经营情况来看，虽然客商、农户在交易前并不预告准确价格，但由于大多数客商是老熟人，且市场信息畅通透明，买卖双方能够普遍接受。这种价格机制在一定程度上稳定了蔬菜产地的批发价格。

三是提供了更多专业化服务。为满足客商对蔬菜品种、品相、品质等多元化需求，市场提供了多种配套服务。第一个是包装材料。针对番茄、丝瓜等蔬菜品种在装车运输过程中容易造成损伤的情况，市场会向农户免费提供泡沫箱，由农户在大棚内直接进行包装，包装好后运到市场，蔬菜重量按总重量除去箱体重量的办法计量，泡沫箱费用由客商承担。第二个是安排装箱人员。对长茄子等品相要求更高、外皮极易受损的蔬菜品种，市场会安排专门的装箱人员帮助农户装箱，保证蔬菜的新鲜和品相。劳务费同样由客商支付。此外还提供委托服务。有的客商对蔬菜品质要求较高，市场就安排专人陪同他们到农户大棚实地考察、选菜。市场负责采摘、过磅、检测、装箱、装车等一系列工作，且保证蔬菜新鲜、品质优良。对客商来说，只需支付一定费用，就能购买到所需的服务。有些客商与市场保持长期合作关系，甚至不用本人到达现场，只需电话委托就可组织到所需货源。

如今，寿光形成了以地利农产品物流园为龙头、村头市场为基础的遍布城乡的农产品流通网络。经由龙头批发市场和1600多个村头市场，寿光将全国蔬菜不分昼夜地卖到全国、全世界。

"寿光经验"是从"寿光市场"开始打响的。20世纪80年代，寿光抓蔬菜、建市场、搞流通，计划经济与市场经济在这里硕果累累，引起了山东省委和党中央的关注。1989年，寿光县委拿出了一份《计划经济与市场调节相结合》的材料，经（山东）省里上报后，党中央要求，"寿光经验"有很多可供借鉴之处，尽快在寿光召开一次全国范围的农村经济理论研讨会，给全国的改革提供一个现场教学式的案例。

1989年12月23日，瑞雪纷纷，农村市场发展商品经济理论研讨会在寿光召开，全国农业农村理论界的权威、中央媒体记者、全国各地方的党政官员们，都冒雪赶到寿光参加会议。省领导致辞"点题"："寿光县搞好市场流通，发展农村商品经济这台戏，正在唱，还是折子戏，尽管脚本还没有通篇形成，但这个脚本我们找到了。它对全省乃至全国农村经济发展有着普遍的指导意义。"王伯祥代表寿光县委、县政府做了《组织农村市场，发展商品经济》的报告。时任中国经济体制改革研究会常务干事詹武发言："寿光的经验很丰富，里面有不少新的东西。计划与市场结合这个问题，在寿光县实践的成果是肯定的，我投赞成票。"

这次带着中央指示开到寿光的理论研讨会，引起了多家中央级媒体的关注。会议结束后，1990年5月，经济日报社副总编辑王昭栋带着多名记者到寿光蹲点进行调研采访，并于1990年6月1—6日，在《经济日报》头版重要位置连续刊发了6篇报道。"寿光经验"一炮打响。寿光顶着蔬菜产业光环，第一次走进全国视野。

"冬暖大棚"掀起"蔬菜革命"

说"寿光大棚"改变了中国"菜篮子"似乎也不为过。1989年，17个冬暖式蔬菜大棚在寿光三元朱村试验成功，揭开了蔬菜生产"绿色革命"的序幕，结束了我国北方冬季缺少新鲜蔬菜的历史，将寿光蔬菜产业推上了新台阶。

17个大棚点燃"绿色"火种

贾　枭：看介绍，三元朱村是在1989年发展了冬暖式大棚，搞了17个大棚。当时是怎么干起来的？

徐少华：我们寿光一直以来都种菜，最早以前是露天菜，后来也开始种大棚菜，但都是春秋菜，用棚可以让菜提前上市，效益比较高。当时寿光沙窝村有个人很有脑子，冬天通过大棚里烧煤种出了黄瓜，当时上市卖到了20块一斤，但产量非常低，实际上是没有效益的。这个时候乐义书记（三元朱村党支部书记王乐义）给我们带回消息说，东北的黄瓜冬天也上市。当时听着觉得不可思议，我们寿光当时蔬菜面积很大，但是没有冬天上市的菜，能种出来也没有效益。

我们去东北，他们采用的是无滴膜（无滴膜不是没有水滴，只是不直接从棚膜上滴下来，而是形成流滴，滑落到棚的前沿或两侧），我们采用的是聚乙烯薄膜是滴水的，在棚面干活需要戴帽子，容易打湿，干起活来比较受罪。再一个，无滴水薄膜里面温度高。同时棚比较高，人可以站着干活，种番茄、黄瓜可以往上引导长。乐义书记一看"确实是个好东西"，在东北那边也比较成熟了，很想学，但人家不愿意传授。当时乐义书记找了搞出这个技术的韩永山学技术，跑了很多趟，最后感动了他。然后乐义书记组织大家开会，号召大家搞这个大棚，开完会全村就"炸了"，年轻人有几个愿意干，老年人接受不了。当时寿光冬天烧煤七八吨才结出几十斤黄瓜。而且当时建这个棚子投入太大了，一个棚要7000多块钱，那时候万元户就很有钱了。

贾　枭：那您当时为什么敢干，投入这么大，心里有底吗？

徐少华：（在东北）看别人搞效益是可以的，但是到底行不行，心里没有底。

但是乐义书记一直给我们做工作，"第一个吃螃蟹的人才是最能赚钱的"。我也是党员要带头，就搞了一个大棚，收入了3万多块，纯收入2万多，是最高的。当时搞冬暖式大棚的都赚了不少钱，轰动了全寿光。我当时种的黄瓜是最早上市的，长得顶花带刺，特别好，而且没有病虫害。应该是元旦的时候，（县里）在我们村开了一个全县三级干部会议。王伯祥书记说，"三元朱村现在正长着黄瓜咧"，大家开始都还不相信，就上我们这儿来看。当时王伯祥书记给定价十块钱一斤，那个时候肉才两块钱一斤，老百姓感觉不可思议。但十块钱一斤拿出来卖，还是供不应求。后来想要买得预约，在当时可以说是独一份。

贾　泉：既然是"独一份"当时为什么愿意把技术拿出来？

徐少华：当时是王伯祥书记提出来的，他是站在全县的角度考虑，我们最开始搞这个棚他也非常支持，全程参与这个事情。说实话，我们一开始心里也不情愿，当时乐义书记说"一个人富不算富，农民兄弟们富了才算富"。这样想想也对，不能自己一个富。后来我们在全县教技术，还写了一个"明白纸"，包括怎么选地块，棚怎么建，怎么施肥，怎么嫁接，病害怎么管理，等等，很细致。

贾　泉：相当于是一个简易的"标准化手册"。

徐少华：对。当时为了推广这个技术，我们三元朱村还成立了一个技术组，包括王乐义书记、我和另一个人。我记得特别清楚，第一年（1990年）全县总共建了5130个棚，我负责的孙集镇有3000多个棚。其实当时全县动员建棚的时候，还是有很多人不相信，每天上我家来看的有上千人，后来我的黄瓜都没卖过，都被大家尝完了。大家都没见过这个东西，都想知道冬天的黄瓜是什么味，你也不能不让他尝啊。来看过、吃过之后，大家就相信了。全寿光5130个棚，没有一个失败的，每个棚的收入都在万元以上，那一年有棚的全部成了万元户，这后面哗啦一下子就发展起来了。

贾　泉：我刚才在三元朱村接待中心看介绍，当时为了推广技术，县里还给你们配了一辆吉普车。

徐少华：当时吉普车是我们县里最气派的车，主要是配给王乐义书记。当时特别忙，事情特别多，有的是技术问题，有的是钱的问题，有的是地的问题……

电话是一个接一个，都要我们去解决，我们就像灭火队一样。

贾　枭： 忙不过来，县里为了支持你们工作专门配了车。

徐少华： 每天早出晚归，忙得团团转。一开始主要是骑自行车，全县那么多乡，每天蹬得累，但心里很高兴。后来县里给配了车。我们到村里去，大家都很尊重我们，叫我"徐老师"，一开始还把我吓着了，我也就是一个农民。我们的责任很大，一个农民搞一个棚要7000块钱，人家是把宝都压上去了，就靠你。

贾　枭： 一开始就三元朱村17个棚是不愁销售的，您也说了第二年全县就有5000多个棚，后面还在增加，这样全县一下子种了那么多菜，销售怎么办？

徐少华： 我们老百姓种菜是没有问题，但怎么卖一开始还真没有想过。第二年上了5000多个棚，之后几年每年新建几万个棚子。当时也有很多谣言，说怕卖不掉，每家还买了腌菜缸。我们第一年一开始卖5块一斤，后来10块一斤，老百姓是吃不起的，卖给谁也是一个问题。这就得说我们的王伯祥书记，他意识很超前，当时搞了一个九巷蔬菜批发市场，引进了很多采购商。我们白天忙棚子，晚上蹬着三轮车去市场卖菜，好多人在路上累睡着了。

> 在寿光有两个"王书记"家喻户晓。一个是被誉为"新时期县委书记好榜样"的王伯祥书记，另一个是被誉为"冬暖式蔬菜大棚之父"的王乐义书记。
>
> 王乐义是土生土长的三元朱村人，1978年9月被推举为三元朱村党支部书记。当时的三元朱村，土质差，种菜菜不长，种粮粮不收，村民连肚子都填不饱。县里号召各乡、各村各显其能，找自己的致富门路，怎样让乡亲们的钱袋子鼓起来？
>
> 1988年腊月二十八，常年在外贩菜的堂弟王新民给王乐义带回来几根新鲜黄瓜，这几根顶花带刺的黄瓜让王乐义眼前一亮、一夜难眠，他立即把黄瓜带去县里给王伯祥看。当时在寿光，蔬菜大棚也不新鲜，但是得烧煤，生产一季蔬菜就得烧掉三五吨煤，且只能生产叶菜，不能生产像黄瓜一样的果菜。

王伯祥欣喜若狂："乐义，这不是黄瓜，是黄金！不如到东北亲眼看看，兴许能把这技术学来。要是在咱这种成了，可是一条致富的好门路！"1989年大年初六，王乐义就带领村"两委"干部远赴东北瓦房店陶村，向农民韩永山求教大棚蔬菜种植技术。第一次没开门，第二次不松口，王乐义等人锲而不舍再次登门，韩永山最终被其真诚打动，答应倾囊传授"连姐夫都不教"的大棚技术。1989年5月，三元朱人第三次进瓦房店，把韩永山请到了寿光。

王乐义发动村民建设新式蔬菜大棚，但一听说要建的是不用烧煤的冬暖式大棚，质疑声随之而来。种菜"老把式"也不信："冬天光靠太阳晒就能把黄瓜、番茄晒出来？能干这个的只有神仙！"另外这种大棚，建一个一次性最少投资5000元，要是打了水漂，算谁的？大家穷怕了、苦怕了，日子刚有些好转，不敢"乱折腾"。当时开党支部会议，7个人有6个反对，全村无一人报名。

"大胆试，天塌了，我顶着！"王伯祥书记出来为大家打气。县委拿出意见，王乐义作动员，让全村党员报名，同时还附带着优惠政策：从银行贷款到物资提供，全力支持三元朱村搞大棚蔬菜。最后全村17名党员报名建棚。

1989年8月10日，砍掉正灌浆的玉米青苗；8月13日，开始建棚；10月18日，栽种了嫁接黄瓜；12月24日，三元朱村第一批越冬黄瓜上市。王伯祥放下公务，从县城赶到三元朱村，看着眼前顶花带刺的黄瓜，问道："准备定个什么价？"

"2块""5块""定这么高，谁吃得起，卖不了咋办？"……大家你一言我一语都没个数。王伯祥想了想道："你们定的价还太低，现在不就你们有这17个棚，市场经济，人无我有，咱有定价权……""你是县委书记，你说值多少钱一斤？""叫我看，少于10块钱一斤，咱不卖！"王伯祥一锤定音。王乐义嘴上没说啥，心里暗自叹服："这县委书记比我还'狠'！"

1990年5月1日，三元朱村17个大棚产量大验收。最多的一个棚产出1120公斤，收入3.6万元，平均每户收入2.6万元。跨了个年，几个月时间，三元朱村冒出17个双万元户。王乐义这个村书记领着三元朱村富了，外乡人闻讯而来，想学技术……王伯祥这个县委书记也上门跟王乐义要"秘方"来了。

"三元朱村富了，咱再加把劲儿，向全县推广？"

"量大了，不好卖吧？"

"咱有大市场，还怕卖不了？"

1990年2月22日，一份寿光县委、县政府关于印发《在全县推广冬暖式大棚座谈纪要》的通知称：成立王乐义、韩永山等人在内的5人冬暖式大棚新技术推广领导小组，在全市推广5000个冬暖式大棚。一系列激励政策和促进措施也相继出台：成立寿光县蔬菜办公室（之后改成蔬菜局）；制定考核大棚蔬菜发展的办法……王伯祥领着县、乡、村三级干部，到三元朱村开了5次现场会；为了方便王乐义们做推广，县里给他们配上了吉普车……当年全县发展5130个大棚，收入1.2亿元，而此前寿光的财政收入不到8000万元。

1992年以来，寿光连续三届跻身"中国农村综合实力百强县"；1993年寿光撤县设市；1994年建成了小康市；1995年寿光农业增加值在全国百名农业大县中列第3位，被国务院命名为"中国蔬菜之乡"。

还有一个故事值得一提。当年王伯祥决定向全县推广冬暖式大棚技术的同时，还有一项决定同时出台——重奖韩永山。在县委常委会的文件档案里列着这么几条：聘韩永山为县蔬菜办公室顾问，晋升为农艺师，推荐为潍坊市劳动模范人选，奖8万元现金和一套120平方米的住房，一家四口农转非，配一辆吉普车。这样高规格的待遇在当时的寿光"前所未闻"。1993年11月28日，韩永山逝世。书记王伯祥来送他，许多认识的、不认识的人都来送他……

"寿光大棚"席卷全国

贾　枭： 据我所知，三元朱村的冬暖式大棚不仅是在寿光，在全国也推广开来了。你们为什么会愿意往外面推广？

徐少华： 当年我们三元朱村大棚成功后，省上、国家的领导立马都来视察，一看就说这个东西致富相当好，当时就要求在全国推广。

贾　枭： 您印象中，啥时候全国大棚一下子起来了？

徐少华： 1995年前后山东省很多县都搞了冬暖式大棚，到2000年全国包括新疆那边都搞起了大棚蔬菜。我们寿光就输出技术。后来我基本常年在外面搞技术指导、培训。

> 1990年，时任国家科委主任宋健、时任国务院副总理田纪云先后来三元朱村视察，提出将这项技术向全国推广。1991年2月27日，全国农村经济工作会议在山东召开，217名代表齐聚三元朱村。这些代表以不同的方式向县里、镇上的领导和王乐义提出同一个要求：派遣技术员，帮助发展大棚蔬菜生产。
>
> 1991年，寿光三元朱村的王福民到河北传授冬暖式大棚蔬菜种植技术，成为寿光向省外派出的第一个技术员。紧接着，第二批、第三批、第四批……到了1993年，寿光在全县开启选派技术员"支援"全国。当时三元朱村不足200户的村子，最多时派出了150多名技术员，奔赴在全国各地。三元朱村还成立了寿光国际农业科技培训中心、山东农业科技职业培训学校等，被全国妇联、农业农村部等国家部委和山东、贵州、山西等地确定为农村党员干部培训基地。

贾　枭： 您怎么看当时冬暖式大棚技术的影响和作用？

徐少华： 冬暖式大棚的优势太多了。最关键的就是让我们北方一年四季不管在什么时间，尤其是冬天，都能吃上各种各样的新鲜蔬菜。原来我们这里种植韭菜、芹菜，最多就到秋天。冬天北方吃菜都得从外地进，那个时候交通也不发达，到了这边菜也不新鲜了，或者是被冻坏了，尤其是像番茄、黄瓜之类的蔬菜能在北方冬天吃到是非常不容易的。

贾　枭：有一个问题是，到处都搞大棚了，对寿光蔬菜的影响大吗？

徐少华：整体来说，发展初期就把技术推出去对寿光蔬菜影响还是蛮大的。菜多了，自然价格就会下滑。但好在我们寿光菜不愁卖，我那个时候在外边搞技术推广，很多地方没有市场渠道，也没有啥宣传，菜卖不掉，很多都跑到寿光来卖，云南、海南的都来。我们这边蔬菜量很大，比如我们当时是全国最大的蒜头市场。每一个村、镇都有主打菜，一乡一品。菜贩子要黄瓜就去种黄瓜的村收，要辣椒就去种辣椒的地方收。还有的把各个乡镇的菜凑一起，专门在这边搞批发。原来我们每个村也是啥都种一点，后来就越种越精，一个品种同一片（地方）的大家就种这一个。

再一块就是我们的技术一直领先。寿光的菜博会影响力很大，国家好多部委都支持。每年全世界最新的技术、最好的产品都在我们这里来展示、试验，成熟了就在寿光推，寿光推了以后，然后是全国各地推。我们很多老百姓没有怎么外出过，哪里能知道外面尤其是像国际上有什么最新的好技术呢？就是通过菜博会。我们每年都要回来参加菜博会，学习新东西。所有技术员都是一样的，你不回来学习，肯定会被淘汰。这一点，其他地方是没有办法跟寿光比的。

另外这30多年来，寿光一直在对外输出技术，在大棚技术、标准化种植、品种的优缺点等方面，积累了很多的经验，我们农业农村局等单位都做好了总结，不断进行培训、交流学习。我们寿光人的思想还是比较开放的，要搞出一个成熟的技术没有几年是不行的，但我们出了新技术愿意毫无保留地向外推广。

贾　枭：寿光在向全国做输出的同时，其实也是在全国各地不断积累经验。

徐少华：对。在全国推广的过程中也学习外地一些好经验。在云南、贵州那边推广技术，他们那边的土壤、气候是不一样的，经验当然也不一样。寿光人之间的交流是强的，我们有各种的蔬菜知识手册、书、交流座谈会。互相之间建了交流群，有了新问题、新发现发到群里面，大家都是内行，互相会提供一些好的建议。

贾　枭：您是哪一年从寿光出去推广技术的？

徐少华： 1991年开始常年在外地，我当时是总技术员。

贾　枭： 在外面输出这个技术收费吗？

徐少华： 没有。我们的技术都是免费输出。现在和原来不一样。最早的时候是政府派我们出去带动其他地方的农民发家致富，属于外派技术员。后来就不是这样了，有很多公司专门来搞蔬菜种植推广，聘请我们。近几年，建棚、种植等都是打包整体输出，公司带着我们出去。结束之后人家也可以聘请你。

贾　枭： 其实你们更像是一个产业联盟走出去了，对吧？

徐少华： 是的。架棚子的和种植的一起。原来单独先搞棚，但对方不会种，后来就是整块一起输出。

贾　枭： 我能问一下，寿光一个蔬菜技术员每年大概能挣多少钱？

徐少华： 现在一般月薪一万元，这是年龄比较大的，现在年轻的不愿去了。

贾　枭： 寿光做这种技术服务有多少人？

徐少华： 好几千吧，这个人数是变动的。

寿光冬暖式日光温室可以在深冬时节不进行人工加温的情况下，生产出多种喜温性蔬菜，具有光能利用率高、升温快、保温能力强的特点。1989年，寿光三元朱村结合本地春暖棚并借鉴外地温室改造建成寿光第一代日光温室以来，寿光日光温室大棚已经发展到了第七代。30多年来，寿光一直对外输出技术。目前寿光全市常年有8000多名技术人员，在全国各地建设大型蔬菜基地或指导蔬菜生产，全国新建大棚中一半以上有"寿光元素"。近几年，当地农发集团、蔬菜产业集团、恒蔬无疆等大型龙头企业带动全市在全国各地建设和运营的园区达到了300多家。此外，为整合寿光设施蔬菜产业发展方面的资源力量，推动"寿光模式"更好地走出去，2023年5月11日，在2023中国（寿光）设施蔬菜园区发展大会上，寿光市蔬菜产业跨区域党建联盟和全国设施蔬菜园区发展联盟成立。

"寿光模式是每一届领导都往蔬菜里跑"

贾　枭：听您前面介绍，当初三元朱村搞冬暖式大棚的时候，您和王伯祥书记有过多次会面。您觉得他对这个产业最大的贡献是什么？

徐少华：伯祥书记非常关心蔬菜产业，原本以为当官的会高高在上，但他人特别朴实，跟我们讲话特别接地气，说问题很具体，有困难立马就给你解决。我们第一年搞棚是在冬天，冬天没有太阳需要用电，当时电是很少的，经常停电，他来了立马给我们搞了一个发电机。他经常到我们这里来，遇到什么问题，都妥善给我们解决了。

贾　枭：除了关心支持这个产业。您觉得他还起到了什么作用？

徐少华：那就是推广。如果他不搞大棚推广，寿光蔬菜不可能这么快发展起来。他不搞市场推广的话，种出来的菜卖不掉。寿光原来那个九巷蔬菜批发市场是在他手里建起来的。

贾　枭：我相信您也听过"寿光模式"，这么多年下来，您个人感觉寿光模式是什么？

徐少华：我在外面跑了很多年，"寿光模式"我认为倒不是什么农业模式，而是每一届的领导都往蔬菜里跑，这是最根本的。我在很多地方看过，一开始这届领导很支持蔬菜，换了一个领导来，就不搞蔬菜了，要搞其他的。这种情况很多。我们寿光每一届的领导对蔬菜都是坚定不移的，都很支持蔬菜产业。主要领导定调抓产业，下面就会很统一，都会重视这个产业。

在寿光，王伯祥几乎无人不晓。他离任寿光多年后，仍为寿光群众口口相传——"我们的伯祥书记"。谈起蔬菜，寿光人常常想起他。2023年3月13日，王伯祥逝世，寿光人都去祭奠缅怀。他走了，但他为寿光留下了一座"蔬菜城"，开创了响彻全国的"寿光模式"。

寿光置县历史悠久，一直很穷。1986年，新老交接，老书记李汉三握着王伯祥的手，只说了一句话："你要撑起寿光这个家！"

王伯祥是土生土长的寿光人，接任县委书记之前经历过十几年多个关键岗位的为政历练，对寿光优势短板摸得很清楚，对党和国家的大政方针看得明白。如何才能撑起这个寿光百万人的"家"？他备好了"三把火"：南抓蔬菜增优势、北抓开发挖潜力、全县突破工业强短板，标准只有一个——老百姓有饭吃、有钱花。

这"三把火"从哪里点燃？——蔬菜。王伯祥很明白：寿北开发潜力巨大，但非一日之功；寿光工业发展空间大，但底子薄、极缺钱。相比之下，先从蔬菜入手则优势众多：其一，种菜是寿光传统，有深厚的群众基础；其二，种菜投入少、见效快，十分适合家庭发展；其三，能最大限度发挥出农村改革释放的家庭生产经营机制的活力；其四，伴随改革开放，社会经济发展、人民生活改善，蔬菜有巨大的市场需求。通过做大做强蔬菜产业，让最广大的农民脱贫致富、兜里有钱，农民钱多了，就会存银行，银行存款多了，乡里县里办企业、上项目就有了源头活水，就可以实现一业兴而百业旺，最终实现寿光县域经济的大发展。

产业是抓对了，但怎样把蔬菜干起来？首先是"大决心"。当时发展蔬菜的最大障碍是计划经济体制的束缚和以粮为纲的思维禁锢，面对巨大的政治风险，王伯祥只有一句话：只要蔬菜能发展起来，"乌纱帽"丢了也值！同时以"最大政治"抓蔬菜，这种咬定青山不放松的产业定力和决心，成为推动寿光蔬菜产业发展的根本动力。二是"抓市场"。市场通了，产业就通。在他的带领下，有为政府之手"集中力量办大事"，带动全民千方百计抓市场流通。有人曾形容：寿光蔬菜批发市场，就像王伯祥一手抱大的孩子。三是"抓推广"。寿光能抓住"冬暖式大棚"技术带来的产业红利，让产业迈上新台阶，离不开这位县委书记的慧眼如炬与大力推动。

这"三招"，环环相扣，层层递进，最终形成了"大市场拉动＋冬暖式大棚生产推动"的"双轮驱动"型寿光蔬菜产业发展基本框架，开创了县域经济发展的"寿光模式"。习近平总书记了解了王伯祥事迹后，曾亲自致信、专门接见他，并把他树立为"新时期县委书记的榜样"。（王伯祥：1983年6月至1986年4月，任寿光县委副书记；1986年4月至1991年8月，任寿光县委书记。）

"菜博会" 竖起寿光品牌

2000年4月20日，首届中国寿光蔬菜博览会横空出世，以出乎意料的方式火爆开幕，23年来寿光坚持每年举办一次菜博会（全称"中国寿光国际蔬菜科技博览会"），至今从未中断过。届届人员爆满，届届亮点纷呈。寿光菜博会是全国唯一的蔬菜专业展会。以菜博会为"桥头堡"，寿光成了全国展示、应用和推广国内外蔬菜种植新技术、新品种、新模式、新成果的主要地方之一，以蔬菜为特色的寿光农业享誉国内外。

"一战成名"的寿光菜博会

贾　枭：寿光菜博会从2000年开始一年一届，到现在已经干了24届。据您了解最早提出办菜博会的背景是什么？

王家相：我是2007年退休后到菜博会来分管工作的。据我了解，当时寿光去沈阳参加了一个蔬菜展会，市委书记也去了。那次寿光的布展效果非常好，摊位成为展会的必经参观点，引起了很大的轰动。那个时候，他们就思考，人家沈阳能办蔬菜展，寿光为什么不自己办菜博会呢？书记立马拍板干。当时提出这个事情的是时任寿光市商业委员会主任张嘉庆，这个事情就由他牵头筹备。当时办这个博览会也是摸着石头过河，因为没有先例参考，国内没有哪里举办过菜博会。听他们回忆讲，当时那个筹备方案前前后后改了7遍。2000年在当时寿光蔬菜批发市场（九巷蔬菜批发市场）举办了第一届寿光蔬菜博览会。起初博览会时间定的是7天，但7天之后仍然关不住门，来参观的人络绎不绝，最后延长到了18天。

贾　枭：那应该很轰动。

王家相：对。第一届菜博会从效果上来说非常轰动，还有国外的来参展。举办第二届的时候，很多国外的都来参展，所以第二届的主题就加入了"国际"，叫"中国寿光国际蔬菜博览会"。第三届的时候又加上了"科技"。现在叫"中国寿光国际科技蔬菜博览会"，基本上就定型了。

贾　泉：当时参展的有哪些人？外地来的多吗？

王家相：第一届菜博会，本地、周边、外地都来参展了，主要是菜农来看的比较多。看统计数字，第一届参展的就有28万人次。

贾　泉：第二届加了"国际"，但应该还是由市委牵头举办吧？什么时候寿光菜博会成为国家级展会？

王家相：寿光菜博会的举办规格是越来越高的。从2002年起，就由农业部、科技部等部委牵头主办，最多的时候有13个部委主办。2004年起被商务部正式批准为年度展会，是全国五大农业展会之一、中国唯一的国际性蔬菜专业品牌展会，5A级的。规模越来越大，第一届的展区面积3500平方米，就150个展位。2008年打造了寿光国际会展中心，每年几千个展位，全国各地、全世界的都来参会。会期也从首届的18天，变成30天，再后来一直到现在是40天。

> 1999年10月，沈阳要建设一个大型蔬菜批发市场，为了庆祝开业办了一个果菜节。当时，种蔬菜大棚多年的寿光已是中国的蔬菜基地，为扩大节会的知名度，沈阳方面特地邀请了寿光派人参展。时任寿光市委书记刘命信、寿光市商业委员会主任张嘉庆（沈阳果菜节寿光展位策划人）等人参加了沈阳果菜节。

> 为了把寿光展位做出特色，张嘉庆等人绞尽脑汁想点子，他们把分来的15个展位之间的挡板全部拆掉，形成一个整体，运来300多个蔬菜品种摆满全场，五颜六色的蔬菜琳琅满目。他们还从济南运来当时还很少见的喷绘宣传画，营造强烈的视觉冲击力。等到展会开始后，观众大开眼界，像是进入了一个蔬菜大世界，分不清哪是菜哪是画，纷纷对寿光菜交口称赞。因为大放光彩，寿光蔬菜自然成展会"主角"。

当天沈阳市领导详细考察了寿光展位，第二天沈阳市组织各县市区的领导来了，第三天又组织乡镇负责人来参观学习。到了闭幕撤展时，寿光的展位被主办方特意请求晚撤一天，当地要在寿光展位前开现场会学习"寿光经验"。

沈阳举办果菜节却让寿光菜出尽了风头。当时参展的寿光领导们晚上复盘讨论：作为蔬菜基地，寿光菜长期供应沈阳、长春、哈尔滨等，下一步还能干什么？当时张嘉庆提出，发挥寿光优势，搞蔬菜节。建议一出，都称好。市委书记当晚拍板：明年寿光自己办会，张嘉庆任组委会办公室主任，7天之内拿出方案，市委扩大会议研究通过后，迅速进入准备阶段。

一周之内要出方案，没有办会经验，张嘉庆就在人家的果菜节现场实地调查取经。回来冥思苦想，一周下来7易其稿，最终方案总算是出炉。1999年10月28日，寿光市委常委扩大会议讨论策划方案。张嘉庆汇报策划方案时说，沈阳不产菜，办果菜节；海南岛办会，哈尔滨办展，他们的优势不比寿光强多少，但对会展经济的认识超前。寿光是著名的蔬菜之乡，最有条件办蔬菜展会。会议很快形成决议：第一，2000年4月20日，寿光蔬菜博览会与潍坊风筝节同期举办；第二，成立由市长挂帅的工作委员会，下设办公室，从市直各部门抽调得力人员组成工作班子；第三，保障办公经费，保障工作用车，一切工作为筹备博览会让路；第四，每个领导成员都分摊博览会的一项任务，市长挂帅，市委书记调度，人大常委会主任、政协主席都靠上一项工作，分工把口，确保一炮打响，打出寿光的会展品牌来！

张嘉庆曾在媒体采访中回忆："第一届菜博会，主要就是想把寿光的蔬菜宣传出去，提高寿光的知名度。当时寿光已经叫'蔬菜之乡'了，但很多人还不了解寿光，通过菜博会搭建桥梁，让寿光走向世界，这是我们的目的。"

因为是首次办展，当时还有几个小插曲。一个是展会的时间被频繁讨论，害怕展会没有人气办不起来。最后组委会想到了潍坊国际风筝节，把展会时间敲定在2000年4月20日，让去看风筝会的游客也可以顺便去寿光看菜博会。怎么把展办起来？张嘉庆和他的团队搞出了和其他展会大不同的两个创新：一是将盆栽的鲜活果蔬搬进了展厅；二是设立分会场，引导观众从展厅走进大田，当时这在全国都是一个创举。

据张嘉庆说，创新出这样一种展法最根本是想让游客相信寿光的蔬菜技术，单纯摆放果蔬大家可能不感兴趣，那就把长在土壤里的活生生的植物搬进展厅。首届菜博会有13个分展区，这些分展区正好围绕寿光一圈，可直接参观大棚蔬菜生产、各类蔬菜基地、品尝风味独特的农家菜。参观者来到寿光后把这些分展区逛一遍，就相当于游完了整个寿光。

2000年4月20日，首届菜博会正式开幕，出人意料的火爆，美国、以色列等15个国家和地区的200多名来宾参加展会。开幕式刚结束，人们源源不断地涌进，想看一看"中国蔬菜之乡"到底是什么样。没有特邀，没有派送观众名额，人们抢展位、抢参观券、抢展品，连签约也抢……首届菜博会上的"奇迹"故事至今还在人们口里流传着。寒桥镇农民肖安华把一棵硕果累累的杏树弄到展览会上展出，每公斤最高价卖到120元，侯镇的"葡萄大王"黄荣名收到种苗定金9万多元……当初抱着试试看的心态前来参展的企业，嗅到了菜博会未来更大的商机，他们抢着在这届会展结束前，开始和组委会商议："下届博览会的展位，现在能预定吗？"

首届寿光菜博会的展厅是租赁蔬菜批发市场的一个新建交易大厅。由于参观者过于拥挤，没几天时间门口的大铁门被蜂拥而至的人群挤了下来。原定7天的菜博会被延期到了18天。闭幕的那天，人们仍意犹未尽，想让主办方延长展期，但这已经不可能了，由于条件有限，部分果蔬快要腐烂了。2000年5月5日，首届中国寿光蔬菜博览会终于落下帷幕，参观人数超过了28万人次，成为中国展会历史上的一大奇观。《农民日报》刊发报道"寿光菜博会红红火火、欲罢不能"。

"菜博会"是"寿光模式"的助推器

贾　枭：寿光菜博会从第一届举办到现在，越办越好。当时有想到第一届菜博会这么火爆吗？您觉得这个菜博会生命力源自哪里？

王家相：我当时没有参与。但听他们讲当时也没有想到能火爆到那种程度。应该说当时寿光举办这个菜博会，顺应了人们的需要。蔬菜方面的技术、品种、模式一直是菜博会的重头戏，把全国的、世界的最前沿的科技都集中到了这个平台上。老百姓、客商、企业等，都到这里取经、开眼界，把新的东西带回去。原来有一半以上都是老百姓来观摩，像赶大集似的，他们不但来看，还带着很多问题来寻求答案。这个展会上有各种论坛、农业科技大讲堂、技术讲座、现场观摩等，可以说农业蔬菜方面的科技人员都在这里。

另一个是创新。菜博会在整个发展、壮大的过程中，不断适应社会需要，顺应观众的需求，每届都有新特色、新亮点。从运作机制上来说，一开始是政府主办、出资，后来是政府主办、市场运作、社会参与、商业化运营，充分把握客户需求。在展示模式上，不仅有传统展位展品展示，还有实地种植展示，搭配各种先进的技术、模式，活灵活现，这应该说是在全国开了先河。随着人们的需求发展，有的人来是出于旅游目的。我们就搞了创意农业、观光旅游，诞生了蔬菜文化景观，把寿光地域蔬菜文化融入展会，把每一个展厅当作一个景点，每一个展位当一个艺术点来搞，将蔬菜产业、科技、文化、旅游等通通结合起来，把菜博会打造成为一个非常有意思的"蔬菜大观园"，知识性、趣味性、宣传性等各方面都有。这既提升了菜博会的影响力，也提升了寿光整个城市的品位和形象。

贾　枭：我在网上看到过很多关于菜博会的照片，那个景观非常漂亮，就是一个个艺术作品。

王家相：现在不仅是蔬菜这一块，还有果蔬花卉，专门的国际馆、丝路沿线展等，我们还建了中国蔬菜博物馆，和展厅都是连在一起。这两年，不仅白天可以来看，晚上也有各种活动，采用各种现代化手段，呈现不一样的效果，满足人们的多种需求。

贾　枭： 蔬菜博物馆是什么时候建的？

王家相： 就是我来了之后，2007年，当时查阅了很多资料，全国没有一家蔬菜博物馆，就北京有一个西瓜博物馆，所以又是摸着石头过河筹建，都是我们自己设计的。

贾　枭： 到今年，菜博会已经举办了第24届，据说新冠疫情期间也没有停止举办。

王家相： 没有停办。采用的是线上、线下相结合，第21届是纯线上办。我记得上头对寿光网上办会、不停办还当作一种经验，进行表扬。

贾　枭： 具体怎么操作，是线下布展、线上直播？

王家相： 对。变成了云博会。

贾　枭： 现在每年展会可以收支持平吗？

王家相： 没有疫情的时候是持平的，略有盈利。

贾　枭： 那是非常好了。说明这个展会的商业价值很大。

王家相： 现在每年4月20日至5月30日举办，开放期间的人流量都比较大。全国很少有展会有这么长的时间。

贾　枭： 这非常难得了。很多展会基本上就是三五天，主要还靠开幕式。历史上最多的时候，参展人员能达多少？

王家相： 有几届超过了200万人次。今年也有200多万人流量。

贾　枭： 参观的主要是省内还是省外，有没有过统计？

王家相： 省内为主。展商的话，寿光内的占1/3，寿光外的占2/3，全国各地的。

贾　枭： 那这个是真的很成功了。我们刚才看到寿光国际会展中心有许多蔬菜元素的雕塑，这个会展中心是为举办菜博会修建的吧？

王家相： 是的，也会办点其他展。

贾　枭： 这可能是全国唯一为当地农业产业打造的会展中心。

王家相： 应该是。菜博会生命力比较强，我认为还有一个原因是，寿光农耕文化比较悠久。您可能也知道一本书《齐民要术》，就是寿光人贾思勰所著。冬暖式大棚也是从我们这里发源推向了全国。还有寿光的蔬菜批发市场，买全国卖全国。在这些基础上诞生了菜博会，而菜博会又把寿光蔬菜推向了全国乃至世界，并且一直以来经久不衰、红红火火。

隋申利： 我想再补充一下菜博会为什么成功。菜博会也是"寿光模式"的一个助推器，适应了当时寿光蔬菜产业发展的需求。当时寿光蔬菜在全国已经很出名了，我们举办这个菜博会可谓天时地利人和，所以一召开效果就非常好。另一个，就是展会模式新颖独特。前面王主任也提到了，菜博会将产业展、商业展和文化展都结合了起来，这可以说也是我们的"寿光创造"。寿光从旅游资源来说是匮乏的，特色就是蔬菜，菜博会是寿光旅游的亮点。再一个就是，菜博会满足了不同人的需求，能为他们创造价值。一开始寿光发展蔬菜就是自给自足，有了菜博会，本地的、外地的都来学新技术。种植的、建大棚的、搞种子育苗的、搞农业机械等也发展了起来。菜博会孵化了一批农业企业。

贾　枭： 有没有比较典型的例子，通过菜博会成长起来的企业？

隋申利： 比如搞大棚桃树高产技术开发，在全国率先研究出"一边倒"技术的刘成德。他可以说是傍着菜博会发展起来的，在菜博会一直有展位，一年好的时候能做到两千万的订单。还有像"大地华歌"搞温室大棚的，也是在菜博会中成长起来的。

数据显示，前23届菜博会共吸引来自50多个国家（地区）和32个省（自治区、直辖市）的3000多万人次参展参会，实现贸易额2000多亿元。2023年，第24届菜博会集中展示了2000多个国内外蔬菜优良品种、80余种种植新模式，吸引近1000家企业参展，现场参观人数达到221万人次，集中签约重点项目总投资额达149.6亿元。

一个县级市举办的博览会为什么能这样引人注目、经久不衰？寿光人有一种总结是"干部开思路，农民学技术，商人觅商机，游客观景致"。人们从历届菜博会中，也可以看到寿光对自身以及全国蔬菜产业发展的精准把握。一个典型的体现就是历届寿光菜博会的名称、主题。

2000年前后，寿光蔬菜种植面积发展到60万亩，总产量达到15亿公斤。据山东省统计资料显示，20世纪90年代后期，寿光蔬菜在北京大钟寺批发市场的份额曾经占到40%，2000年这个份额跌至14%，原因是全国特别是北京周边省市蔬菜种植面积迅速扩大，寿光蔬菜进京"受挤"了。量大不再是优势，寿光需要出"新招"。

这也是举办菜博会的一个大背景。因此首届菜博会的主题是"展示蔬菜之乡风采，加强技术交流合作，创造繁荣交易环境，倡导绿色市场文明"。"展示"和"交易"是当中最显眼的两个关键词。

此时，寿光蔬菜产业也掀起了由量向质转变的"二次革命"，发起了"绿色科技革命"，开始推行标准化生产，大量引进推广名优新特品种，与世界农业先进国家接轨合作。

因此，2001年第二届寿光菜博会的名称中第一次出现了"国际"，主题则为"共享绿色，架起交流、合作、发展桥梁"。2002年，寿光菜博会名称中增加了"科技"，全称"2002中国（寿光）国际蔬菜科技博览会"，主题浓缩为"绿色·科技"，展示的内容全部围绕"无公害"三个字。当年寿光60万亩设施蔬菜中，20万亩是无公害蔬菜。

2003年开始，寿光加大了农业标准化生产推行力度，蔬菜商标注册、基地建设、农产品检测、菜农技术培训等，都被纳入标准化生产的推广体系。当时从全国来看，食品安全问题频发，引起普遍关注，蔬菜安全是这场大讨论的焦点之一。基于此背景，当年寿光借助菜博会，举办了中国蔬菜质量安全与标准化生产论坛。

2005年，寿光菜博会在主题中增加了"未来"。此后，中国（寿光）国际蔬菜科技博览会名称定型，"绿色·科技·未来"的主题也基本被固定下来沿用至今，只在第八届、第九届有过更改。

"赶考"新世纪：
"蔬菜之乡"进军"蔬菜硅谷"

寿光菜博会的展厅里一直雕刻着一句话：农业的希望在科技。这句话也正是寿光蔬菜赶考21世纪，书写新篇章的起点……

走"科技兴农"之路

1988年，为缓解我国副食品供应偏紧的矛盾，农业部提出建设"菜篮子工程"。经过10年设施化、规模化和供应链建设，1998年1月，农业部向新闻界宣布：经过十年努力，我国"菜篮子"产品供给格局实现了从长期短缺向供求基本平衡的转变，国人蔬菜人均占有量超过世界平均水平……这条"喜讯"对于寿光这个蔬菜大市来说，却是忧大于喜。全国范围蔬菜供求基本平衡之下，是菜价降了，规模大、产量大的优势难再持续，反季节蔬菜不再稀奇……

这股冲击来得迅猛真切，新形势之下寿光蔬菜怎么干？这一次的答案是科技。当时，时任寿光市委书记刘命信亲自设计调查问卷，带着相关部门下乡入村，用了近半个月时间，在全市做了一次科技调查。得出的结果是，多年来寿光已经形成良好的农业服务体系，科技兴农有基础，农民急切渴望蔬菜新品种、新技术的出现。

对于新技术的红利，十年前寿光人通过"冬暖式大棚"早有深刻体会，而这一次该从哪里切入破题？"基于全国产业形势，寿光突破科技兴农，既要快，又要稳，建蔬菜高科技示范园，这是一条好路子。"这一次，寿光的"一把手"书记抓得也很准。建设蔬菜示范园的想法在市委常委会上提出后，大家都表示赞成。但设想如何落地？多次讨论后逐渐成形：蔬菜示范园要体现规格和规模，面积可以万亩以上，建1000个以上的高标准大棚，达到示范的最好效果……要引进的新品种、新技术，先在这里种，在这里试验，成功了再推广，"做给农民看，带着农民干"……

1999年，寿光市蔬菜高科技示范园建成。示范园实行封闭式管理，配备有世界上先进的穴播室、无菌催芽室、组培室，还有职能分明的加工包装销售区、展示参观区和综合服务区等，连栋的玻璃温室在阳光下熠熠生辉，集中展现了当时全国现代设施农业的最高水平。随后，寿光全市26个乡镇先后建立蔬菜科技示范园基地，一个长达16.3公里、面积7.5万亩的寿光农业科技走廊建设也随之而起……早已瞄准中国市场的国外种子企业，也乘风而至，纷纷进驻寿光市场。先正达、瑞克斯旺、海泽拉、纽内姆等世界排名前列的种子公司，均在寿光落户试验示范基地，各类蔬菜名优新特品种在寿光落地开花。

2000年寿光菜博会成功举办，各种新品种、新技术在这一大舞台上竞相斗艳、大展拳脚。这一时期，寿光"菜园子"里几百个名优新特蔬菜品种，是人们来菜博会观看的"重头戏"，媒体报道层出不穷，都称寿光为"蔬菜联合国"。不过寿光人喜忧参半：这些品种的品质确实是好，但几乎都是来自国外的"洋种子"。外国种子公司，只在中国建立试验示范基地，从不建立育种基地。洋种子商品性好，农民认可，宁愿多花钱也买洋种子，几年下来种子价格涨了好几倍，"一两种子一克黄金"在当时毫不夸张，寿光及周边地区每年要花6亿元购买"洋种子"。这期间，国产种子在与"洋种子"的博弈中，节节败退，寿光蔬菜市场上八成以上都是国外的种子。不仅是寿光，放眼全国，跨国种子公司进入中国市场后，一路所向披靡，很快就占领了我国50%以上的蔬菜种子市场。

尊重市场的选择，但绝不能甘愿落后。2000年春天，寿光市投资4000万元，依托蔬菜高科技示范园，与山东省农科院、山东农业大学联合成立山东省蔬菜工程技术研究中心，正式向国产种业研发进军。2006年4月20日，寿光与中国农业大学合作，依托山东省蔬菜工程技术研究中心，成立寿光蔬菜研究院，引智助力国产种业研发。在这次成立大会上，寿光市政府对外宣布：寿光计划投资1.25亿元，进行蔬菜良种研究，以期打造蔬菜良种基地。《人民日报》对这一事件"点评"说："对寿光人来说，为了造出蔬菜业的'芯片'，再难也要上。"

2008年4月20日，寿光蔬菜研究院成立两周年，寿光市举行了甜瓜新品种成果鉴定会，鉴定会上的所有甜瓜品种均是寿光蔬菜研究院的自主品种。这一成果来之不易，在寿光蔬菜研究院成立时，我国甜瓜的雌性系研究已进行了10年，2006—2007年应用雌性系技术的甜瓜品种在寿光等地进一步试验选育，2008年才拥有了以"寿光"命名的甜瓜种子。

这是一场漫长而坚定的"翻身仗"。国产种子用了"十年"才破土，而世纪之交以来，寿光走科技兴农之路，也用了"十年"终于迎来了蔬菜种业上的"破土"，为新世纪的"赶考"写下了开篇。

从"一粒种子"到"一盘好菜"

贾　枭：您之前是在哪个部门工作？寿光蔬菜产业发展中心是什么时候成立的？

张林林：我2010年研究生毕业后，就一直在农业农村局工作，早先在生产与信息科，这个科室是原来种植和市场信息合并来的一个单位。寿光蔬菜产业发展中心是2021年正式成立的。它跟农业农村局是完全一体的，中心下面的各个科室分布在农业农村局各科室之间。寿光比较特殊，最早的时候还有蔬菜局，后来合并到农业农村局了，农业农村局和蔬菜产业发展中心都是正科级单位，但我们中心这边从属于农业农村局管理。

贾　枭：那您一直都在农口工作。

张林林：对，一直在搞农业产业化这块，2010—2020年，干了10年，后面蔬菜产业发展中心成立后就到了这边，实际上还是负责原来的那些工作。

贾　枭：从2018年开始寿光蔬菜产业口号从"蔬菜之乡"变成了"设施蔬菜产业硅谷"，这是一个新定位，也是一个新战略。这个战略提出的背景是什么？这些年重点干了哪些事情？

张林林：寿光蔬菜产业转型升级在2010年之前就已经开始了。2018年遇到了一个契机，当时遭遇了大水灾，需要灾后重建，我们提出了推动由"中国蔬菜之乡"向"设施蔬菜产业硅谷"迈进。这背后最根本的原因还是全国蔬菜产业的格局发生了变化，整个是供大于求。我们经常开玩笑说，"现在蔬菜价格的提高主要靠天灾"，如果全年都风调雨顺，蔬菜的价格反而很低。这个调侃虽有些不妥，但却是事实。寿光人擅长卖菜，在运销畅通的情况下，同样的蔬菜产品，寿光菜因为品相好，收购价格还要贵个几毛。但供大于求的大背景下，单纯靠种菜、卖菜也不是长久之计。"蔬菜之乡"主要说的还是生产方面，"蔬菜硅谷"的核心竞争力是科技。

贾　枭：（生产、流通方面）可提升空间有限。

张林林：一个是提高有限。另一个是，蔬菜有运输半径，大家更愿意吃周边更新鲜的蔬菜。像北京周边的河北，蔬菜面积都很大。近几年，我们市委、市政府提出的口号是"做强两端、提升中间"，后来又加上了"数字赋能"。实际上，在2016、2017年左右，我们就提出了品种、品质、品牌和标准——"三品一标"，当时部里（农业农村部）来调研，我们的材料都是这样提的。后来部里提出了"三品一标"提升行动。

"两端"是什么呢？就是"科技"和"市场"。

科技的核心是种业。寿光从十多年前就开始发展种业。我记得我刚上班那会，当时国家领导就批示过，寿光的种业做法很好。2012年，寿光出台了第一个扶持蔬菜种业发展的政策，后进行过多次修订发布，包括今年刚刚又重新修订了，不断扶持种业研发。寿光在种业发展这块也有基础。90年代的时候，几乎所有的国外蔬菜种子企业进入中国都要先到寿光来进行试种、试验。这也帮助寿光培养了一批懂种子、懂育种的专业人才。那个时候寿光几乎都是用国外的种子。像番茄，国外品种一粒种子就要四五毛。后来我们自己搞育种才知道，种子的成本主要在前期研发，一旦这个品种成功出来以后，一粒种子的成本其实不到一分钱。现在我们寿光搞种子研发的企业比较多了。品种方面已经有了自主权。

贾　枭：（寿光）有多少家自己的种企？

张林林：真正搞研发的大概15家，还有一些跟院校合作的。现在我们已经把国外品种的价格打下来了，国外种子一粒普遍两毛多。国内品种现在一粒的价格一般在一毛五左右。就寿光全市来看，老百姓每年买种子在十二三万袋，一袋1000粒左右，在种子上的投入也不小，现在能节省下不少成本。另外比较关键的是，产量和抗病性也都提上来了。种业这个产业从规模体量来看，不见得有多厉害，它本身的产值是有限的，你看隆平高科一年也才销售二三十亿元，但它对整个产业的带动是非常大的。

贾　枭：在寿光60万亩的总播蔬菜面积中，本地种子占多少？

张林林：不能说是本地种子，这个统计不出来，我们说的是国产种子。国产种子在寿光茄果类上的占比很大。但寿光胡萝卜种植面积比较大，用的主要是国外品种。抛除胡萝卜、洋葱的话，国产种子能占到80%～90%，整个一起算下来国产种子应该超过了70%。

2012年、2014年、2017年和2020年，寿光市政府连续出台4项蔬菜种业扶持政策，拿出专项资金进行重点推动。先后出台精英人才创业计划、双百计划、蔬菜种业扶持等20多项政策，支持产业领军人才创新创业。2013年4月，农业部和山东省政府在寿光签署了《关于建设国家现代蔬菜种业创新创业基地合作备忘录》，中国农科院寿光蔬菜研发中心、国家蔬菜工程技术研究中心寿光研发中心等相继落户寿光，在这里建成了全国最大规模的蔬菜种业科研平台。2021年7月，寿光成为国家《种业振兴行动方案》确定的国家级蔬菜种业创新基地之一。

截至2022年底，已有30多家世界"头部"种子公司进驻寿光，12家"国字号"种业研发机构相继落户，培育了蔬菜种业集团、三木种苗、永盛农业等7家省级以上种业龙头企业，现有国家级育繁推一体化企业2家，入选国家农作物种业阵型企业1家、国家育种联合攻关阵型企业1家、中国蔬菜种业信用骨干企业3家，自主研发的蔬菜品种达到178个，从事蔬菜育苗单位达485家，种苗年繁育能力达18亿株，被农业农村部认定为国家级区域性良种繁育基地。全市种苗产业产值突破10亿元，国产蔬菜种子在寿光的市场占有率从2010年的54%增长到了70%以上。全市研制推广应用大棚滴灌、臭氧抑菌、熊蜂授粉等300多项新技术。科技进步对寿光农业增长的贡献率达到

70%，高出全国10.8个百分点，被农业农村部认定为首批全国农业科技现代化先行县。

值得一提的是，2012年3月26日，寿光市政府还做了一件关于种业的"大事"——把政府创办的寿光蔬菜研究院移交给了寿光蔬菜产业控股集团。育种是一项"烧钱"的行业，只靠政府投入远远不够。同时受机制之困，资源无法有效整合，科研成果无法有效进行产业转化。为打破机制和资金上的枷锁，寿光将资源与平台交出，按照双方协议，寿光蔬菜研究院移交给企业后，科研人员的身份待遇不变，企业承诺薪水再涨至少50%，其中博士每人还可获得160平方米的精装住房和每年10万元的个人科研经费，其所在课题组的科研经费一年也增加500万元。同时，这家企业投资组建了寿光蔬菜种业集团，建设了集良种研发、试验示范和展销推广于一体的蔬菜种子产业基地，建立了国际一流的种质资源库和全国唯一的蔬菜分子育种公共实验平台。

2013年4月，依托这个育种大平台，寿光在当年的菜博会期间办起了中国（寿光）设施蔬菜品种展，如今这个蔬菜品种展已成为中国蔬菜种业的一大盛会。

贾　枭："前端"是"科技端"，"后端"呢？

张林林：市场是后端，品牌建设是市场（建设）的重要内容。

贾　枭：据我了解寿光蔬菜是2019年注册的地理标志集体商标。

张林林：这个商标注册过程很艰难，因为寿光蔬菜是多品类的。2018年国家工商行政管理总局的局长来我们这里，我们就汇报了要申请地理商标的情况。大家都知道寿光蔬菜这个牌子，但就是没有办法注册。中间反复向上面汇报了几次，最后特批下来的。现在"寿光蔬菜"商标归属寿光蔬菜瓜果产业协会。

贾　枭：我想知道，现在商标注册成功了，具体如何干品牌呢？

张林林：寿光蔬菜大家都知道，但寿光蔬菜到底是番茄好还是黄瓜好，什么样的菜算好,大家是不清楚的。另外,之前大家卖的基本都是大路货为主,还没有多少卖精品菜,没怎么贴过商标。加上之前三年(新冠)疫情,也就几乎没有推动寿光蔬菜"贴标"这块。还有一个,寿光蔬菜从地标品牌来说,我们报不了这类商标。因为申报这类商标,其中有一条就是要有绿色认证,而绿色认证又是针对单品的。所以我们在推区域公用品牌的时候顾虑很多。我们现在是换种方式走路,重点推单品品牌、企业品牌。已经有15个地理标志证明商标,"乐义蔬菜""七彩庄园"2个中国驰名商标,认证"三品一标"农产品390个,古城番茄等22个产品入选农业农村部全国名特优新农产品名录。另外,2019年粤港澳大湾区"菜篮子"产品潍坊分中心也落户寿光,认证基地达到了69家,还启动运营了1500平方米的粤港澳大湾区"菜篮子"潍坊农品广州展示交易中心。

贾　枭:两端是科技和市场,那么"提升中间"是什么?

张林林:实际上就是组织化。重点就是培育做强合作社和家庭农场。

> 围绕提升农业组织化水平,寿光组建了全国首家蔬菜合作社联合会,创新构建起以合作社联合会为龙头、15家镇街合作社分会为骨干、124家潍坊市级以上示范社为支撑的高品质合作社架构("联合会+合作社分会+示范社"),农民参加合作社比例达到85%以上,27家合作社入选"2022中国农民合作社500强",被确定为全国农民合作社质量提升整县推进试点重点县。

贾　枭:蔬菜还真不适合大企业来搞种植。

张林林:对。像南瓜、西甜瓜这些种三五百亩、上千亩都没有问题,但是茄果类像番茄等之类的菜就不行,这些蔬菜种上几百亩、几千亩,那是等着"完蛋"了。"中间"这块可以说也是我们下功夫最多的一块。合作社、家庭农场真正的作用是在农产品质量安全监管和规模化提升上。

在农产品质量安全监管方面,2019年我们统一招聘了56个专职的监管人员,配备了28辆专用车,镇级确定120名监管员,村级聘任988名监管员,共同组成县镇村三级网格监管队伍。农资、蔬菜交易市场、合作社、家庭农场,以及所有的蔬菜大棚等,都进入了寿光农产品质量安全网格化监管平台,进行GIS精准定位。

监管人员拿着手机，打开系统，全市15.7万个棚，1600多家农资店，1600家左右的蔬菜市场在地图上能清晰地找到，每个人分别划片，每天下去跑就行了。

贾　泉：我看寿光蔬菜也有溯源系统。

张林林：我们从2008年就开始做溯源系统，从理论上是很完美的，但是操作起来比较难。核心还是人，人的信用操作是没办法一个一个都统一起来的。只能是采取倒逼形式，核心抓农资、农药。农资店，我们做了一个信用等级划分，分ABCD四个等级，A级的我们几乎不去管理，B级象征性管理，重点是抓C、D两级。你要干不好，就得被淘汰。农资这一块我们是下了大功夫的。

贾　泉：这是生命线。

张林林：可以说从上世纪90年代末一直到现在，这都是最重要的一个工作。我们一个质检科的科长就要管上60个人。

"标准"引领品质提升

贾　泉：2018年还有一个大事是全国蔬菜质量标准中心落户寿光，您参与了吗？

张林林：我全程参与，在具体对接做这个事情。这是全国唯一的一个蔬菜质量标准中心。因为当前国内蔬菜的标准要么是生产技术标准，要么是质量安全标准，有很多还是非强制性的、比较模糊的标准，缺乏实际落地操作。当时农业部就想牵头成立一个标准中心。最早是想放在山东省农科院，部里（农业部）的意思，放在山东省农科院不如放在中国农科院。后来农业农村部领导和时任山东省委书记刘家义共同确定了这个事，选在了寿光落地。

贾　泉：您提到蔬菜标准操作性不强，具体是指什么？

张林林：就是缺乏能落地操作的标准。蔬菜产业发展到现在已经不仅是单纯的技术、质量的问题，而是要向品质方面转变。您是做品牌的，应该也知道现在部里提的"三品一标"计划，最终就是品质提升的一个过程，品牌的基础也是品质。所以这个蔬菜质量标准中心很大一部分功能是为"品质提升"，而不是无公害这种问题了。

贾　枭：它也代表着农业发展的一种升级。

张林林：可以这么理解。

贾　枭：现在这个蔬菜质量标准中心是寿光和部里共建还是？

张林林：部里跟省里签了一个协议，把这个质量标准中心放在寿光，然后部里协调成立了专家委员会，包括国家绿色食品发展中心等一些机构的分中心在这里设立，整个机构来说是潍坊市政府成立的一个正处级事业单位。

贾　枭：相当于是工作人员本地化了。专家委员会是什么情况？

张林林：专家委员会是全国化的。一开始的专委会主任是国家大宗蔬菜首席专家杜永臣（国家大宗蔬菜产业技术体系原首席科学家、农业农村部蔬菜专家指导组组长）。

贾　枭：到今年这个蔬菜质量标准中心落地寿光五年了，对本地有什么影响？取得了哪些成绩？

张林林：2018年成立，正式批编是2020年初。对寿光本地的带动来说，我认为有这几个方面。一个是提升了整个行业的高度，梳理、提炼了现有的标准，从全产业链的标准一个一个进行提炼总结，已经形成了几个蔬菜作物的具体标准。第二个是他们做这个事情，其实很多是借鉴了我们当地老百姓的一些种植技术，寿光老百姓种菜的技术、经验是非常成熟的。同样种番茄，寿光农民用的肥、药比你少，产量还要比你高，在每一个管理节点都钻研到了极致。寿光的蔬菜产业工，一般就专门做一两个工种，比如育苗、嫁接等，越做越熟练，后面还能直接成立专业队伍。这为专家们进行标准技术的提炼总结提供了很好的实践样本。

另一个是，这些标准虽然立足于寿光，但是面向全国推广。蔬菜质量标准中心在全国各地建了一些标准化基地，他们不是自己建，是跟当地蔬菜园区、基地合作，当地管理跟不上，而我们这边可以输出一套规范的管理流程，这对当地是一个提升，对寿光是新的产业机会。

贾　枭：这类似于技术输出。

张林林：是的，是给一套流程，同时我们可以带专家指导具体怎么干。还有一块，蔬菜质量标准中心现在正在做品质感官的评价认定，从2020年就开始了，当时品质感官标准可能只在茶叶或水果领域做。茶叶品质感官标准这块已经很成熟了，鲜食方面可能就柑橘做得好一点，就是华中农业大学。

贾　枭：邓秀新老师（中国工程院院士、中国工程院副院长）？

张林林：对。我们当时就是跟他们团队合作，整个感官评价的整套流程、实验室等都是请他们来帮忙，我们也派人过去学习。

贾　枭：是蔬菜还是果蔬（的感官品质评价）？

张林林：果蔬，不光是蔬菜。他们现在做了小番茄和黄瓜的感官品质评价标准，后续会做甜瓜。这些也是我们当地的优势产品。应该说（全国蔬菜质量标准中心做感官品质评价）是一个引领，这两年拿下资质认证来做这个事情的机构越来越多。

> 2018年7月12日，全国蔬菜质量标准中心在寿光成立，该中心为农业农村部和山东省人民政府共同建设。全国蔬菜质量标准中心落户寿光以来，先后成立了由5名院士领衔的全国蔬菜质量标准中心专家委员会和国家蔬菜质量标准化创新联盟，建立了日光温室全产业链标准体系，先后启动126项标准研制，9项行业标准获农业农村部发布实施，编制完成了37种蔬菜的54项生产技术规程，番茄、黄瓜、辣椒、茄子、西葫芦5项全产业链行业标准、14项山东省地方标准和53项团体标准成功发布，填补了行业空白。同时，在山东、江西、内蒙古、四川、西藏、贵州、上海等地认定了50个试验示范基地。建成投用国内唯一的蔬菜品质感官评价和分析实验室，率先开展了蔬菜品质感官评价，成为蔬菜全产业链标准"排头兵"、蔬菜产业社会化服务"领跑者"和蔬菜品质感官评价"风向标"。

凭证出入严卡质量安全线

贾　枭：看介绍，寿光本地一年自产的有450万吨，流通900多万吨，有很大一部分都是外地菜。你们怎么管理？

张林林：这个管理非常难。从准入、准出来说，外地来的蔬菜全部都在（寿光地利）农产品物流园交易。准入方面分三类。第一类，你自己带有检测资质公司出的检测报告来，我们不管你；第二类是带食用农产品达标许可证，带来相当于你承诺了，我们会实行抽检；第三类是完全没有任何证书的，那得一批一批检测。

贾　枭：这是进来，那出去怎么办？

张林林：如果是从外地在这里转手集散的，他走我们就不管了。如果是外地到本地采购的话，那必须打上食用农产品承诺达标合格证。

贾　枭：这个证是咱们发的吗？

张林林：是的。

贾　枭：那相当于寿光只给本地蔬菜发证。

张林林：对。我们不给外来菜发证，只给本地菜发证。因为农业农村部有规定，食用农产品承诺达标合格证是谁产谁承诺。拿到这个证，一种是自我承诺，一种是抽检。

贾　枭：这相当于谁发证谁得负责。农产品物流园之外的市场是什么情况？

张林林：我记得90年代，寿光几乎每个乡镇都有一个专业的蔬菜市场，每个乡镇种植的蔬菜品种集中，这些菜最终都会汇集到一个地方交易。2000年左右，成长起来了一大批蔬菜经纪人，帮外面客商收菜，他们直接下沉到村里去收菜，就逐渐演变成为村头市场了。现在我们村头市场有1600多家，种菜村子600多个，相当于平均每个村有两三家村头市场。这些村头市场中，交易过亿元的有13家。经营模式多样。比如直接联系上的客户，你直接来这里配上货拉走就行了。另外村头市场也有大有小，大一些的市场需求量大，小市场就往大一些的市场送，他们也不进物流园直接走了。

从管理来说，每个村头市场都要出具合格证，自己出具自己的。蔬菜出寿光，我们的管理方式是多样化的。像示范合作社，我们可以统一组织他们，让乡镇委托专业的检测公司，给每车发出检测报告。其他的以他们自己的合格证为主，我们抽检，但是我们不给出报告，检验不合格我们要告知，检测达标合格证则要他们自己出。现在也有一个问题是，我们这里要求是很严格的，但是客商一车上的菜不一定都是寿光的，有的是寿光代收经纪人给他出了达标合格证，然后他可能还会去周边县区收菜，人家没有要求，他拉上菜就走了，混在一起了。

贾　枭：真要作假的人，你也防不住。寿光蔬菜质检合格率怎样？

张林林：蔬菜抽检合格率稳定在99.6%以上。寿光是首批"国家农产品质量安全县"。

> 近年来，寿光以拓展创新"寿光模式"为引领，围绕构建"一粒种子"到"一盘好菜"的蔬菜产业体系，深入实施"做强两端、提升中间、数字赋能"的全产业链提升工程：前端拎稳"菜篮子"，重点做标准研发、种子研发和技术集成创新；后端端牢"菜盘子"，重点培育特色蔬菜品牌、打通高端销售渠道；中间抓好"组织化"，加快构建以合作社、家庭农场为主体的新型经营体系；"全链"实施"数字化赋能"，推动蔬菜产业向智能智慧、精准精致升级演进，全方位提升产业核心竞争力。从"一粒种子"到"一盘好菜"的寿光蔬菜产业体系建设典型经验入选了喜迎二十大"奋进新时代"主题成就展。

寿光经验的核心是市场

贾　枭：大家都在讨论寿光经验。您是寿光人，在寿光蔬菜产业上也是13年的"老人"了，您觉得寿光的经验是什么？

张林林：我觉得寿光经验的核心是市场，寿光的市场是先发展起来的。你得把各地的菜卖出去，就这么简单。在整个寿光蔬菜产业发展的过程中，种植技术、科技等也都厉害，但从产业发展来说，寿光蔬菜市场才是独一无二的。我们有农产品物流园，有1600多家村头市场，有庞大的蔬菜经纪人群体，现在还有一部分人把电商也做起来了，有的村头市场就一个500来平方米的厂房，做代发一年能销售一两亿（元）。

贾　枭：是直接面向消费者吗？

张林林：有的一边给别人做代发，一边自己直接卖C端。寿光茄果类的，比如"贝贝南瓜"电商卖得很火。做这个南瓜电商的人原来就是给别人做代发，现在自己做电商，光南瓜这一个单品一年就能卖1亿（元），还有甜瓜也是爆品。

> 2017年，寿光小伙王建文在天猫、拼多多电商平台开店直播带货，销售寿光蔬菜特色产品，成功将寿光贝贝南瓜、羊角蜜甜瓜等带火。2018年4月，他的"鲜馥旗舰店"完成天猫直播生鲜类目第一，拼多多羊角蜜销量全网第一。2020年4月，寿光市政府与天猫正宗原产地战略合作签约在杭州圆满落幕，寿光蔬菜官方旗舰店正式开通，由他旗下的鲜馥农业有限公司运营。

> 目前寿光启用了全国规模最大的农村淘宝县级运营服务中心，5000多种蔬菜、种苗以及200多种农特产实现网上销售，入选商务部全国供应链创新与应用试点城市。2023年7月，山东省商务厅公布了2023年度山东电商产业带名单，寿光蔬菜电商产业带位列其中。

贾　枭： 市场引领产业发展。

张林林： 对。市场是最重要的一个关键点，有了市场就有指挥棒，科技等要素都是跟着市场要素走。这么多年来，寿光一直都在对外输出，这发展了寿光的市场，同时也培养了一批为产业服务的领军人物，农资服务、种子种苗、技术托管等全产业链上各个环节都有企业，他们能够最先了解、掌握产业最前沿的东西和市场需要什么东西，同时更快地反馈给菜农。

贾　枭： 还有一个我很好奇的是，全国其他地方也有不少批发市场，但为什么寿光市场能这么厉害？

张林林： 我们也去过全国的一些批发市场，也有很多地方到我们寿光来学习。我个人认为，寿光市场之所以厉害是因为在90年代依托寿光蔬菜批发市场一下子培养了好几千的蔬菜经纪人，这在全国是少见的。村头市场、合作社最后都靠这些经纪人把菜卖出。再一个，一开始北方整个冬天能大量产蔬菜的就我们寿光，很多客商也自然往这边聚集。不断发展蔬菜经纪人，后来这批人又去全国各地收菜、种菜，慢慢就形成了寿光大市场。

适度规模化是必走之路

贾　泉：现在人们吃菜的选择多了，需求、要求也更多了。寿光主要是大棚菜，现在全国各地都有大棚。因此，像甘肃、宁夏等地利用冷凉气候发展高原蔬菜，而且绝大部分都是露天菜，定位高端市场。这些年下来，您觉得市场的这种变化，对寿光蔬菜产业有没有影响？

张林林：你说的这几个地方反倒是跟我们比较互补。因为寿光从6月开始一直到10月之前几乎不产蔬菜，卖的都是甘肃、内蒙古等地区的菜，全是我们的人在那边收，比如甘肃的贝贝南瓜、内蒙古的番茄等几乎都是拉到寿光来进行交易。

贾　泉：那这反倒是丰富了寿光蔬菜产品。

张林林：对。丰富了我们生产淡季的产品，实现周年供应。像甘肃、宁夏等这些地区，蔬菜生产季节比较短，而且蔬菜生产用水量大，对规模是有控制的。所以，这些地区对我们而言实际是一个补充。真正对我们构成威胁的是冬天的蔬菜，海南蔬菜主要是寿光人在种，因此主要竞争还是来自云南。云南的蔬菜也比较厉害。寿光农产品物流园有专门的海南厅、广西厅和广东厅，但没有云南厅。云南的菜基本不用拉过来，很多直接在当地就销掉了。

贾　泉：您对寿光蔬菜产业未来发展，有什么展望和思考？

张林林：我认为寿光蔬菜提升的空间，在于解决好"谁来种地，怎么种地"。我们自己也分析，寿光现在有15.7万个大棚，10.7万人在种菜，人均1.5个棚。未来适度规模化是必然要走的一条路子。从我们统计的数据来看，70后、80后、90后种棚的群体在55%左右，接近一半是55岁以上的。老一辈的基本还是以散户经营为主，一个人种一两亩地。80后、90后这一批种菜的，户均基本在20亩以上，20～50亩为主，适度规模化了。我认为这是未来的一个方向。

适度规模化有利于推动标准化提升。有了标准化，就可以让专业的产业工人来种菜，让社会化服务更专业、精准。适度规模化也有助于推动种植结构调整。现在寿光主要以茄子、辣椒、番茄为主，后期可能就是甜瓜、南瓜、西瓜等容易规模化的品类为主了，那它的种植规模和面积就一定会再上升。现在可能夫妻两人种5亩地，一年收入20万元，未来可能是种50亩，但不用干太多活，一年收入也超过20万元。这样就不是算亩均效益，而是整体效益。我觉得规模化和标准化，一定会带动产业结构的调整。就设施蔬菜来说，在寿光现在的种植条件下，20～50亩是比较合适的。

贾　枭： 目前寿光耕地面积多大?

张林林： 147.8万亩。蔬菜大棚占地和蔬菜总播面积都是60万亩，棚内面积大概28万亩。我们寿光的蔬菜、粮食的规模化率在全省应该是最高的，全市70多万亩小麦，其中有2000个人种着45万亩。

贾　枭： 就是职业农民，这个在全国也非常厉害了。

张林林： 不管是经济作物还是粮食作物，规模化、标准化是必然的，同时专业队伍、设备等配套也必须得跟上。

专家点评

王忠海

农业农村部农村经济研究中心党组书记、副主任、研究员

　　说寿光蔬菜是"中国蔬菜之光"可谓是名副其实！当今国人谈起"菜篮子"，一个绕不开的话题就是寿光蔬菜。由三元朱村的17个"冬暖大棚"掀起的中国式"蔬菜革命"，结束了我国北方地区冬季吃不上新鲜菜的历史，更为全国各地的农民开启了大棚种菜致富的门路。寿光人的这一创举，对于全国蔬菜产业发展和丰富城乡居民"菜篮子"的意义重大、影响深远。不仅如此，寿光蔬菜批发市场、寿光菜博会以及寿光蔬菜科技等也一直在引领行业发展，不断步入产业做大做强和产品丰富多元的新天地。

　　可以说，寿光蔬菜是我国改革开放以来，沿着市场化方向推进农业产业化经营结出的丰硕成果，以蔬菜产业化为核心的"寿光模式"已成为我国农业现代化的一面旗帜，为新时代我国农业高质量发展提供了富有借鉴与启迪意义的样本。

　　那么是什么成就了寿光蔬菜？本篇案例以品牌建设的视角切入，从产业高质量发展的维度解析，清晰地揭示了寿光蔬菜产业的成长历程和成功奥秘，将原寿光县委书记王伯祥、三元朱村党支部书记王乐义、农民技术员韩永山等人物的拼搏创业、辛勤耕耘之事迹跃然纸上。寿光的蔬菜产业能有今天，他们劳苦功高、浩气长存。他们的"继承者们"沿着他们的足迹和弘扬他们的精神，一任接一任久久为功、勇于开拓、创新不停歇。这样的品牌打造与维护，这样的品牌提升与拓展，展现的是改革开放以来寿光人沿着社会主义市场经济这条康庄大道拓荒进取、砥砺前行的优美画卷与精彩篇章。衷心期望新时代的中华大地上能够涌现出越来越多的奋斗者，勇立在乡村振兴、农业农村现代化、农业强国建设的潮头，打造出更多、更丰富多彩的乡村产业和靓丽品牌！

后记：相信时间的力量

三年前，我决心访谈十个知名农产品，总结这些农产品品牌建设的经验。一开始，同事们很担心。这个事从来没有人干过，靠谱吗？新冠疫情下出个门都不方便，还能天南海北跑十个产区？还有人说，你这样一个大忙人，有时间完成这个任务吗？

三年后，30万字的书稿摆在眼前，我做到了！我看见了时间的力量！

过去三年，我和农本团队克服"人生地不熟"的困难，克服新冠疫情下外出的不便，行程数万里，走访了全国十个农业产区，与产业管理者、建设者交流，记录了这些知名产业的成长历程与品牌建设经验。交流中，看到这些产业取得的成绩，我同样惊叹时间的力量！

品牌是时间的礼物。我常说，只要走对路，假以时日，每个产业都有机会创建一个成功品牌。此次我们访谈的十个农业名牌，少则数十年历史，多则有上百年乃至上千年历史，都是时间的积淀，沙里淘金，成就了他们的辉煌。

这些农业名牌树立在那里，让我们相信时间的力量，相信品牌的价值。我也因此感受到作为一名农业品牌工作者沉甸甸的责任与使命。对我而言，这一个个访谈不只是专业上的学习，更是一次次精神的洗礼。

我要感谢所有为本书付出努力的人。没有你们的支持与帮助，我不可能完成这个艰巨的任务。

我要感谢农本咨询的伙伴们。农本咨询的每一个人，都是此次研究的参与者。我要特别感谢小伙伴谭今琼，作为课题执行人和我的创作助理，她做了大量的工作。资料搜集、提纲拟定、录音摄像、访谈整理等，今琼都兢兢业业。没有她的协助，我不可能完成这本书。

　　我要感谢为研究提供无私帮助的朋友。为找到合适的访谈者，许多朋友热情帮我们牵线搭桥：原陕西省果业管理局局长高武斌先生为我们引荐洛川苹果访谈人，中国农业科学院果树研究所王文辉老师为我们引荐库尔勒香梨访谈人，宁夏农业农村厅原副厅长赖伟利先生为我们引荐盐池滩羊访谈人，山东省农业农村厅刘学敏处长为我们引荐寿光蔬菜访谈人，南方农村报副总编辑周晓凤女士为我们引荐新会陈皮访谈人，成都市郫都区统战部部长赵武斌先生为我们引荐郫县豆瓣访谈人，黑龙江省农业农村厅贺伟处长为我们引荐五常大米访谈人。没有他们的热心帮助，这本书也不可能完成。

　　我要感谢所有接受访谈的人，他们为中国农业品牌建设做出了卓越贡献。他们的辛勤付出，铸就了这一个个农业名牌。感谢他们的无私分享！

　　写作中，我还得到了许多师长前辈的关爱与支持。农本咨询的引路人、三农专家顾益康老师，像关怀孩子一样关爱我，他引荐了多位专家学者为这十个产业做点评，用他们的智慧为这本书赋能。感谢原农业部常务副部长尹成杰先生为本书作序。感谢在百忙中撰写点评的各位专家，他们为这些访谈"画龙点睛"。我相信他们的帮助除了出于友谊，也是出于"三农"情怀和对中国农业品牌的美好期盼。我要对他们说一声谢谢！

　　另外，本书出版也得到了中国农业出版社郑君女士的大力支持，感谢她加班加点，让本书得以早日和读者见面。

　　我还要感谢一直陪伴、鼓励、支持我的家人——我美丽的太太丽丹和我们的孩子淘淘、霏霏，你们是我创业路上的精神家园和依靠。

　　作为农本咨询"学习榜样"的开端，本书是《贾枭农业名牌访谈录》的第一卷。我们计划访谈一百个农业名牌，总结中国农业品牌建设经验，为中国农业品牌建设贡献农本力量。

　　是为后记。

贾枭　于钱塘江畔

参考资料

■《浙江通志》编撰委员会，2020．浙江通志．茶叶专志[M]．杭州：浙江人民出版社．

■ 2011—2022年五常市政府工作报告．五常市政府网站．

■ 安德镇变"川菜工业城"[N]．四川新闻网－成都商报，2006年05月20日．

■ 巴音郭楞蒙古自治州库尔勒香梨协会团体标准[S]．库尔勒香梨协会．

■ 从"寿光蔬菜"到"寿光模式"——写在王伯祥书记离任寿光30年之际[N]．寿光日报，2021年10月28日第B02版．

■ 崔晓林，2010．谁在争夺五常米？"掺假门"之后的原产地产业迷局[J]．中国经济周刊(29)．

■ 董强，傅翔，2020．寿光蔬菜产业化发展路径[M]．北京：北京燕山出版社．

■ 改变遍地生产、多头加工、分头上市现状——五常大米"龙头"挤走"杂牌军"[N]．黑龙江日报，2009年9月15日第009版．

■ 赣州市人民政府．赣州市人民政府办公室关于印发赣南脐橙产业高质量发展行动计划(2021—2025年)的通知．赣市府办字〔2021〕55号．

■ 高武斌，2012．洛川苹果[M]．西安：太白文艺出版社．

■ 何关新，打好"三茶"统筹组合拳 助推茶产业高质量发展[N]．中国老年报，2022年5月17日头版．

■ 黑龙江省"十四五"水稻生产发展规划黑农厅发〔2021〕341号．

■ 侯堰川，刘庆，2009．以标准化工作促进地理标志产品——五常大米产业的发展[J]．中国标准化(7)．

■ 黄传龙，祁春节，2010．赣南脐橙产业发展的成就、经验与未来展望[J]．中国果业信息(7)．

■ 季中扬，师慧，2018．寻找桃花源：龙井问茶[M]．北京：北京美术摄影出版社．

■ 姜冰，邓志民，2007．郫县安德镇：特色经济创造川菜产业奇迹[J]．中国今日论坛(11)．

■ 静清和，2016．茶路无尽[M]．北京：九州出版社．

■ 李桂华，2023．看云起：中国"菜篮子"的共富样本[M]．济南：山东友谊出版社．

■ 李自茂，钟八莲，孙剑斌，2014．赣南脐橙产业发展报告2013[M]．北京：经济管理出版社．

■ 林德萍，岳鹰，2010．传统农业区域城乡统筹发展模式的有益探索——来自郫县安德镇"中国川菜产业化园区"的调查与启示[J]．成都行政学院学报(4)．

■ 刘得超，刘媛媛，2010．稳质量 树形象 保市场——五常大米品牌召开新闻发布会[J]．中国农民合作社(11)．

■ 刘静，2009．龙井茶，你一路走好[J]．观察与思考(10)．

■ 刘蓝予，周黎安，2020．县域特色产业崛起中的"官场＋市场"互动 ——以洛川苹果产业为例[J]．公共管理学报(2)．

■ 卢晓雅，张玉梅，2011．阳澄湖大闸蟹的品牌营销之路——本刊专访阳澄湖大闸蟹协会会长杨维龙[J]．水产前沿(6)．

■ 洛川苹果产业发展规划（2008—2015年），洛川苹果"百亿元"现代产业发展规划（2016—2020年），洛川苹果产业十四五发展规划（2021—2025年），洛川苹果产业发展情况介绍．延安市果业研发中心．

■ 潘华金，善用道地性密码 打造陈皮全球中心．第三届中国·新会陈皮产业论坛主题发言材料．

■ 郫县豆瓣记述，郫都区档案档案局（馆）编．

■ 乔柏梁，2019．为了好稻种——记水稻育种专家、"稻花香之父"田永太[J]．奋斗(2)．

■ 全国最大菜市场传奇史[N]．潍坊晚报，2009年国庆特刊．

■ 人民至上——记山东寿光县原县委书记王伯祥．央视网，2013年11月28日．

■ 沈红，2020．西湖龙井的发展演变和特征鉴别[J]．茶博览(3)．

■ 寿光蔬菜产业发展情况．寿光市农业农村局．

■ 数字赋能，"西湖龙井"品牌突围[N]．农民日报，2021年02月05日头版．

■ 水产市场导刊·阳澄湖大闸蟹专刊，2009年8月第8期（总第 54 期）．

■ 宋晓琪，2015．陈皮世家[M]．广州：羊城晚报出版社．

■ 新会陈皮产业高质量发展白皮书（2023）.新会区农业农村局，南方农村报社编制．

■ 苏州市阳澄湖大闸蟹行业协会工作情况介绍，杨维龙．

■ 孙状云，杨文娟，2009．正本清源 龙井茶行天下——浙江绿茶新的品牌时代来临[J]．茶博览(2)．

■ 唐亮，陈温福，2021．东北粳稻发展趋势及展望[J]．中国稻米(5)．

■ 王丹英，徐春梅，褚光，等，2021．水稻高产与优质栽培的冲突与协调[J]．中国稻米(4)．

■ 王元华，石勇，2011．五常大米突围[J]．农经(3)．

■ 吴宏利，2007．金土地 红苹果——洛川苹果六十年纪略[M]．西安：陕西旅游出版社．

■ 五常大米抱团打赢危机公关牌——来自南昌绿博会的报道[N]．黑龙江日报，2010年12月2日第007版．

■ 五常大米原产地保护提升规划，以及五常市大米产业中心提供的相关产业材料．

■ 熊德斌，欧阳洪姝，李佳欢，2021．政府有为、市场有效与特色农业发展机制——赣南脐橙产业升级历史变迁考察[J]．上海大学学报（社会科学版），38(5)．

■ 徐良，2023．根植巴蜀 川香世界：走进中国川菜博物馆，探川菜之秘[M]．成都：四川科学技术出版社．

■ 盐池县滩羊产业发展情况介绍，盐池县农业农村局关于上报农业品牌创新发展典型案例的报告，宁夏盐池滩羊产业发展集团有限公司介绍．盐池县农业农村局．

■ 余东明，陈其强，2001．"三足鼎立"问龙井[J]．中国质量万里行(11)．

■ 张爱林，2019．寻茶问道：从爱茶到懂茶[M]．北京：中华工商联合出版社．

■ 张峰，蒋志琴，陈小光，等，2021．库尔勒香梨产业发展因素分析及对策建议[J]．中国农学通报(34)．

■ 张钊，王野苹，1993．香梨品种种源问题的探讨[J]．果树科学(2)．

■ 赵大川，2020．龙井茶图考(增订本)[M]．杭州：西泠印社出版社．

■ 郑瑶瑶，2015．戚国伟：西湖龙井的守护使者[J]．茶博览(5)．

■ 政府扶持 龙头带动 市场运营 ——"五常大米"盼"化蝶"[N]．黑龙江日报，2008年6月6日第001版．

■ 中国·盐池滩羊文化大观．中国盐池县委宣传部，盐池县文学艺术界联合会，盐池县农业农村局编．

■ 钟东林，包东东，2011．亲国亲橙：赣南脐橙产业发展观察[M]．北京：当代中国出版社．

■ 种上就有身份证 销售基本靠订单——五常打造中国大米第一品牌[N]．黑龙江日报，2010年11月16日第009版．

■ 朱宜量，2010．会过节的橙子——品读"赣南脐橙"品牌的节庆营销[J]．中国广告(10)．

■ 邹国华，刘新中，2012．阳澄湖蟹志[M]．北京：海洋出版社．

特别致谢

周雪龙	廖明生	方贻文	黄传龙	王国龙	纪佳委
赵恒亮	赵会琴	郝延刚	陈建勋	蒋学勤	任登成
王吉涛	李 昊	陈荣鑫	曹 军	胡建军	黄荣兴
冼伟锋	任海文	郑少峰	岑伟斌	李锦欢	刘春玲
阮婷滟	崔月华	李玉琼	苏千予	赵 东	韦倩岚
覃泓铭	王永梅	汤砚岗